浮生散記

袁應麟 著

易文出版社

Published by I Wing Press, New York
iwingpress@gmail.com

March 2024, First Edition, First Printing
ISBN： 978-1-940742-97-7

浮生散記

袁應麟 著

出 版 人： 冰 寒
封面題簽： 陳立夫
裝幀設計： 王昌華

出　　版： 易文出版社・紐約
版　　次： 2024 年 3 月第一版，第一次印刷
开　　本： 6x9 inch
字　　數： 325 千字
定　　價： $45. 95

作者肖像

作者 1986 年 10 月於芝加哥寓所

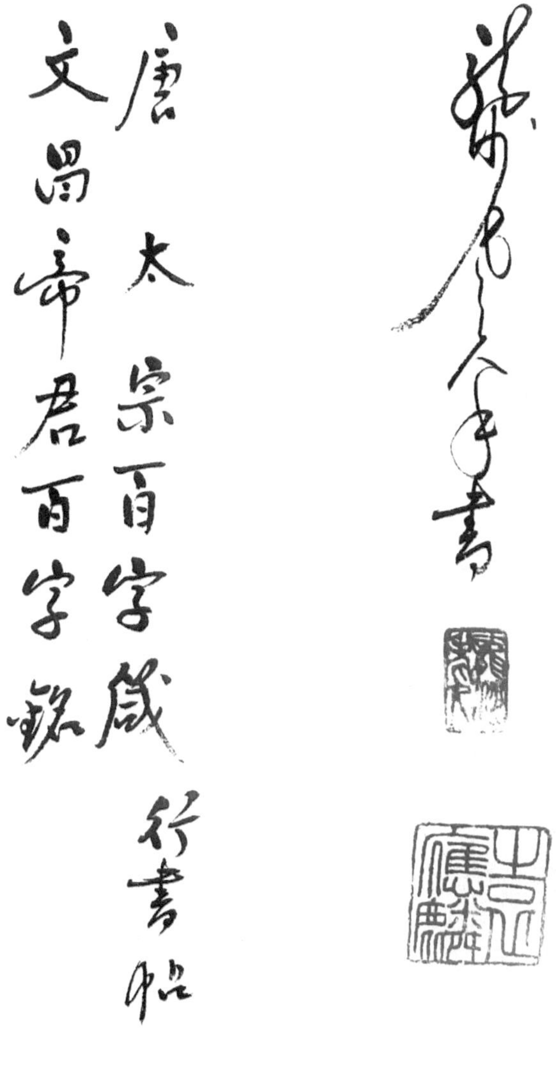

作者手跡

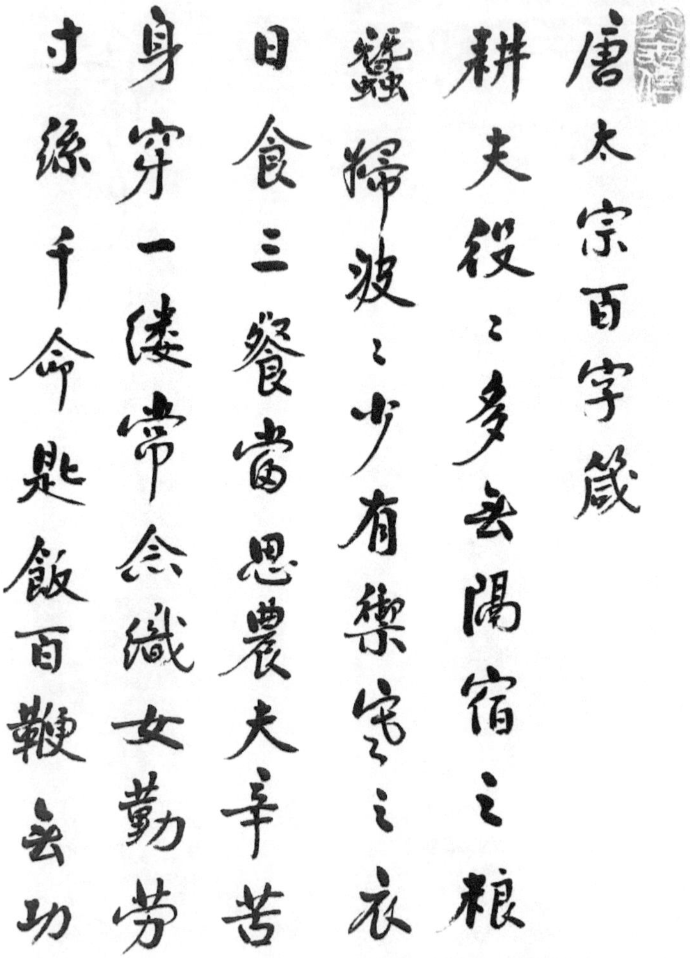
唐太宗百字箴
耕夫役役多無隔宿之粮
蠶婦波波少有禦寒之衣
日食三餐當思農夫辛苦
身穿一縷常念織女勤勞
寸絲千命匙飯百鞭無功

作者手跡

受祿寢食不安支有道之
朋絕無益之友開方便之
門是非之口勿貪意外之
財勿飲過量之酒若能依
朕斯言富貴功名長久

一九九七年歲次丁丑書於芝加哥

作者手跡

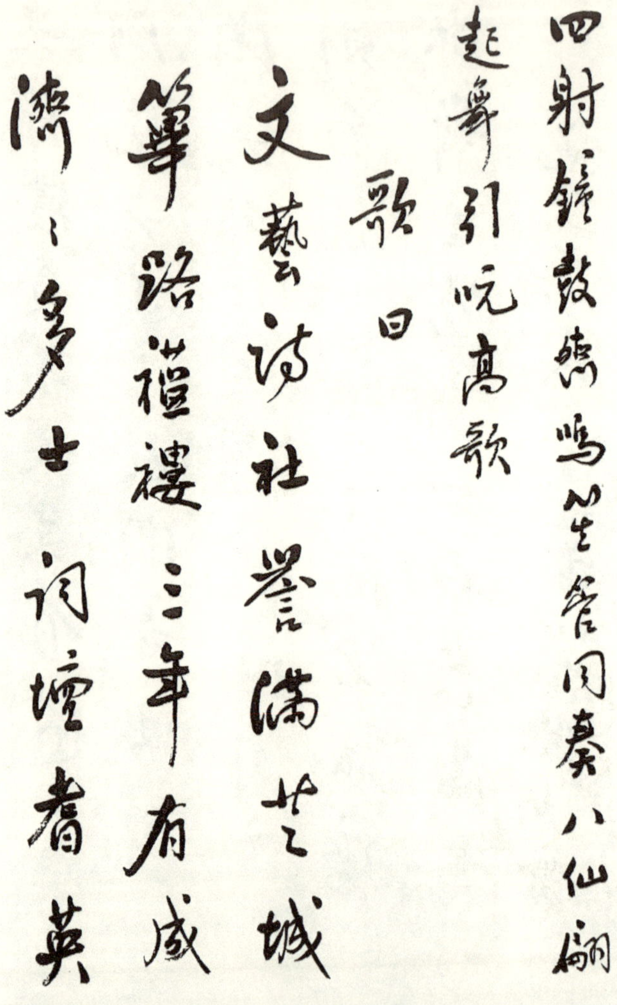
四射鐘鼓齊鳴笙管同奏八仙船
起舞引吭高歌
歌曰
文藝詩社譽滿芝城
筆路襤褸三年有成
濟濟多士詞壇春英

作者手跡

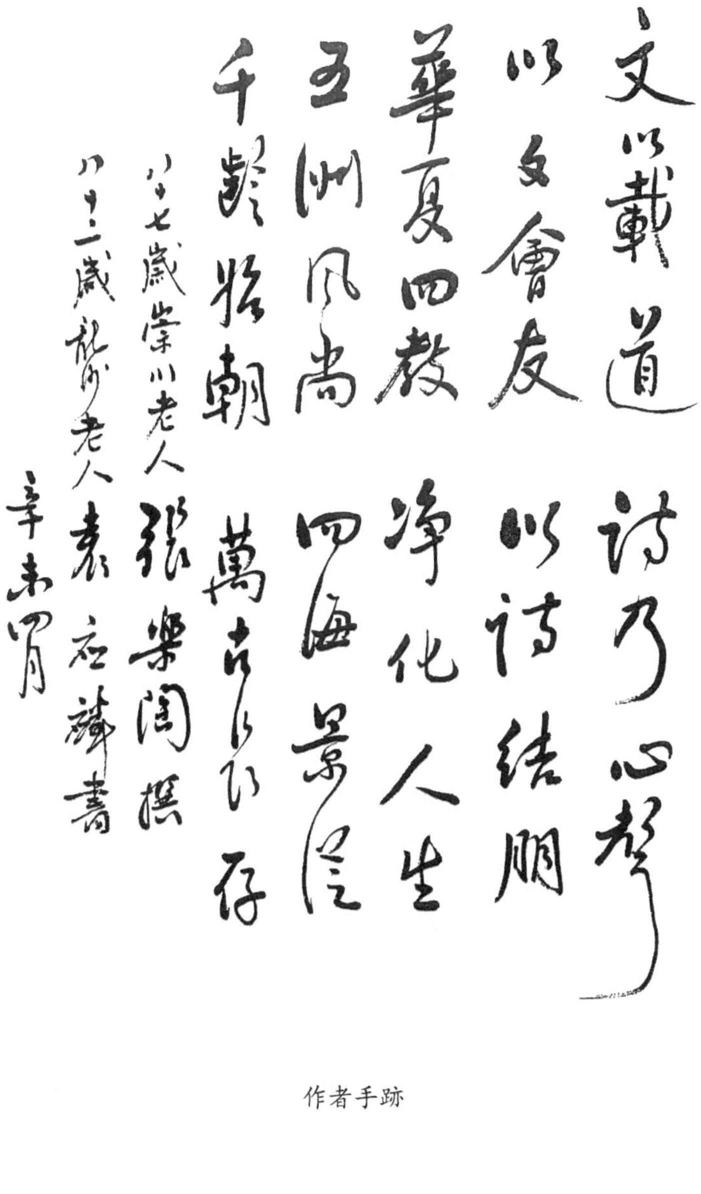
文以載道 詩乃心聲
以文會友 以詩結朋
華夏四教 淨化人生
五洲風尚 四海景從
千齡猶朝 萬古仍存
八十七歲崇川老人張樂陶撰
辛未四月

作者手跡

浮生散记

总目

序

邊風急兮城上寒，
阱陘滅兮圻壠殘，
千齡兮萬代，
共盡兮何言。
——南朝・宋鮑照《蕪城賦》

《浮生散記》是一部頗具歷史地理價值的著作，記述一九三一年以後，中國東北西邊疆的近代史實，是家父數十年親臨其境的實地描述。

家父幼讀私塾，熱愛古文、詩、詞和書法，小著作甚多。他老人家歷經九死一生後，臨終前仍念念不忘復興中華。

生逢亂世，飄渺無常，不能自主，真乃時也、運也、命也。我處於欲哭無淚、欲喊無聲的心情下寫序，千頭萬緒從哪說起呢？爹呀！娘啊！兒在呼喚您啊！

這位老人幼年矢志建設中國邊疆，因為中國邊疆的人生活極苦，也包括他自己；因逢機遇進入不付學費的中央政校，畢業於蒙藏班，毅然填志願回包頭分校教書。命舛不由分說，一九三一年「九一八」事變，日本侵華，學校西遷到西寧。按理家父不夠資格，因不是軍校，但他平時工作突出，和學生老師相處融洽，勤勞肯幹，師生關係好，戰亂刻不容緩，即以在中央政治學校包頭分校期間得授之少校軍銜隊長的身份，奉校本部的命令，帶領一支約二百人的學生和十來位老師的隊伍，以徒步行軍式的方式，避日軍的追擊。從包頭市出發，沿陝、甘、寧荒漠草原，走紅軍二萬五千里長征的部分路線，地處杳無人煙，缺水，無糧，一切鍋灶都要自備。歷經兩個來月的苦行軍，終於到達了目的地——西寧，並在那裡開始上課。

逃亡目的是為了抗日，心願擇機打回老家去；抗戰勝利後，思路變了，毅然走上了孫中山先生實業救國的復興之路，以富國強民為志。八年抗日，國窮民貧，人人日不飽腹。為了生存，公職不貪常無以為濟。當時為了一家十來個人的生活，家父在正職之外兼了兩份差事，方可糊口。鑑於此，家父決意下海從商，奔赴天津熟人，做一個「經商者」。

乃於一九四六年初，回到天津滙集一同逃難還鄉的人，大家湊些錢，租了幾間房，買了些桌椅，開設了東方企業股份有限公司。大家上班，並不支薪水，僅僱用了一位英文秘書。時來運轉，第一筆國際貿易就賺了四億元法币關金，隨後在瀋陽、上海開設了公司辦事處，不到兩年，貿易開展得紅紅火火。

家父下海經商的目的，並不是為了個人發財致富。

一是拒絕貪污。告訴他仍在政府工作的四位摯友：「我下海經商，賺錢你們用，不要貪。」

二是走孫中山先生的革命路線，實業救國、富國強民，有了錢辦實業、建工廠，讓大家有工作；辦教育開設學校，提高人民的教育文化水平。在一九四六年到一九四八年這兩年中，已在北京東城區東廠胡同，辦了一所東方化工廠，還有一所東方小學。又在北京景山東街，接管了一所私人辦不下去的景山中學，一切費用由東方公司承擔；還計畫辦大學、研究院……。但好景不長，隨著社會制度的變遷，所有一切和理想都煙消雲散了。

接著就是一九四九年四月三日開始，近三十年的勞改生涯。但家父意志並未消沉，他的人生座右銘是「知足常樂、隨遇而安」。在勞改期間，隊裡每遇困難，總是想到派「袁應麟」去做，如種菜、挖渠、伐木、搞宣傳、出壁報……，協助建設兵團解決不少困難，並在工作之際，撰寫了不少有用的科學技術手冊，作為工作總結，交給隊部。可是他們看不懂啊！人走茶涼，也就棄如糞土。

共產黨的歷次運動文件發到邊疆，需立即執行，由於領導的文化水平太低，看不懂那些文件。字都不認識，怎能懂啊？便指派「袁應麟」代讀，還得加以解釋。若說家父竟然是共產黨建國以來，邊疆歷次運動的「協助執行者」，庶不為過也。因而對運動的走過場，應付上級，他可謂一清二楚。但他是勞改犯，不敢多嘴。那樣的執政，華而不實，國家怎能搞好呢？

僅僅因為在國民黨政府參加過工作，家父並未做過坑人害理的事，卻遭兩次判刑冤獄達十五年。最終一九七五年冬獲得特赦，經天津市最高人民法院終審判決，「撤銷前兩次不當判決，恢復名譽」。但事過境遷，又能奈何？

大連市政協領導知道家父的台灣關係深厚，經統戰部特邀，受國務院臺辦主任楊思德的接見；多次訪美前，親自設宴送行，囑託做兩岸統一工作。家父確實是台灣熟人及摯友很多，有些還是台灣國民黨現政府的要員，而且不是一般關係。但家父自有主見，傷害哪一方的事都不願做，但對兩岸人民都有益的事他必不推辭。四次來美，確實也做了兩岸一家親的好事。如親人互訪，他們不敢到大陸，家父擔保隨身奉陪，並由統戰部門接待，設宴歡迎；探親訪問者擔心而來，愉快返臺。另外還做了一些兩岸通商的工作。遺憾的是，家父未能完成心願回國定居；若房產歸還，有立槌之地，家父本願終老於國內。家父一生，凡經歷三朝，度越中美，可謂九死一生，而秉持書生意氣，坦蕩磊落，向未愧對良知與國人。就此當瞑目矣。家父生於 1910 年，享年九十有七。

袁志宏

2019 年 2 月於紐約

目录

第一記　家世

一、自傳

我祖籍山東登州府蓬萊縣，滿清咸豐年間，連年荒旱，餓殍遍野，百姓紛紛外逃；曾祖乃率領我祖父兄弟二人漂洋過海，逃荒到奉天金州，後移居吉林省雙城西廳新營子鑲紅旗五屯。迨至光緒年間，又北遷至黑龍江省海倫縣信字十一井落戶，我即出生於此地；上述情況，皆祖母口中言也。

祖父生三子一女，我父居中；伯叔均務農，父為中藥店學徒，長住店內，專學泡製丸散膏丹等中成藥。母陳氏生我及兩妹。母係舊式家庭婦女，有氏無名，未嘗讀書，但在外祖的教育下，粗識文字。我孩提之時，母親常以《簡易識字》一書，教我識字，始從「人、男人、女人；驢、馬、黑驢、黃馬；驢耳長、馬耳短；風琴、喇叭、按風琴、吹喇叭……」學。五歲時，一百課《簡易識字》，均能朗朗上口。六歲時，遷到望奎縣正白旗前二佐定居，該處有田四十五垧、正房五間、廂房五間，這是祖母娘家送給她的養老地，從此成了有地戶。

我九歲入塾，啟蒙業師鄭謹亭，係遼寧省法庫縣人，畢業於法庫縣簡易師範，略涉新學思想，亦有舊學根基，教學以五經（《詩經》《尚書》《禮記》《周易》《春秋》）、四書（《論語》《孟子》《大學》《中庸》）為主，輔以民國教科書國文、修身等課本。兀兀九年，除四書、《詩經》《書經》《左傳》，均已通讀而外，八冊《共和國文》、六冊《修身》及《三字經》《百家姓》《名賢集》《龍文鞭影》《幼學瓊林》《千家論》《古文觀止》，均通讀無遺，從而獲得一些古典文學的知識。

九年中的最後兩年，父親考慮到將來職業問題，決定叫我學中醫；於是轉到另一處私塾，開始讀醫書，受業於山東一位老儒醫李溍亭先生。兩年期間，讀了陳修垣四十八種的《醫學三字經》《醫學實在易》《黃帝內經》，以及張仲景的《傷寒論》《王李脈訣》《湯頭歌》《藥性賦》等書。

就在這兩年中，由於父親經商失敗，田地房產全部賣掉抵債，頓時成了流門戶；自此家中生活，陷於困境，我也因此輟學，困居家中，無業可就。

一九二九年（民國十八年）暑假，其他同學紛紛去哈爾濱上中學，勸我也去，乃心為之動；但無力前往，商之於父，父不允，又商之於母，母親考慮良久，對我說：「你念了這麼多年書，弄個一瓶子不滿，半瓶子晃蕩，這樣死守在家裡，要受窮一輩子，你有決心去求學，那就去吧！」

母親把自己手中多年積蓄的六十元哈大洋票，全部拿給我，因而得隨同學去哈爾濱，考入東省特別區第二中學。時運不濟，命運多舛，一學期尚未讀完，即逢中俄戰事突起，乃告中輟。回到家中，度過殘冬，在走投無路的情況下，於翌年（一九三零）春，跑到卜奎（齊齊哈爾），投奔親戚梁聲德。

梁係我父之表兄，我之姑伯父也，但從未見過面。姑伯父年近古稀，在吳俊陞督黑龍江時，曾任過省議會議長，因而人稱之為「梁議長」，於紳宦各界頗有名望。經他轉輾介紹，於一九三零年（民國十九年）跑到瀋陽，無一定目標，只想找一個不花錢的學校，有個讀書的機會就行。原悉東北陸軍講武堂是公費，想要進講武堂而未得，最後進入東北蒙旗師範學校。因該校全係官費，適合於我這個窮學生。同時想，畢業後能當一個教師，也是好出路。

誰知，乖蹇的命運，坎坷重重，入校甫一年，一九三一年，「九一八」事變爆發，瀋陽淪陷，學校停辦，從此又落入逃難流亡的災難之中。九月底隨著學校的訓育主任金鶴年（蒙古人）夫婦，流亡到北平。當時東北難民和青年學生匯聚北平，風餐露宿，無以為生，我也是其中之一，只靠東北難民救濟委員會每天發給二角救濟金度日。

一九三二年春，北平東北學院成立，收容東北流亡學生，我遂進入東北學院，在這裡我參加了中華青年抗日救國團，全院學生都時時作出關殺敵收復失地的準備，每天有軍事訓練。熱血青年，情緒非常激昂，如何能專心攻讀？然而命運之否泰，往往無法預測。在山窮水盡的關頭，迎來了柳暗花明，斯年九月，南京中央政治學校蒙藏班到北平招生，並悉為公費，我以蒙旗師範學生身分，加上略通蒙文，乃被錄取。於是又到南京深造；課餘仍作抗日救國工作。

一九三五年，自蒙藏班畢業，被派到綏遠包頭中央政治學校包頭分校任教，得有為蒙旗教育出力的機會，頗感欣慰。朝夕與蒙古青少年在一起，切磋砥磨，建立了深厚的師生感情。每逢星期假日，便邀三五同事，騎馬到七八十里以外的蒙古包（即喇嘛廟），結交喇嘛及牧民，體察風土人情，學習蒙古語言；有意通過實際調查，寫一本西北交通地理。

不料一九三七年日寇侵略軍沿平綏路西進，不久包頭淪陷，包頭分校奉校本部之命，西遷青海。乃於一九三七年（農曆八月十七日），僱了兩練子駱駝，馱著帳篷鍋灶，率領一百多蒙漢學生和十幾位教職員，徒步西行。經寧夏銀川、甘肅蘭州，歷時三個多月長途跋涉，於一九三七年十二月三十日，抵達青海西寧，完成了包頭分校西遷的任務。

一九三八年四月，奉調回到湖南芷江校本部（當時南京中央政治學校已遷到芷江）。同年七月又隨校西遷入川。八年抗戰，即是在重慶度過的。期間曾參加考試院舉辦的高等文官考試，及格後在中央政治學校高等科受訓半年，於一九四一年轉任教育部專員，兼任中華教育電影製片廠指導委員會秘書、國民黨中央組織部科長、陳果夫先生秘書等職。一九四五年抗日戰爭勝利，我即辭掉一切黨政工作，在天津自組東光企業公司經商。

一九四九年天津解放後，由於過去在國民黨政府機關工作的歷史，以「歷史反革命」罪被捕勞改，一九五零年送延安勞改，一九五二年又轉送新疆勞改。一九五五年刑滿就業，在新疆軍區生產建設兵團建築工程第一師第四團任文化教員、行政管理員、農業技術員、生產隊副隊長等職。文化大革命期間，又以「蔣介石的孝子賢孫國民黨的殘渣餘孽」的罪名，重翻歷史舊賬，判刑八年勞改，直至一九七六年被特赦，安置在大連計量廠當工人。

一九八零年被選為大連市政協駐會委員，歷經第五屆、第六屆、第七屆、第八屆，四屆蟬聯至今。期間於一九八六年經天津市高級人民法院，根據政策，為我徹底平反，從此「反革命」的歷史一掃而光，成為中華人民共和國光明磊落的公民；現在年已八十，浮生之日有限，報國之日無多，一息尚存，當為祖國統一，獻此殘年，夫復何求？

二、麒麟送子

黑龍江省海倫縣信字十一井，是一個只有十幾家住戶的小屯子，外祖父的家和我的家，都在這個小小的屯子裡。外祖家是一個小農戶，自己有幾垧地，又租了十幾垧地，自耕自食，生活很寬裕。

外祖父這一輩兄弟凡四人，外祖父排行第四，名陳士勤，無兒，只有二女；我的母親居長，還有一個姨母，適崔永祿。我父親原在中藥舖做學徒，半途而廢，就在海倫縣城內，替他的表兄梁聲德（子明）

家協助管理土地，叫作「管事的」。

父親就是在這年（宣統元年）和我母親結婚的。我出生在一九一零年（宣統二年），外祖父無兒，有了這個外孫，喜出望外，當彌月之期，舊俗叫「辦滿月」，外祖父特地到銀樓，買了一條「麒麟送子」銀鎖，親手掛在我的脖子上。二老爺、三老爺也合買了一條「長命百歲」銀鎖，掛在我的脖子上。兩條銀鎖掛在一起，外祖父見景生情，當即給我取個乳名叫「雙鎖」。這就是我入塾前經常被叫的小名。

以後母親又生了兩個女兒。孩子多了，家務事都要母親操作，非常繁勞。外祖母早已去世，無人幫助。我四歲時就跟外祖父生活，外祖父對我很疼愛，給我做些小車、小滾子、小扒里等玩具，哄我玩。外祖父在田間種菜，我也跟到田裡，外祖父餵豬，我就站在豬舍槽子旁，幾乎每天如此。二老給我起個外號叫「跟腳星」。

這時，姨母雖已出嫁，因都住在一個屯里，洗洗涮涮、縫縫補補，都是姨母的事。六歲時我的家搬到望奎縣正白旗前二佐，離信字十一井一百多里路。因自幼跟外祖父慣了，搬到正白旗前二佐後，外祖父還是把我留在他身邊，早晚還有姨母照看，姨母的家成了我的家。

每到冬季農閒的時候，外祖父就備上一匹黃驃馬，送我回家過年。姨父是個糕點師傅（俗稱果子匠），在我回家的時候，總要炸些麻花，烙些燒餅，做些槽子糕（蛋糕）帶給母親。過了年開始春耕，外祖父要回家種地了，我又跟著回到信字十一井。就這樣寒來暑往三四年，一直到九歲該上學了，才離開外祖父。

那時還是私塾館，縣裡雖然有一所完全小學，但因我的家離城十八里路，沒有交通工具，無法上小學去唸書，就在屯子裡一位孟先生設的私塾啟蒙。外祖父說：「上學了，得取個學名，不能再叫小名了。」父親說我這一輩排列英字，這是按家譜十六個字，「守英志忠，德義秉道，丕振家聲，文武永昭」排下來的。

外祖父本著他送給我的彌月麒麟送子鎖，就說：「叫英麟吧。」這就是我名字的淵源，後經塾師鄭謹亭改為「應麟」，延用至今。

三、袁氏家譜

序

家譜，就是一個家族的歷史。一個家族的繁衍，就是由這個家族的祖先，一輩一輩，世世代代，傳留下來的。因此總要教育後代子孫，當須懷念祖宗的功德，知道艱難締造之不易。

一個家族的延續，有興有衰，這是社會變遷的常事，但興有興的根源，衰有衰的道理，作為子孫後代，能體察自己家族興衰的由來，從而知所奮勉，知所向善，知所惕勵，庶幾可以整飭家風，保持家道，本枝百興而不替，這未嘗不是修撰家譜的一番用意。

袁氏家譜久已失傳，追本溯源，無從考稽，僅就我兒時的回憶，以及祖母的講述，追記以示兒孫，不致數典忘祖，則此所願也。

我兒時在老家東北，先後為黑龍江省海倫縣信字十一井，以及民國六年往遷之望奎縣正白旗前二佐。每逢過大年（春節），最隆重的事就是把祖先堂的幔帳揭開，打掃乾乾淨淨，祖先的牌位展現出來。

祖先堂的香案上，擺著供器——一個香爐、一對燭台、一對香筒，這稱為一套供器，有的是銅製的，有的是錫製的，也有用木製成，加以油漆繪畫的。我們家的供器是黃銅的，每當使用時，要用草木灰或銅油，擦得溜明錚亮，陳列於香案上。

此外，案上還有五碗供菜，做得鮮美好看，還有三垛供饅頭，每垛五個。特製帶花帶棗的大饅頭，每個足有二斤重，堆成山型。香案前沿，擺上三個酒杯，斟滿了白酒。臘月三十晚上，即除夕，吃晚飯之前，由家長親自燃燭焚香，酒杯裡的白酒，也點燃，香煙繚繞，彩燭高照，肅穆莊嚴，彷彿祖先都坐在上邊，使人肅然起敬。

然後，由家長率領全家人，依長幼次序，向祖先跪拜，三叩首，請祖先回家過年，這叫做「接神」。拜畢，全家人圍桌而坐，共進晚餐，稱吃「團圓飯」。假如家人有出門在外，趕不回來過年者，也要擺上一副碗筷，虛席以待，以示「團圓」。各類菜蔬當中必須有一盤魚，有一盤黃豆芽（如意菜），以示「年年有餘」「年年如意」。這是一年中最快樂的一天。這時七十多歲的祖母，看著團團圍坐的兒孫，不由得講起家譜來。

祖母說：「咱老家是山東登州府蓬萊縣，咸豐年間鬧災荒，缺吃少穿，餓死多少人，你太爺（我的曾祖父）哥倆，眼看活不下去了，只好逃荒，挑著筐漂洋過海，來到關東。先在金州（即今遼寧金縣）落腳，給人家扛活（當長工）。沒有住處，就在東家的院外，搭個馬架子（即臨時的草棚），全家擠在裡邊，湊合了幾年。吃穿不愁了，那時你爺爺和你二爺，也都長大了，頂個整人幹活了，聽說北大荒，好混生活，爺幾個一商量，又往北大荒遷移，落戶在吉林省雙城縣，西廳新營子廂紅旗五屯。那是旗民居住的地方，在那一扎根就是幾十年。我和你爺爺就是在那兒結婚的。這時家裡人口也多起來，你大太爺、二太爺，領著你爺爺和我（祖母）租了幾垧地自己種，不給人家扛活了。你大爺（伯父），你爸爸，你叔叔，也都長大了。又聽人家說，江北（松花江）大荒片上，有的是荒地，誰去都可以種。我娘家有人在朝廷（指清朝）做事，在黑龍江省通肯河（即後來的海倫縣）領有一片生計地，無人耕種。於是又遷到黑龍江省海倫縣信字十一井落戶，種梁家（祖母的娘家）的地，不出租金，生活逐漸好起來。後來你兩個太爺都去世了，我和你爺爺，領著三個兒子種地，因為家窮，拴不起牛具（即種地用的牛馬用具），你大爺又出去給人家扛活，你叔叔給人家趕大車，你爸爸到縣城裡，住藥舖當學徒。你大爺（伯父）結了婚，生個兒子，就是你哥哥袁英德。有一年鬧瘟疫，你大爺死去了，你叔叔未結婚，趕大車因搶車被擠死了，只剩你爸爸一個人，學徒未學完，就下來幫你四大爺（姑伯父，是奶奶的侄兒）經管土地，後來結了婚，才有你們（指我和我兩個妹妹）。」

說到這裡，祖母又是高興，又有些感慨的心情，指著我說：「雙鎖啊！就靠你接續咱家的香火了。」這些話，祖母幾乎年年都要說一遍，給我記憶中留下深刻的印象，現在回想起來，這就是袁氏的家譜。

由此看來，袁氏家族能延續到現在，也是飽經憂患，在不斷奮鬥中掙扎過來的。祖母在世時，年年講家庭的往事，睽其用心，無非是勉勵父輩，更寄希望於我這個獨一無二的孫子身上。我的堂哥袁英德少年時酗酒過度，早年喪命，遺孀嫂嫂改嫁他人，是一支失傳的家系；因此祖母說，接續香火就落在我的身上。

勿忘祖德宗功，以期本支百興，俎豆千秋，這固然是封建禮數思想，但從治家觀點來說，也是不可厚非的。古云：「修身，齊家，治國，平天下。」如果自身都站不住，怎能治國平天下呢？凡我子孫，務必敬修其身，能立足於現實社會，才可能使我們袁氏家族綿延不絕。諄諄告誡，其各勉諸。

家族年譜

1. 父親的八字是癸未年丙辰月乙己天干辛己時。

2. 母親是屬狗的，比父親小兩歲，生年月日時，均無從記憶了。

3. 我出生於 1910 年，實足年齡是辛亥年（1911）正月初四日亥時。八字為庚戍年，戊宣月，己卯日，癸亥時，所以算是 1910 年。

4. 髮妻王氏(無名)，遼寧省法庫縣人，屬猴，大我兩歲。一九三零年病逝於黑龍江省望奎縣城東南隅四道街本宅。

5. 繼室王淑文遼寧省遼陽縣人，一九一七年八月初六日生，一九七一年八月二日，病逝於新疆維吾爾自治區烏魯木齊市工一師醫院。

6. 長女曉春，出生於一九二六年（民國十五年）正月初二日，望奎縣東南隅四道街本宅。屬虎。

7. 長子志宏，出生於一九二七年（民國十六年），八字是丁卯年辛亥月丁未日辛亥時，小曉春一歲。屬兔。

8. 二女曉華，一九三七年農曆七月初二日（陽曆八月十四日）未時出生於內蒙古包頭市馬王廟後街。

9. 次子曉明，一九三九年十月十四日，出生於四川巴縣界石鄉。

10. 三女曉昕，一九四一年十月三十一日時，出生於四川省巴縣界石鄉。

11. 四女曉時，一九四七年一月一日申時，出生於天津市甘肅路。

古云：「父母之年，不可不知也。一則以喜，一則以懼。」而我這個不孝之子，年輕時遠離父母，父母之年，知焉不詳。中年遭逢時亂（「九一八」事變），流亡在外，父母逝世在何年何月何地，乃至葬於何地，均不得而知，不孝之罪，抱恨終生，天歟！人歟！命歟！

袁氏家譜（部分）

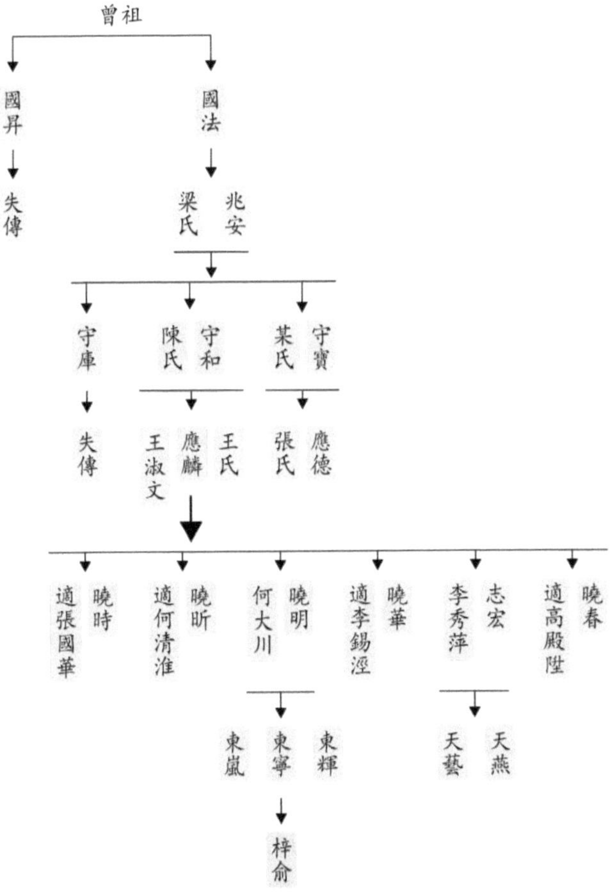

四、祖母的音容

我出生時，祖母已近花甲之年。祖父早年去世，我未見到，只有祖母給我留下的印象最深。祖母姓梁，是黑龍江省海倫縣人，梁家是海倫縣的頭等戶，有大量土地，幾處窩棚。海倫縣城內，有幾條街基，黑龍江省議會議長梁聲德（子明），就是我祖母的侄兒。這樣看來，祖母應該是一位大家閨秀，可是祖母卻不是這樣；據祖母講，從小就學習針繡，紮花撥云子（刺繡貼花），擅理家務，能吃苦耐勞。和我祖父結婚後，袁家是莊稼戶，靠租地耕種過日子，祖父一天到晚在地裡幹活，祖母除操持家務外，每天都到田間，幫著祖父種地。

我記事的時候，祖母已六十多歲，家務由我母親接替，祖母就清閒了；可是她每天總是天一亮就起來，把炕上地下都拾掇得乾乾淨淨，早飯後就做針線活。六十多歲了，她耳朵有些聾，但眼不花，還能繡花。她穿的鞋，總是自己繡上幾朵花。那個年代，沒有洋襪子（即線織的襪子），都是用白布做襪子。祖母做的襪子，前尖用魚白布撥云子，包上尖，後跟用藍布撥云子包上跟，襪臉上一道縫，都用藍線鎖成辮，既好看又結實，不管自己做或幫別人做，都是認真負責的照樣做。附近的隣家婦女，常常來求她幫忙，她從不拒絕，處處樂於助人。東北習慣，都是睡土炕，也叫火炕，家人老少睡在一舖炕上，有時客人來了，都睡在一舖炕上。祖母見客人襪子髒了，晚上就給洗乾淨，破了就給補一補，待人非常熱情誠懇。

父親曾給我講過一段故事，當初種地的時候，僱用的一個半拉子（即頂半個成人幹活的童工）生了病，上吐下瀉，屎拉得滿炕，祖母就給他擦屎擦尿；不能起來大小便，祖母就扶著他大小便，直到把這半拉子服侍好。這個半拉子好了後，跪地下給祖母磕頭，認祖母為乾媽。後來長大了，到外面給另一家當大師傅（即做飯的廚子），東家每有好吃的，就包點送給祖母。祖母仁慈心腸，感人之深，傳為佳話。

祖母在六十歲的時候，生了一場病，醫生認為沒治了，父親把壽衣、壽材（棺材）都預備好了，做送終的準備；經過兩個月的休養，病竟然好了。祖母說：「我一輩子沒做虧心事，閻王爺不會找到我的頭上。」

祖母的生命力很強，病好之後，見棺材已經做好，是四六（材側四寸厚，材天六寸厚）柏木料的大材，捨不得賣掉。父親說要保存下來，留待祖母百年之後用，並請了幾位畫匠，把全材畫成二十四孝，費時半年之久。

祖母沒事，每天揹著我坐在旁邊看畫材，並說：「這是我死後住的房子，要好好修一下。」這口棺材一直保存十幾年，祖母七十三歲去世時才用上。

祖母對兒孫的慈愛是無微不至的，我從小一直跟祖母睡一起，直到九歲上學了，還是睡在祖母身邊。她不僅愛護我，對我的父母也非常關心，父親有事外出，總要問清楚往哪去？什麼時候回來？每天晚上父母都睡下後，她總要到炕沿前，摸摸這個頭，摸摸那個臉，然後自己才去睡覺。慈愛之心，使得老少之輩六口之家，溫暖如春。

祖母最關心的是想能看見孫子媳婦，我的早婚就是在這種情況下促成的，這是封建家庭的常事。我結婚不到半年，祖母就去世了，總算死也瞑目。祖母之死，人稱之為「善終」。

那是十一月的一天，父親早飯後在院子裡備馬，要到東邊井辦事，祖母拿著一瓢高粱出來餵雞，見父親備馬，便問：「你上哪去？」父親說：「去東邊井。」又問：「晚上回來不？」父親說：「回來。」祖母回到屋裡，就躺在炕上休息了。

冬季天短，東北習慣吃兩頓飯，下午四五點鐘就吃晚飯，祖母從早睡到吃晚飯時還沒醒，母親把桌子擺好，叫我招呼奶奶吃飯。我去喊了幾聲，祖母未應，也不睜眼睛，我喊母親來看。母親說：「老太太不行了，呼吸還有，口裡吐白沫。」

這時飯也顧不上吃了，母親叫我趕快到西院叫我大姑來，大姑跑來一看，叫也不應，眼也不睜，呼吸也很微弱，對我母親說：「老太太不行了，快準備後事吧。」這時父親外出未回，這可怎麼辦？母親說：「趕快叫人去找她兒子吧。」說著我的表哥和我的舅父，立即備馬去找我父親。

這時天已黑了，表哥、舅父騎馬剛出屯子東頭，父親騎著馬迎面回來，問我表哥：「你們幹什麼去？」表哥說：「我姥姥不行了，找你趕快回來。」說著揚鞭打馬奔回家裡，一見老太呼吸快斷了，立即給穿壽衣，穿著完畢，已壽終正寢了。祖母留給我的印象是善終，終年七十三歲。

五、外祖父的鍾愛

外祖父名陳士勤，務農為業，粗識文字，篤信佛教。外祖父一生無兒，只有二女，我母居長，姨母行二，適崔永祿。我母生一男二女，因此我算是獨生子，姨母生二男無女，這就是外祖父這一支的後代。

外祖母去世得早，我未見過。外祖父已鰥居，對我特別鍾愛，外祖父家居黑龍江省海倫縣信字十一井，當時我家也住在那裡，我就出生在信字十一井。外祖父每天晚上，總要到我母親處看望一下，尋求天倫之樂，來了先抱一抱我，因而我對外祖父的印象特別深。

外祖父擅於種菜、養豬，除了在大田工作之外，早晚餵豬是他的主要工作，另外就是到園子裡蒔弄蔬菜。我四五歲時，每天都跟在外祖父的身邊轉，外祖父到園子裡種菜，我就跟到園子裡，形影不離。

外祖父也是個木工，家裡的家具、車輛、犁、鈀等用具，都是他一手製作，是一個巧匠。舊社會的農村是很落後的，孩子們沒有玩具，外祖父卻獨出心裁，給我做了不少小玩具，小車、小滾子、小爬里、小鞭子、小槍、小弓等，富豐了我兒時的生活；現在回想起來，猶歷歷在目。

六歲時，我家搬到望奎縣正白旗前二佐落戶，離信字十一井一百多里，因為我不願離開外祖父，仍留在信字十一井外祖父家，跟著外祖父生活。那時我姨母也住在外祖父家附近，洗涮縫補就由姨母照顧。

到了冬季農閒季節，也快過年了，外祖父就備一匹黃驃馬，送我回家過年，一百多里路要走一天。外祖父牽著馬，我騎著馬，馬上還馱些姨母給準備好的麻花、燒餅，因此五、六歲的我就學會了騎馬。過了年，開春以後，再跟外祖父回到他家。

外祖父篤信佛教，他的屋裡供有彌勒佛和觀世音菩薩，每天早晚都虔誠燒香拜佛，每月的初一、十五吃素一天，並給佛爺上供。到這一天晚上，家人都要燒香拜佛，我也跟著磕頭，不懂拜佛的意義，只知道拜完佛之後，可以吃到一些供菓。

就因為信佛教，外祖父弄得家產蕩盡，由富裕農戶變成貧窮人家。原因是我有一位舅老爺，也是信佛教的，有一年他去五台山朝佛，回來後說：「佛祖說，末劫年已到，三災八難就要臨頭，到時候天塌地陷，人人都躲不過去！」弄得外祖父家，地也不種了，一家人愁眉苦臉等著死，年過去了，人並沒有死，天沒塌，地也沒陷，坐吃山空，變成了缺吃少穿的窮苦戶。等到覺悟過來，想要再種地，也沒有力量了。迷信害人之甚，實在可怕。

這時我們家在望奎縣正白旗前二佐有一方地（四十五垧），出租給當地農戶，收些地租過日子，算是小康之家。外祖父家就搬到我們這裡，種我們的地，這樣才漸漸地緩過來。直到民國十六年外祖父去世，一直和我們住在一起。後來我的家，由於父親經營失敗，房子、地一齊賣光，舅父才搬到東邊井，自謀生計。

第二記　青年生活之一

一、早婚的回顧

舊社會重男輕女的陋習，形成了普遍的風氣。

我出生在宣統末年，年干庚戌，即民國前一年（1910），趕上個封建尾巴，也就是封建的舊式小家庭裡，家中只有祖母、父母，和已結婚的堂兄嫂。後來母親生我和兩個妹妹，乃是八口之家，不久堂兄嫂分居出去，就剩我們這一支了。

我們兄妹三人，我不但居長，而且是獨生子，父母的鍾愛自不待言，特別是祖母，視如掌上明珠。生了妹妹之後，兩歲的我就跟祖母生活，朝夕不離懷，直到九歲上學了，還是跟祖母睡在一起。

祖母七十歲，我已經十三歲了，祖母就跟父母說：「該給訂媳婦了。」在這種思想支配下，民國十五年（1926），剛滿十六歲的我，應父母之命、媒妁之言，與髮妻王氏結了婚。她也只有十七歲，還都是未成年的孩子，居然結了婚，想來有些可笑。她是一個目不識丁的舊式女子，受封建習俗影響，連個正式名字都沒有，只有小名（乳名）叫丫丫（舊社會把女孩叫丫頭）。

結了婚，成了大人，不能再叫小名。因為我是老大，父母便以「大媳婦」相呼喚，祖母則以「孫媳婦」呼喚。至於我們兩口子之間，我當然不能叫她的小名，她不懂得叫我的大名（學名），彼此之間，每有呼喚，便以「哎」來代替，或者用手招呼，和面部表情來示意。這在舊社會的封建家庭裡，普遍都是如此。

當了媳婦就是成人，就得幹家務活，疊床舖被，燒火做飯，縫補洗涮，什麼活都得幹。用東北的土話來說：「屋裡屋外、炕上地下的活，都得拿得起來。」更突出的，就是早起晚睡，侍候公婆。有一首唐詩：「三日入廚下，洗手做羹湯，未諳姑食性，先遣小姑嚐。」就是形容做新媳婦的難處。可是我父母對待這個兒媳，像鍾愛我一樣。更難得她雖十七歲，因從小就生長縣城裡，得到一些風氣之先，雖然不識字，卻非常懂事，又聰明能幹，頗得公婆的歡心。特別是跟我兩個妹妹，如同親姊姊妹一樣。雖然結了婚，畢竟還是少女，閒著沒事的時候，和兩個妹妹一起玩耍，說說笑笑，滾作一團。母親笑咪咪地在旁邊看著，有說不出的樂趣。

王氏對我總是以姊姊的心情來照顧，婚後我依然入塾唸書，放學回家，晚飯後，收拾完畢，她也背著父母向我學識字，這也算夫妻燈前的一樂。

可惜時間不長，就生了孩子，家務事本都靠她來做，又做了媽媽，什麼閒心都沒有了。更麻煩的是，第一個孩子出生後不久，又懷了孕，本來自己餵奶還算方便，不曾想懷孕之後，奶汁斷絕，不滿一歲的女兒嗷嗷待哺，怎麼辦呢？先是用小米飯米湯餵，孩子當然吃不飽，那時候既無牛奶亦無奶粉，不得已試用米湯泡油條來哺餵。孩子餓了，吃得還很好，於是每天到街裡買油條，泡著餵孩子，無形中增加了不少麻煩，做為母親的她再辛苦也得忍受。而買油條，當然就是我的事了。

第一個孩子剛滿一歲，第二個孩子又出生了。這時我又跑到瀋陽讀書，能幫她幹點活的大妹也出嫁了，家務擔子都落在她一個人的肩上。加以此時家產已蕩盡，吃喝都十分困難，我又不在家，窮愁集於一身，煎熬度日。她又知道我一個人雖出去，手無分文，更加焦急，竟於民國十九年六月突然昏倒死去。

回想這一段往事，都是早婚造成的不幸。好在遺留下來的兒女都已成人，她也可瞑目於九泉了。

二、學醫不成，半途而廢

奉父母之命，我九歲入塾讀書。在那個年代，能上得起學的子弟不多，即使有的家庭能把子弟送上學房，也沒有深造的打算，都是抱著念上三年、兩年，識幾個字，能記個豆腐賬就行的想法。因為大部分都是莊戶人家，家中有個識字的，就滿足了。

我父母所羨慕的，也只是教書先生，比僅學記豆腐賬總算高一等。為此，在自己住宅的院外蓋了五間草房，三間給我姑母家開小店，兩間作為學房。父親請了一位先生，為他捐銀（即成立私塾），又聯絡前後屯子的大戶人家子弟來上學，湊了十幾個學生，我和我表哥陳永亮也一同入塾唸書，這是家庭給我的讀書機會。

母親常說：「只有你這麼一個獨根，一定要學些本事，將來好支撐門戶。」母親的話語重心長，在我幼小心靈中起著極大的啟示。我是事母至孝的，始終謹遵母教，用功唸書。

在學房裡，更聽從老師的教導，舉凡念過的書，都能朗朗背誦，寫倣也天天不間斷；學珠算也都能應用，從小九九、九歸、九除，到獨行千里、斤乘流法、算流水賬、打地畝，都能準確無誤，老師也誇獎我是個好學生。

兀兀七年，五經、四書都念完了，但居家過日子或找職業，都用不上，用當時的話來講，「既不能當衣當飯，也不能遮風擋雨」。

父親是中藥舖學徒出身，會製丸散膏丹，略通醫理，東抄西抄，日積月累，積攢了不少單方，因此不斷有人來向他討藥方；於是又叫我念醫書、學醫理，然後再去中藥舖當兩年學徒，將來做個能醫能藥的醫生。

因此，在乃於十六、十七歲這兩年，拋開了五經、四書，到一位山東老中醫李澹亭的私塾內讀醫書。兩年時間，我又念了不少醫書，深感醫學實在不易。一開始時，先讀《陳修園四十八種》裡的醫學三字經，以及湯頭歌、藥性賦、王李脈訣，接著又讀《黃帝內經》、張仲景的《傷寒論》等。

讀醫書的不止我一人，有四、五個人，都比我先入學，他們從李老師那裡，借來一本驗方底稿，大家搶著抄，我便也跟著抄；其中有一個「百戰固精丸」單方，至今還記得，只有四味藥，魚鰾、桃仁、補骨脂、甘草各三錢，煉蜜為丸，唯記憶而已，未曾配製過。

這時，母親臥病在炕，腰腿不能下地，請了幾位中醫，天天吃藥也不見好。母親心煩得很，想到這些中醫打著醫生的招牌到處騙錢，根本治不了病，真有點喪良心，憎恨得不得了，便對我說：「應麟哪！我病了這麼久，周圍的先生（指醫生）都請遍了，天天喝苦水（藥），錢花了不少，病還是病，他們都是說假話騙錢，你不要再去喪良心害人了。我不想叫你學醫了，幹什麼還不能吃碗飯，何必去坑人呢？」

聽了母親的話，我心裡非常難過，念了兩年醫書，只是背誦一些詞句，既不會診脈，也不會開藥方，不知哪年哪月才能學好？對母親的病一點幫助也沒有。因此一賭氣，不繼續學醫了。心想，省點學費貼補家用也是好的，回到家裡幫助母親和妻子操持家務，既可安慰母親的病痛，又可幫助妻子幹些活。

這時，妻子已生了第一個孩子，家務活也多起來，而且家中無分文的收入，吃米燒柴都難以為繼，吃了這頓少那頓，可以說是貧病交加，有時接應不上，還得跑當舖，把母親和妻子僅有的一點首飾和衣物，送進當舖典幾吊錢，湊合度日。

看母親的病，嘆莫能助，只有和妹妹倆輪流著為母親捶背捶腿，來安慰母親。我對母親說：「有病不能不治，還是要找醫生來看，不能挺著。」母親同意我的話，便又請醫生，抓藥、煎藥，為母親治病。

母親嘆口氣說：「炕上有病人，地下有愁人。」我明白這是體貼我的意思。我心裡確實是愁苦，雖然不說出口，愁眉不展的表情，母親是看出來，所以才說「地下有愁人」。

家庭弄到這個地步，關鍵在我父親。父親在街裡（即望奎縣城裡）和幾個二不流子（遊手好閒的人），合夥開了一家大車店——萬泰店，這幾個伙伴，各有各的嗜好，各懷各的心眼，生意也不太好。我父親自己有一口阿芙蓉之累，掙幾吊錢都吸鴉片了，不照顧家中，母親對之亦莫可奈何。

我找不到生活之路，困在家裡，遊遊蕩蕩，度日如年，在這種情況下，母親把希望完全寄托在我的身上，常常語重心長地對我說：「應麟哪！你可千萬不能像你爸爸那樣不著調，咱這個破爛家能不能撐起來，就指望你啦！」聽來句句心酸，只有安慰他老人家說：「妠妠！你老放心吧！煙酒嫖賭，絕不沾染，一定要聽你老人家的話！」母親的訓示，我一直遵守著，一生到現在，不抽煙，不喝酒，不嫖不賭，不是無因由的。

民國十八年（1929），大妹妹鳳子十七歲了，出嫁到離縣城四十多里的東邊井，姓王的地主家裡，她沒念過書，不識字，也沒個正式的名字；東北的風俗，女兒出嫁了，嫁給姓王的，就呼之為「老王」。

妹妹出嫁了後，對母親的病惦念異常，既不會寫信，也找不到來往的人帶口信；雖有思親一片心，也只好悶在心裡。舊社會女子出嫁後，每年只能在正二月，過年的時候，有一次歸寧期，藉拜年為名，回家看看父母親人，不能隨便想回就回。舊社會把婦女看成拉磨的驢子，只能在那個圈子裡轉，婦女是不自由的。

三、哈爾濱的幻夢

一九二九年（民國十八年），暑假期間，有一位原先在私塾裡的同學——王丹忱，在哈爾濱東省特別區第二中學讀書，放暑假回家休假。和他見面後，知我在家無事，便極力串掇我到哈爾濱去唸書。於是我也動了這個念頭，覺得這樣在家蹲下去，成了無業遊民，將何以贍養妻兒老小？多少個不眠之夜，輾轉反側瞑思苦索，自忖念了九年私塾，學書不成，學醫不就，現在要去念初中一年級，一些新的學科，如數學、英文、史地等，都未學過，能考上嗎？加以家中處於困難的境界，吃飯都成問題，哪有錢外出讀書呢？每次看見王丹忱，他總是叫我和他一同去哈爾濱上學，說得我有點心活了。

一天晚飯後，便把王丹忱有意叫我去哈爾濱唸書的一些話，說給母親聽，母親問我：「你想怎麼辦呢？」我說：「我很想去，畢業後也許能有個謀生之路，聽王丹忱說，每學期要六十多元哈大洋，咱哪裡能花得起呢？」母親沉默不語，我也不敢再說了。

晚上躺在炕上，翻來覆去睡不著，妻子問我：「你怎麼不睡覺呢？」我把白天和王丹忱的談話，和心裡的想法告訴妻子，妻子也替我著急，憋了很久，說：「你要去就去吧，把我的金鐲子拿去賣了夠不夠？」我說：「夠不夠是一回事，這是你一輩子的紀念品，怎能賣掉呢？」

第二天，妻子把昨晚上的一番話，說給母親聽，母親說：「我的好媳婦，你和我想到的一塊了，可是我想，為了咱們娘幾個的生活，你的金鉗子、金簪子都送進當舖了，只有這麼一個手鐲，是你訂婚時的紀念物，怎捨得賣呢？你不用著急，如果應麟要走，我給他想辦法。」我一聽，這不是給母親為難嗎？再也不敢再提外出讀書的話了。

母親病倒在炕上，她有什麼辦法可想？我對母親說：「呐呐，你別操心了，好好養病吧！我不能離開家，我走了，家裡怎麼辦呢？」母親又陷於沉默之中，隔了兩天，吃完晚飯之後，妻子拾掇完桌子碗筷，母親說：「你倆來坐在我這，我跟你們說幾句話。」我倆坐在母親的炕沿上，小妹妹坐在炕裡頭，妻子抱著剛滿周歲的女兒帶小，給母親裝袋煙，自己也裝了袋煙，抽了起來。

母親說：「這兩天我心裡很亂，前前後後想了很多，我想應麟念了這麼多年書，功不成名不就，半瓶子醋，到如今還不能養家養己，真是愁人。我想能去哈爾濱唸書，也許能有個出頭之日，不然休虧在家裡，哪天是個頭？路費、學費，我想辦法，媳婦的金鎦子不能賣。應麟明天去叫你老姨娘來，就說我有事找她。」

外祖父無兒，只有我母親和姨娘兩個女兒，姊姊妹倆相依為命，雖然都已出了嫁，有兒有女，但親愛之情不減童年，有什麼事，總要到一塊商量。這次母親為什麼要找姨娘來呢？因為她知道姨娘手裡有些金首飾，想要借她的金首飾，給我籌集外出讀書的費用。

姨娘來了，母親說明心裡的想法，姨娘毫不遲疑地說：「應麟出去唸書是好事，我看他很有出息。把我那付金鉗子（耳環）拿去賣了吧。」就這樣給我湊了六十元哈大洋，在走投無路的情況下，決定去哈爾濱唸書。翌日我便與王丹忱約好，一同去哈爾濱。事已訂好，母親說：「你去告訴你爸爸，就說你去哈爾濱上學，別的不用說。」

於是在臨走的前一天，我到街里萬泰店找到父親，照母親的囑咐說了一遍，父親很愕然地問：「要去哈爾濱？沒錢你怎麼去？」我說：「妠妠給我借了六十元，和王丹忱已訂好，後天早晨動身。」

父親聽我這麼一說，知道是非去不可，也就順水推舟說：「既然決定要去，那就去吧。闖蕩闖蕩，也許能闖出一條路，俗話常說『在家千日好，出門一時難。』你頭一次出遠門，到哈爾濱那個大地方，六十元錢怎麼夠呢？」

我說：「夠了，聽王丹忱說，路費、學費有五十元足夠用，還得餘十元呢。」父親嘆了口氣說：「出門可不同在家，舉目無親，兩眼迷黑，萬一有個為難遭窄，怎麼辦呢？」我說：「入學以後，有同學們在一塊，不會有什麼困難的。」父親說：「你回去拾掇、拾掇，叫你媳婦把行李衣服打點一下。」得到父親這句話，心裡也就踏實了。

回到家裡，把父親的話告訴母親，母親說讓他知道就行了。應帶的衣物，母親已關照妻子給收拾好了，晚上父親也回家來，跟母親說：「這一年來，應麟不能上學，在家裡出來進去，憋得屋脊六獸，我也是很著急，無奈想不出個好辦法，這回他自己要出去，我看也好，『丫頭要浪，小子要闖。』叫他出去闖闖也好，哈爾濱是大地方，出去可以長長見識，不過沒錢就寸步難行，拿六十元錢，將夠交學費、伙食費，他這次去，少不了也得投考，萬一考不上，困在那裡，可就糟了，昨天晚上我跟義升和掌櫃的說，批給我五石黃豆（即賣青苗），賣了四十元，也給他帶去吧。」我在旁邊聽了這話，不由一陣心酸，心裡暗想，父母對兒女的期望，該是多麼殷切呀，這次出去，一定爭口氣。

從我們望奎縣去哈爾濱，必須到呼海鐵路的四方台站上火車。從縣裡到四方台，還有六十里路，必須坐小腳子車（即載客的馬車），車價每人要二百五十吊，合一元哈大洋。由此深深體會到，父親說的話「出門無錢寸步難行」。

到了四方台站，買了票，上了火車，這不僅是第一次坐火車，也是第一次見到的火車，激動的心情，就難以形容了。車開了，車上有賣「戈拉瓦斯」（汽水），王丹忱買了一瓶，讓我喝。喝了一口，覺得不是味，不想再喝。王丹忱說：「老毛子最愛喝這玩藝。」我聽了這話，也算長了見識。

身在車裡，心在家裡，惦記著臥病在炕的母親，惦記著妻子、女兒和兩個妹妹，擔心他們無人照管。同時也嘀咕著到哈爾濱能不能考上學校，真是十五個吊桶，七上八下。兩眼望著車窗外的電線杆子，閃閃而過，無心跟別人扯閒話，一站一站的路牌，沈家、張家、石人城、綏化……，成了我注意的目標。

那時候，呼海鐵路的終點站，在松花江北岸的松浦鎮。下了火車，還得坐舢板子過江，才進入哈爾濱市。好在有王丹忱領路，不至於迷途。到哈爾濱住在褲襠街一家小旅館裡，院內是露天廁所，臭氣薰人，出來進去，用手捂著鼻子，感到十分不慣，心想大地方就是這樣嗎？走到街上一看，外頭街道真熱鬧！大羅新、同記商場的霓虹燈，像火龍一樣在轉，這又算開了眼界。

等到報名日期，王丹忱領我到東省特別區第二中學報上名，即有我縣姓潭的同鄉，是高中二年級的學生，對我們很熱情，向我們講些考試時應注意的事項，並就數學和史地的重點，給我講些常識。記得他告訴我們，數學要注意四則雜題，如父子年齡、雞兔同籠等題目的算法；歷史方面，解放黑奴的林肯，發現新大陸的是哥倫布等等。

考試那天，王丹忱一直陪著我，考一堂問一堂，從中得到一些臨時的啟發。三天發榜，我竟獲得錄取，心中暗想，沒有名落孫山，真是十分僥倖，喜悅的心情難以形容。

第二天，我便報到入學，搬進學校住了。因為有私塾的底子，跟班上課並不困難，數學有珠算的基礎，史地有文學的基礎，都能跟得上；只有英文要從字母學起，感到新鮮，學起來很有興趣。特別是教英文的老師姓葉，熱愛音樂，擅拉二胡，每次上課之前，先教我們唱幾分鐘歌，引起興趣，學起來輕鬆愉快，效果很好；每週測驗都得到滿分，受到了老師的誇獎。

中秋節到了，高年級的同學在訓育處喬主任的指導下，舉行燈謎晚會，記得我還猜中幾條謎語，如「顏料舖的耗子專吃顏料」，打四書一句，我說：「食色性也。」得鉛筆一支。還有「妻妾同冠」，打三字經一句，我猜中「大小戴」，得蘋果一枚。能猜中這兩條謎語，是因為我讀過四書和三字經，感到私塾並沒白讀。

可是事情往往是不能盡隨人願的，正在入了門專心學習之際，發生了學潮，全校群起反對梁校長和教務主任趙國柱，究竟為什麼？我們初中一年級的學生，不得而知，只是高年級學生領著開大會，並軟禁一些教職員。訓育主任喬老師平時頗得人心，卻也被關到辦公室裡，不讓出來。

開完大會，接著集合成大隊，去教育局請願，我們也只好隨大流同去，雖然是盲從，也起到助威作用。鬧了一天，下午教育局來人，宣布撤銷梁校長的職務，調走了趙國柱，學潮才平息下來，第二天照常上課。

誰知，好夢難長，到了十月份，中俄戰爭爆發了，為了中東鐵路問題，張學良出兵滿洲里、海拉爾，與俄國作戰。十一月，學校宣布由於抗俄事急，提前放寒假，高年級學生組織宣傳隊參加抗俄，於是他們打著小旗，滿街喊口號宣傳抗俄，保護主權，具體事實則一無所知。

我們一年級新生留在學校裡，無事可幹，宣布暫時回家，聽學校通知再來上課。當時只聽說：「把中東路工作的老毛（也叫俄大鼻子），一律趕走，發給他們路費，他們不要，要求每人發給五袋洋麵（麵粉）。」問其原因，他們說：「我們回國去，連黑麵包也吃不上，給幾袋麵粉，還可以維持生活。」聽來令人可憐。

沒幾天，瀋陽馮庸大學的校長馮庸駕著飛機，飛到哈爾濱參加抗俄，各界開歡迎大會，學生都去參加。馮庸說：「抗俄救國，人人有責，國難當頭，我們學校響應少帥的號召，北上抗俄。」

又過幾天，馮庸大學的學生乘火車到達哈爾濱，穿著黑呢制服，紮著皮帶，戴俄式的大沿帽子，看起來十分威武，經過歡送會，又乘火車北上了。我們只好做回家的打算，望奎縣在二中的學生，只有姓譚的同鄉、王丹忱和我，還有兩名綏化縣的學生，我們湊在一起一商量，都準備回家。

十一月的氣候，已是冰天雪地，十分寒冷，可是松花江還未封江，正在跑冰排，去道里要從江橋上過江，跑到跟前，江橋已戒嚴，只准火車通行，禁止行人。於是扛著行李又回到學校；惟一的希望，就是等待封江。每天往江沿上跑，從頭道街碼頭往下看，三道街、四道街、五道街，只見江水滔滔，順流而下的大冰排，像房子一樣，隨流翻滾，平時渡江的舢板子，乃至於江輪，早都停止了。

封江以後，江面上會變成通道，並用土鋪成馬路，崗樓、電線杆子都設置起來，儼然成了大馬路，馬路兩側的冰道上，還有人撐扒里，代替舢板子運載旅客。如今江沒封好，這些都談不上。要過江的人成群結隊，在江邊上轉來轉去，急得像熱鍋上的螞蟻一樣。

封江是從下游先封起，冰排順水下流，漸漸地卡住，流不動了，就封住了。冰排一重疊，積得很厚，所以一封江，冰上就可以行人。俗話說：「能走封江一尺，不走開江一丈。」因為只要一封住，冰層就很厚，而且很堅硬，到了開江時候（每年春天，清明前後），看著冰層很厚，實際內部已經融解，不堅硬了，走上去會掉進江去。當地人說：「封江時冰是橫茬；開江時冰是立茬。」這都是經驗之談。

根據這些說法，每天從頭道街往下看，看到五道街口，已經封上了，便決定明天從五道街口過江。第二天天剛亮，就扛著行李奔五道街，沿著江邊走去，四道街口也封住了，認為從五道街口過江，一點沒問題。江面上早晨霧大，百步不見，辨別不出方向，走著走著，偏到了西北，不是橫江而過，而是往西走了，抬頭一看，左前方江水滔滔，冰塊滾滾，再往前走，就要掉下去了，嚇得滿頭大汗，扭頭就往回跑，結果江未過成，又回到學校。

又等了兩天，每天到江邊上看，四道街、三道街、二道街、頭道街口也封上了，很多人說頭道街江口可以走人了，第二天到頭道街一看，不少人都在過江，我們也就隨著人群走到江北，到了松浦鎮火車站，買票登車回家了。

這次不去四方台，到綏化就下車了，住了一夜，僱小腳子車，回到望奎，到家門口，角門沒關，沒有招呼就進屋了。母親見了說：「洋學生回來了！」高興得不得了，妻子和兩個妹妹，還有兩個孩子，自然都非常高興。

離家不到半年，由於睡涼板炕不習慣，加上每天是高粱米飯、燉牛肉，我不吃牛羊肉，光吃高粱米飯吃不飽，每當課餘休息時，就跑到校門外的小鋪裡，買一片黑咧吧，加一包花生仁；飲食不規律，弄成了腸炎，很長時間不好，每天從肛門流膿水，像痢疾一樣，控制不住，痛苦異常。每天晚飯後，同學們都到街上去散步，我由於腸炎流膿，不敢出去走路。回到家後，一睡火炕，加上飲食合胃口，沒多久腸炎好了。

過了年，是民國十九年（1930），寒假過了，中俄戰未結束，學校未開學，只好又蹲在家裡，心中焦急萬分，趕上時局不好，為之奈何？

四、卜魁之行

經哈爾濱回來，等到第二年的三月份，已是民國十九年了，學校仍無開學的音訊，家裡一蹲又是四個多月，急得火冒鑽天，母親的心情很沉重，不時唉聲嘆氣，父親見我急得直犯愁，心裡也不安穩。

一天晚上，父親回到家裡，當著母親的面，對我說：「實在不行，你去省城找你梁四大爺，求他給想個辦法。」這句話給了我一個新的契機，心裡為之一動。

母親說：「找四哥也是個辦法，應麟長這麼大，也沒見過四大爺，去了認不認哪？」父親說：「我寫個信說一說，他能不認嗎？」

我說：「是實在的親戚，也不是打冒支，不會不認的，爸爸跟四大爺的關係那麼近，早年替他家管事，出來進去那麼近呼，大前年梁大哥被胡子（土匪）綁去，你不顧生死，跑到東山里去說票（講贖人的價錢），來回跑了多少趟，現在咱們求求他，他能不理嗎？」

父親說：「姑舅親，輩輩親，打斷骨頭連著筋，他是我的親表哥，不是外人，怎能不管呢？」母親說：「就這麼辦吧，準備一下，叫他趕快去，不要再耽誤下去。」就這樣決定去省城——卜魁，就是齊齊哈爾。四大爺名聲德，字子明，在吳俊陞任黑龍江省省長兼督軍的年代，四大爺是省議會議長，人稱「梁議長」，是黑龍江省知名人士，又是士紳。海倫縣是他的老家，有的是房子和地，是個大財主，又是有實力的人物，我想找到他，不會沒辦法。

可是一動彈就得要錢，又該怎麼辦呢？母親說：「決定去吧，別再二心不定了，需要的盤纏，典當折賣也得湊。」父親這次也支持了，他說：「算計一下，得五十多元路費，我到街里張羅一下。」就這樣，父親借了六十元哈大洋，稍事整理，我便又再次離家外出，奔上茫茫的前途。

去卜魁，仍得經過哈爾濱，換中東路火車。有了去哈爾濱的經驗，膽子也壯了，到了哈爾濱，當天即去道里車站，買上夜間十一點鐘的票，還買了兩個麻花，坐在票房子裡，邊吃邊等候上車。不到十一點鐘，就招呼剪票了，遂隨著大流，剪票上車。

中東路的火車與呼海路不一樣，車廂裡是下中上三層舖板，每層很低，坐著直不起腰，上車就得躺著；車裡沒有暖氣，每節車廂裡，有兩個大鳖拉塔（大毛火爐子，老毛子叫鳖拉塔），不燒煤，燒拌子（劈柴），還不算冷。看別人都躺下睡了，我也照樣睡下。

這次出門是走親家，穿戴要像個樣，不能破衣襤衫的，把僅有的一件深藍色禮服，呢駝絨裡子的長袍，拿出穿上，外面還罩上一件陰丹士林的袍罩。睡下去，錢夾子從腰兜裡掉出來，我便把它放在小皮箱裡，睡覺時放在頭頂上。一覺睡去，車已到安達站，醒來一看，小皮箱不見了，驚慌失措，站起來到處尋找，不見蹤影。找到車上一個管車的老毛子，叫他幫我找，他愛理不理地，領我到各個舖位上查看，也沒找到，急得我團團轉；再叫他幫著找，他也不搭理了。

我心裡直冒火，箱子丟了，幾件衣服、幾本書倒不要緊，剩下的幾十元錢都在裡邊，身上分文沒有，這可怎麼辦呢？頭一次出遠門，遇到這種事，頭一陣一陣的發懵，連吃飯的錢都沒有，為之奈何？

那時中東路火車，只經昂昂溪，不到齊齊哈爾（卜魁），還得換小火車，才能到卜魁，有四十里路，又不能步行走去。一問車票要一元二角哈大洋，手無分文，急得在票房子亂轉。

忽然發現，東南屯的苑占春在候車，曾在私塾裡同過一年學，異地相逢，十分親熱，他問我到哪裡去？我說到齊齊哈爾親戚家裡去，在火車上把皮箱丟了，錢也丟了，手裡連買票的錢也沒有了。他說：「不要緊，走！我給你買票去。」絕處逢生，喜出望外，他給我買了票，一同上小火車，坐在一起談起來，他說他是到省城上中學的，我說我也是找親戚幫我上學。到省城下火車後，問明他的住處，便分手了。

當時我想起了「久旱逢甘露，他鄉遇故知，洞房花燭夜，金榜題名時」這首詩，深有切身之感，但將來能否金榜題名，實在不敢想像。出了車站，要去南門外梁家，不認識路，又很遠，怕是找不到，只得僱輛馬車，找到梁家之後，兩角錢的車費也付不出。

敲開門，出來一位老太太，一問是四大娘，雖未見過面，我把父親的名字一說，又說我來找四大爺，四大娘很熱情，叫我趕快進屋，我說路上把錢丟了，僱的馬車，還沒錢給他，四大娘拿了兩角錢才把馬車打發走。

我剛要進屋，抬頭一看，房門外面貼一張紅紙帖，寫著「主人出遊，恕不接待」八個字。到屋裡坐下，我把父親的信掏出來，她不識字，便說：「你先收起來，等你四大爺回來，給他看吧。」經四大娘一說，才知道四大爺不在家，說是到四川峨嵋山朝佛去了，得一個月才能回來。心想，怪不得門上貼了主人出遊的紅帖。

四大爺的外甥蒼寶忠，從東北大學畢業後，在黑龍江省民政廳當科員，原來也住在這裡，晚上下班回來，見面一談，他管我父親叫二舅，他小時候見過我父親。我碰巧遇到這位表兄，四大娘安排我同他住在一舖炕上。晚間談起來，知道我要找四大爺幫助我上學，他很同情，便說：「等二舅回來（他把四大爺也叫二舅）再說吧，他能有辦法的。」聽他一說，我心裡鬆快一些，只好等著吧。

寶忠兄每天上班，早出晚歸，我在家裡無事，除了看看書而外，主動幫助四大娘幹些家務活，特別是花廳裡養了不少盆花，每天要澆水，我對四大娘說：「這個活我能幹，你不用動手，告訴我怎麼澆就行了。」於是我每天就澆花、打掃花廳，很得四大娘的歡心。晚上則和竇忠兄睡在一舖炕上，他又把他在瀋陽東北大學唸書的情形介紹給我，也受益不少。

五月中旬，四大爺才回來，見到我很詫異地說：「這是守和（父親的名字）的兒子嗎？真不錯，守和還有這麼好一個兒子。」我對四大爺，經過父親的介紹，早就有個印象，可是四大爺從沒見過我，也沒人跟他說過，我已十九歲了，猛一見面，怎能不詫異呢？

四大爺只有一個兒子，叫梁振鐸，當然也是我的表哥，住在海倫縣，不在省城，因為家中是財主，人都稱他為「秧子」（即濶少爺的意思）；民國十四年（1925），海倫縣城被胡子（土匪）破城，梁振鐸被綁票，架到東山裡去了，勒令贖票，要的價碼很高，非破家蕩產不能贖回，就是認可破家蕩產，一時也變不出錢。四大爺愁得沒辦法，捎信叫我父親去，替他到東山裡跑一趟，與胡子當家的（土匪頭）磋商贖回表兄的事。

梁家一有為難遭窄的事，就找我父親去幫忙，這次我來求他幫忙，四大爺毫無難色，他問我過去唸書的情形，又問我想到哪個學校上學，我說：「家裡窮，沒錢供我上學，想找一個不花錢的學校，聽說明遠（四大爺的叔伯孫子）在東北陸軍講武堂唸書，那裡是公費，我也想上那去。」

四大爺說：「講武堂是當兵，守和就你這麼一個兒子，怎能去當兵呢？」我說：「二哥（四大爺的侄兒）也只有明遠一個兒子，他能去，我怎麼不能去呢？」說得四大爺無話可說，只說：「等我想一想再說吧！」我只好等著。

晚上竇忠表兄回來，我把四大爺不同意我上講武堂的話告訴他，他說：「別著急，等著吧，二舅會想辦法的，現在還不到暑假，各學校都不到招生的時候，哪個學校也插不進，等暑假再說吧。」於是我也就不急了。

四大爺是同善社的佛教信徒，每天早晨要打坐念佛，不許別人進屋驚動他，打完坐就出來蒔弄花，這時我早已把他要澆水的花，搬到外面去了，他一看很高興，誇獎說：「你也學會蒔弄花了。」我提水他親自澆，忙乎完了，才洗臉吃飯，我掌握了這個規律，每天就成了固定的工作。四大爺看我很懂事，滿意地說：「你的書沒白念，有出息。」

等到六月底，寶忠表兄說：「瀋陽各學校都放暑假了，你可以趁這個時候去瀋陽找個學校。」我把表兄的意見，告訴四大爺，他說：「好吧。你準備去瀋陽吧。」但究竟上什麼學校，他也沒跟我說，只寫了一封信給金鶴年和白倫璧，叫我去找他倆，並說：「叫他倆想辦法安排你唸書。」這兩個人和四大爺是什麼關係，我還弄不清楚，晚上寶忠兄對我說：「金鶴年是蒙古人，在黑龍江當過省議員，他是二舅乾女兒白淑英的丈夫，現在瀋陽東北蒙旗師範學校當訓育主任；白倫璧是二舅好朋友白世老爺的兒子，也就是白淑英的弟弟，已在講武堂畢業，現在講武堂當教官，你想上蒙旗師範或想上講武堂，他們都能辦到。」我一聽，甚是高興，那就準備去吧。四大爺給我三十元現大洋，足夠用了。

這時，張學良為了抵制南滿鐵路，自己修了一條與南滿鐵路平行的四洮鐵路，當時叫做中國鐵路，以示與南滿日本鐵路對抗的意思。寶忠兄和我研究，坐哪一條路的車？出於愛國的心情，我說坐中國鐵路的車。第二天寶忠兄陪我去買了火車票，晚上他又告訴我說：「坐南滿路的火車，得先坐你來時候的中東路火車到哈爾濱轉長春，才能換日本車到瀋陽日車站下車；坐中國鐵路的火車，到打虎山換北寧路的車，到瀋陽北站下車，你一定要記住，不要走錯了。」

便又坐小火車到昂昂溪，再搭洮昂鐵路。臨別時寶忠兄又給我十元大洋，以壯行色，當時我想，親戚這樣幫助我，真得好好唸書，不辜負親戚的關心。

到昂昂溪，換上洮昂鐵路，要走一天一夜，才能到瀋陽。上了火車，首先想這回可不能把錢丟了，隨時都加以小心，加以心情興奮，夜裡也睡不著。車運行在洮南（鄭家屯）的荒涼草原上，夜裡從車窗外望，野火熊熊，綿延數百里，當地人稱之謂荒火，無人撲滅。看累了，也就睡著了。

半夜裡車過打虎山時沒有醒，未換北寧路的車，直到四平街，下車一問，又把車票給別人一看，人家說：「你坐過站了，你的票是在打虎山換車。」這可怎麼辦呢？找到車站的人，說明坐過站的情況，車站上的人說：「你等著吧，等到夜裡十二點，你再坐四洮路的車，回到打虎山下車，再換北寧路去瀋陽，不要你再買票。」

正是早晨七點多鐘，要等到晚上十二點才有車，這一天帶半夜，怎麼等呢？心裡著急，恨不得立刻到瀋陽，在票房裡轉來轉去，逢人便問。有人說：「你要著急，買一張南滿路的票，四個小時就到瀋陽，但須買南滿路的票。」

一問，要四元大洋就可買到瀋陽的票，心裡一琢磨，決定買一張南滿路的票，不再轉打虎山了。坐上南滿日本的火車，中午就到了瀋陽。出了車站，幾個客棧接客的人，都穿著某某客棧的號刊（背心）圍上來拉我去住，從中選定大西邊門一家客棧住下，總算到瀋陽了。下一步怎麼辦，明天再說吧。

五、瀋陽的際遇

初到瀋陽，一切都感到生疏，首先要記住住址，以免迷路。在客棧附近一看，大西邊門有個拱形的鐵牌樓，寫著「陪都重鎮」四個大字，心想，這就是很好的標誌。第二天早飯後，問明了東北蒙旗師範的地址在大南關下頭艾家胡同。那時日本站有摩電車，往大南關沒有汽車，惟一的交通工具，就是馬車。遂僱了一輛馬車去蒙旗師範，到那一看，學校放假了，只有傳達室看門的兩個人。打聽金鶴年的住址，他們說就在路東不遠，小胡同裡，門上寫著「金寓」，就是他家。跑去一敲門，一位年約五十的老太太出來開門；一問金鶴年，她說去北京了，開學才能回來。接著又到講武堂找白倫璧，幸好見到了，說明來歷，把四大爺的信給他一看，他說等金鶴年回來，和他商量一下再說，叫我等著。問到梁明遠的情況，他說：「講武堂不放暑假，你把住址留下，星期天叫他看你去。」於是就在客棧等著吧。梁明遠年齡和我差不多，比我小一輩。他家住在望奎縣城裡，從前我每次進城就住在他家，一同放風箏、踢毽子，相處很好。現在他是講武堂的學生，我還沒有著落，感到命運的不同，有些慚愧。星期天梁明遠到客棧來看我，十分親熱，他說：「表叔，你從家裡來嗎？」我說：「不是從縣裡來，是從省城來。」把四大爺（他的祖父）叫我來找金鶴年、白倫璧，以幫我找學校的事告訴他，並把我想入講武堂的打算，說了一下。他說入講武堂得有人保送。談了一些他在講武堂的情況，看他穿著軍裝、紮著武裝帶，很令人羨慕，心想我能進去，和他在一起，該有多好。他也說：「有二爺（他呼四大爺為二爺）的信，他們會想辦法的，不用著急。」他領我到日本站逛了一圈，到小飯店請我吃了頓飯，就回去了。臨別時說：「你一個人不要去日本站，這裡很亂。下個星期我再來看你。」見到一個熟人，心裡踏實些了。等了一個多禮拜，白倫璧打電話告訴我：「金鶴年回來了，我已和他見了面，你去找他吧。」又去大南關，見到金鶴年和表姊。他們對我很熱情，並說：「連城（白倫璧的號）來，我們研究過了，不要上講武堂，就在蒙旗師範念吧，這個學校也是官費，吃穿都管。」我一想，不管什麼學校，只要不花錢能唸唸書就行，當即表示願意入蒙旗師範。又等了幾天，開學了，叫我到學校參加入學考試，實際上已經安排好了，考試不過是走走形式而已。第三天就通知我報到入學，編入後期師範文科。一切都非常滿意，我決心好好念下去，畢了業可以當教師，不愁沒工作了。這個學校以蒙古學生為主，兼收一部分漢族學生，我當然是漢族學生之一，可是我和蒙古同學相處很好，如滕續文、包福元、張錦堂等，朝夕在一起，毫無民族界限。我跟他們學蒙語，學唱蒙古歌，很快都能學會。校歌是蒙古歌，還有罕都爾瑪、大那不拉、索倫舞等，都能信口歌唱。他們和我毫無隔閡，成了好朋友。和校長郭道甫由於常常接近，也逐漸有了感情，常隨蒙古同學去他家，並不感生疏，這一點其他漢族同學趕不上我。搞文娛活動，郭校長叫滕續文編一齣話劇，反映蒙古青年革命的精神，定名為「呼和巴圖兒」，漢語是「藍色英雄」的意思。在編寫過程中，滕續文常和我研究，我就幫他修改詞句，排演我也經常參加，對語言表情動作方面提些意見。郭校長知道我對這齣劇很熱心，表示非常称讚。一九三零年寒假期間，在瀋陽青年會禮堂演出，我就在後台協助布景道具等工作，一些人還把我當蒙古人。演出之後，有人反映說，這個劇是鼓動蒙古青年起來鬧革命，傾向外蒙搞獨立。當時我思想渾渾噩噩，一心想唸書學好，不懂政治，接觸蒙古同學，為的是學好蒙文蒙語。一九三一年春開學時，郭校長突然被調走了，換了卞宗孟當校長。蒙古同學話裡話外流露出不滿情緒，我也不去理會這些。後來聽說郭校長被免職，與「呼和巴圖兒」這齣劇有關係。細一了解，郭道甫是蒙古青年黨，主張蒙古獨立的，難怪被免職。郭道甫離開學校後，我去過他家幾次，他說：「我不當校長了，閒著沒事，買了一台留聲機，每天在家聽留聲機。」那時候有留聲機，就夠濶氣了，比現在有電視機還神氣，言下帶有牢騷的情緒。這一年的三月間，利用春假，學校組織師生去千山遠足，我還是頭一次參加如此大規模的活動，情緒高昂，很是興奮。金鶴年也去了，我就替他背些應用的東西，特別是吸大煙的一套用具。在千山住了兩夜，逛了兩天，千山的古蹟——無量觀、大安寺、中惠寺、龍泉寺、玉皇閣、一線天、八步緊、頭扁石、一步登天等都逛到了。在無量觀的旁邊，有一個「葛月潭之墓」的石碑，葛月潭是個當官的，厭世出家，當了老道，當時還沒死，先把墓穴修好，沒有錢沒有勢，那是辦不到的。第三天返回學校，師生們都玩得很高興。歸來後學校徵文，寫千山遊記，我寫了一篇，獲得了一等獎，得《飲冰室文集》一部為奖品，同學們多有讚羨。在這個基礎上，我下決心把書念好，不辜負父母的培養，不辜負四大爺的栽培。學校一切都是公費，除了給做一套藏青呢子校服而外，伙食不花錢，住宿不花錢，書籍文具也不花錢，每月還發五元津貼，待遇十分優厚。這是其他學校所沒有的，可謂得天獨厚，尤其我這個窮學生，得到這個好機會，怎能不努力上進呢？我個人好了，但一想起家裡窮困的狀況，並不敢亂花錢，特別是我兩次外出，父母舉債，妻子賣首飾，姨娘賣首飾，一幕一幕的慘景，時刻難忘。於是將每月學校發的五元津貼，全部寄回家去，明知是杯水車薪，解決不了大問題，但這番心意，會使父母妻子，得到莫大安慰的。一九三零年放寒假時，同學們紛紛回家，我的津貼都寄回家了，再沒有路費，決心留校不走，一則省下錢寄回家去，二則可利用假期多學點東西。正在力圖上進的時候，不幸的事卻接二連三，劈頭蓋腦的來了。剛放寒假，接到母親來信，一看是我師鄭謹亭代筆，說母親病重，叫我回家。看此信息，如同一瓢冷水潑在身上，心情十分沉重。發的五元津貼已寄回家中，手裡分文沒有，一算計，從瀋陽到家，火車票就得二十多元，沒有路費怎能回呢？前面說過白秀英是四大爺的乾女兒，論起來是我的表姊，金鶴年當然就是表姊夫了。因為親戚關係，每逢星期六，表姊就打發老媽及老魏來叫我到她家去吃飯，我也不見外，到她家自動找活幹，他倆都有阿芙蓉癮，我就幫她熬大煙，處得像親姊姊一樣。那天去她家，她說：「放寒假了，你每天到家來吃飯，把學校給的伙食費省下來零花。」這句話觸動了我的心思，我說：「昨天接到母親來信，說是病重，叫我回去，我真想回去看看，但沒有路費。」把信給她看了，她說應該回去看看。再沒往下說，我也不敢再深說。第二天表姊說：「你回不回去？」我說：「沒有路費，怎麼回去呢？」表姊說：「連城（白倫璧的號）他能找到軍人免票，你去問問他，叫他給找一張。」我到講武堂找到白倫璧，把我想回家的情況對他說明，又說表姊叫我來找他，想辦法給找兩張軍人免票。不曾想，他馬上就給找了兩張。回來跟表姊一說，她說：「那就快點走吧。」金鶴年說：「拿軍人免票得穿軍裝。」表姊說：「你有一套軍衣，他穿可能不合身。」金鶴年說：「什麼合身不合身，湊合著混過去就行。」回到學校把寒假伙食費十二元領出來，表姊給我五元，又有軍人免票，經過這些幫助，我順利地回到家中。

六、命運多舛，悲慘的假期

家在縣城東南隅四道街，是自己買的五間草房，夾的板障子（木板圍牆），出租兩間，自己住三間；堂屋（廚房）在一頭，兩間住室，都是南炕，父母住外屋，我和妻子住裡屋。冬季天冷了，還得燒鱉拉搭（鐵爐子）取暖，燒的是豆餘子和麥餘子（豆糠、麥糠）。為了節省燒柴，我在家時，爐子安在母親這屋，爐筒子從我們住屋通出去。這次回來，一進院看見爐筒子從外屋窗子上通出來，心想必是為了省柴火，娘幾個都擠在外屋住了。如此想著已到房門跟前，推門一看，秀英（小妹妹）站在鍋台旁烙土豆片呢，見我進屋，哎呀一聲：「哥哥回來了！」撂下鍋鏟就往裡屋跑，我隨後也進到裡屋。母親坐在炕上，帶小（我女兒名）坐在奶奶身旁，黑子躺在奶奶懷裡。我到母親跟前鞠個躬，未及說話，母親哭起來，弄得我莫明其妙，心想，母親見我回來應該高興，為什麼一句話也沒說，就泣不成聲呢？妹妹從旁插嘴說：「哥哥一年沒回家，家裡少了兩口人。」母親越發哭的沉痛，我問怎麼回事？妹妹說：「我嫂子死了，留下個不滿周歲的小女孩也扔了（小孩死叫扔了）。」聽她一說，我內心呼地一下，看到母親哭得那樣，妹妹也隨之哭了，馬上鎮定下來說：「死了就死了，是她命短，哭有什麼用啊。」接著把黑子抱過來，坐在母親身旁，勸慰母親不要傷心，保重自己的身體要緊，經過一番勸慰，母親和妹妹都不哭了。黑子說：「奶奶，我怪餓的。」這時妹妹才想起鍋裡還烙著土豆片，跑去一看都烙焦了，趕快拿來，哄兩個孩子吃土豆片。母親嘆口氣，撫著我的大腿說：「你是今年二月二日離開家的，你還記得，那是龍抬頭的一天（舊俗農曆二月初二，叫做龍抬頭），到今個不滿一年，家裡少兩口人。你爸爸到海倫去了，半年多連個信也沒有，我和你媳婦整天掐著指頭算，暑假你能不能回來？接到你的來信和捎來的錢，知道你不能回來了，你媳婦急得偷著掉眼淚，我也是盼得眼睛紅，四月份生了個閨女，你媳婦常常口念不絕的說：『怎麼不回來看看？』我雖然也是想你，看到她那種犯愁的樣子，只好安慰她說：『不要著急，等他書唸完了，咱娘倆，也就有出頭的日子了。』」妹妹插嘴說：「妠妠和我嫂子，每天一端起飯碗就叨咕你，嫂子想你想得吃不下飯，孩子小沒奶吃，每天餵奶布子（小米煮熟後，擠出的米汁）。

嫂子上火常常頭疼，七月七那天，吃完晚飯拾掇桌子，忽然暈倒地上，妠妠急忙下炕去扶她，我也幫著往炕上抱，等抱到炕上，就斷氣了。嫂子死了沒幾天，不滿百日的孩子沒奶吃，活活餓死了。」說到這，母親又哭起來，拉著我的手不放，我又勸說一陣，才安靜下來，帶小摟著脖子，黑子坐在懷裡，呆呆地望著我。我內心雖有難過的情緒，卻不敢露出來，岔開話頭說：「妠妠，該做飯了。」我和妹妹到灶房裡開始做飯，妹妹淘小米煮飯，我就切酸菜土豆，兩個孩子圍在我身旁亂轉，知道我是唯一的親人了，帶小說：「爸爸我給你燒火。」抓把柴火就往灶坑裡填，幼小的心靈，真摯的表情，使我一陣陣心酸，有淚也不敢掉啊！還強顏為歡，安慰母親。晚飯後到裡屋一看，被褥疊在被格上，炕席上多厚的塵土，觸景傷情，不禁暗中掉淚。抱一床被褥到外屋，和母親睡在一起，母親述說這一年來的情況說：「你爸爸出去後，音信沒有，你媳婦死了，他還不知道，多麼叫人傷心！」我說：「不說這些吧。」我把一年來在省城，在瀋陽的經過，告訴母親，嘮到半夜才睡著。第二天是臘月二十三，是過小年，要送灶王爺上天，我跑到街裡買了二斤糖瓜，舊俗送灶王，要念一套歌：「灶王爺本姓張，騎著馬，挎著槍，上上方見玉皇，好話多說，壞話少說。」所以晚上我用蓆篾編個馬，做支槍，送灶王爺上天，這不僅是哄孩子，也是安慰母親。

母親寫信說是病重，也是實話，但是妻子的死沒有告訴我，於心不安，所以急著叫我回來。她的腰腿疼已是老病，幾年來都沒治好，尤其到冬天，就下不了炕。我回來除了領著妹妹和孩子忙著過年外，又請醫生、抓藥，扶持母親的病。母親說：「別找那些無用的醫生啦，花錢喝苦水（湯藥），都是白扯，自己養吧，命該死，想活也活不了。」我說：「妠妠！不能著急。得病如牆倒，去病如抽條。慢慢將養，會好的。」小年過了忙大年，儘管家窮，也得多少準備點年貨，便張羅打年紙（過年應用的東西），買豬肉，買白麵，蒸饅頭，包凍餃子，儘量求得母親的歡心。兩個孩子不離我左右，沒有母親了，顯得可憐，我也儘量讓他倆得到一點親人的溫暖。過年是孩子最高興的節日，穿新衣，吃好飯，放鞭炮，雖然手裡沒多少錢，也都辦置一些，給帶小買點新頭繩，給黑子買一掛小鞭炮，給妹妹買兩朵花。

三十晚上，按舊俗我和妹妹先給母親磕頭，然後叫兩個孩子先給奶奶磕頭，再給我和姑姑磕頭，然後分給他倆壓歲錢。孩子小臉蛋望著我，十分可愛，卻使我一陣陣心酸。母親和妹妹看樣子也有些難言之苦，不必細說了。

正月初三是帶小的生日，初四又是我的生日，母親記得最清楚。母親信佛教，常年初一和十五，都要吃齋一天；過年的時候，正月初一到初三要吃三天素，到初四才開齋。在初三這天，母親說；「今天是帶小的生日，正趕上吃素，不能動葷腥，先煮兩個雞蛋，明天開齋了，再和你爸一起過生日。」初四這天，早晨吃麵條，炒了四個菜，一家老小圍坐在炕桌周圍，剛端起碗，母親就把黑子抱到懷裡，難過的說：「要是你媽活著，今天該多高興啊。」言下不勝悽慘，我急忙說：「不提那些吧！咱們痛痛快快的過年。」帶小兩只小眼睛，不住地看我，我說：「今天是給咱倆過生日，吃長壽麵，要多吃些。」氣氛緩和了，都愉快地吃起來。剛吃完早飯，住在東關里的表姊，抱著孩子來看我。她是我大姑的小女兒，我呼之為老姊（這個「老」是最小的意思），從小就在一起玩，如今大了，嫁給東門里李家燒鍋，聽說我回來了，特意跑來看我，也是回姥姥家來拜年，相見之下，歡樂之中，又帶有無限悽楚的表情。她說：「你走了一年，可把你媳婦想壞了，若是不死，今天該多好，兩個孩子真命苦。」母親說：「老李呀，別提那些了，人活一輩子，哪有十全十美的。」表姊很關心我，不住地問這問那，我把在省城和瀋陽的情況講給她聽，好像小時候在一起講瞎話（故事）一樣。表姊見我做飯，她就下手幫我做，似乎有可憐我的表情，留她在我家住了兩天。初六一早，她要回家，彼此都有依依不捨的心情。天下哪有不散的筵席？我替她抱著孩子，送她回家，順便也給她公婆拜個年。一幌正月十五過了，學校也快開學了，我對母親說：「我該回學校了。」母親怎能捨得呢？很難過的樣子對我說：「晚去兩天，等過二月二再走不行嗎？」我很理解母親的這種心情，便說晚走兩天，也沒問題，寫封信請幾天假就行了。在這當兒，大妹妹帶來個口信給母親，說是病得很厲害，很想念我，問我回來沒有？母親對來人說：「你回去告訴老王（指大妹夫），說哥哥回來了，過幾天就去看她。」我聽說大妹妹病了，心裡非常著急。母親又說：「東邊井（大妹家的住處）一來人，小鳳子（大妹的名字）就問你回來沒有，這回你走時，一定路過她家住一天看看她。」母親接著又說：「還有一件事，也得辦一下，你媳婦死後，正是青紗帳起，沒法落葬，棺材還在東關外路邊上擺著呢，你不在家，誰去埋她？這回你走的時候，順路也把她送到東邊井咱的墳地裡埋起來，也就了了一份心事。」母親得病在身，不能下地，又東牽西掛，一大堆心事，眼看我又要離開她老人家，嘴裡不說，心裡是十分懊糟的。無形中她著急上火，病情加重，吃不下飯，幾天都不解大便，我和妹妹束手無策，乾著急，沒辦法，只好請醫生診治，也不見效。說話到了陰曆二月二，小妹忙著給兩個孩子串龍尾（用各色花布剪成小圓塊，把泡軟了的蔴籽，和布塊相間串起來，給小孩帶在肩膀上，叫做龍尾），我就找點各種顏色的線，摺葫蘆、燕子、印，哄孩子玩，藉以寬慰母親的愁思；明知是苦中求樂，在當時那種貧病交加的家庭中，也只能如此。

過了二月二，決定要走了，還有一口棺材要拉走，一個人怎麼辦呢？於是跑到北四道街，找到亡妻的堂兄王德春，求他幫忙，借了兩匹馬，拴一張扒里，叫他幫我把亡妻的靈送到東邊井。他義不容辭，第二天，套上扒里，到東關外把棺材裝上，我和他坐在棺材上，奔東邊井去了，計畫是先把棺材安置到墳地，然後去看大妹，再轉赴四方台車站上火車。縣城距東邊井四十華里，早上走，下午一點多鐘就到東邊井。扒里拉著棺材，未敢進屯子，我一人到屯子里找到舅父和姨父，請他們幫我把靈送到墳地。正是天寒地凍，無法挖穴，只好暫時浮厝，等開化了，請舅父和姨父，挖個坑給埋起來。安排好了，急忙就去東窩棚看大妹妹，來到她家，已是下午四點多鐘了。冬季天短，太陽快落了，一進門，大妹的大伯嫂驚訝地說：「哎呀！大哥呀！你可來了，大妹子病得很重，天天在盼你來，趕快去看看她吧！」我說：「滿身霜雪，渾身都是冷氣，稍微緩一緩再去。」說罷進了東屋，與大妹的公公王二爺見面，他說：「你來就好了，整天就是盼你。」說著拿掃帚掃身上的霜。這時天已黃昏了，我到西屋去看妹妹，她躺在炕上，眼睛直直地望著我，似乎要說什麼，但已說不出話來了。我心想怎麼病成這樣子了！我把她的手拉過來，招呼她的名字，她眼睛呆呆地望著我，一點反應也沒有。握著她的手，感到手梢發涼，仔細看看她的面孔，嘴唇乾裂，鼻孔也乾枯發黑。手在她面前幌一幌，眼睛也不會轉動了。我心裡咯噔一下，想妹妹不行了。一摸她的臉，鼻子已冰涼冰涼的，摸摸耳朵，耳唇也冰涼的，摸摸她的脈博，半天跳一下，出現了「屋漏水流，半時一落」的絕脈，立刻對她大伯嫂說：「人不行了，熬不過今天晚上，趕快給她準備兩件衣服吧。」正說著，她示意給她大伯嫂，要拉屎，大伯嫂說：「大哥！大妹子要解手，你先到東屋坐一下，我扶她起來解手。」我立到東屋去，沒等坐下，西屋她大伯嫂便高聲呼喊：「大哥！快來吧，大妹子已沒氣了。」我立刻跑過去，他公公也跟過去，只見大伯嫂抱著她，頭已搭拉下來，眼睛閉著，停止呼吸了，我說：「趕快放下，讓她緩緩。」說著我伸手把她平放在舖上，手腳都順一順，摸摸脈博不跳動了，摸摸心口窩也不跳了，便說：「不行了，緩不過來了，給她穿衣服吧。大伯嫂和我、他的丈夫，還有兩位嬸婆，都跑過來，忙著為她穿衣服，找了幾件她出嫁的新衣服，穿好了停放地下，已經半夜了，坐在她屍體旁邊，我對她家人說：「不曾想她的病這麼重，唉！生死有命，富貴在天，也是她命該如此。」她大伯嫂說：「大哥來得還好，總算活著見了一面。」我說：「連句話也沒說，真叫人後悔，我如果早來幾天，也許能寬慰寬慰她，現已如此，還有什麼話可說呢？」回到東屋，一夜也沒合眼，思前想後，翻來覆去，欲哭無淚，心亂如麻，自嘆我的命運，怎麼這樣糟？不幸的事，都叫我攤上了。一想，母親知道鳳子死了，病上加愁，也許一口氣上不來，家裡只有一個小妹，那可怎麼辦呢？想到這裡，我不能走了，還是回去服侍母親吧。

第二天鳳子的公公，與我商量出殯安葬的問題，我說：「一個年輕人死了，好歹埋起來就算了，按照你們的規矩辦吧，我沒有意見。」於是決定在家裡停靈三天，安葬在他們王家的墳地裡。請個陰陽先生來一查看，第三天安葬犯重喪，這是喪事中最忌諱的一點，乃改為第四天安葬；我也只好等著，把妹妹安葬後再走。第四天一清早送殯安葬，她沒生孩子，沒人打靈頭幡，只好按習俗，把靈幡放在棺材上，叫做「自己給自己打幡」，聽來心裡更難過。我跟送我來的妻兄王德春一商量，送殯完了，咱就不回王家，接著回縣城吧，他同意這樣辦。於是把大妹安葬之後，立即回城。路上我想，我回家，母親一定要問怎麼回來了？便決定到家以後，把大妹的死如實地告訴母親，不能瞞著，反正我決定不走了，母親萬一有個好歹，我還可以照顧。

下午三點多鐘，到了城裡，叫妻兄把借的馬和扒里，代為送還，我自己回到家中，母親一見，詫異的說：「你怎麼回來了？」我趕快坐到母親旁邊，把鳳子死的情況告訴她，立即安慰她老人家說：「妠妠，鳳子的病是稀屎痨，病了一個多月了，治也沒治好，也算她有幸能和我見上一面，立即嚥氣了，也是該她命短，你千萬不要上火。」母親嘆了口氣說：「嗐！我自己顧自己，都顧不過來，哪有精神管她，死就死了吧。」她嘴裡這樣說，眼淚卻流出來了，傷心的情緒，也是無法掩蓋的。小妹在旁抽泣起來，我心裡何嘗不難過，只好忍著心疼，繼續勸慰母親，我說：「妠妠，你心裡一定要想得開，保養自己的身體要緊，我暫時不上學去了，在家裡服侍你。」母親傷心嘆氣地說：「苦命的孩子，我命苦，你比我還苦，死了媳婦又死妹妹，弄得連書都念唸不成了。」我說：「等你病好了，我再去上學，也不算晚。」小妹說：「哥哥，還沒做飯呢。」我立即說：「咱倆做飯去。」兩個孩子還不太懂事，見我回來，就撲在我懷裡。我說：「帶小啊！爸爸給你們做飯去。」母親說：「帶小、黑子，都到奶奶這來，讓你爸去做飯。」小米乾飯、酸菜熬土豆，很快就做好了。晚飯後睡在炕上，母親又問起鳳子死的情況，我又把見到面沒說一句話，以及死後穿的衣服和安葬的情形，詳細告訴母親，母親說：「你到了就嚥氣，那是等著你呢。你走那天晚上，我就夢見鳳子回家來看你，真的能見你一面，也就安心了。」小妹聽了又抽泣，我說：「秀英啊！不必難過了，以後我在家，咱倆服侍妠妠，照看孩子，你也可以輕快一點。」她說：「姊姊死了，我著急也沒用，你不容易找到個不花錢的學校，鬧得現在又不能上學了，這可怎麼辦？」我說：「先不要管我，等以後再說吧。」母親又說：「我這病是個老病，一時好不了，一時也死不了，你該走還得走，不能扔掉這個機會。」我說：「明天我寫封信，請求休學半年，暑假後再去上學。」嘮來嘮去，都入了夢鄉。第二天早飯後，鄭謹亭老舅來看母親，一見我還在家，便說：「你不是走了嗎？」我說：「走了半截又回來了。」母親急忙插嘴說：「謹亭啊！別提了，他走到東邊井，出了岔子，小鳳死了，害得他沒走成。」接著又把鳳子死的情形，和我打算不去唸書的情形，告訴了鄭老舅。他是我多年私塾的老師，非常關心我的學習，我在瀋陽和家中通信，都是他為母親代筆，了解我在瀋陽的情況。聽說我不去上學了，很不以為然，說：「難得進了這樣一個好學校，不去太可惜了。」我說：「我想休學半年，等我妠妠病好了，再去。」他說：「能休學嗎？」我說：「還沒寫信呢，等一會我就寫信，能不能行，試著看吧。」我想，火燒眉毛顧眼前，來日方長，總會有唸書的機會，他點點頭說：「也只能這樣辦。」

鄭老舅走了，我寫了信給學校，請求休學半年，自此每天和小妹倆料理家務，為母親請醫生治病。遭到這麼多難心的事，母親的病怎會減輕呢？該請醫生還得請，母親已不相信醫生，再吃藥也很難見效。

順從母親的心意，再也不抓藥了。延遲到三月中旬，天氣漸漸暖和了，母親的病也稍微緩和些。一天晚上，躺在炕上，母親又說：「應麟哪！你是最孝心，最聽妠妠的話，我想你還是去上學吧。你蹲在家裡，固然是可以照料我，但我看見你有學不能上，一天到晚，出來進去，坐不穩，站不安，我心裡也焦慮。你上學去了，我心裡去了一個疙瘩，病也會好得快一些。」我想母親這話是發自內心，也有道理，便說：「我已經寫信請假了，不必著急，等幾天看看再說吧！」從此，母親一說話就催我趕快走。盼望兒子有出息，再沒有比母親的心情迫切了。

遵從母命，在三月十六日，離開了母親、妹妹和孩子們，生離之苦，也是無可奈何的。憑著軍人免票，回到了瀋陽，先到金鶴年家。他和表姊見我回來了，也很高興，我把回家後的種種遭遇說了一遍，他倆也不禁唏噓。姊夫說：「你寄來的請假信已看到了，既然回來了，就趕快報到上課吧。」身在學校，心裡老是惦念家中母親，於是每月往家裡寫封信，並依然把五元津貼寄給母親。

五月底，接到鄭謹亭老舅以父親名寫給我一封信，告訴我母親的病已好多了，每天能領著孫女、孫子，到東北隅公園去散步了，父親也回家了，叫我安心唸書，不必惦念家中。本想到暑假再回去看看，得到這封信，便不做回去的打算了；五元津貼，還是按月寄回去。到了暑假，表姊叫我到她家吃飯，學校假期裡，兩個月的伙食費二十四元可以領出來，留了四元費用，給家寄回二十元，我想家裡也會寬綽一些了。假期裡除幫著表姊料理家務外，就回到學校看書，把吃力的功課——蒙文、代數，追趕一下。一到星期天，表姊兩口子總要去日本站逛一趟，到大煙館裡過足了癮，再買二兩煙土（鴉片），夠一個禮拜抽的，然後到小館裡吃一頓，才回家。

他們在煙館裡吸煙的時候，我就到街上去逛，那時日本站的商店、旅館比比皆是，大煙館也不止一家，特別是妓館，日本叫「料理店」，到處都是，門前掛著妓女的照片，許多妓女花枝招展，站在門前拉客，賣弄風騷，我不敢正視，低頭而過。到日本站候車室一看，有不少展示櫥櫃，展覽的都是捏的泥人，盡是中國舊社會落後的風俗習慣和社會上的舊生活醜相，如老頭留著長辮子，戴著瓜皮帽，老太婆裹著小腳，大姑娘叨著旱煙袋，孩子放在搖車裡（吊起來的搖車）等，把中國人醜化得不像樣子，看了觸目傷心。感到租界地任人宰割，真是心腹之患，見了趾高氣揚的日本人，只有望而遠之。日本站成了日本的天下，中國人連大氣也不敢出，真令人痛心！

第三記　青年生活之二

一、生計地的毀滅
二、遭逢國殤，流亡逃難
三、追憶「九一八」之晨
四、機關學校關門，省府遷移錦州

一、生計地的毀滅

我們家所以由海倫縣信字十一井，搬到望奎縣正白旗前二佐，是因為正白旗前二佐，有屬於我家的四十五垧地和十間草房，這就是我家的家產。這份家產怎樣來的呢？這還要從我祖母說起。

祖母的娘家——梁家，是黑龍江省的頭等戶，到處都有他們的土地，正白旗前二佐這四十五垧地也是梁家的，這時候祖母的侄兒梁聲德，在黑龍江省當省議長，赫赫有名，他對我祖母說：「老姑奶奶，年紀老了，連一塊養老的地也沒有，就把我在正白旗前二佐那四十五垧地和十間房子，送給你做生計地吧，叫守和（我父親）好好經管，每年收點地租，也夠你養老了。」

藉祖母的光，我從六歲起，一下子變成富戶了，所以由信字十一井搬到正白旗前二佐，這是民國六年（1917）的事。我從小能上私塾讀書，都是靠這份家當。父親也靠這份家當，肩不挑擔，手不提籃，過著優裕的生活。家裡養兩匹騎馬，無事就和屯子裡其他養馬的人賽馬玩耍，同時也有賭博的嗜好，每天無事就找四個人，坐在一起看紙牌，賭輸贏。祖母說他，母親勸他，不要賭錢，他也不聽。

民國十二年的春天，有幾個和父親常在一起賽馬的人異想天開，湊合一起要到蒙古販馬；沒有本錢，就用地到縣裡儲蓄銀行抵押貸款。於是便去海拉爾趕韃子馬。去了半年多，到秋天把馬趕回來了，一千多匹生馬（未馴過的馬），僱了幾個馬倌。

記得其中有蒙古人老白，一個山西人福長子，都是會抓馬的人，便在屯子裡開始賣馬。一些莊稼戶紛紛來買韃子馬，經過一個冬天，馬快賣完了，都是記帳，沒收回現款。父親和其他幾個合夥的人，每天騎著馬到處收錢，跑到第二年春天，大部份錢都要不上來。收到一些錢，認為是賺了錢，便整天吃喝。直到第二年秋天，賣馬的錢還收不回來，可是銀行貸款到期必須歸還，無力歸還，只好把地作價還債，房子和地都歸了銀行。

外欠的馬錢，一直收不回來，祖母埋怨我父親，放著好日子不過，一天到晚窮折騰，房子、地都折騰光了。她老人家無可奈何地說：「我該著是受窮的命，元寶都長腿跑了！」祖母這份生計地，就這樣毀滅了。等到我十六歲時，祖母去世，便開始過窮日子。

這時我還繼續唸書，到了民國十七年（1928），已是八口之家的小家庭了，家境越發困難，我也無力上學了，困守家門，日坐愁城。挨到民國十八年，掙扎著外出求學。可是天不佑我，妻子早亡，兩個妹妹也都相繼病死，接著母親去世，父親流浪在外，家裡只有兩個襁褓中的孩子，投靠我舅父姨父家扶養。這個家庭就這樣土崩瓦解了。

二、遭逢國殤，流亡逃難

一九三一年春天，經過多少周折，費了九牛二虎之力，克服了家庭重重災難，才回到瀋陽繼續讀書。滿打算畢業之後，能當個教員，有個正當的出路，把這個離散了的家重新支撐起來，使兩個孩子有個歸宿，也就好了。孰料事與願違，國家的命運，也像我個人的命運一樣，多災多難。

暑假過後，正在孜孜學習的時候，舉世震驚的「九一八」事變爆發了。一夜之間，瀋陽城被日寇佔領，士農工商百業關門，學校也停課了。校長卞宗孟宣布：「看樣子短時間恢復不了，大家都回家去躲避一下，聽通知再來復課。」

於是遠近的同學都各自回家，我哪有路費回家呢？困在學校裡走投無路。表姊和姊夫問我：「你打算怎麼辦？」我說：「我不想回家，一無路費，二無出路，回去只有困在家裡，毫無辦法。」他倆說：「看樣子學校一時開不了學，很多人都往關裡跑，我們也打算進關，你跟我們走，行不行？」我說：「那怎麼不行呢？不過我沒錢，你們能帶我走，我是求之不得的。」於是便決定跟表姊兩口子進關。

那時候只有北寧鐵路是通北平的，我跑到北寧路車站一看，已陷於混亂狀態，車站無人賣票，也無人管理，逃難的人擠滿了車站，都在搶著上車。車滿了就開，人太多了，車廂內擠滿了，就扒在車廂頂上，像蜂子一樣，叮在上面。車開走了，什麼時候再有車？誰也不清楚，只有在車站瞎等。

我回去把情況告訴了表姊和姊夫，他們說：「這樣混亂不說，咱們哪有本事去擠呢？」一合計，打算走南滿路去大連，從大連坐船去天津。北寧路走不成，也只有走這條路。於是我又到日本站去看情況，到那一看，候車的人也不少；但秩序不亂，可以買到票。回來跟表姊兩口子一說，便決定去大連。我又到日本站，買了三張急行（快車）車票。

第二天，也就是「九一八」後的十三天，十月一日，登車去大連。那時，大連完全是日本化了，早已是日本的勢力範圍，車站站台上寫著「大連驛」的牌子，走到街上，商店招牌也是日本字，見到的大都是日本人，好像到了外國一樣。找個旅館住下，姊夫說：「這裡有一家蒙古王公，是我的熟人。」要去拜訪他。

晚飯後，他倆和我乘摩電車去蒙古王爺家串門。找到之後，一進門要脫鞋，我們穿的是皮鞋，脫起來很不方便，人家給我們每人一雙鞋套，套在鞋外面，進門就坐在地上（實際是榻榻米）。姊夫用蒙語和王爺談話，我和表姊都不懂，坐在一旁，呆呆地聽著，品著主人端來的茶。談了一個多小時，辭出後又坐摩電車回到旅館。打聽船期，明天就有開往天津的長奇丸，託旅館代買了三張四等艙的票。第二天傍晚上了船，表姊兩口子都很高興。

開船不久，天就黑了，他們要抽大煙，我就把事前準備好的煙燈煙槍拿出來，給他們燒煙泡，照顧他們吸煙。過足了癮，他倆都睡著了。我坐在艙邊，從小圓玻璃窗往外看，只看到窗口緊挨著水面，波浪打在窗子上，看不清外面的景色。

大約半夜的時候，海風大作，波浪滔天，船搖幌得很厲害，甲板上散坐的人，都下到船艙裡。甲板上拉起篷布，海浪從篷布上面掠過，把船打得歪過去。剛剛平衡過來，又是一浪，如此搖幌，艙裡的人坐不穩，手把著鐵柱子，左搖右倒，個個人都暈得吐綠水。艙內放的柳條包，翻來翻去，傾斜度之大可以想見。船不能前進了，拋錨避風，稍微穩當一點。許多人已經暈得迷昏過去。我適應能力較強，沒吐綠水，但心裡也直翻騰。表姊、姊夫嘔吐得沒辦法，想要抽口煙壓一壓。我就點上燈給他倆燒煙泡，湊合著抽了兩口，居然不嘔了，安靜的睡著了。我瞪眼睛看那些東倒西歪暈迷的人，心想，沒想到坐船遭這麼大的罪。

挨到天亮，風小了，船又起錨西進。據說，這段海面叫「黑水洋」，是旅順口老鐵山頭和山東蓬萊登州海角相對的一段海面，水深得發黑，所以叫「黑水洋」。無風時船經這裡，都搖幌得很厲害，今天遇上風，自然就很危險了。天一亮，船開了，艙裡的人都到甲板上，艙內寬鬆一些；表姊兩口子醒來，煙癮又犯了，點上燈抽大煙，然後拿出幾塊槽子糕，每人吃了兩塊，就算是吃早飯。

下午六點多鐘，天已黑了，抵達大沽口外，必須等潮才能進天津海河。等了一夜，第二天早兩點多鐘，潮來了，又起錨隨潮進入天津市。下船僱了一輛馬車，過了東浮橋到天津市公安局，找到白連城，住在他家裡。這一段逃難的生活，才告一段落。

三、追憶「九一八」之晨

一九三一年九月十八日的早晨，不是一個平靜、清新爽朗的金秋早晨，而是一個日本帝國主義軍閥侵略者鐵蹄橫飛、砲火硝煙瀰漫了整個瀋陽城的早晨，是東北三千萬父老兄弟姊妹沒齒難忘的一個早晨；也是中華民族史上，可悲可恥的一個早晨。

這一天凌晨一點多鐘，突然從日本站發出接連不斷的砲聲，轟隆轟隆，飛越瀋陽城上空，震撼得全城地動山搖，房屋門窗嘩啦嘩啦地作響。我們學校——東北蒙旗師範學校，地處大南門下艾家胡同，離大南關一里多路。轟轟的砲彈，正從上空掠過，全宿舍的同學都震醒了。下巴額搭在枕頭上，你一言我一語，紛紛揣測議論。有的說日本鬼子又在演習啦！有的說：「不像是演習。你聽！每砲都是實彈，把咱睡的板炕，都震得直顫顫。」還有人說：「演習也不能往咱城裡打砲呀！」七言八語，說個沒完，但都感到惴惴不安，似有大難臨頭的感覺。砲聲不停，都睡不著了，天剛濛濛亮，都穿衣起床，出來進去，坐立不定。

我和幾個同學說：「走！咱去看看，到底是怎麼回事？」於是張錦堂、滕續文、包福元和我，走出校門，到胡同口一看，街上靜悄悄的，沒有行人。我們就直奔大南關而去，遠遠望見城門未開，走到跟前一看，只離開一個縫，走進去一看，四個戴著鋼盔，全副武裝的日本兵，手擎步槍，上著明晃晃的刺刀，一動不動，站在兩旁。

我們心裡一楞，日本兵眼睛盯著我們；想要退回，又怕日本兵給一刺刀。幸好日本兵沒吭聲，也沒動手，我們故作鎮靜，很快走進去，日本兵也沒阻擋。我們就直奔鐘樓，還未到鐘樓跟前，遠遠看見大隊的日本步兵、砲兵、騎兵，像洪流一樣很坦然的直奔大東關。我們站在旁邊看呆了，看樣子不像戰鬥。有個日本步兵抽出戰刀，向我們比劃，嚇得我們扭頭就往回跑，跑到南關，守門的日本兵，也沒阻攔。

出門後，一口氣跑回學校，同學們圍著問怎回事？我們說：「完了！瀋陽城給日本佔了，日本的軍隊正往東關開呢！」大家問：「沒有中國兵嗎？」我們說：「沒見中國兵，很奇怪，連邊業銀行門前站崗的兵也不見了，也沒聽到槍聲。」大家以詫異的神情，紛紛議論：怎會一槍不放，就讓日本兵進來了呢？

早飯後，有些走讀的同學來了，他們說：「舖子都沒開門，街上也沒人走，不知怎回事？」這時卞校長由後院出來，見大家議論紛紛，他站在台階上對大家說：「現在情況還弄不清楚，看樣子，瀋陽恐怕有問題了，有的老師都沒來，校外的同學也沒來幾個，今天暫時不上課了。走讀生先回家去等著，住校的人都不要外出，免得發生意外，等情況弄清楚，再通知你們。」說罷，走讀生要走，聽到馬路上有摩托車聲，扒牆一看，是日本兵，車上還架著衝鋒槍，嚇得也不敢走了。隔了一陣，日本兵過去了。走讀的同學說：「趕快走吧，日本兵是在巡邏，恐怕一會還要來。」說著都走了。

從此，日本摩托車隔一兩個小時就梭巡一趟，這就說明日本兵已經佔了瀋陽。情況一天一天的嚴重，學校無形中也就停課了。當天日本關東軍司令部就宣布：「大日本帝國軍隊於本日午前六時二十五分，完全將瀋陽城佔領。」晴天霹靂，若大個瀋陽古城，一個早晨就無聲無氣地淪於日本強盜之手，東北的軍隊都跑哪去了？

許多大機關，如北陵方面的北大營、東陵方面的東大營、東山嘴子陸軍講武堂、兵工廠、空軍司令部的飛機庫，以及城內的航空司令部、西邊門外的海軍司令部，邊業銀行、省政府，都被日本兵佔領了。

當時張學良不在瀋陽，在瀋陽負責的有參謀長榮臻、省長臧士毅，這時候毫無聲息，不知哪裡去了？據說當天晚上，日軍發動進攻的時候，榮臻、臧士毅曾以電話向北平張學良請示，張學良當即指示，叫他們不要抵抗，聽候中央處理。

十九日報上果然報導：「張學良在病院（協和醫院）召開最高幹部會議，決定遼寧軍絕對採取無抵抗主義，瀋陽問題，一兩日內專派湯爾和、顧維鈞至日本公使館質詢此次日本軍之行動與目的。」這就是不抵抗的依據。

九月二十一日，張學良在協和醫院，對日本新聞記者發表談話說：「據昨夜接到遼之報告，關於瀋陽中日不幸事件之情形，已早知矣，惟因對此，不獨無抵抗之能力，且又無交兵之理由，是以絕對不加抵抗，任日本之所為，此種覆命，余早已發出。」（見當時泰東日報）身為副總司令，居然大言不慚，說出這種話，實在令人痛心！

事後了解，當時瀋陽並不是沒有軍隊，北大營有第七旅，東大營有六一九團，駐在瀋陽的正式軍隊有五千多人，學生隊（正規訓練的部隊）有三千多人，陸軍講武堂有一千多人，包括兵工廠、省政府、空軍司令部、海軍司令部等軍政機關的武裝警衛人員，總計不下萬人。

因奉命不准抵抗，除了北大營第七旅衝出包圍開赴新民，東大營六一九團和講武堂學員開赴山城子以外，其他武裝人員都束手投降。特別是學生隊，都是血氣方剛的青年，在事變當時，叫兵器庫管理人開門取槍抵抗日寇；聽到上級命令不准抵抗，都痛哭流涕，紛紛脫掉軍裝，各自逃散，這是多麼悲慘的事實！

每念及此，無不痛恨那些平日高車駟馬、躍武揚威的官老爺們，枉費了民脂民膏，養尊處優，一旦事到臨頭，卻像城狐社鼠一樣消聲斂跡，連影也看不見了，能不痛心？

當時佔領瀋陽的日本軍，是第二師團長多門二郎中將率領的一部分軍隊，只有一個營，還是從海城、瀋陽等地現調回來的；以此區區武力，竟把偌大的瀋陽，甚至東北四省，不數月間一口吞掉了，責在何人，能不遐思？

九一八事變的第二天，九月十九日，多門二郎張貼出一張通告：

1. 日本軍負保護華人、維持治安之責。

2. 中國人若有加害日本人者定予槍斃。

3. 一切集會示威運動悉予禁止。

九月二十一日，日本關東軍司令官本茫繁宣布，於省城內外，施行臨時市政，土肥原任市長。

嗚呼！從此瀋陽城，竟成了日本人之天下。

四、機關學校關門，省府遷移錦州

日本軍閥發動侵華戰爭，兵不血刃，唾手佔領了瀋陽城。當時情況並不混亂，而是商賈閉市，居民閉門，機關學校關門，形成死城。許多重要機關，日本軍只派幾個崗哨，門前一站，機關辦公人員就不敢上班了。

當時瀋陽主要負責人參謀長榮至臻、省長臧士毅，下落不明，傳說被日本軍監禁起來了。後來了解，並未監禁，而是無法行使職權，躲避起來了。機關辦公人員紛紛往關內逃，各尋生路。旅居瀋陽的一些滄、淳、洛幫的商人，也搶著回關裡。

當時北寧路火車無人管理，混亂不堪，北站已癱瘓，改由皇姑屯開車，既不賣票，也無車次、無時間，車擠滿了就開，誰擠上誰走，亂得不成樣子。在這種情況下，日本駐瀋陽領事森島，曾找臧士毅省長，協商市內治安問題。究竟如何交涉，不得而知，但未見有任何措施。臧士毅在瀋陽，無形中等於解職。

九月三十日，遼寧省政府為了擺脫日本軍的控制，遷到錦州，由朱春霖代理省長，繼續辦事；實際上就是接待機關逃亡人員，既無法行使政權，等於流亡政府。

省政府遷走了，地方怎麼辦呢？土肥原雖然擔任市長，也行使不了市政職權，特別是老百姓的生活問題，買不到米麵油鹽，逼得一些人砸糧店，搶油鹽店的事故，天天出現。除了日本軍用摩托車、機關槍鎮壓而外，別無辦法，實際上這也不是辦法。

土肥原是流氓頭子，慣於利用特務手段，乃於九月二十六日成立了地方維持委員會，由袁金鎧、于沖漢、闞朝璽、李友蘭、丁鑑修、孫祖昌、張成箕、金梁、佟兆元等九人為委員，袁金鎧為會長，利用所謂社會名流，來穩定人心。

在這形勢下，什麼「四民維持會」「東北紳民時局討論會」，以及維持地方公安的商團，都出來了。張學良在北平得知這些情況，深為不滿，曾電南京蔣介石，請求通緝袁金鎧；但究竟有沒有通緝？未見下文。實際在日寇庇護下，通緝又有什麼用呢？瀋陽淪陷不到三個月，整個東北都囊括在日軍手裡了，接著便是「偽滿洲國」的出現。這是另一段歷史，又當另寫了。

第四記　流亡生活之一

一、逃難天津，錄事謀生
二、故都蹤影，流浪在北平
三、南下深造，埋首曉莊
四、竹林詩社，意在學賢
五、邊疆事情社，刻苦求知
六、早起晚睡，發奮圖強
七、參觀實習，遊覽江南
八、蘇州婚約，良緣再締

一、逃難天津，錄事謀生

一九三一年九月底，「九一八」後的十幾天，隨著表姊和表姊夫，從日本站乘南滿路火車，逃到大連，又從大連坐船到天津。一下船，驚魂未定，就有不少人圍上來，詢問東北家鄉的情況。原來這些人，也是剛從東北逃出來的。這幾天東北變成什麼樣子，是十分惦念的，所以每逢從東北來的人，就急著打聽家鄉的消息。

我突然碰到了與表姊夫相識的東北大學工學院院長臧啟芳教授。實際他到天津才三天，急於知道瀋陽這幾天的情況，所以每天在碼頭轉來轉去，逢人便打聽消息。姊夫把北寧路混亂的情形，和不能從北寧路走的原因告訴他。他說：「我也是從大連坐船出來的，就我一個人跑出來，家眷都沒來得及帶。」

從旁我意識到了逃亡的心情，一個堂堂東北大學的院長都如此狼狽，其他人便可想而知了。我能隨表姊他們出來，而且來到聞名已久的天津衛（天津的別名），真是萬幸。表姊他們來天津，是奔他弟弟白倫璧來的，白倫璧當時任職天津市公安局保安大隊長，住址在河東，東浮橋頭。我跑到碼頭外面僱了一輛馬車，三人直奔東浮橋公安局，找到了白倫璧。互相寒暄之後，表姊兩口子住在他家裡，安排我住在保安大隊的宿舍裡。我心想總算暫時安定下來了。

白天沒事，我就到附近的大街上逛逛，吃飯就跟表姊他們在白倫璧家裡吃。白太太很熱情地問我怎麼沒回家，原來她是海倫縣人，與白倫璧是小同鄉，也很想知道家鄉的情況，可惜我也不了解，無法回答。

過了幾天，表姊說：「應麟，你三哥（指白倫璧）說你字寫得很好，想在保安大隊給你補個名額，在大隊裡幫著孫書記抄寫東西，你能不能幹？」一聽到這話，我心裡非常高興！立即說：「我能幹，抄抄寫寫，我還可以，閒著也是閒著，幹點活也累不著。」表姊說：「明天我告訴連城（白倫璧的號），叫他就安置吧。」

第二天，白倫璧領我見了孫書記，叫我聽孫書記的安排，幫孫書記抄抄公文。就這樣我當上了警察，每天在孫書記的辦公室裡上班。他交給我一些簡單的公文，幫他抄，他認為我寫的毛筆字很好。我說我念過幾年私塾，毛筆字是那時練的，他認為很得力。他說：「你每天不必到大隊長家吃飯了，就跟隊裡食堂吃吧。」我跟表姊一說，她說：「你願意在食堂吃也好，免得天天來回跑。」到了月底，發給我十六元薪水，這又出乎我意外。我以為幫著幹活，供我吃飯就行了，不曾想還發薪水，每月吃飯只要六元錢，剩的錢足夠零用。心想，從小到現在，唸了這麼多年書，沒掙過一分錢，今天在逃難中，居然拿到薪水，就這樣幹下去也不錯。

到了十一月，天氣冷了，表姊他們臨出來的時候，急急忙忙，未帶棉衣。冬季到來，需要的棉衣都未帶出來，留在瀋陽家裡，叫一老媽子——老魏，給他們看家。表姊跟我說：「要回瀋陽把棉衣拿來，你能不能回去一趟？」我說能回去，我不怕日本鬼子，表姊說：「那你就跑一趟吧。」

說罷，第三天到火車站一看，北寧路通車了，心想，瀋陽北站是不是還像我以前去看的時候那樣亂，瀋陽是否能買回來的票？在車站上等著，瀋陽車到來，找個人問問清楚，不然回去出不來怎麼辦？等到瀋陽車來了，在出口找幾個人問一問，都說北站不賣票，車站改在皇姑屯了，可以買票。心裡有了底，回去跟表姊說：「北寧路沒問題，回來時也可以買票了。」便從北寧路返回瀋陽。我坐在火車上，心裡想，瀋陽城是不是還像逃出時那樣，商店閉市，居民閉門，街上日本鬼子的摩托車還梭巡大街小巷，逢人就開槍？又一想，已經決心回去，嘀咕有什麼用，任命由天吧！

下午四點多鐘，到達皇姑屯，都得下車，不往北站開了。下了車，天已黑，開始戒嚴了，想進城也進不去，只好找個客棧住下，明天解除戒嚴後，再進城吧。慌張得連晚飯也沒來得及吃，到客棧門口一看，漆黑的夜裡，鴉雀無聲，想買點吃的也沒有。回到屋裡，別人都躺在炕上，我也只好躺下，有些餓也忍耐一下吧。屋裡的那些人都不認識，也無法搭話，眯著吧，翻來覆去，似睡未睡。

挨到了天明，街上有腳步聲和說話聲，趕緊到店門口看看，街上已有行人，也有賣麻花的。一想解除戒嚴了，買了兩個麻花，回屋裡舀了一碗白水，連吃帶喝，填飽了肚子。付了店費，就準備進城了。走到街上一看，商店雖已開門，門可羅雀。本想走著去，仔細一考慮，從皇姑屯到城裡，再到大南關學校，至少要兩個多小時，而且要經過日本站、馬路灣及兩道關口，沿線也不熟悉，萬一走錯了路，被日本兵攔住，可就糟了。

於是我僱了一輛馬車，路過鐵西區時，兩個日本兵騎著馬跑來，回頭一看，已快到跟前，心裡十分害怕，是不是來追我呀？心裡一想，到這時候，只好裝作鎮靜，不能顯出慌張的樣子，用斜眼溜著日本兵，看他們動靜如何。說話間，他們已跑過車的前面，不加理會的走遠了。提到喉嚨眼上的心，這才放下去。

不一會兒，到了馬路灣，過去走過幾次，比較熟悉，這是日租界和中國地（商埠地）分界的地方。一看，四個日本兵持著槍，上著刺刀，兇狠狠地站在馬路兩邊檢查行人，馬車也停下來。車老闆說：「趕快下去，給他鞠個躬，等他檢查。」我急忙下車，走到日本兵前，鞠了一個九十度的躬，沒說話。日本兵把我渾身上下摸了一遍，一擺手：「八個牙路！」我懂這是罵人話。但他放我走了，比什麼都好，管他罵不罵呢！急忙又上了車，進入商場地。這裡過去是中國轄區，現在都被日本佔了。商埠地變成日本地，站崗的都是日本兵。看到來往行人臉上都是沉甸甸的，低著頭走路，沒有歡聲笑語。

進了大西關，經過鼓樓、鐘樓，這裡叫中街，過去非常繁華，大商店如吉順絲房，大飯館如明湖春，大澡堂子如惠蘭亭等，熱鬧非凡。這次經過一看，昔日的繁華景象都不見了。出了大南關，十點多鐘，到達艾家胡同學校的門口，大門關著，上前一敲，開門的仍是原來傳達室老劉頭，一見我，「哎呀」一聲：「你怎麼回來了，這一陣子，你躲到哪去了？」我把從天津回來的意圖告訴他。他說：「你膽子可真不小！別人跑都跑不及，你還往回來，真不容易，不能多呆，辦辦事趕快回去吧，說不定哪天日本兵來查，碰上他們，可就麻煩了。」

我問後院老魏（即表姊的老媽子）在不在？他說：「還住在後院。」說罷，我就奔後院去，一見老魏，她更是驚詫萬分：「哎呀！袁先生（平日都這樣稱呼），你怎敢跑回來呢？你可真玄乎（冒險的意思），萬一被日本兵看到，你就沒命了。」

我把表姊叫我回來取棉衣的意思對她一說，她說：「幾件棉衣服也值得冒這險？真值不得！」說著她就忙去做飯，並說：「兩個箱子和一個柳條包，都在炕裡邊放在呢。我也沒看裡邊裝的什麼，動也沒動，也不知棉衣在哪裡？吃完飯你自己找吧。」她一邊做飯，一邊問我：「太太她們（指表姊和姊夫）怎麼樣？」我說：「住在他弟弟家，都很好。他們問你受沒受日本鬼子的氣？」老魏說：「你們走後，日本兵來過兩次，隨便問問，也沒怎的，你回去跟太太說，萬一人家要房子，我也待不住了，一些東西怎麼辦，叫她來個信，我好安置。」我說：「回去告訴她，你不用著急。」

吃飯的時候，又說了些逃出去以後的情況，老魏說：「能走就不容易，遭點罪算個啥？」我心想一個傭人對主人這麼關心，這麼忠實，真值得敬佩！吃過午飯，她拾掇完了，幫我把箱子、條包都打開，揀一揀，哪些能拿，當然我心裡也沒數，叫老魏看著辦吧，把該拿的揀出來，裝了一個箱子和一個柳條包，老魏說：「你能帶得了嗎？」我說：「就這兩件吧，再不能多了。」於是都捆好。我說：「我到皇姑屯去看看能不能買上票。」老魏說：「你可不能在這待，這不是安全的地方，趕快回去要緊。」

我又僱了一輛馬車，到皇姑屯車站一看，可以買上明天的票，趕快買了一張，到行李房一問，不辦托運，行李要自己帶，看看別人都是自己扛行李。了解清楚，遂回到學校裡，把情況和老魏一說，明天就回去，行李不給托運，只能自己揹，只能帶一件，帶不了兩件。於是又把箱子和柳條包打開，揀些急用的，裝一個柳條包，自己好扛，箱子就不帶了。

吃完晚飯，老魏說：「你回去一定告訴太太，我在這也呆不住，至多呆到年底，她的東西怎麼辦，一定來信告訴我。」說著又烙了兩張餅，叫我帶在路上吃。

第二天一早，吃完早飯，又僱輛馬車，拉著柳條包到皇姑屯。下午上火車，第二天下午就回到了天津。表姊見我回來，衣服也拿來了，非常高興。我把老魏的情況向她說了，她說：「咱們恐怕一時也回不去，老魏要走，也不能留，我寫信告訴她，東西叫她拿去算了，誰還能再回去取呢？」我回來後，又接著上班，幹抄寫的工作。

我自己逃出來了，心裡惦記著留家中的母親、妹妹和孩子們。看到日本鬼子打到黑龍江，東北四省都淪陷了，便想，母親病得不能下炕，孩子們還小，不能跑路，日本鬼子來了，人家都逃避，他們不能逃避，豈不是等死嗎？所以到天津之後，就寫信回家，問問母親的情況，是不是真的能下炕了？就在我回瀋陽前不久，接到父親的回信，仍是鄭謹亭老舅代筆，信中告訴我說：「你母親在你走後不久，四月二十日就去世了。」父親怕影響我唸書，所以前次謊說母親的病好了。「如今兵荒馬亂，把實際情況告訴你，你也就不必再掛念了，你妹妹和兩個孩子，都送到東邊井你舅舅那裡去，有你舅母和姨母照顧，你也可以放心了。」

見到這封信，我心如刀絞，酸心的眼淚，不住地奪眶而出。表姊問我怎麼回事，我把信給她看了，她也只能勸慰一番。不久她叫我回瀋陽取棉衣，當時還是有點打怵，等見到這封信後，得悉母親已去世了，我還有什麼可顧慮的呢？吉凶禍福，聽天由命吧！

這是回瀋陽前的事情。從瀋陽回來後，為母守孝，略盡人子之道，以求心之所安。從此與妹妹和孩子們，也失掉了聯繫。母故、妻亡、大妹死，僅存的小妹和兩個孩子，撐不起門戶，家也不存在了。人生到此，可以說悲慘的遭遇達於極點，自己的前途也是渺渺茫茫。雖然每天上班做抄字的工作，但拿筆都沒有精神，傷心的眼淚只好往肚子裡流。

二、故都蹤影，流浪在北平

一九三二年正月，表姊夫要去北平蒙藏委員會工作，我和表姊也跟著到了北平，住在西四北太安侯胡同十二號。走上了流亡第二步，又無事可做了，每天只是幫著表姊幹點家務活。在太安侯十二號院內同住的，還有蒙旗師範的邵冠卿老師，也在蒙藏委員會工作。

沒多久，蒙旗師範的校長卞宗孟老師，也住到這個院裡。我無事可做，每天給他們買菜跑街，卞師母、邵師母對我都很好，有什麼事都找我幫忙，幹點活，也可以消愁解悶。表姊訂了一份《實權日報》，邵師母訂了一份《小實報》，這兩份報都有連載長篇小說，一份刊載「新兒女英雄傳」，說的是白洋淀牛大水游擊隊的故事，另一份有「啼笑因緣」。每天報紙一來，表姊和邵師母爭著看，我也是著了迷的讀者，他們看完了，我就接過看。閱讀連載成了消磨時間的好營生。

那時表姊僱用一個老媽子，姓孟，呼之為孟媽，是三合縣鄉下的人，個不高，纏足，幹活很利落，但做飯炒菜不對表姊的口味。每天孟媽做飯，我就炒菜，當時青椒炒羊肉是我拿手的菜。表姊兩口子每吃菜時，只是說：「應麟這個菜炒得好。」他們叫我吃，我是不吃牛羊肉的，根本就不動筷，究竟味道好在什麼地方，我也不知道。

前面說過，表姊兩口子都抽大煙，邵師母也背著邵老師偷偷地吸大煙。北平這裡沒有大煙館，但前門外一些小店裡，都暗中賣大煙土。表姊夫把地點告訴我，我就替他跑路買大煙，每個禮拜要跑一趟，煙店的老闆都熟了，買起來很方便。有時也給邵師母代買。買回來要熬，給表姊熬完，再給邵師母熬，這件事成了我的專職，因此邵師母對我也特別照顧。逃難中有這麼一個安身之處，感到很幸運。

那時表姊懷孕在身，經常陪她到醫院去檢查，並約好醫生到家來接生。一天傍晚，還沒吃晚飯，表姊忽然肚子疼，站在床邊不能動彈，快臨盆了。我趕快把邵師母叫來，把表姊扶到床上，立即去打電話，請醫生來接生。醫生很快就來了，不到半小時，小孩降生了。剛一離開母體，嬰兒卻無呼吸，醫生提著嬰兒的兩隻腳，用手拍打嬰兒的屁股，也不行。

邵師母突然想起，可能是母親吸大煙的關係，說燒口煙噴一噴，看看怎樣。我趕快點上煙燈，燒好煙泡，讓表姊夫吸了一口煙，對著嬰兒的鼻子輕輕噴，噴到第二口時，嬰兒哇的一聲哭出來了。邵師母高興地說：「這一招說對了，揀了個孩子，剛生下來就有煙癮，是在肚子裡就吸慣了。」

孩子活了，皆大歡喜，接著忙著侍候月子，特別是表姊吸煙，就得我給燒，一個月子裡，成了我的專門任務，當然有時表姊夫也順便照顧一下。嬰兒第三天時候，按風俗要洗三，因此醫生來給孩子洗澡。孩子還沒有名字，便說：「該取個名吧。」表姊夫是蒙古人，看孩子臉色烏黑，像黑鐵一般，就取了個蒙古名字「哈拉特木爾」，就是黑鐵的意思。

嬰兒滿月已是二月份了，聽人說逃難到北平的難民和學生很多，都住在奉天會館裡，叫做「東北難民收容所」，每天發給兩角錢吃飯。我也是流亡學生，便跑去報個名，每天領兩角錢。因仍回表姊家吃飯，這兩角錢就省下來了。

「難民收容所」在西單板庫胡同，這時已改為「東北學院」。到了三月份，我也到東北學院上學，供吃供住還上課，也就不發錢了。這個學院從初中一到高中三年級都有班次，凡是流亡的東北學生一律收容。我也去報了名，被分配到初中一年級，有飯吃就行，管他是一年級呢！

於是我就離開了表姊家，搬到學院住宿，但是每個禮拜天必須回去，主要是給他倆買大煙，熬大煙。學院的宗旨是救濟為主，以訓練學生出關抗日為目的，所以側重在軍事訓練，準備出關殺敵，收復失地。東北學院的校長是王化一，其他一些負責的人如李孟興、闞寶航、車向忱等，都在教課。記得每月的十八號，都要大聚會一次，紀念「九一八」，勿忘「九一八」。到會的領導痛哭流涕地講述「九一八」事變的原因，動員參加抗日救國活動。我們親眼看見日寇佔領瀋陽後的悲慘情景，也都泣不成聲，恨不得立即出關殺敵，收復失地。

當時校內有兩派，雖然都是標榜抗日救國，黨派之爭亦很激烈。最初我對於這些都不理解，頭腦中無政治概念。後來才逐漸知道，一派叫青年黨，國家主義派，是校長王化一和訓育主任崔維周領導的，公開的組織叫「東北救亡總會」，為首的學生叫陳抗日。另一派是國民黨，由梅佛光、曹重三領導，組織叫「中華青年抗日救國團」，為首的學生叫趙裕國。兩派都在學生中拉攏群眾，擴大自己的集團，我當時只知道唸書，不懂得黨派政治活動，對於他們的團體未去注意。

和我同班的范長德、關長俊相識之後，處得感情較好，課餘之暇，他倆又介紹趙裕國和我認識。有了這幾個熟人，課餘就一起閒談，知道趙裕國、范長德是海綸縣人，吳長俊是遼陽人。談到彼此家鄉逃出來的情形，也談到我是東北蒙旗師範的學生，他們都是瀋陽第一師範的學生；我們也談起第一師範校長是梅佛光，蒙旗師範校長是卞宗孟，以及梅卞兩人，同是教育界知名人物等。一個星期天，他們要去北平回回營四號，探望梅校長，拉我同去；相見之後，語多親切，談起卞校長，更感到親切，乃以梅老師呼之。

自此而後，趙裕國、范長德等便相處益近，他們知我國文較好，有時叫我幫他們寫演說詞，我把他們的意圖問清楚，寫好稿給他們，他們很滿意。演說稿的內容，就是宣傳抗日救國，出關殺敵，收復東北，還我河山。這些我也有同感，又一次去回回營四號看梅校長，趙裕國當著梅校長的面提出，要我參加中華青年抗日救國團，梅立即同意，問我：「你願意參加嗎？」我說：「願意參加，抗日救國，收復東北家鄉，誰不願意幹？」

出來之後，我回到西四北太安侯胡同十二號，探望表姊和姊夫、邵老師和師母，順便到後院看看卞校長，並談到看見梅佛光的經過，又談到他叫我參加中華青年抗日救國團的事。卞校長說：「你可以參加。」有卞校長這句話，我就下了決心，參加中華青年抗日救國團。卞校長當時主編「行健月刊」，給我兩期月刊，內容也是宣傳抗日救國。

自此，我每次去看表姊，就順便看看卞校長，向他借書。他把《天津大公報》王芸生主編的《國聞周報》借給我，我從中得到不少啟發。過去我寫文章多用文言文，讀《國聞周報》後，學會了語體文（白話文）。自從加入中華青年抗日救國團之後，每個禮拜天都到彰儀門大街顧亭林祠堂開會，抗日救國情緒格外激昂。

前面說過，東北學院內有青年黨國家主義派，霍維周、王化一領導的「東北救亡總會」，和國民黨梅佛光、曹重三領導的「中華青年抗日救國團」。本來都是標榜抗日救國，作為東北青年應該是團結一致的；但由於黨派之爭，這兩個團體，變成黨派之爭的工具，互相敵對的思想很嚴重。彼此開會，各自召集，不在話下，平時在校內，彼此也不說話。

當時我想，把抗日救國拋在腦後去了，國難家仇何日能報？不久兩派之爭趨於表面化，為了爭勝負，兩派展開辯論，出了一道題：「國民黨、青年黨，誰是民主？」舌劍唇槍，各抒己見，辯論的結果，中華青年抗日救國團佔上風，從此兩派人見面，視如仇敵。這是有背景的活動，從而埋下了分裂的炸彈。一天晚上，忽然來了一些武裝部隊，陳抗日領著，挨宿舍搜捕，凡是中華青年抗日救國團的人，一律被抓走。趙裕國、吳長俊、劉志潔、韋偉等十餘人，均被逮走，我和范長德因平日不露頭角，幸免於難。

趙裕國等據說是被弄到了張學良駐北平辦事處關起來。一霎時，恐怖氣氛瀰漫了整個東北學院。第二天，被捕的消息傳到梅佛光、曹重三那裡，他們立即奔走交涉，傍晚，這幾位才被釋放出來。自此以後，不敢在院內公開活動，轉移到彰儀門大街顧祠去了。

三、南下深造，埋首曉莊

自從中華青年抗日救國團遭打擊之後，活動地點移到了彰儀門大街顧亭林祠堂，團長原是趙裕國，為了減少外界注意的目標，改由王大任（雲作）擔任，抗日救國活動並未中輟。從我個人來說，在東北學院讀初中一年級，明明是混飯吃，哪裡是唸書？感到困難重重，前途黯淡，心想，只盼有人出關殺敵，隨之而去拚命地幹一場，收復失地，還我河山，以抒悶氣。即使不成，以死報國，把骨頭扔在白山黑水之間，也算值得。衝動的心情，徬徨的前途，不知如何是好？

延至八月份，忽見報上登載南京中央政治學校附設蒙藏班在北平招生的廣告，招收三十名學生，以蒙古籍為主，兼收部分漢族學生。

在校期間一切費用由學校供給，畢業後分配到蒙旗工作。這一廣告打破了我苦悶的心情，心想，到蒙旗工作，與我在東北旗師範的志願一樣，又完全是公費，也適合我這個窮學生。

既然不能出關殺敵，去南京唸書，也是一條生路，乃決心報考這個學校。於是便跑回太安侯十二號，找到校長卞宗孟和表姊夫金鶴年，說明我的想法，他們都很支持。卞校長給我寫了報名介紹信，介紹我是蒙旗師範的學生與學歷。我立即拿著介紹信，到北平蒙藏學校臨時招生處報名。和我一道報名的還有夏永信。經過考試，我們倆都被錄取了。苦悶的心情立即消除了，準備去南京。因為一切費用都是公費，雖然自己沒錢，也不犯愁了。

大家都知道我是流亡的窮學生，我能考上南京的公費學校，都為我高興。卞校長送給我十五元大洋，表姊夫也給我十元，這都是意外幸遇，盛意只好領受。這時省城的梁四大爺也逃難來北平，住在雍和宮，我能到瀋陽唸書，就是他的介紹；現在我要去南京唸書了，這個好消息一定要告訴他，並向他辭行。

他聽到我要去南京唸書，讚嘆地說：「我看你不像沒出息的孩子，在這流亡的生活中，能有這麼個好機會，也不容易，好好念吧！」臨別時，四大爺也給我五塊大洋，而其愛護之情，何止這五塊大洋！心中暗想，一定要好好念，不然怎對得起校長、老師和親戚呢？

行前，中華青年抗日救國團的全體同學，以及梅、曹兩位老師，在顧祠開歡送會，更是激動人心。首先梅、曹兩位老師講話，「讀書不忘救國，讀書就是為了救國」，勗勉之詞感人肺腑。王大任、趙裕國、范長德這些好朋友，一則惜別，一則勉勵，並指定我到南京之後，一定要組織中華青年抗日救國團南京分團，繼續作抗日救國的工作。

曹重三老師寫了一本《日本法西斯的內幕》，剛剛印出來，裝了一柳條包，叫我帶到南京交給王明道（齊世英的化名）。梅老師也寫了一封信，叫我帶給齊世英，囑咐我到南京之後，要和齊世英多聯繫。九月下旬，便乘車南下入學，三十名新同學坐在車中，雖係初次見面，都一見如故，互相交談，了解彼此的情況。有的是熱河塔里木盟的人，有的是綏遠土默特旗的人，只有我和夏永信是漢人，但因曾在蒙旗師範念過書，也得算半個蒙古人。

下午七點多鐘，到達浦口，坐船過長江。因天黑了，學校沒車接，只好住在下關一家旅館裡，當時學校的事務主任陳振夫接待我們，說：「今天在下關住一宿，明早到曉莊吃稀餐」。曉莊是蒙藏班所在地，即原陶知行（後改為陶行知）所辦曉莊師範的舊址。湖州的土語，我們這些地方學生聽不懂，把陳振夫的話，理解為明早「校長請吃西餐」。第二天上午九點多鐘，把我們拉到曉莊，食堂準備了白麵饅頭、大米稀飯，四樣小菜。大家想，校長請吃西餐，怎麼喝起大米粥呢？原來把到曉莊，誤聽為「校長」，吃稀餐，誤聽為吃「西餐」，真乃天大的笑話。自此便開始了南京的學生生活。

從一九三二年九月到一九三五年九月，整整三年埋首在曉莊，環境安定，絃歌不輟，得以畢業。自讀書以來，這是第一次克竟全功，得到畢業證書。幾年來四處奔波，求親靠友，能有今天，總算功夫沒白費。回憶這三年的歷程，許多活動迄今猶歷歷在目。

入學不久，首先是組織中華青年抗日救國團南京分團。這是在離開北平前歡送會上給我的任務。我想，東北一日不光復，抗日救國就應該堅持下去，不能因為有了好的學校讀書，就把抗日救國忘在腦後。所以在入校之後就聯絡十幾個從東北（包括熱河）流亡出來的同學，組成了抗日救國團南京分團，而且還是遵照梅老師的指示，經常向齊世英請教，在校內亦在軍訓隊部備案，得到隊長嚴石猛的支持。

於是每兩個禮拜，利用禮拜天集會一次，把每個人所知道的東北淪陷後的情況，向大家介紹，增強同仇敵愾的情緒，勿忘國難家仇，勿忘「九一八」，互以此共勉。同學們團結得很好，個人有什麼困難，也都互相幫助解決。一九三二年冬，我到曉莊僅半年，北平中華青年抗日救國團原來的團長趙裕國和團員韋偉兩個人，為了宣傳抗日收復東北，組成「全國步行團」，計劃畫徒步到全國各地，做宣傳工作。

他倆從北平出發，經過一個多月的跋涉，路過天津、濟南、徐州、蚌埠等許多大小城市和鄉村。到達南京後，即到曉莊找我，留住在曉莊學校內，休整行裝，稍事休息，準備往江南各地，繼續宣傳。

他們在曉莊休整一個禮拜，吃住均由我負責。期間，南京分團召開歡迎會，我邀請軍訓隊長嚴石猛參加，事情雖小，卻轟動了曉莊。有的老師見我就問步行團與我的關係，無形中也起到宣傳作用。步行團，顧名思義，就是徒步走，不乘車，不坐船，全憑兩隻腳走路，十分艱苦，逢村住村，逢鎮駐鎮；每到一處，除了拜訪當地的主要官員或知名人士而外，還要請當地的郵局，在留言簿上蓋個郵戳，以留作痕跡。他們離開曉莊之後，到達武漢，因路費無以為繼，便轉回北平，步行全國的計劃乃告一段落。

相聚期間，我看他們的留言簿，有一段是走訪吳佩孚時的題字：「救國救民，力行三五」八個字，後面加注說：「三五是三綱五常，非三民主義、五權憲法。」

我在北平參加中華青年抗日救國團後，即由梅佛光、張驤濤介紹我參加了國民黨。到達南京中央政校蒙藏班後，才了解到，這個學校是直屬中國國民黨中央委員會棣下，中央政治學校附設的黨辦學校，學生入校後，都得辦理入黨手續，叫做「集體入黨」，而我已捷足先登，無須再辦了。因有這一段關係，在一九三三年，蒙藏班所屬的中國國民黨直屬中央政治學校區黨部第八區分部（即蒙藏班的區分部），改選區分部執行委員時，我被選為執行委員，而且是執行委員中的常務委員，參與了組織領導工作。這項職務一直到一九三五年畢業，才交代給了他人。

四、竹林詩社，意在學賢

入校的第二學期，我了解到有幾位同學具舊學的基礎，能作古詩。在私塾唸書時我學過作詩，多少可以湊句，因此在共同興趣的交流中，有楊潤霖、李世芬、許占魁、薛興儒、霍其峰、夏永信和我七個人，組織一個詩社。剛好七個人，便籍「竹林七賢」的故事，命名為「竹林詩社」。

實際上這七個人，也都是抗日救國團南京分團的成員，所以關係格外親密。相約每週每人寫詩一首，各備課本謄寫其上，於星期休假之日，抽暇會聚一處，互相評論修改，自願互相抄存。從而建立了抗日救國團以外的感情，亦所以維繫人心不散之一途也。

當時集會結社不受限制，學校當局知道我們有詩社之組織，不但不干涉，反而給予鼓勵，於是詩社活動每週不懈，或去宿舍後幕府山的松林裡，或在附近老鄉的桃園裡，確有七賢放浪形骸之作風。

持續不到兩年，由於我和楊潤霖、夏永信畢業期近，加以功課加緊，還須到各地（蘇州、揚州、無錫、南通等地）參觀實習，抗日救國團和詩社的活動，無形中均停止了。這段時間裡，每人都寫了幾十首詩，我抄寫了不少，積成一卷，裝訂在我的日記以內。連三年多的日記，共精裝成十餘本。

我去包頭工作時，日記本存放在蘇州岳母家中。日寇侵略烽煙瀰漫全國，岳父母全家逃難途中，此十多個本子皆葬於揚子江，至今思之，猶覺惋惜。

五、邊疆事情社，刻苦求知

「邊疆事情社」，是課外活動指導員張篷舟老師組織的，是一份校辦不定期刊物。《邊疆事情》彼時尚未出版。看了蒐集的資料，研究邊疆問題，特地組織幾個人，其中有漢名義、鄒國柱、黃辛安、張清云、云耀宸和我，每天晚自習後，都到閱覽室去，把訂的南京《中央日報》、上海《大公報》《益世報》，還有各省市的地方報紙共十餘份，分類剪輯，製成資料卡，備作參考使用；一年下來，不僅蒐集了大量資料，並從中得到書本上學不到的知識。雖然每天少睡兩個小時，卻受益匪淺。

一九三五年，我們這些人都畢業了，《邊疆事情》創刊號才出版，由於張蓬舟老師也去上海《大公報》當記者，《邊疆事情》僅出一期即告終。

六、早起晚睡，發憤圖強

學校實行軍事管理，不設訓育處，一切飲食起居，都按軍事學校的管理辦法。上課時按班級編制管理，日常生活則全按軍事要求管理。

生活最突出的兩點，一是整理內務。每天起床後，床上的被褥，必須摺疊得四棱四角，八邊見線，像一塊豆腐那樣，這是生活上最嚴格的要求，也是每天都必做的一件事。

二是聽口令吃飯。一日三餐，都由廚房把當日吃的飯菜，事先都預備好，擺在桌上，按編為桌次入座；聽值星隊長喊「開動」的口令，才開始吃飯。要求十分鐘吃好，時間一到，一聲哨響，立即放下碗筷離坐外出。

要求嚴格，執行也徹底，日久便養成了吃飯時只想快點吃的習慣，萬一慢了，便有吃不飽之虞。其次是軍事訓學科典範令在室內上課，制式教練及持槍教練在操場上進行，因此培養出了鍛練身體、行動敏捷的生活作風。

軍訓之外，還有體育課，由體育教員負責。體育老師姓劉，除了做體操之外，還教授太極拳、八段錦、太極操等科目，都是鍛練身體的好辦法。因此發奮圖強，用心操練，所教的各種拳術，都能熟練的掌握，學得了鍛練身體的各種方法。

此外，在每天晚間剪完報之後，自己到大操場跑上十圈、八圈，然後再做雙杠、單杠、平台、浪木、天橋、木馬等活動，到十點多鐘，才回宿舍睡覺，堅持不懈，已養成了習慣。原有胃酸過多的毛病，經過鍛鍊，胃病好了，迄今五十餘年，未再犯過。

軍訓與體育確實受益不少，有的至今還堅持操作，現已年近八旬，猶能活動自如，未始非軍訓與太極拳之功也。

七、參觀實習，遊覽江南

政校附設蒙藏班，只辦了兩期，到我們第二期，也就是最後一期，每期又分教育行政組和農業行政組。教育的目的是要培養一批適合於邊疆地區需要的實用人才，因此，除了教育學科和農業學科之外，還有實用工藝一科。

我們這一期，在第二年下半年，就添了實用工藝一課。實際學的僅僅是化學工藝。曾學過製造洗衣用的肥皂，擦皮鞋用的鞋油，照明用蠟燭，教學用的粉筆，洗臉的香皂、藥皂，還有化粧品如雪花膏、花露水、洋蜜、生髮油、髮蠟、指甲油等等，邊學邊做。

第三年第五學期一開始，教工藝的陸老師便帶領我們全班，到蘇州中學實習工廠參觀，正式投入生產實習，使大家確實掌握生產的技術。教成批段料，成批生產，普通洗衣肥皂、蘭花洗衣皂、衛生藥皂、洗臉香皂，每種生產了一大批。技工廠產品的要求，打商標、包裝、檢質一系列的生產流程，都得到車間去，加班加點，深入學習。其它如玉雪花膏、花露水、洋蜜等，凡屬學過的，都得能像工人一樣獨立操作。

實習一個月，學完返回學校時，實習產品裝了滿滿一列車皮。蘇州實習完了，到揚州師範學校，參觀他們設備，教學方法，特別著重參觀該校獨具一格的家事班，學生都是女同學。按學校的規定，每班以宿舍為單元，分成多少個家庭，每家選一個家長；各家都獨立生活，除上課而外，舉凡洗衣做飯，管理家務，縫紉做衣服，都要自己動手。而每家的室內室外佈置及飲食花樣，都可獨出心裁，不盡一致。這就是培養家庭主婦的一套教育方式，當時是很特別的。

離開揚州，又返回蘇州，前次來是實習，這次來則是遊覽。蘇州的虎丘山、虎丘塔、靈巖山、太湖等名勝，都逛了一遍。接著又到無錫，首先是到惠山下的街巷里，參觀全國馳名的無錫泥人，確實名不虛傳；各種人像，如京劇臉譜，各種仕女，各式各樣的胖娃娃，都生動活潑，維妙維肖。有的可以掛在牆上，有的可以擺在桌頭，琳琅滿目，美不勝收。因為價錢便宜，同學們都各揀所好，買上一兩件，留作紀念。我是窮學生，花一毛錢都得再三考慮，當然無閒錢買玩藝，只是讚羡而已。

隨後即到惠北實習。惠北距無錫市區較遠，坐汽車要兩小時；那是農業區，記得除水稻之外，盛產茭白，這種蔬菜，與蓮藕相似，長在水裡，還是第一次見識，感到新奇。我們實習的科目，除了看看他們鄉辦的小學，並在那裡講課，課餘就做社會調查，吸取經驗。兩個禮拜很快就結束了，我們由無錫乘船順流而下，直奔南通。

頭一次坐江輪，船行平穩，毫無搖幌的感覺，於是有人說：「這比在家裡坐在炕頭上還穩。」兩岸風光，飽覽無遺，神怡心曠，收益匪淺。一日的航程，傍晚到達南通大生紗廠碼頭，投宿於事先安排好的旅館。

第二天開始參觀。來此的目的，就是參觀學習，而且是有目的的參觀學習。南通有一位清朝末科狀元張謇（字季直，號齋庵），中第以後並未出仕，即回家鄉辦實業，大生紗廠就是他創辦的，辦得很好，南通因此出名。還有南通中學、南通師範等，都是參觀的重點。

南通人為了紀念張謇公，修建了一座規模龐大的南通博物館，除了展覽地方的各種歷史文物、生產成績而外，主要是紀念張季直為地方造福的事蹟。從張狀元幼年讀書，到壯遊泮水，中了狀元，回鄉創業的詳細經過，乃至張狀元當年讀書用的桌凳，趕考時抱的竹籃，穿的布鞋等，一應用品，都陳列在館內，看了給人啟發不小。一個狀元不出仕當官，而是回鄉辦實業，這種眼光，這種精神，使我讚賞不已。我曾想過，自己就要畢業了，雖然不是中狀元，也可說是學成之後，要為國家幹點事業，才不愧國家花錢培養的一番心意。因此這次參觀，不僅增長了見識，似乎也看到了自己奮鬥的方向。在寫參觀報告時，曾表達了此種心情，可謂不虛此行。

八、蘇州婚約，良緣再締

一九三五年，上半年參觀實習完了，下半年即將畢業。畢業以後，工作由學校分配，服務兩年，然後才正式安排工作。我心想自唸書以來，時斷時續，東奔西跑，求親靠友，到現在居然能畢業，而且還分配工作，不要自己謀事，這是三年以前，不敢想像的事，踏進社會後，一定要好好幹一番。其它則未作多想。

暑假期間，一個星期天，初中班的女同學吳蘭英邀我跟她一同進城，去看肇雷（吳的丈夫，在軍校十期讀書）。吳蘭英是抗日救國團的團員，又是東北老鄉，平時我時常照顧她，既然叫我陪她進城，就走一趟唄。從曉莊進和平門裡，就是軍校，不到一小時的路程。我們早飯後即動身，剛到和平門，肇雷已在門外等著我們了。進了軍校，看見文誠（趙裕國）、范正非（范長德）、吳鐵志（關長俊）等，他們入軍校時，改用現名。我們同是在北平時中華青年抗日救國團的團員。到他們的宿舍，床上不能坐，因為整理內務，床舖得平平的，床單摺得四棱四角，像刀子切的一樣，不能破壞。

大家到校園草坪上席地而坐，談了一陣，肇雷對吳蘭英說：「蘇州的姑父和表妹來了，住在飯店裡，咱倆去看看他們。」說罷，叫我也一同去，於是就跟他倆到大行宮的一家旅館。他們姑侄表妹談話，我就坐在一旁等著。他們談完話，到附近的小館吃飯，叫我也去，只好奉陪。飯後，我和吳蘭英回到曉莊。

下一個禮拜天，肇雷來到曉莊看吳蘭英，當然我得招待，把曉莊的幾個東北同鄉，鄭佩高、王玲、劉尚勤、趙城基、夏永信、王淑清等，找到一起。陪肇雷到燕子磯玩一趟，買點麵包，到附近的老鄉桃園內，買了些桃子，就地野餐，盡歡而散。

臨走時，肇雷對我說：「表兄，有件事跟你說一說。」我說有什麼事就說吧，他說：「你馬上畢業，年歲也不小了，婚姻問題應該解決了。」突如其來的意見，因我毫無這種想法，不知該怎樣回答，便說：「我現在自顧不暇，還沒想到這件事。」其實肇雷給吳蘭英寫信，想把他的表妹介紹給我的事已經說了，他倆叫我到旅館去看他姑父和表妹，就是有意安排的，我還矇在鼓裡。

這次見面，肇雷一提，吳蘭英立即插嘴說：「畢業了，婚姻問題真該解決了，我給你介紹一個，你看怎樣？」我說：「你們都知道我是無家可歸的窮學生，誰會找我這樣的？」肇雷說：「憑你這個小伙子，還怕找不到媳婦？」吳蘭英又說：「不是拿你開心，肇雷這次來，就是要給你介紹女朋友。」我說真的嗎？他說：「不是跟你開玩笑，你要有意思，我就給你介紹一個。」吳蘭英說：「別拐彎抹角的啦，直說算了。」

我一聽這話，是有來頭，便說：「你想介紹什麼人？」吳蘭英說：「是他表妹，上個禮拜天，你不是在旅館見了面嗎？」我心想那是無意之中的相遇，雖然見了一面，並未注意，便說：「別開玩笑了，我怎夠條件呢？」肇雷說：「我姑丈見了你很滿意，我表妹也同意，只看你怎麼樣了。」乖乖隆地咚，他們都做好圈套了。肇雷說：「是我有意安排的，這是正經事，不是壞事，咱們從北平相處到現在，三年了，我很佩服你，所以我才跟姑父說起這件事，你考慮一下吧，不要錯過這個機會。」

吳蘭英又說：「他表妹這個人，我看不錯，先做個朋友，相處一段時間，再做決定吧。」肇雷說：「對，你們先通通信，彼此交流一下感情，你看怎樣？」我說：「先交朋友通通信，倒可以。」說到這裡，肇雷也該回校了，臨別時肇雷說：「你等我的信吧。」

此後，每天與吳蘭英見面，就提此事，事被夏永信聞知。因為我倆從蒙旗師範就是同學，逃難後又同時考入蒙藏班，乃有同病相憐之誼。他在課餘之時，和我談起此事。吳蘭英和夏永信是遼陽小同鄉，兩人見面也談此事，而且把談的想法都告訴我，並從中一再玉成。於是我心亦有所動。不久吳蘭英接到肇雷的信，並附來一張照片，吳蘭英把信和照片，立即轉給我。一看照片背後，寫著「王淑文攝於蘇州」幾個字；信上說，他已與姑父、姑母通了信，都表示同意，表妹也認為滿意，叫我不必再猶豫，如沒意見，把照片收下，給我姑父回一封信。看完之後，吳蘭英說：「這回行了吧？你就回封信，表示一下吧！」

拿回教室給夏永信一看，他說：「相貌很端正，配得上你！」看完信又說：「信也很誠懇，他們對你印象很好，這事就決定吧，別再三心二意了。」我心想，從對方來說，從朋友的熱情幫助來說，是應該決定，但考慮自己的情況，雖然畢業了，還是兩手空空，連個看電影的錢都沒有，窮酸酸的，連一件衣服都沒有，在學校裡，穿著學校發的制服，還像個樣子，一旦脫掉制服，就要獻醜了。又一想，家裡還有兩個孩子，人家一個姑娘，怎肯做填房呢？想來想去，遲遲未敢回信。把我的情況、想法都和吳蘭英、夏永信談了，吳蘭英是已經結婚了的，她一想，說：「這倒也是問題。」

夏永信說：「做事要光明磊落，結婚是一輩子的事，必須把家庭情況告訴人家，免得將來後悔，有錢沒錢，問題不大，畢業後工作了，還怕沒錢嗎？」吳蘭英說：「你寫封信給肇雷，把這些情況都告訴他，讓他轉給他姑父，他們如果有意見，那就算了。」

於是我把我的家庭情況、個人處境，以及我的想法，統統寫信告訴肇雷，這封信，吳蘭英、夏永信都看過，他們說：「寄給肇雷吧。」這封信發出後不久，肇雷又轉來蘇州回信，說我這個人忠厚老實，對人誠懇，是一位很好的青年，聽說家中過去的情況，不但不計較，還頗表同情。肇雷也附來一信說：「我姑父、姑母都無意見，我表妹肯定是同意了，你就趕快決定吧，不要再遲疑了。說辦就辦，趁著假期間，你到蘇州去一趟，見見面就訂婚吧。」說得很懇切具體，吳蘭英轉給我之後，叫我決定去蘇州的日期，她陪我同去。和夏永信一談，他也認為事已成熟，就決定去蘇州訂婚吧。

既已水到，就該渠成，便決定去蘇州走一趟，通過肇雷的轉達，把去的日期，告訴了蘇州，便和吳蘭英一同去了。見了二位老人，甚是親近熱情，淑文也非常大方，陪我們逛蘇州城內的觀前街、滄浪亭，買了一付蘇州名產骨製象棋送給我，我一想這倒很有意思，這盤棋就下完了。

第二天，老夫婦二人備了一桌菜飯，並在祖先牌前燒香點燭，雖未見行禮，但這一舉動，我意識到，這是一件大事，要祭告祖先的，隆重的心情可想而知。吃飯時，把他一同逃難出來的郵局同事閻家的老兩口和大女兒，也請來作陪。

介紹了閻大爺大娘和閻大姊和他們的關係，席間洋溢喜悅的氣氛，都說訂婚是大喜事，希望今後友愛相處，特別是閻大姊，因為和淑文是要好的姊妹，對我特別親熱。席罷，淑文又領我和吳蘭英到閻家去玩，婚事就這樣訂了。

第三天又安排全家去逛靈巖山。之前在蘇州參觀時，曾去過一次，這次重遊，和前一次意義不同了。全家乘船前往，熱鬧非常，忘記是流亡在異鄉了。淑文單獨叫我和她去採蕨菜，表示格外近乎。歸來後，我和吳蘭英準備次日回南京；此行辦了一件終身大事，吳蘭英和肇雷成了紅娘。在逛靈巖山時，照了幾張照片，不久就寄給我。

從此我和淑文便開始直接通信，我們相約以兄妹相稱，彼此互勉，且不用新式戀愛信那種肉麻的詞句，因為淑文在蘇州慧靈女子中學初中二年級讀書，可是她受家庭父親的教育，古書知識學得不少，這與我是有同感的，也可以說有共同的語言，所以相處甚篤。

九月間我已畢業，分配到包頭分校工作，當然不斷的通信。信中談到她的父母有早些結婚的打算，因為流亡在外，不知什麼時候會有變化，想早些了結這一份心事。經過我倆信中的商量，我剛到包頭不久，手中無錢，不能回蘇州結婚，於是她決定到包頭，要我做好準備，一段流亡的姻緣，就這樣開始了。

第五記　流亡生活之二

一、包頭分校的活動

二、琴絃重續，包頭結婚

三、開展蒙旗教育

四、包頭分校概述

五、從現在回憶包頭分校

六、感情的返饋，亦師亦友

附：王鈺的一封信

一、包頭分校的活動

一九三五年，我在中央政治學校蒙藏班第二期畢業了，拿到了校長蔣中正發的畢業證書，這是自讀書以來，第一次得證書；而且工作由學校分配，無需自謀職業，內心有說不盡的喜悅。心想多年來，家庭的困厄，國難的折磨，早就想能在社會上，謀得一個生存之路，能夠養家費己，於願足矣。今天不但可以得到職業，還可施展一下，創造更理想的前途。心裡憋著這股勁，在班主任何玉書個別談話，徵求志願時，我就決定從事蒙旗教育，到邊疆去工作。當時中央政治學校已設有四個分校，即綏遠的包頭分校，甘肅的酒泉（肅州）分校，青海的西寧分校，西康的康定分校。何主任問：「你願意去哪個分校？」我說：「願意去包頭分校。」經與包頭分校主任張鎮臨聯繫，他歡迎我去包頭，於是決定去包頭。張鎮臨原是蒙藏班的教務主任，相處兩年，彼此都有印象。稍事整理，立即登程。因上一年，包頭分校成立時，正是蒙藏班第一期畢業，張鎮臨就選定了第一期畢業生陶立賓、金自銘、陳國藩等三人去幫他籌備建校。他們三位都是熱河人，既然學成畢業，都想回到家鄉，守家在地，為家鄉教育，做點事業。所以到了一九三五年暑假，他們都離開包頭分校回熱河去了。包頭分校需人特急，除了我自願去包頭而外，又把我們班畢業的綏遠籍（也就是土默特旗）的同學雲耀宸、雲瑞臣、任殿邠、榮耀振，又加上一個熱河籍的周文翰，一同派到包頭。張鎮臨見我們到了，非常高興。根據南京校本部的意圖，包頭分校增設一個課外活動指導員，並指定由我擔任。報到之後，張鎮臨主任派我為課外活動指導員，兼國文、蒙文教育，雲耀宸為總務主任兼黨義教員，雲瑞臣為訓育主任兼蒙文教員，任殿邠及榮耀振專任國文、歷史、地理等科教員，周文翰則專任小學部主任，原有的教務主任包毅（北弘）不變動。分校有了這個新班子後，聲勢大壯。包頭市立中學及馬王廟小學，見到中央派來這批生力軍，讓包頭分校教學陣容煥然一新，都不勝羨慕。而且包頭的黨政機關，都把包頭分校看成是中央派駐包頭的機關，從縣政府到包頭駐軍七十師司令部，都非常重視。地方上的各種集會，總少不了包頭分校，連七十師司令部有些會議，師長王靖國總要通知包頭分校參加，大有舉足輕重之勢。省主席傅作義每次到包頭視察，都要到包頭分校看看，可見包頭分校的重要性。

從學校內部來看，確實也平添秋色。當時初中一、二年級各一班，簡易師範兩個班，小學部一、二年級各兩個班，在校學生三百多人，所有學生都住校。中學和師範班實施軍事訓練和軍事管理，小學實施童子軍訓練，也是軍事管理。課餘時間，一切活動由課外活動指導員領導，因此課外活動的工作量很大。為了有組織、有目的、有秩序地活動，組織了象棋、軍棋、跳棋、唱歌、吹口琴、拉二胡、京劇、話劇、乒乓球、排球、籃球、足球等小組小隊，由學生自由報名參加，每人至少要參加一種，在互不影響的原則下，可以參加幾個活動。因此，學生情緒起來了，每天課餘時間活躍在球場上，每天晚飯後到晚自習前，都到食堂（那時食堂就是禮堂），按組自由活動。學生們都興致勃勃地盡情娛樂，不但發揮了每個人的特長，也養成愛組織、守紀律、敬業樂群的好風氣。每天晚飯後，我都提前到食堂，做好準備與安排，親自參加活動，和學生打成一片，不但建立了親密的師生感情，也了解到學生的個性，特別是部分剛從蒙旗出來的學生，語言習慣有些格格不入。針對這些實際情況，因勢利導，因材施教。許多學生有什麼事都願意跟我談，我的辦公室，學生隨便出入，不必喊報告，所以我的房子，往往擠滿人。我本著真誠熱情、有教無類的精神對待學生，學生對我既親熱又尊重，我的滿腔熱情換得了極大的安慰。除了經常的球類及棋類比賽之外，我還組織學生越野賽跑，從學校出發，出南門，直到黃河邊的南海子，全程十華里。這在包頭還是創舉，沿途老鄉們都跑出來看，也算是給包頭開了風氣。包頭各中學小學開秋季運動會，我也組織學生去參加。自我到包頭分校之後，學生的學習及課外活動情緒，均有顯著提高，循名課實，我這個課外活動指導員，也算克盡厥職，無愧於心。

中央政治學校實行軍事管理和軍事訓練，各附設院、班、校，以及各分校也都如此。校本部設軍訓大隊部，有大隊長、中隊長、區隊長；各院、班、校、分校，則有中隊長、區隊長，這些隊長都是中央軍校畢業的正式軍官。包頭分校只設中隊長一人，負全校軍管軍訓之責，是由大隊部派來的潘聲（字曉鐘）負責，家眷也住在包頭。就在這年寒假期間，潘隊長與初中一年級的女生李秀芬（蒙古人年十六歲）發生了男女關係。學生中有所反映，張主任知道了，認為這種穢事玷污校譽，和我商量要查請處理。我說：「我也微有所聞，因未見事實，不敢輕信，不知其他老師知不知道？不可聲張，弄清楚再說。」張主任說：「學校出了這種事情，被家長知道了，影響可不好，要迅速處理。」並叫我幫他調查。我也有同樣的看法，如果有其事，對蒙旗的影響更大，應該查明事實，立即處理，以正校風。經我側面向學生了解，確有此事。李秀芬的妹妹李秀芳，也在初一，姊妹倆同班，李秀芬有時不見了，李秀芳就到隊長辦公室去找。聽了這些情況，我便暗中窺查。一次看見李秀芬進了隊長室，很久沒有出來，我便藉口有事，敲隊長室的門。等我進去，只見潘隊長一人坐在桌旁，不見李秀芬。暗中仔細一看，一個書櫥斜擺在牆角，書櫥下面露出兩只腳尖，我便明白了，原來是藏在書櫥背後了。我把要說的事說完便離開了，躲在隱蔽地方一觀究竟。不久，李秀芬出來，溜回教室。這件事弄清楚了，乃告訴張主任。他說：「不必聲張，趕快把潘隊長調走，也就算了。」於是他立即打電報給南京校本部，把這件事說明，並請求立即把潘聲調回去，另派一位隊長來。正好放寒假了，處理這件事是個好時機。

不久，南京校本部來電調潘聲回南京，宣布之後，潘聲不走。張主任說：「這是命令，不服從不行！」但潘聲想要自己走，把老婆孩子扔下。張主任又說：「老婆孩子必須帶走，留在這裡，誰替你照管？」我也從旁勸說：「校本部調你回去，必是另有安排，把家眷留在這裡，再跑來往回接，那就不容易了。」他還是猶豫不定。張主任說：「你來時帶家眷，是我請示校本部同意的，你如不帶走，我要請求校本部。」出於無奈，他只好攜眷回南京。潘隊長走了之後，我曾到李秀芬的家裡，跟她母親閒談，意在叫她管教兩個女兒，協助學校把孩子教育好，這件事就這樣不了了之。

二月份快開學了，南京仍未派隊長來，張主任電催校本部，吳大隊長來了個回電說：「大隊部一時無人可派，盼就近找一人暫代。」張主任把電報給我看，並說：「包頭這個地方，哪裡去找人呢？剛開辦的時候，校本部沒派隊長，就由蒙藏班第一期同學金自銘任隊長，他走後，才調潘聲來，現在潘聲調走了，一時派不來人，我看你暫時代理一下吧。」我說：「課外活動的事很多，忙不過來，這次派來的六個同學，還有任殿邠、榮耀振沒擔任職務，叫他們暫時代理吧。」張主任稍一沉思說：「把他們幾個都找來，共同商量一下，看怎麼辦好？」於是叫李德祿（工友）把一同派來的六個同學都找來商量。經過大家研究，都說叫我暫代，眾意難卻，只好答應。張主任又把推我暫代的決定，電報南京校本部，還是吳大隊長回電，同意由我代理。於是我又兼代了隊長，其它職務不變，當然要忙累些，服務期尚未滿，只好聽從分配。寒假期滿，學生紛紛回校，到隊部註冊，一看是我在辦公，學生說：「袁老師當隊長啦。」都表示很高興！張主任又說：「既然做隊長，就得穿軍裝，像個軍官才行，不然你帶隊出去，參加各種集會活動，人家會看不起。」於是現做了一套黃呢子軍裝，又買武裝帶。既然穿軍裝，沒有軍銜也不像樣子，張主任說：「中隊長都是少校階級，你就戴少校軍銜吧。」反正是代理，跟潘隊長一樣才行。就這樣，儼然是一個軍官。

俗話說：「像不像，三分樣，幹什麼就得像什麼，賣什麼就得招呼什麼。」既然當隊長，就得教軍事課程，學科、術科都要教。過去在學校裡，雖然是受軍訓，畢竟不是正式軍校，學科、術科都學過，但不深入；這下子代理隊長，教軍事科目，自然感到生疏。實逼至此，只得自己下功夫，認真備課，並立即寫信給南京中央軍校的老同學，叫他們給寄些軍事學術科的教材，加緊自學。他們每個人手中都有用過的典、範、令等課本，很快就給我寄來一些。由於過去在校時都學過，一看就懂，花點時間備課，也能勝任。術科方面有持槍教練，又建議張主任從江蘇無錫購買五十枝教練步槍，學生們學起來很有興趣。這一代理，就等於正式的了。

學期中間，校本部的教務主任羅家倫到綏遠視察，順便到包頭分校看看，我集合全校學生列隊歡迎，指揮得很熟練。他問張主任：「這個隊長是什麼時候派來的？」張主任說：「前任潘隊長調回以後，一直未派人來，不得已由咱蒙藏班二期畢業的袁應麟暫時代理。」他說：「咱們學校出來的人真是能文能武，叫他好好幹吧，不必再派人來了。」這一來，想不幹也不行了，於是就成了正式隊長。還有課外活動忙不過來，就在簡易師範班找了幾個年紀大點的學生，叫他們每天晚自習以前，不去參加禮堂裡的活動，在這個時間到隊部辦公室，協助我做些批卷登記分數，以及每天課堂點名的統計工作。他們得到我的信任，都能一絲不苟地辦事，不但減輕了我的勞動，也鍛鍊了學生工作的能力。我感到這種實際的教學，比死讀課本要好得多。後來訓育主任雲瑞臣同學，也學我這種辦法，請學生幫他幹些事，把學生學習的積極性，也提高起來了。

軍事管理，早晨起床後，都要整理內務，把被褥疊得方方正正，整齊劃一；晚上就寢以前要集合點名，師範班和初中班一百五十多人，我晚間點名時不用電筒，不拿名冊，不僅姓名脫口而出，排列的次序也一點不亂，連學生答應的聲音，都能辨別清晰，誰也不敢冒名頂替，在學生中傳為佳話。處處以身作則，以身率教，既嚴肅認真又親熱活潑，做到了校訓「親愛精誠」的要求。

為了活躍氣氛，在軍訓課程中，教給學生許多軍歌，如岳飛的「滿江紅」「送出師西征」「四季行軍歌」等，在行軍中唱起來頗壯軍威。在課外活動中，為了迎接元旦，訓練學生說相聲、大合唱、演話劇等。我編了一齣話劇《義學正》，宣揚武訓以乞討攢錢，創辦平民教育的故事，因興學有功，朝廷封他為「義學正」。排練演出都是我親自導演，演出後，頗得好評。不幸的是，從一九三五年暑假，到一九三七年七月，前後只有兩年時間，正幹得起勁的時候，日寇侵略軍踏進綏遠，包頭分校奉命西遷，絃歌中斷。西遷的經過，下面再寫。

二、琴絃重續，包頭結婚

一九三六年的一月下旬，塞外的包頭還是冰天雪地，寒風刺骨。學校已經放寒假了，接到淑文自蘇州動身來包頭的信，心裡又高興又緊張。高興的是，淑文一個人有勇氣，不怕天寒地凍，千里迢迢敢來邊疆；緊張的是，她一向生活在蘇州，氣候溫暖，不了解包頭這麼冷，路上凍病了怎麼辦？於是一面寫信給住在北平表兄、表嫂——蒼寶忠夫婦，在淑文過北平時，請他們給予照顧，一面又寫信給淑文，叫她過北平時，找蒼表兄、表嫂協助買車票，衣服單薄時向他們借件皮大衣等。我託人租房子，做安家的準備。淑文於二月八日到達包頭，我和談明義到南二里半車站去接，見她身穿羊羔皮長袍，高統黑條絨棉鞋，並未受凍，精神很好。隨即僱了三輛黃包車，回到我事先租好的房子，安頓下來。經過商量，決定於二月十一日，以最簡單的儀式舉行婚禮。當時學校正在放假期間，教職員都回家度假，只有張鎮臨主任、包毅、侯延祉、談明義、鄒國柱、周文翰未走，還有家在包頭的云耀宸、榮耀振、云瑞臣、任殿邠等幾個同學。知道淑文已到，都來到我的新房問候並協助安排生活用具，淑文也感到很大的安慰。第二天，談明義、鄒國柱、云耀宸代我去包頭最大一家飯莊聚合成，訂了一桌酒席。十日上午，我和淑文先到聚合成飯莊，不久張主任、包毅及同學們都來了，共十一位。未設禮堂，大家圍著圓桌坐好，請張鎮臨主任為證婚人，包毅年紀最大，請他為主婚人；宣讀結婚證書後，婚禮就算完成。席間包毅說：「今天是二月十日，是雙月雙日，祝你們成雙成對，十全十美。」張鎮臨說：「今天婚禮是在聚合成舉行，你們二人今天聚合在一起，成家立業，家庭一定幸福美滿。」大家說說笑笑，盡歡而散。席散之後，我和淑文到照像館，照了結婚照和我倆的單人照，準備寄回蘇州，向兩位老人滙報結婚的經過。我倆就這樣簡簡單單，組成了一個小家庭。

在淑文計畫來包頭之前，就與張主任研究好，淑文來了之後，聘她擔任女生管理員，兼小學部國文教員。開學後，淑文即正式上班。當時全校有十幾個女生住在一間宿舍，過去沒有女生管理，由隊長管理，竟至發生了隊長與女生曖昧之事。現在有了女生管理員專管女生，當然就方便的多了。於是在女生宿舍旁邊，開了一間管理員住室，淑文就住在管理室；而我是隊長，也必須住在隊長辦公室。因此家庭有了住房，卻只有星期六回去住一天；我和淑文都在食堂吃包伙，家中就不做飯。大家也說，你們這兩口子結了婚，像沒結婚一樣。

三、開展蒙旗教育

一九三零年，進入瀋陽東北蒙旗師範學校，認識了不少蒙古同學，跟他們學蒙語，學唱蒙古歌，從而建立了深厚的友誼。他們有來自哲里木盟，達爾罕旗，有來自黑龍江的布特哈旗，伊克明安旗，說起來都是黑龍江人。從他們的交談中，了解到蒙旗的生活和教育都很落後。他們說:「老袁，畢業後你到伊克明安去教書吧。」伊克明安，蒙語是「一千」的意思，那個旗只有一千人口，全是遊牧生活。我想念完書能回黑龍江教書，當個教員也不錯，離家較近，也可以就近照顧家中的妻兒老小。從那時候起，就有了開展蒙旗教育的想法。詎料，」九一八」一聲砲響，瀋陽淪陷，學校解散，一些蒙古同學都分散，到蒙旗教書的理想幻滅了。

逃亡到北平之後，又想出關殺敵，收復失地，這個想法也未實現，幸好又進入南京中央政治學校的蒙藏班，從事蒙旗教育的理想，又得以繼續，內心無限寬慰。當時蒙藏班分為兩組——教育行政組和農業行政組，我就選了教育行政組，貫徹我矢志蒙旗教育的初衷。畢業以後，就決心到包頭分校工作，幾年來的夙願得以實現，該腳踏實地的幹一番了。接觸實際以後，看到一些蒙古青年學生，特別是小學部剛入學的蒙古小學生，語言、飲食、穿戴都很落後，這些學生的家長來到學校，請他們到會客室椅子上坐，他們都不習慣，端杯茶，到旁邊蹲在牆根喝。一部分新生到校，吃不慣食堂的飯菜，安排伙房給他們買炒米、牛奶、熱奶茶，以逐漸改變他們的生活習慣。

看到這些情形，心想光是辦學校，教育一部分青少年兒童，是遠遠不夠的，很有必要開展一些蒙旗社會教育。為了實現這個願望，約好了兩三個同學，利用星期天，向當地熟人借幾匹騎馬，跑到五十多里以外的公廟子草原上，找到喇嘛台，和喇嘛交朋友。我們帶些蛋糕、糖菓等食品，很受他們歡迎。蒙古人非常誠懇，把他們最好的東西，如奶皮子、奶豆腐、炒米、磚茶，拿出來招待我們。我們邊吃邊了解草原上的生活情況，同時把蒙古子弟在包頭分校生活學習的情況，介紹給他們。他們不懂衛生，手臉都是很多塵土的，抓起東西就吃；穿的長袍子表面上油漬多而厚，閃著亮光。袍子很長，白天活動往上一提，用腰帶子一束，晚間睡覺把帶子解開往下一放，就是被子；吃完東西，兩手往袍子上一擦。坐在跟前，腥膻氣味逼人。看到這些情況，深知蒙旗社會教育十分必要。和他們說話，藉以學蒙語，並啟導他們講衛生，常洗臉洗手，衣服常常洗換。也請他們到包頭分校來玩。幾乎每個星期天都這樣做。

有時候不到喇嘛廟，便跑到蒙古包裡，跟牧民談天，和他們賽馬。相處熟了，一去，女主人就燒奶茶款待，我們則把帶去的點心糖菓送給他們。交往常了，都成了老朋友。我們告訴他們，要把孩子送入包頭分校唸書。這些活動不但寓有教育的涵義，對於民族團結也起了一定的作用。可惜「七七事變」以後，包頭也遭到日本鐵蹄的蹂躪，我們離開包頭，這個理想又中斷了。

四、包頭分校概述

（一）包頭分校的系統

中央政治學校包頭分校的全稱是「中國國民黨直屬中央政治學校包頭分校」。從這個名稱可以知道，中央政治學校是直接屬於中國國民黨中央執行委員會，而不是屬於教育部系統的一般學校。而中央政治學校的前身是「國民黨中央黨校」。這就是中央政治學校直屬於中國國民黨的來歷。中央政治學校是大學，簡稱「政大」，它的內涵和一般大學一樣，設有普通行政系、財政系、經濟系、法律系、教育系、外交系、新聞系，四年制畢業，是培養高級人才的高等學府。為了適應當時國民黨政府的需要，又附設了研究部，有計政學院、地政學院、合作學院，招收大學畢業生，施以兩年專業教育後，派到各行政部門擔任幹部。為了開發邊疆，一九三零年又附設一個蒙藏班，培育經營蒙藏邊疆的人才，只辦了兩期。到一九三二年，感到蒙藏班不能適應日益發展的邊疆形勢之需要，乃在蒙藏班的基礎上，增設蒙藏學校，這是從初中、高中到中專的一所學校。至一九三七年改稱「中央政治學校附設邊疆學校」。為了普及邊疆教育，使偏遠地區少數民族的子女都有入學的機會，乃於一九三四年經中央政治學校報請中國國民黨中央執行委員會決定，設立了四個分校，地點分別選定在原綏遠的包頭，原西康的康定，甘肅的酒泉（肅州），青海的西寧。一九三五年，又增設了雲南大理分校。這幾個學校都是中央政治學校直屬的單位。中央政治學校校長是蔣介石，校本部設教育長直接負責，各附設院、部、校都設主任直接負責，受校長和教育長直接領導。所以，中央政治學校包頭分校的校長是蔣介石。這就是包頭分校的系統。

（二）包頭分校的人事狀況

中央政治學校一成立，由丁惟汾任教育長，陳果夫任教務主任，谷正綱任總務主任，戴季陶任訓育主任。丁惟汾以年老多病，很少過問校務，實際是陳果夫主事，所以各分校的主任，都是陳果夫選派的，包括西寧分校主任周覺生，肅州（酒泉）分校主任曹啟文，康定分校主任楊倬孫，大理分校主任汪懋祖，包頭分校主任張鎮臨。一九三四年，由張鎮臨和教務主任包毅（北弘）率領蒙藏班第一期畢業生陶立賓、金白銘、陳國藩等幾個同學，到包頭開始籌備成立分校，校址設在包頭東門里車市街一所舊院內，立即招生。當時只招簡易師範班一班，初中一班，小學部一、二年級各一班。教師也由上述人員擔任。分校成立開學時，當時綏遠省主席傅作義曾親臨祝賀。中央政治學校是軍事管理，校本部設有軍訓大隊部，分校則設有軍訓隊長，當時由金白銘兼任隊長。教師不足，又在當地聘請侯延祉（彥之）擔任美術、音樂教員兼管總務，請包頭中學李姓教師兼任數學教員，王再波為小學部主任。這是包頭分校初成立時的人事狀況。

一九三五年繼續招收簡易師範一班、初中一班，以及小學部一、二、三年級各一班。車市街容納不下了，遂把小學部遷到馬王廟後街，都是租用民房，因陋就簡，加以修理，湊合使用。學生增多了，教員不足，校本部又把蒙藏班第二期（也就是最後一期，以後改為蒙藏學校）畢業生袁應麟即本人，以及云耀宸（莫飛）、云瑞臣、榮耀振、任殿邠、周文翰等六人，派到包頭分校服務。金白銘、陶立賓、陳國藩離開分校後，校本部軍訓隊部派潘聲（曉鐘）到分校任隊長，袁應麟任教員兼課外活動指導員，云瑞臣兼訓育主任，云耀宸兼總務主任，包毅仍任教務主任，周文翰為小學部主任，王再波改任教員。學生增加了，教員也增加了，學校精神為之一振。

一九三六年，繼續招生，教員不足，校本部再增派蒙藏班第二期畢業生談明義、鄒國柱和蒙藏學校衛生科畢業生戴芝瑞到包頭分校工作。同年軍訓隊長潘聲調回南京，校本部一時派不來人，由我兼任隊長，又增聘了李錦源任數學教員，諸光照為語文教員，朱姓老師為美術教員，張立朝為童子軍教練，並招考那金銘為書記（文書）。直到一九三七年，包頭分校西遷，人事無大變動。這是包頭分校前前後後的狀況。一九三八年，到達西寧以後，我已離開包頭分校，學校的變動和人事變動，我就不清楚了。

（三）包頭分校的經費

中央政治學校是完全公費的學校，不但不收學費，學生入校後，衣食住等，均由學校供給。除了每人在校期間，發一套毛呢的制服和大衣作為外出服裝外，在校內每兩年發一套棉制服，每一年發一套單制服、一套襯衣和一雙力士鞋。伙食標準較高，大約每月十二元，每餐八人一桌，四菜一湯；冬季把湯改為火鍋，米飯饅頭則隨意食用。此外，每人每月還發三元現金，作為零用。所有附屬院校學生也都享有同樣待遇，包頭分校自然不例外。所有辦公費用、教職員薪金，以及學生待遇包括衣食住等費用，都列有專項預算，由校本部按時撥給。但因為是中等學校，學生的待遇略低於大學部，加以邊區生活水平較低，每月伙食標準為六元，三年發一套棉制服，兩套軍制服，沒有外出的呢制服；學生每月的津貼為兩元，按當時包頭的物價，每月六元可以吃得很好。每周吃三頓發麵會酪，其餘都是大米白麵，一菜一湯，葷素間半。據了解，當時學生在校的生活比在家裡好得多，所以學生能安心讀書。由於分校經費每月按時匯到包頭交通銀行，地方對這個學校也很重視，把它視為中央在包頭的一個代表單位，傅作義每次到包頭，總要到分校看看。縣政府一切重要會議，以及七十師司令部（王靖國）召開重要會議，也都請包頭分校參加。至於交通銀行及地方的工商界，如糧店、油鹽店、菜肉店、文具店，還有木匠舖、服裝店等商店，都以包頭分校是可靠的主顧，往來不斷。「七七」事變之後，歸綏、包頭，岌岌不保終日的時候，包頭分校的經費仍按月照常滙到，包頭市面上出現一種流言說：「包頭分校的經費照常寄來，說明中央不會放棄包頭。」因而市面人心趨於穩定。這說明中央寄來的一點經費，也影響到社會人心。及至包頭分校決定西遷時，市面上立即混亂起來，紛紛做外逃的準備，這是包頭分校經費在邊疆所起的影響。至於包頭分校西遷的經過，和遷往西寧途中發生的許多驚險事件，以及此次學校大舉西遷後，我遭人暗下毒手，免去學校職務的種種故事，我會在本書第六記至第九記中詳細敘述。另外，包頭分校在我離職後，又遷到甘肅岷縣，人事也有變動，因為我未身臨其境，無法詳述。

五、從現在回憶包頭分校

凡事都有個前因後果，這就是事實的演變的體現。包頭分校的設立，目的在普及邊疆教育，改變邊疆落後的局面。從教育入手，這是樹人的百年大計，所以首先設立簡易師範班，輔以初中班和小學各班，既為普及教育培訓急需的師資打下基礎，也為繼續深造快出人才創造條件。這些是當時國民黨的政策，如今看來，也不失為利國益民的一項措施。這是寫歷史，若秉筆直書則不可闍割的一段事實。可惜，只有短短的三年時間，在邊疆社會上，尚未發揮作用，竟因日本帝國主義入寇而中輟。

為了絃歌不絕，包頭分校決定暫時西遷，把一部分年齡大的學生，帶到後方安全地方，繼續上課。如今看來，這一措施確已結出豐碩成果。當時帶出的學生，在包頭分校一時無法復校的情況下，便紛紛各尋出路，有的進入中央政治學校校本部，有的考入其他大學，有的入中央軍官學校，有的加入中央警官學校，有的則跑到國外。四十七年後的今天看來，隨包頭分校西遷的這些人，都已成為社會建設的棟樑之材，雖然都是從舊社會轉入新社會的，但為祖國建設，為中華民族的振興，其功效是不可忽略的。例如在香港辦學的杜學魁，孤身跑到香港，歷盡艱難險阻，創辦一所「慕光英文書院」，幾十年來培育出成千上萬的人才，成了香港教育界的知名人士，也是香港社會的名流，近年來為香港回歸祖國，起到一定的作用。目前在西南交通大學任教授的段墉川，和在青島市黃海水產研究所任研究員的霍世榮，都為名教授和專家。其他如現任內蒙政協主席的陳炳宇（原名云憲文），伊盟政協副主席卓力克（羅風翔），銀川市政協副主席趙福，以及曾任過軍官、警官、教師，現已退休的郭天柱、楊世業、馬成財、蘇毓秀、王鑑；還有現任包市東河區政協常委的劉志強，在烏海市任中學校長的藺懷璧，乃至於現在內蒙各旗擔任基層工作的幾十位同學（不一一列名），都在祖國建設中，在蒙旗社會工作上，發揮著積極作用。這些成就，都與包頭分校的培育分不開的。於此概述一些有關包頭分校的概況和感想，作為參考。有些因為時間過久，回憶不清，錯誤或不少，希望參與過包頭分校學習的同學們，能全力協助回憶，細心修改，把包頭分校這段史實反映出來，不僅有益於包頭市誌的編寫，也是我馨香祝願的事。

六、感情的返饋，亦師亦友

我從一九三五年九月任教於包頭分校，到一九三八年二月離開，算起來只有兩年半時間，一切活動的經過，略如上述。古云：「得天下英才而教育之，一樂也。」這個樂，不是好為人師之樂，而是與學生建立了「親愛精誠」的感情。即使教學的關係斷了，而師生的感情沒斷，進一步由師生的關係，轉變成朋友的關係，保持不斷，這便是通常所說的「亦師亦友」的關係。這種關係的保持，不僅在於知識，主要的還是人格。學生學老師，一面學知識，一面也學做人。因此以身率教，才是建立師生感情的基礎，才能體會到教育英才的樂趣。否則，在課堂上高談濶論，比手劃腳，學生不能不聽，下了課一出教室，學生就指著脊背，嗤之以鼻，還能談到感情，談到樂趣嗎？當過老師的人，都會有這種感受。我在包頭分校教了兩年，回憶起來，一生中也只教了這兩年半的書，滿打滿算，只是初中和簡易師範的二百多人。他們離開包頭分校後上高中或上大學，都與我毫無關係。後來他們在社會上成名立業，也未絲毫得力於我。四十多年間，絕大多數也未聯繫過，當然他們有他們的原因，我有我的原因。

到了一九八五年，原包頭分校初中班的學生杜學魁，知道我在大連，與我通了信，知道他是香港慕光英文書院的校長，三十多年來，已成為香港教育界知名人士，而且通信中口口聲聲以老師相稱，我當然感到莫大的欣慰。他是包頭人，那一年秋天，他回到包頭，和當年包頭分校的同學郎沛（現名正之）、王鈺等人，發起包頭分校校友聚會的倡議，通知發遍了各地，遠在四川、山東、河北、寧夏各地的包頭分校同學，近在內蒙各市縣的同學，都接到了通知，我在大連也接到了通知。杜學魁並附函說：「袁老師，這次發起包頭分校校友聚會，是幾十年來的首次，已與各地同學通過電信，都願意參加這項聚會。這次聚會以我為主，以你為中心，請你一定要親來呼和浩特參加這次大會。」並附來二百元路費，誠摯之情，感人肺腑。乃準時去呼和浩特參加聚會。離開包頭已四十八年了，到達呼和浩特（歸綏）下車，一群人來接我。除杜學魁認識而外，其餘的人都不認識，可是紛紛前來握手，口口聲聲喊著老師，一問名姓，都是當年包頭分校的學生，分手時是青年小伙，如今已是白髮蒼蒼的老人了，不通名姓，怎能認得呢？下榻行館之後，也有一些人來看我，也都是報了姓名才敢相認，這不是「兒童相見不相識」，而是「老年相見不相識」了。第二天來到大會場，有七十多人，沒有年輕人，都是年逾花甲的老人。明知都是同學，因年貌已非，不敢相認，互問姓名之後，原來是當年同班同學，不禁相噓一嘆。

聚會三天，師生之間的感情不減當年，不少同學激情滿懷，唱起了當年在校時我教唱的軍歌，都沉浸在當年歡聚一堂的情景了，這時我才感到教育英才的樂趣。相聚三天，有說不完的往事，一言以蔽之，都成了國家，也可以說是邊疆各地的棟樑之材了。當內蒙自治區政協主席的、伊克昭盟政協主席的、當校長的、當教授的、當科研所長的、當企業經理的，經過這次聚會，五十年前的感情，得到返饋，能不樂嗎？

附：王鈺的一封信

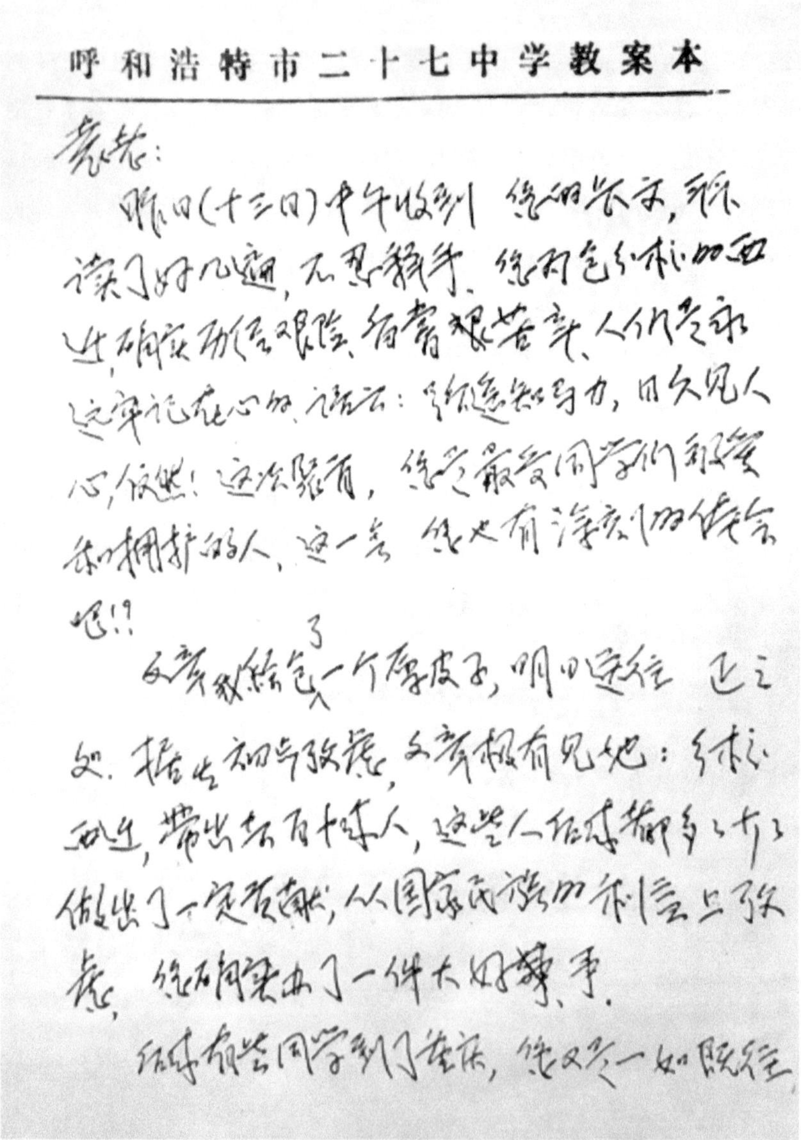

呼和浩特市二十七中学教案本

袁老：

昨日（十三日）中午收到 您的长文，我读了好几遍，不忍释手。您对包头机加西迁，确实历经艰险，备尝艰苦辛，人们会永远牢记在心的。谚云：路遥知马力，日久见人心，信然！这次聚首，您是最受同学们敬爱和拥护的人，这一点 您也有深刻的体会吧！？

文章教给了您一个厚皮子，明日送往 正之处，指出初步改意，文章极有见地：包头机西迁，带出去百十多人，这些人后来都多多少少做出了一定贡献，从国家民族的利益上考虑，您确实办了一件大好事。

我与有些同学到了住所，您又是一如既往，

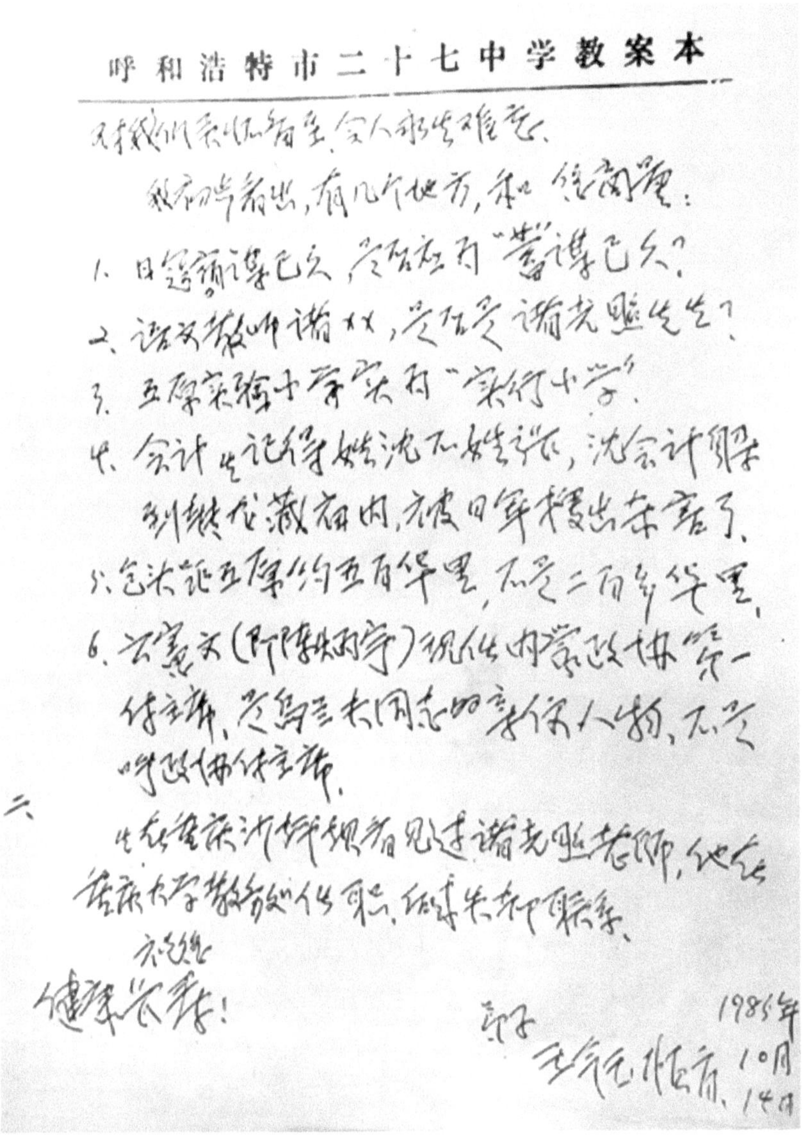

呼和浩特市二十七中学教案本

对我们家的遭遇，令人非常难受。

我初步看出，有几个地方，和您商量：

1. 日寇头领溥已久，是否应为“寇溥已久”？

2. 语文教师诸××，是否是诸光照先生？

3. 五原实验小学实为“实行小学”。

4. 会计先记得姓沈不姓许，沈会计躲到戏台藏在内，被日军搜出杀害了。

5. 包头距五原约五百华里，不是二百多华里。

6. 云蔼文（阿隆格列宁）现任内蒙政协第一付主席，是乌兰夫同志的重要人物，不是呼政协付主席。

二、

先在绥远沈阳期间见过诸光照老师，他在绥远大学教授任职，后来失去联系。

祝您

健康长寿！

弟子 王会庭 1985年10月14日

第六記　西行漫筆之一

一、西行之前，爲什麼要西行

「礎潤而雨，徵諸濕也，履霜堅冰至，驗諸寒也。」

日本帝國主義的所謂「滿蒙政策」，從明治維新以來，一直在蠢蠢欲動。在日本法西斯軍閥的策劃下，勃勃的野心，就不止於「滿蒙」，也不止於中國，其甚囂塵上地叫嚷「大東亞共榮圈」，把整個亞洲都囊括在野心計畫之內。中國就是首當其衝的試刀石，「滿蒙」——中國的東北，即其開刀的羔羊。一九三一年「九一八」事變，乃是第一刀，不費吹灰之力佔領了瀋陽。野心既得逞，更肆無忌憚，得寸進尺，長驅直入，大肆掠奪；東北四省相繼淪亡，唇亡齒寒，察哈爾、綏遠兩省也就難以自保了。

人所共知，日本軍閥慣用的伎倆是「浪人」政策，即在軍人掩護之下，派出許多浪人，如土肥原之流，進行特務活動，收買漢奸，瓦解內部。慫恿溥儀、鄭孝胥之流做傀儡，從而奴化中國人民。綏遠也是其此種策劃內之一部分。綏遠百靈廟是蒙古德王（德穆楚克棟魯普）的王府所在地，日本不時派浪人活動其間，施以小惠，誘以祿位；在德王實力空虛的情況下，不同意也得同意，形成了半推半就的局面。名義上是綏遠省主席傅作義管轄，實際成了日寇活動的場所。於是在一九三六年八月，日寇指使漢奸李守信，率部自張北進犯綏遠東北，佔領了百靈廟，整個綏遠為之震動。傅作義感到局勢嚴重，不能坐視不動了，遂於一九三六年十一月，派遣騎兵師長孫長勝、步兵七十師師長王靖國，率部收復百靈廟，一戰奏捷，消滅了李守信，趕走了日本浪人，綏遠境內暫時賴以苟安。

一九三七年「七七」瀘溝橋事變，日本帝國主義開始對中國侵略作全面進攻。國民黨當局開始覺悟到，對日本帝國主義採取妥協態度，無異與虎謀皮。為了國家的存亡，為了自身的存亡，非奮起抗擊敵人，是不會有生路的，乃開始了全面抗戰。而日本侵略軍氣勢洶洶，猖狂進攻，當時中國軍隊只有招架之功，而無還手之力，處處受敵，節節退卻，中國整個版圖無處不受威脅。這就是西行前中國的大概形勢，也是綏遠的實際形勢。人人預感到一場大難即將臨頭。

日本侵略軍的一部分，沿著平綏鐵路（即今京包線）西進，意在打通內蒙古這條線，企圖與雲王（云端旺楚克）、德王（德木楚克棟魯普）勾結，成立蒙古王國，以分化手段，達到控制滿蒙的野心。而當時綏遠傅作義部隊駐在包頭的，只有七十師王靖國一部分，裝備不良，抵抗力很差，不久前百靈廟與李守信一戰，亦損失不少。在日本侵略軍進入綏遠，直奔包頭的形勢下，只有望風而逃，毫無抵抗的能力。歸綏（即呼和浩特）淪陷了，包頭危在旦夕。中央政治學校包頭分校，在包頭人看來，是屬於南京中央機關之一，包頭分校的行動，影響包頭人的心情很大。而包頭分校的本身，有簡易師範部、中學部、小學部，共有蒙漢兩族學生二百多人，年齡最小的十一歲，最大的二十七歲。包頭危急了，這部分學生如何安排，是個問題，經過教職員開會研究，課是不能上了，為了對學生家長負責，只有把學生暫時送回家。

宣布之後，一部分年齡大的學生不願意回家，要求跟老師們不分開，希望學校把他們帶到安全地方繼續上課，學生有這種要求，怎麼辦呢？便打電報給南京校本部請示辦法，回電是願意跟學校走的學生，由學校率領去西寧暫避，這也是有前例可循的措施。一九三五年，紅軍二萬五千里長征，路過甘肅河西走廊時，甘肅酒泉（肅州）分校無法上課，曾由該校一部分老師，率領學生跑到包頭避難，直至紅軍過後，才回酒泉復課。所以校本部也按照酒泉分校辦法，指示包頭分校往西寧分校去暫避。按照指示，經過研究，去西寧路途遙遠，交通不便，只有步行走草道，年齡小的學生只好暫送回家，年齡大的，願意跟學校走的，暫去西寧繼續上課，等時局平靜再回包頭復課；教職員也同樣，願意跟學校走的，都跟著走，不願走的，自己想辦法。經過登記，有一百多名年齡大的學生，還有八位教職員，都願意跟學校走。於是一面遣送年齡小的學生回家，一面編隊，做長途行軍的準備，並決定農曆八月十七日出發。

從包頭到西寧，要經過寧夏及甘肅兩省，將近六千華里，彼時交通工具只有駱駝，於是僱了兩練子（一練子十頭）駱駝，根據駝夫的經驗，準備好帳篷、羅鍋，以及路上應用的東西，又把學校印信及重要檔案和必需的課本都整理好。一切準備停當，便計劃出發了。

二、夤夜出發，初試行腳

這次西行是逃難，是迫不得已的行動，不是一般的旅行，前路茫茫，心情是暗淡緊張的。正因如此，行前種種準備，可以說是有計畫的行動。塞外八月，衰草寒煙，已是朔風砭骨的季節，特別是夜間，格外凜冽。查看地圖，內地通西北有兩條旱路，一條叫南路，一條叫北路，都是靠駱駝做交通工具。經向各方面探聽，北路走的人較多，於是決定走北路。

據駝夫說：「一路都是荒草沙漠，人煙稀少，雖有站口，很少房屋，住宿吃飯，都得準備好。」所以買了兩頂帳篷、兩口羅鍋（銅製的行軍鍋）及旅途必需的物品。告訴學生，每人帶一套被褥，除隨身穿的衣服而外，必須帶一套棉衣和一件大衣，這些都是學校發給他們的制服，不必自己制備。老師也是如此照辦。

準備好了，都集中在包頭西門外腦包上的一家駱駝店內。天近傍晚，僱好的兩練子駱駝來了，經過一番安排，便開始刹馱子，二十頭駱駝只能馱師生們的行李衣物和帳篷、羅鍋等物，人都得步行。學校有兩部自行車，學生們有十幾個人有自行車，編成一個車隊，安排一位老師領著，沒車的人編成八個班，徒步行軍。

我因為有妻子和剛出生一個月的女兒，乃單獨僱了一頭駱駝，為她母女乘坐，並馱了一些生活必需的用品和行李。走路要看時間，那時很少有手錶，於是把我家一只馬蹄錶，拴一條長帶子，掛在妻子坐的駱駝脖子上。

忙到半夜一點多鐘，一切都收拾好了，我是帶隊的隊長，一聲令下出發，自行車隊和徒步班，相繼踏上奔五原的大路。駱駝隊跟在後面，咕咚！咕咚！發出沙漠之舟的信號。走的路線，住宿的站口，路途中可能出現的問題，以及沿途可以識別目標，都一一交代清楚，免得失散掉隊。騎車、徒步都比駱駝走得快，駱駝隊是行軍的重點，不能無人照管，因把其他老師都安排在騎車隊或徒步班，跟駱駝就是我的事了，同時每天有一個徒步班輪流跟駱駝隊。

包頭到五原約五百華里，為了讓學生們練練行腳，安排了五天的行程。這一段路，要經過烏蘭察布盟草地，第一站是公廟子，第二站是烏拉特前旗。沿途所見，只有散落在草原上的蒙古包，並無宿營的房屋。初試行腳，每天只走七十多華里，天氣還不太冷，師生們都還愉快。每到一站，大家一齊動手搭帳篷、埋鍋做飯、擀麵片，連菜帶麵一鍋出，一班一班圈在一起，彷彿遠足野餐一樣。因此剛一開始，感到別有一番趣味。

第七天傍晚時分，到達五原。五原西門外藺家是學生藺懷璧的家，藺老太爺以學生家長的關係，熱情接待我們，住在他家。

三、五原駐腳，躊躇不前

一百多人加上駱駝，浩浩蕩蕩進了藺家院裡。院子不小，房子也不少，正房廂房二十多間；可房子再多，也容納不了一百多人，於是把帳篷搭在院裡，先生們住在房子裡，學生們住在帳篷裡。藺老太爺不讓我們自己做飯，完全由他家供膳，只好接受他的盛情，派了幾個會做飯的學生幫助做飯。為了熱情接待我們，藺老太爺特地宰了一口肥豬，又宰了兩頭羊，好像辦喜事一樣，滿院子人來人往，笑逐顏開，好不熱鬧，哪裡像逃難呢？這是逃難途中的第一站，也是令人難忘的第一站。

我們在此住了三天，大吃又喝，無所事事。這時打聽到包頭沒有淪陷，我的意思，已經逃出來了，不管怎樣，按照校本部的指示，奔赴西寧；可是主任張鎮臨突然產生了僥倖的心理，害怕吃苦，便有貪圖苟安、躊躇不前的意思，認為包頭既未淪陷，緩幾天就可返回包頭，何必自討苦吃？他是分校的主任，他主張不走，誰能反駁呢？於是經過一番奔走，借妥了五原縣城南門裡實行小學的校舍，暫時在五原復課，等待包頭形勢穩定，再返回包頭。

乃從藺家搬到實行小學，籌備上課。我想烽火連天而絃歌不絕，對學生的前途，對學校的前途，對國家的前途，都是認真負責的做法；既感到猶疑，包頭形勢是否能穩定住，也感到高興，因學生能上課，免得荒廢學業。

四、遄返包頭，離群失散

要復課就得用錢，離包頭前夕，學校的經費，除留下一部分，作為途中使用外，其餘部分，指示沈會計（他決定不隨學校西行）滙往寧夏銀川交通銀行，作為下一段途中使用。既然決定在五原停下來，又要開課，也得用錢，滙往寧夏的那部分經費就得退回來。同時張鎮臨又懷疑沈會計，怕他錢不滙來，卻攜款潛回南方。因此他決定立即派人返回包頭，把滙走的款追回來。派誰去呢？在他心目中，只有我是既可靠又能勝任的人，乃決定派我騎自行車返回包頭，找到沈會計，辦這件事。

被派上任務，又不能推辭，我一想來時途中的情景，漠漠荒原，不見人煙，一個人回去，萬一有點問題，呼天不應，呼地不靈，怎麼辦呢？便提出再派一個人和我同去，有個商量活動的餘地，於是又指派鄒國柱和我同去。又一想五百多里路，除了坤都倫召一處蒙古廟而外，荒無人煙，一旦車子壞了，連個修理的地方也沒有，又該怎麼辦？經過一番商量，決定再派兩個會修車子的學生，帶上工具一同回去，當即選定了姚樹桂、杜富兩個人。

這時已經是下午四點鐘了，本該準備一下，明天出發，可是張鎮臨心急如焚，叫我們立即出發。他說：「今天走到坤都倫召住下，明天上午就可趕到包頭，找到沈會計，把款追回來，後天就可以返回五原。」

那時我年輕力壯，勇氣十足，說幹就幹，馬上選好四輛自行車，叫姚樹桂、杜富帶好修車的工具，又拿上幾十元錢，在夕陽西下的時刻，出了五原南門，東返了。黃昏以後，趕到坤都倫召，找個住戶家借宿住下，並商請老太太給熬點糜子米稀飯，每人喝了兩碗，就和老太太擠在一舖土炕上，合衣而睡。心裡有事，那能睡得著？輾轉反側，似睡不睡，雞一叫就起來了，收拾一下，東方剛發白，又踏上征途，繼續東返。本打算中午趕到包頭再吃飯，不曾想，走不多遠，鄒國柱發作了膝關節炎，疼得不能蹬車了，荒野草原，渺無人跡，怎麼辦呢？只好推著車子，徒步前進。

姚樹桂、杜富想了個辦法，拿一條繩子拴在鄒國柱的車子上，前面分兩股，拴在姚樹桂、杜富的車座上，鄒扶著車把不蹬，姚、杜兩人在前面拉著走，拉累了就下來走一段。本想上午趕到包頭，但下午四點多鐘才到包頭，走到西門跟前一看，城門緊閉，兩個警察在城頭上站崗，向他們說明來意，把城門開了個縫，讓我們進去。一看城裡的商店都關著門，街上無人行走，寂靜得像一座死城，跑到車市街學校的門前一看，已住上軍隊，警衛森嚴，不能進去。沒辦法，又跑到西門裡陳木匠舖，因為陳掌櫃是學校的老主顧，平時常常見面，相處較熟。到他那裡，一見面，他驚訝地說：「你們咋回來了！」我們說明回來的意圖，陳掌櫃說：「別辦了，你們明天趕快走吧，說不定哪天日本鬼子就到了。」說著天已黃昏，街上戒嚴，不准人行，只好睡下。

心事重重，哪裡能睡得著，翻來覆去，似睡不睡。好不容易熬到天亮，陳掌櫃給我們預備好早飯——麵片，放開肚皮吃了個飽，趕忙上街去找沈會計。東打聽，西打聽，在一家老鄉家裡，把他找到。沈會計一見我們，大吃一驚說：「你們怎麼回來了，聽說日本兵已進歸綏啦，每天往這裡逃難的人絡繹不絕，逃都逃不及，你們還能回來，真想不到！」

我們說明回來的意圖，沈會計說：「我知道張主任不相信我，不管他信不信，反正他叫我辦的事，我已辦了，要滙往寧夏的錢全部滙走了；現在包頭城亂極了，你們說要把滙走的款追回來，我看也不必追了，你們趕快走吧！」

說完之後，我們出來便想查詢一下，遂即跑到交通銀行，找到經理一問，確知錢已滙出，見到銀行的人，也都在做結束的工作；提出要把滙走的款退回來，他們說：「我們不能退，要想退，只有你們到寧夏去辦。」了解到這些情況，也不便再問了，離開銀行，我們邊走邊說：「即使能退，也不退了，趕快返回五原，還得繼續西行，五原也不是安全之地。」

回到陳木匠舖，立即收拾一下，準備回五原，叫姚樹桂、杜富看看西門開不開，他們跑去一看，西門不開，又跑到南門，也是緊閉。

一打聽，是防止東邊逃難的人進城，正在這時候，一架日本飛機從東邊襲來，在上空兜了一圈，投了兩枚炸彈，又向東飛去。聽說南門裡落一枚，東門裡落一枚，人心慌慌，都想往外逃，但不得出城，我們焦急的心情，自不待言。

姚、杜兩位學生不停地跑到外面探聽情況。下午四點鐘左右，他們氣喘吁吁跑回來說：「西門開了，我們趕快走吧！」不由分說，我們推著車子就往外走。遠遠望去，西門並沒開，但走到跟前一看，開了一個縫，人群擁擁簇簇往外擠，我們也就隨大流擠出了城。

我們騎上車子，沒走多遠，鄒國柱的膝蓋仍是疼得不能蹬車，只好還用老辦法，姚、杜用繩子拖著走，我跟在後邊。這時包五路上，西逃的人絡繹不絕，天黑了也都不停地跑，大有惶惶不可終日的樣子。

正行走間，突然有兩個武裝軍人從後面趕上來，攔住我們的車子說：「老鄉！我們有緊急任務，把車子借給我們騎一下。」開始我們還分辯說：「我們也有緊急任務，學校還等著我們回去上課呢！」一個軍人把槍端起來，氣勢洶洶地說：「別他媽的囉嗦，趕快拿過來！」說著動手奪車子，把姚、杜二生的車子奪過去，騎上就走了。我們眼睜睜地看著，莫可奈何，姚樹桂說：「這明明是搶車子，哪裡是借？」我說：「在這兵荒馬亂的時候，哪裡去說理呢？」

我們商量一下，決定叫姚、杜二生騎車子先行，我同鄒國柱徒步走，囑咐姚杜二生明天趕到五原，再來兩部車子接我們。說罷，他倆騎車子走了，我同鄒國柱混在逃難人群之中，向前奔走，走累了，又乏又睏，躺在路邊上睡一會緩緩氣，起來再走。不久，見杜富在路旁站著，向我們說：「我的車子又被一個散兵劫走了，姚樹桂一個人前面走了。」我說：「事已至此，急也無用，咱們慢慢走吧，堅持一下，趕回五原再說。」

走了一夜一天，第二天傍晚時候，到達五加渠，離五原還有五十里路，實在走不動了，尋找一家老鄉借宿住下；心想，姚樹桂到了，必能立即派車子來接。睡到天明，仍不見人來，亦不見姚樹桂。判斷他是到五原了，我們不能坐等，胡亂吃點東西，又繼續前進，邊走邊盼有車子來接，望眼欲穿，也不見人影。

下午兩點多鐘，五原城在望了，鼓起勇氣加快前進，眼看快要到了，突然一架日本飛機凌空而來，飛得很低，到五原城上空，投了兩枚炸彈後揚長而去。我們避過飛機之後，走到五原城南門，一看城門緊閉，上邊站著兩個哨兵；走上前去，說明我們是包頭分校的人，學校借住在南門裡實行小學，請開門讓我們進去。哨兵說：「那個學校前兩天就走了，同時城裡戒嚴，不許行人出入。」

不得已，我們繞到西門外藺家，得知姚樹桂已經抵達藺家，在等我們。藺老太爺見我們回來了，弄得狼狽不堪，便說：「你們學校前天就走了，昨天就到臨河縣了，姚樹桂今天早晨才到我這裡，他出去張羅車子了，準備去接你們。趕快吃點飯，休息一下再說吧。」不久姚樹桂回來了，見我們已到，心裡高興，說：「雖然車子丟了，人能安全回來，比什麼都強。」

接著我們研究要趕快追上學校，但是四個人只剩一部車子，怎麼辦呢？我說：「你們出去看看，能買到車子，就買三部，將來由學校報銷。」姚、杜二生出去跑了半天，只買到一部舊車子，時間緊迫，不能再等著買車子，追學校要緊。藺老太爺見到這種情形，也替我們著急，把我叫到後院，指著槽頭上拴的一匹菊花青大騎馬說：「我這只有這匹騎馬，是我自己用的，現在城裡很亂，車子是不易買了，你們趕上學校要緊，這匹馬你騎去吧。」我說：「那怎麼行呢？你自己還要用嘛。」他說：「現在這樣慌亂，我也沒處去了，你騎去吧！懷璧跟你們走了，他是你的學生，也就是你的孩子，希望把他培養成人，是我最大的願望，這培養的擔子要你替我擔了，你把馬騎去，到了西寧之後，如果你不用了，就把它賣掉，賣幾個錢給懷璧用，萬一賣不掉，你就留著騎吧。」

老人家這一番真心話，語重心長，真誠感人，不能再推卻了，我說:「好吧，接受你的厚意，我騎去，將來賣了，錢給懷璧用就是了。」他便把鞍子、嚼子都指給我看，又說:「樣樣齊全，什麼時候走，我就給你備上。」回到前院一考慮，兩部車子一匹馬，四個人怎麼辦？姚、杜二生又出去張羅，又弄到一頭毛驢，不管怎樣，四個人總算都有了行腳，便決定第二天早早動身，奔臨河，追學校。

五、後套跋涉，臨河聚首

過去學地理，有兩句諺語:「黃河百害，惟富一套。」

這「一套」包括前套、後套兩部分，中間以韓渠為界，東邊靠近五原的一部分叫前套，韓渠以西叫作後套。前套、後套共有八條大渠貫穿南北，南起黃河，北至烏梁素海;這八條大渠，把黃河的水引進草原，灌溉開墾的農田。由於水源充足，這前後兩套，便成了豐收的農田，所以有「惟富一套」的諺語。

這句諺語，倒有一段歷史故事。二百多年前，河套是一片荒漠草原，少數居民以遊牧為生，有一個牧羊人叫王同春，給牧主放羊，常年趕著羊群，生活在河套，刮風下雨也得在草地放羊，生活十分艱苦。每遇大雨滂沱的時候，他蹲在草地上，看著水流的方向和路線，本是一種無意識的觀察，後來他成了河套的主人，想要把這一片草原開墾成農田。要種田，就得有水利，於是他根據過去放羊時所觀察的水流趨勢，在河套挖了八條大渠，這樣河套就變成了肥沃的農田;王同春不但成了河套的大富戶，也成了水利土專家。

其所以能成為水利土專家，是因為這八條大渠有百利而無一害。黃河的水是滔滔不絕的，如引進河套灌溉農田，用不完的水，泛濫起來反而有害，但經由王同春的設計，把這八條大渠通通注入到北邊的烏梁素海，所以農田裡只有水利，而無水害。可是烏梁素海是一個面積不大的湖泊，容量有限，八大渠用不完的水都流到這裡，也會泛濫成災，乃至於倒灌;為了解決這個問題，他在五原縣東面又挖了一條退水渠，把烏梁素海的水再退回到黃河裡，後套就再也不會鬧水害了。因此河套的人，都懷念著王同春。

我們要去臨河，必須經過後套，當時正值秋灌季節，田地裡到處是水，道路也多被水淹沒，路也不好走。我們師生四個人，一個騎馬，一個騎驢，兩個人騎車子，大有風馬牛不相及之勢。到了這裡，遇到滿路是水，馬驢還可勉強行走，車子就不行了，不但不能騎，也不能推，只好扛著走。四個人跋涉其間，吃了不少苦頭；雖比從包頭返回五原時，心情安定一些，沒有日本鬼子從後面追來的顧慮，焦灼的心情卻有甚於包頭返五原之時。為了追趕上學校，只有咬著牙前進。走出後套，上了大道，沒有泥水了，我說：「姚樹桂、杜富，你們騎車子儘快先走，到臨河找到學校，告訴張主任，說我們回來了，我和鄒老師騎馬、騎驢慢慢走，今天連夜也得趕到臨河。」

說罷，他倆騎車子先走了，我和鄒國柱一驢一馬，並轡而行。天快黑了，臨河城遠遠在望，正行之間，遠遠望見幾個騎車子的人向我們走來，我對鄒國柱說：「你看！可能是學校的人？」不久來到跟前，正是談明義和戴芝瑞領幾個學生來接我們；相會之下，驚喜萬分。我們下了馬驢，他們推著車子，邊走邊說話，大家不停地問包頭怎樣，又問我們這幾天的情況。

我說：「吃苦是小事，能夠活著回來，才是大事。」談明義說：「不管怎樣，你們安全回來了，比什麼都強。」戴芝瑞說：「你沒回來，生死莫測，把淑文嫂的眼睛都急瞎了。」邊走邊說，進了臨河城，師生們圍上來詢問包頭的情況，這是大家最關心的事。張主任說：「趕快吃點飯，先去休息吧，這幾天夠辛苦了，慢慢再說吧。」

第七記　西行漫筆之二

一、臨河重逢，撥雲見天

趕到臨河，師生重逢，都感到高興。張主任叫吃飯休息，是一番安慰的話；烽火連天，失散重逢，一百多師生都急於了解一下包頭的情況，怎能休息呢？

戴芝瑞說：「袁兄啊！你這一走不要緊，一夜之間，把淑文嫂的眼睛急瞎了，已兩天看不見東西了。」我聽了之後，頭腦裡不禁轟的一下子，忙問，怎麼瞎的？

談明義搶著說：「別提了，你們就不應該回包頭，你們走後第二天早晨，就聽說包頭失陷了，把張主任慌得連飯也顧不上吃，催大家趕快收拾東西，煞馱馱子，準備西行，我們就問，去包頭的人怎麼辦？張主任說：『等不及了，由他們自己去想辦法吧。』師生慌成一團，收拾行李煞馱馱子。淑文嫂看到這種情形，你又沒回來，心急如焚，她對我說：『老談，看張主任的意思，不想等應麟他們了，我走是不走？』我說：『不走怎麼行，拾掇拾掇，跟著走吧，袁兄他們會趕回來的。』」

好朋友說的關心話，也是無可奈何的安慰話，可是淑文自己知道，手裡一文錢沒有，如果我回不來，她和不滿兩月的孩子該怎麼辦？著急上火，心如油煎，不得已只好跟著走。第二天把孩子依然放在駱駝上，她也騎在駱駝上，無精打彩地上了路，身在駱駝上西行，心卻飛回包頭，懷念著我，邊走邊哭，一整天眼淚未乾。到了臨河，談明義叫她下駱駝，哪知，她已看不見人了。談明義把她扶下來，又把孩子抱下來，領到一間小屋裡，坐在土炕上，她抱著孩子仍是啼哭。戴芝瑞是校醫，跑來一看，白眼珠像紅紙，給滴點眼藥水；心火如焚，幾滴眼藥水簡直是杯水車薪，怎能撲滅心中的急火呢？她摸索著給孩子換尿布、餵奶，學生王鈺是小學部她的得意學生，見到王老師這種情形，也急得團團轉，飯做好了，給端來一碗麵片，她哪裡能吃得下呢？一夜熬煎，未曾入睡，哭了一夜，到第二天越發嚴重了，疼痛難忍，飯也吃不下，還是談明義、戴芝瑞走來安慰她，使她稍稍安靜下來。到了傍晚，院子裡到處呼喊「隊長回來了」，她聽見了，還是將信將疑。

師生們把我圍住，問這問那，我只說：「這次回包頭，時間雖然只有幾天，等於二次逃難，今天還能和大家見面，如同隔世。」談明義說：「現在先不談這些吧，明天有的是時間，慢慢談吧！你趕快到房子裡看看淑文嫂吧！」

我對大家說：「今天從早晨到現在，不但沒得休息，連飯也沒得吃。明天再向大家滙報。」說罷，談明義、戴芝瑞領我到淑文的住處。她聽到前面吵嚷，說我回來了，懷著焦急而又喜悅的心情，抱著孩子等待和我相見，我一進屋，她雖然看不見，但聽到我的腳步聲，立即向我走來，第一句話：「想不到你還能逃回來！」我趕快把華兒抱過來，安慰她說：「怎能不回來呢？這麼多的學生離不開我，你和孩子更離不開我，再艱難也得趕回來。」

說著，馬成財、王鈺兩個人，一人端一大碗麵片湯過來，談明義說：「你們先吃飯吧，吃完趕快休息，明天再談吧。」說罷，他和戴芝瑞都走了，我把華兒放到炕上，把兩碗片湯接過來，王鈺說：「王老師這兩天就沒好好吃飯，眼睛都急瞎了。」我說：「不要緊，這是暴發火眼，很快就會好的。」

說罷，他倆走了，我和淑文吃麵片，邊吃邊說：「這次從包頭逃出來，比上次從包頭出來，可艱難多了。」把路上車子被劫，晝夜不停的奔波情形，說了一下，她亦憂亦喜地說：「不管怎樣，總算回來了，就是萬幸！」

吃飯中間，談明義、戴芝瑞、許輯五、薛恭五、那金銘等，又來看我，把從五原起身西進的情況，簡單說了一下，大家說：「該好好休息了，明天再談吧。」戴芝瑞又給淑文點些眼藥水。隨後都走了。我幫著她給孩子換尿布子，又餵奶，詢問她眼睛看不見的經過。她說：「你不回來，丟下我和孩子怎麼辦？著急上火，哭了一夜，把眼睛哭瞎了。」我說：「我回來了，心裡別再上火了，眼睛慢慢會好的。」她疲倦，我也感到勞累，說著說著，便悠然入睡，一夜無話。

第二天早晨醒來，她說：「我看見你了。」我一看，真的重見光明，我倆喜悅的心情，滙成了一句話：「這就好了。」趕快起身，到外面打點冷水洗洗臉，把華兒也弄醒了，給她換換尿布子。這時外面帳篷裡的師生也都起來了，忙著架羅鍋做早飯，談明義、戴芝瑞、鄒國柱又來看我們，一見淑文的眼睛能看見了，都感到驚奇：「怎麼好得這麼快！」我說：「我這付眼藥，比什麼都靈。」一夜之間，撥雲見日，這也算是奇蹟，大家都為之高興！

早飯後，又把在包頭活動的情況，向張主任滙報一下，經過一番商量，下一段路程已進入荒涼的草道，無站口無人煙，須走三天才能到寧夏的中衛縣，必須準備好三天路上吃的東西，乃決定再休息兩天，準備好了，再前進。我領著炊事班的學生，到街上採購路上用的食物，找了一家燒餅舖訂做燒餅，因數量太大，一家承擔不了，就約了五、六家代做。又到醋醬坊去訂購鹹菜. 回到住地已是下午了。訂做的五百多斤燒餅、鍋盔、幾十斤鹹菜，陸續送來，叫炊事班收下裝好，付清了款，便集合學生，講一講明天路上的安排和注意事項。

根據駝夫的介紹，又向老鄉們詢問了這一段路的情況.據說往前走的路程，越來越艱苦了，不但人煙稀少，大都是荒灘草地，有站口無站房，而且每個站口的路程遠近不等，主要是趕水，不到站口就沒有水，臨河過去頭一站六十多里路叫做耳子地。

駝夫對我說：「這個站口常有土匪出沒，必須多加小心。」好在我們人多，即使有少數土匪，也不敢輕易出來劫我們，但也不能不懷戒心。老鄉們說：「凡是走這條路的人，都要在臨河住幾天，等候行人湊多了，結成幫才敢通過。」

把這種情況告訴學生，走這段路不要分散，騎車的、步行的、駱駝隊要互相照顧前進。安排完畢，炊事班飯已做好，安排大家吃完飯，早點休息，準備明天上路。第二天雞一叫都起來了，做飯的做飯，捆帳篷，打被包，煞馱馱子，接著吃早飯。

太陽已升起，等候駱駝吃飽了草，大約十點鐘左右，把隊伍集合好，便浩浩蕩蕩出發了。這個場面是邊遠臨河城老百姓少見的，男女老少集結在路旁來看熱鬧，似乎都投以惜別的目光。我們招手說：「鄉親們再見了，不久我們還會回來。」也不勝依依之情，話是這麼說，何時再見，怎敢想像呢？

張主任不能走路，也不能騎駱駝，給他僱一乘「架窩子」，也叫騾馱轎，像擔架一樣，兩根六尺長的細木杆子，兩端綁上一米長的橫木，中間用麻繩綑作底，類似擔架床。舖上被褥，上面搭上一個弧形的席棚，遮風擋雨。它不是由人來抬，而是前後兩匹騾子架著，走起來幌幌悠悠；人坐其中，直不起腰，半躺半坐，雖然不太舒展，總比走路好得多。這是西北走草道，比較講究的交通工具。因為騾子比駱駝走得快，但又趕不上騎車子的，所以每天只好由趕架窩子的腳夫陪他行路，晚間到站口住宿吃飯。這一站，他也不敢單獨行動，只得跟在駱駝隊後面晃悠。

中途路過一個小村莊，叫作頭道橋，只有幾間草屋，住著幾戶人家。我進去看看，光板土炕，家徒四壁，穿的也破爛不堪，看來十分貧苦，想找點水喝也沒有，遂即繼續前進，傍晚時候，到了耳子地。

二、耳子地宿營，提心吊膽

提高警惕，防備土匪，思想上已有準備，到達耳子地舉目四望，莽莽荒原，衰草寒煙，渺無人跡。中秋八月，朔風襲人，更是倍感淒涼。大道旁邊只有一棟破草房，沒有門窗，也沒有土炕，土牆大部分坍塌，屋面上的苫草亦殘缺剝落，看來已年久失修，無人經管了。不管怎樣，總算是個站口，一停下來，學生們便分頭忙起來，炊事班把羅鍋架在破屋子裡，其他學生搭帳篷、找水、打柴，開始做飯。

土匪的傳說時縈腦際，因學校有一枝駁壳槍，我把槍交給馬成材，又安排幾個學生，兩人一組輪流警衛以防不測。忙到黃昏時分才吃上飯。飯後學生們都睡了，我又找駝夫詢問明天的行程路線和站口，以及路上有什麼可辨識的標誌，以便指示學生沿途注意特徵，免得迷失方向。隨後我又到帳篷裡，看看學生們睡的情況，囑咐站崗的，按時換班，不要睡覺，如有情況，鳴槍為號。等我睡覺的時候，炊事班已起來做早飯了。淑文和孩子已酣睡，我合衣而卧，悄悄躺在淑文身旁，心裡想，只要平安地闖過這一關，明天到石咀子就好了。

兩點多鐘，炊事班把第一鍋麵片已做好，招呼騎車的和徒步走的師生起來吃飯。我也起來了，照顧學生吃完飯再睡一會。駝夫起來放駱駝，駱駝的生活習慣，黑夜不吃草，必須白天放牧。第一批吃完飯睡下了，第二批起來吃飯，這時天已大亮，先吃完飯的學生也起來了，忙著捆帳篷、打行李。一切收拾完畢，便全體集合，說說路上應注意的事項，便依次出發。

騎車的先走，每人帶一書包米，到石咀子後先找住的地方，然後熬上兩鍋稀飯，隨到隨吃，吃完就休息，不要等炊事班做飯。因為炊事班總是跟駱駝走，駱駝放飽，總得十點多鐘，所以駱駝每天要比騎車和徒步的晚走四個小時，當然也就晚到四個小時。駱駝走得又慢，往往夜裡十點或十一點鐘，才能到達宿營地，等駱駝隊到，先走的人已吃飽休息了。

炊事班是逐日輪流的，照例是跟駱駝隊走，這也成了規律。我總是跟駱駝走，闖過了耳子地，到達石咀子站口，這一站是個大村莊，有房子住，也有不少住戶，先走的人到了，借老鄉的鍋做飯，就不必等駱駝隊到再做飯了，駱駝隊和炊事班到了，把馱一卸，吃了飯就休息。

明天的站口是黃渠橋，老鄉們說：「黃渠橋比石咀子好，到那裡有房子住。」黃渠橋是個大鎮，也是個大站口，決定在黃渠橋休息一天，添補些給養，再往前進。

張主任坐架窩子，坐得腰痠背痛，連連叫苦；實際上他已夠享福了，在荒涼的草道上，又有什麼辦法呢？淑文坐駱駝，前仰後合，甩得更難受。她說：「到黃渠橋後寧肯走路，我也不騎駱駝了。」幸好，我離五原時，藺老太爺送我一匹菊花青的大走馬，我說：「你不騎駱駝，就騎馬吧。」她說：「明天試試吧。」

一夜休息，第二天淑文騎馬跟在駱駝後面，到了黃渠橋，先走的人早已到達，吃住都安排好了，我們駱駝隊一到，什麼也不用我操心了。淑文騎了一天馬，她說：「比騎駱駝舒服多了。」，從此她就一直騎馬隨行。

三、黃渠橋丟印，張主任發瘋

從石咀子出發，都是沿著黃河北岸的一條大渠走，而且都是走在渠堤上，渠堤雖不寬，已形成一條人行道，騎車子也可以行走。

那金銘是學校書記（即錄事員），從包頭出發時，張主任把學校印章和重要文書都叫他攜帶保管。這一站輪到他騎車子，他把文書印信都裝在挎包裡，掛在車子大樑上帶著走，也算是負責任的做法。

渠堤是土路，高低不平，車子走在上面時常顛簸，不知什麼時候把校印顛丟了，到達黃渠橋住宿，他才發現；但他害怕受譴責，沒敢吭聲，在黃渠橋休整一天，他仍未說，若無其事的和我們一同到街上購買食品，逛黃渠橋。

這個鎮不大，但頗富裕。這條大渠，是引黃河灌溉的樞紐，渠頭有一道大壩，高數十米，長數十丈，壩上有兩座分水的閘門，來往行人可從壩上通過，如同一座大橋，所以叫黃渠橋。老百姓說：「這條渠又叫漢渠，相傳是漢代修建的。」是否確實，未加考證，姑妄聽之而已。不過從大渠的堤壩和閘門來看，像是一座古老的建築。

一路行來，從包頭，過五原，過臨河，統稱「包五臨」，是後套比較富庶的縣份，「惟富一套」的說法是名符其實的。黃渠橋也同樣有黃河灌溉之利，所以黃渠橋老鄉的生活也比較富裕。

再往前走，就是寧夏第一大縣——平羅縣，經了解，這一站的路比較好走，頓感鬆快。和談明義、鄒國柱、許輯五、戴芝瑞等一商量，決定把騎車的人調換一下，輪流緩口氣，這樣那金銘也不騎車了，和我一起跟在駱駝後面。這時他才吞吞吐吐地對我說：「袁隊長！我跟你說件事。」我問什麼事？他說：「前天在從石咀子去黃渠橋的路上，我把挎包掛在車子大樑上，不知什麼時候把校印顛丟了。」我問他什麼時候發現的？他說：「在黃渠橋住宿時，我一摸不見了，我想可能是掉在路上了。」我說：「你為什麼不早說？趁昨天休息的時間，也好去找找。」他說：「怕張主任發脾氣。」我說：「不管他發不發脾氣，總得向他說才是，現在走在路上，張主任已坐架窩子前走了，今天晚上到達平羅縣，再向他說吧。」那金銘為難地說：「請你替我說說吧。」我說：「到平羅再說吧！」丟印的事，就這樣揭開了，由此引起了一場軒然大波，後面再詳細敍述。

黃渠橋距平羅縣約八十華里，由於路途寬展，沿途有村落，不時也看到行人，不是荒灘草地了，走起來比較順利。下午天未黑，就進了平羅縣城。我們這群類似行商的隊伍一進城，驚動了街上的商店和行人，佇立道旁，以詫異的眼光，看這一群揹包擄散、風塵滿面的人，是隊伍又不像軍人，是商人也不會這麼多的人。這時騎車子打前站的人走來對我說：「隊長！我們已向縣政府聯絡好，借給我們一所小學住宿，張主任也到了。」

我們人馬駱駝開進了小學院內，有房可住，但無做飯的廚房，便在院內架起羅鍋做起飯來。張主任也出來招呼我們，說了幾句話，匆匆忙忙，丟印的事未及對他說。研究一下，平羅去銀川將近百里，但是汽車路更好走了，決定明天趕到銀行。

黃昏時刻，吃罷了晚飯，大家都休息了，我到張主任住的房裡，把丟印的事向他說了，他立刻跳起來說：「這怎麼得了，校印是校本部（南京中央政治學校）頒發的，丟了怎向校本部交代？沒印了，我這個主任也做不成了。」

我說：「不要著急，商量一下看怎麼辦？」張說：「商量什麼？印是學校的代表，沒有印，這個學校也完了。」我說：「印丟了，固然是一件大事，但我們是在逃難途中，不是平常行軍，兵荒馬亂，出點差錯也是難免的，現仍在逃難途中，暫時不必向校本部報告，到了西寧以後再說，我想校本部也會體諒這種情況的。」說罷，又談了一下明天到銀川的安排，便各自休息了。

回到淑文住的房裡，她和孩子都已酣睡了，我悄悄的合衣而臥，旅途勞頓，也就悠悠睡去。夜半兩點鐘就起來，招呼炊事班起來做飯，仍和往常一樣做好一鍋，招呼各班輪流起來吃飯。天剛亮，全部吃完了早飯，依然分別安排騎車子的先走，叫他們到寧夏中學，找劉恩、薛恭五等同學（他們是學校派在寧夏工作的）幫助安排住處，然後又指揮徒步走的上路。

張主任坐的架窩子已備好，腳夫催促上路，卻不見張主任出來，我到他住的房子一看，他還躺在炕上啼哭，兩眼哭得通紅。我說：「學生們都走了，你的架窩子已備好，趕快走吧！」他說：「你們走吧，我不走了，校印都沒有了，我這個主任也做不成了，我回去找印，找著印我再追究你們，找不著，我就死在黃渠裡算了。」啊！原來他哭了一夜，想不通，要尋短見哪！我勸了半天，才起來洗臉，叫他吃飯，他也不吃。我說：「師生們早已出發了，現在只有我和炊事班等著煞馱子，尚未走，你的架窩子也在院裡等你呢，你也趕快先走吧，到了銀川再研究辦法，路上出了事，不是你一個人的責任，我們全體師生可以替你擔當。」好說歹說，他才上了架窩子走了，駱駝隊隨即上路。

一路行來，村莊也多了，時而路旁還有小舖，出賣燒餅、麻花、空果（烤熟的一種類似麵包的一種麵食）、糖球等小食品。為了活躍情緒，買了一包糖球分給炊事班一人一粒。淑文騎在馬上，含著糖球，精神也略好一些。

駱駝夜裡十點多鐘才到達銀川城，先到的人已聯絡好，住在寧夏中學院內，校舍建築頗具規模，教室宿舍應有盡有，住的房間已為我們安排好。先到的人已吃過晚飯，為我們後到的人單做了一鍋麵片，吃得很舒服，大家都很高興。原來校本部派到寧夏工作的人，有楊柯大夫和劉恩、岑學恭、薛恭五、陳建華兩口子，都跑來照顧我們。一時和樂氣氛，如同家人見面一樣，談論了我們一路的情況，也談了他們一年多來在寧夏的經過，時已夜半，各自才休息去了。

四、銀川市駐腳，黃渠橋尋印

從包頭出發前就有個計畫，沿途三大站口都已安排定。第一大站就是銀川，所以部分經費都滙到銀川，並向校本部報告，下個月的經費直匯銀行。在這準備休息一段時間，再奔第二大站蘭州。

在銀川住下後，先把從包頭滙出的錢取出來使用，又電催南京校本部速籌經費，準備繼續西行。張主任仍是哭個不停，許多教職員都來勸解，他仍想不通，自言自語地說：「印丟了，學校也不存在了，就在這解散吧。」師生們聽了這話，都不以為然，我勸張主任說：「戰火連天，烽煙遍地的時代，我們奉命把一百多學生領出來，不是好玩的，要對校本部負責，更要對學生家長負責，若半途中解散，怎做交代呢？不管怎樣，必須按校本部的指示，把學生帶到西寧，再請示如何處理。」

張鎮臨說：「我是沒法負責了，你們負責吧，我決定不去西寧了，由這轉回南京，請求處分吧！」我說：「在逃難途中，全體師生人人有責，出了事責任在大家，不能叫你一個人承擔，要請求處分，等到西寧後，咱們全體師生聯名請罪，總可以吧？」

經過大家反覆勸說，他的情緒稍安定些。我說：「趁在這休息的時間，派人回去尋找，如果找到，萬事大吉，萬一找不到，我們總算盡到了責任，向校本部也好交代。」

張鎮臨賭氣地說：「我回去找！」我說：「從銀川回石咀子二百多里路，你既不能走路，也不能騎車子，你怎麼回去呢？還是派兩位老師配兩名學生，叫那書記也去，倒是可以的。」張鎮臨說：「我不去，只有你去，別人是辦不成事的，可是從五原回包頭，你已捨生忘死地跑了一趟，再叫你去，未免有點不近人情。」我說：「沒關係，只要你認為我行，我就再跑一趟，也沒什麼。」幾位老師在旁，看到張主任有些緩和，都鬆了一口氣，便說：「袁隊長你看怎麼辦？」我說：「那就決定我去吧，叫那金銘也去，再找兩個學生，大不了還像回包頭那樣沒什麼問題。」說罷，張鎮臨也點了點頭，就這樣定下來，明天就出發。我出了個主意，叫那金銘寫幾張尋印的告示，以備沿途張貼。

回到淑文的房子裡，告訴她我明天要回石咀子找印，她猛然一驚地說：「為什麼又要叫你去？回包頭的事，你忘啦？」我看出她焦急的心情，邊解釋邊安慰地說：「別人去，張主任不放心，指定要我領人去找。好在沒有日本鬼子在後面追趕，不會像回包頭那樣緊張，並且在這要休息十幾天，跑一趟，有三五天就可回來，你千萬別再上火，又把眼睛急瞎了。」她一聽我講的情況，似乎也有道理，也就不吭聲了，但沉重的心情，從她面部的表情，可以看得出來，不由地長嘆一口氣說：「想不到逃難到這種地步。」

一夜無話，第二天一早，急忙吃點飯，我和那金銘、姚樹桂、車文煥騎車子奔平羅縣出發，中午到達平羅縣吃點飯，略事休息，在東門外貼兩張告示，便又上路，直奔黃渠橋。天不黑我們就到了，先找老鄉處借宿，安頓好了，又到鎮上貼告示，並逢人便問是否拾到一塊方印？老鄉們聽了都莫明其妙，什麼叫「校印」？一點印象都沒有，也無法再解說，只好邊尋訪邊與那金銘分析丟失的情況，在街上和渠上轉了幾趟，但都杳無蹤影，便決定明天去石咀子，沿著來時的路，推著車子走，仔細尋覓。數人渠上渠下和道路兩側，都查看得一步不漏，仍無所獲。

黃昏時分，趕到石咀子，逢人便問。第二天又遍訪老鄉家中，所有石咀子幾十家住戶，幾乎問個遍，都說沒見。失望的結果已經註定，便商量趕緊回銀川。次日天不亮，吃點東西，四人又踏上回程，下午二時許，趕到平羅縣，找到馬縣長，說明來意，託他代為查詢，倘得消息，電告寧夏中學轉我們學校。

馬縣長說：「抗戰開始了，馬主席（鴻逵）把所有中學都停課，學生集中軍訓，準備隨時參加抗戰，你們還跑什麼？把這批學生都交給主席，編為青年學生軍得啦，教職員也可在這參加工作。」我一想，馬鴻逵是寧夏王，真要留難我們，真不好辦，便對馬縣長說：「我們是奉中央命令西遷的，必須按照中央指示辦事，不能擅自作主，你提意見，待我回到銀川，向中央請示後再說。」馬縣長一聽是中央命令，立即把話頭拉回來說：「主席（指馬鴻逵）也是按照中央指示辦事。」我說：「那就好辦了。」隨即又把找印的事託咐一番，便離開縣政府，繼續西行。

晚飯時刻，回到銀川。此行來去四天，車不停轉，空跑一趟，把尋找情況向張主任說了一下，他不等聽完，一頭倒在炕上，又嚎啕起來；只好勸說一番。關於我們師生四人風塵僕僕的情形，他一字未提，神經錯亂，一至於此。實在太累了，便各自回去休息。張主任如何發神經，且看下文。

五、寧夏內幕，聞風喪膽

離開張主任，回到淑文住的房裡，她知道我回來了，坐在炕上等我，一見面就說：「看你又弄成這個樣子，能討個什麼好？」我說：「人平安回來了就好，盡到責任，內心無愧就行了。」她說：「夠累了，趕快休息吧。」剛剛睡下，便有兩個穿灰軍衣的人破門而入，說是查戶口的，沒等我說話，他們便問我這幾天哪裡去了？出去幹什麼？盤問得很緊，並說要把我帶走。經過解釋，總算沒帶走，但嚴厲地交代說：「你的行動，隨時要向派出所報告。」只好唯諾，內心雖有些反感，一想現在是處在馬鴻逵這個土皇帝的環境中，只好忍耐一時。

他們走後，淑文說：「從你走後，每天晚上來查問你哪裡去了？出去幹什麼？弄得人心驚膽戰。」我立即聯想到今天在平羅縣馬縣長的一番話，更感到惴惴不安，心想，要趕快離開這裡，不然要陷入虎穴龍潭，乃對淑文說：「不要緊！我們有中央的後盾，他不敢把我們一口吃掉。」這無非是聊以自慰的話，給淑文吃個空心丸而已，內心何嘗不嘀咕。太累了，說著呼呼睡去，再未受干擾。

次日早飯後，去年校本部派來寧夏工作的楊柯大夫，還有劉恩、薛恭五等幾位同學，都來看我，談話中，他們說：「我們來寧夏受騙了，馬鴻逵向南京要人時，說得天花亂墜，薪俸如何高，待遇如何好，學校信以為真，動員我們來寧夏，我們也就抱著很大希望來到寧夏。」我還記得，去年他們去寧夏時，路過包頭，我們都很羨慕，熱情接待，為其洗塵，並相送起程。曾幾何時，卻是一場空夢。

他們說：「每月不發薪水，只給住的、吃的、用的一切實物，一分錢也見不到，想離開這裡，不僅路費分文沒有，當局還監視你，怕你逃走，無形中等於軟禁，每天還得去幹活。」談話中，不勝悽楚。劉恩說：「你們來了很好，我們有了救星，無論如何，我們得跟你們一同走，現在正好學校停課，我們無事可做，藉這個機會離開，就說等學校復課時，我們再回來，他們也沒理由不讓我們走。」楊柯大夫也想隨我們一同走，可是馬鴻逵不放他走，他便和我們約好，採取不告而別的辦法，提前坐汽車到中街縣等我們，再一同去西寧，然後回南京。不曾想剛走出一站，到永寧，被馬鴻逵派人追上了，遂即回到銀川。於是馬鴻逵大造輿論：「楊大夫走了，寧夏老百姓的生命就沒有保障了。」用花言巧語留住不放，楊大夫也無可奈何，只好暫時不走。其他幾位同學暗中準備好，決定隨我們去西寧，臨行時幸好沒有留難他們，乃順利地跟我們同去西寧。寧夏的內幕可想而知。

第八記　西行漫筆之三

一、爬上沙坡頭，弔古金沙灘
二、金沙灘上，馬匪夜襲
三、到了一碗泉，吃水更困難

一、爬上沙坡頭，弔古金沙灘

銀川城內住了十二天，並不得安心休整。這十二天中，張鎮臨整天躺在屋裡，時哭時鬧，弄得師生們精神很不愉快。我又走回頭路去找印，如同大海摸針，明知是白費力，白吃苦，但為了緩和張鎮臨的煩惱，只好再鼓勇氣奔走一番，做到梁惠王為國「盡心焉而已」。

住在銀川，往往一夜數驚，查戶口、問來歷，都是夜間襲擊。馬家的天地，日子真不好過，原想多休息幾天，卻弄得日夜不寧，是非之地，還是早離開為妙。張鎮臨不想走，我對他說：「這裡不是安全地方，楊柯和幾個同學，都日夜膽戰心寒，想跟我們一同走，脫離這個虎口，我們走了，你一個人在此，恐怕很危險，前途更不堪設想。」聽了這番話，他也不再耍死狗了，表示和大家一起走，好說歹說，總算說通了他，於是安排兩個學生——杜學魁、車文煥，每天跟架窩子走，保護他免生意外。經過一番安排，補充好路上用的物品，在一個黎明之晨，浩浩蕩蕩出了銀川城，向第二個大站口蘭州進發。這一段路程，進入了大沙漠，更艱苦了。

駝夫說：「前面這段路，有富八站、窮八站，不富不窮又八站，是最難走的一段路。」算一算要一個月的行程，艱苦到什麼樣子，還估計不清，只有走著瞧吧。我從地圖上查看一下，這三八二十四站，就是范長江所寫的《賀蘭山四邊》裡所說的地方，窮到大姑娘沒褲子穿。真相如何？就要一步一步實地去體驗了。

離開銀川，經過永寧、吳宗堡、大壩、小壩、廣武、石空堡、鎮羅堡等七個站口，到達中衛縣，這一段算是富八站。經過實踐，感覺不出富在哪裡。每到一站，有村有鎮有住房，有粗糙吃的東西可買，從老鄉們的飲食衣著來看，仍是十分艱苦。每日兩餐，都是小米稀飯配鹹蘿蔔，很少吃熬的熟菜；吃乾飯，也是偶爾之事，穿的衣服破舊不堪，補丁落補丁，勉強蔽體而已。家家能種上一點土地，維持餬口，就算是富了。

經了解，這裡的土地耕作十分艱難，叫作「孫子田」。為什麼呢？原來這裡的耕地，開墾之後，上面要蓋上一層卵石，目的是保持沙壤中的水份，才能長莊稼；而這種卵石要從很遠的戈壁灘上揹回來，平平地蓋在地上，從爺爺這一輩開始揹卵石，經過父親這一輩，還得往田裡揹卵石，到孫子這一輩，才能不揹卵石種田，所以叫做孫子田。

每個站口里程不等，有的六十里，有的八十里，不管遠近，必須趕到站口才有水喝；這是在大西北，走草道，最重要的一點。其中有一站，就是從大壩到小壩這一段路，說是六十里，早晨天剛亮，把騎車和步行的安排出發了，以為很輕快的，可以早早到小壩；駱駝隊照例是十點多鐘，等駱駝吃飽了才出發。可是直到夜裡兩點多鐘才到小壩，把人累得疲勞不堪！六十里為什麼走這麼長的時間呢？向當地老鄉詢問，這六十里是兩里算一里，叫做「潘家里」，是宋朝潘人美奉命鎮守邊陲時，為了要士卒一夜趕完這段路，兼程前進，早些趕到守地，欺騙士卒，把兩里說成一里，實際是一百二十里。所以我們走了十四個小時。

老鄉們有句諺語「大壩走小壩，越走越害怕」。這一段強行軍，人人都疲憊不堪，叫苦連天，乃決定第二天休息一天，緩口氣再走。

駝夫說：「過了小壩，都要在沙漠裡走，無固定的道路，走過的路，風一吹都消失了，只有盯著遠遠的山頭，朝著二郎山尖走，否則一不小心，就會迷失方向。」一路行來，果然如此。駝夫就是帶路的人，每天晚上，必向駝夫詢問明天下一站的情況。把沿途情況了解後，第二天出發前便一一說明，囑咐注意沿途的標誌，不要失散，不然會找不到站口。

經過七天的行程，到達了中衛縣。這個縣是寧夏比較富裕的縣，到此住宿，找到了房屋，生活上也得到改善，大肉炖白菜，吃鍋盔，師生們笑逐顏開，在這裡又休息一天。

此後就進入窮八站了。在街上訂做了四百斤鍋盔，買了幾十斤鹹蘿蔔，有的老師自己還買些包子饅頭。物質和思想都做了過窮八站的準備之後，又由中衛出發了。出城四十里，就進入沙坡頭。所謂沙坡頭，就是沙山，山勢很陡，而且都是流沙。到達這裡，必須爬到坡上頭，才是站口。這個沙坡約有十華里，向上望去，沙浪起伏，如同山脈，但沙是流動的，步行的人往上爬，比較容易，騎車的人可就苦了，只好扛著車子往上爬，上一步滑下半步，爬幾十步，就得歇一歇。駱駝的馱子也得減輕，才能爬上去。於是停下來把馱的東西卸下一半，先送上去，然後再回來馱另一半。駱駝也是走一步滑下半步。把炊事班留在下面看守東西，我跟駱駝先上去，安排宿營，實踐體驗，脫了鞋襪，光著腳往上爬，比較輕鬆。

想起了一句老話：「過哪河，脫哪鞋。」如今爬沙山，要脫沙山的鞋了，從中午折騰到半夜，才全部都上去，搭起帳篷，架好羅鍋，把帶上來的水燒一鍋開水，鍋盔、鹹菜，吃喝起來，算是一頓晚飯，吃罷分頭休息去了。

我和駝夫研究明天的路程，下一站是長流水，約八十里，不到站，沒水吃，思想上有了準備，再累也得趕到站口。相傳，沙坡頭就是古金沙灘，從上面往下一看，是一線黃河，繞著沙山東流，居高臨下，遠遠望去像一條水溝。在這灘頭上，黃河也顯得渺小了。潘楊之爭，這裡可能是金沙灘，姑且記之，以待考證。

一個多月來的逃難行軍，已摸索出一套規律，根據每一站不同的情況，決定當天的行動，什麼時候做飯，什麼時候吃飯，哪些人先吃，哪些人後吃，以及哪一部分先走，哪一部分後走，全體師生心目中都有準備，不用我每天操心了。

二、金沙灘上，馬匪夜襲

在沙坡頭上宿營，寂無人煙，只有呼呼的寒風，捲著流沙，飄飄地飛揚。四外一望，都是起伏連綿的沙嶺，好像海浪一樣，看不見行人的蹤跡，原因是風飄流沙，即使有蹤跡，也就一掃而平了，還擔心風大了，會把帳篷給埋上。

太累了，都抓緊休息，我剛睡下不久，馬成財、杜富、姚樹桂、王振民幾個學生，跑來喊我：「隊長！隊長！有五六個兵來拉我們的駱駝，說是馬主席的部隊，要駱駝馱軍糧。」我趕快起來，想往外走，學生們說：「要想個辦法對付他們，不能讓他們把駱駝搶走。」我說：「怎麼辦呢？」杜富說：「要嚇唬他們，好說是不行的。」馬成財說：「隊長穿便衣去不行，把你的軍服穿上，武裝帶繫上，多叫幾個同學跟在你後邊，拿幾條繩子，我拿著槍在旁邊，到那裡去質問他們，他們不聽，就把他們綁起來。」我說可以，咱就來個虛張聲勢。

於是我打開條包，取出軍裝，立刻武裝起來，招呼幾十個學生前呼後擁，直奔駱駝場，看到匪兵正在拉駱駝，我大聲地問：「你們是什麼人？拉駱駝幹什麼？」一個兵說：「主席叫我們運軍糧，沒辦法，只好抓駱駝。」我說：「什麼主席不主席，我們是中央的部隊，主席也管不著，趕快把駱駝放開，給我滾！不然我把你們綁起來，送去見主席。」幾個兵聽我們一喳呼，二話沒說，放開駱駝，就往沙嶺後面跑，學生們喊：「抓住他們，綁起來，不要叫他們跑了！」說著一擁追去，我在後面喊：「不要追了，他們敢再來，就把他們綑起來！」

馬成財挎著勃壳槍，我說：「馬成財！放兩槍，鎮鎮他們。」接著啪啪兩槍，追的學生們也都回來了，檢查駱駝，一個沒少；為了防止他們再來，學生們輪流巡邏，直到天明，再無動靜。一場虛驚，才算過去。

天亮了，大部分人已吃好飯，整理好行裝，待命出發了。我照例集合，檢查人數，宣布站口，囑咐路上注意事項，便分頭出發。師生們走後，我在後面照顧駱駝隊，炊事班也都收拾好。駝夫也湊攏來，大家談起昨夜搶駱駝的事情，不禁心中好笑，想不到我們也來一場大戰金沙灘。

駱駝出發了，淑文照例騎著馬，跟在最後一頭駱駝的旁邊，因為駝背上還馱著不滿兩月的嬰兒呢。駝鈴照例是掛在最後一頭駱駝的脖子上，「咕咚！咕咚！」發出沙漠之舟的聲音，到了夜深人靜的時候，只有這鈴聲，顯示出無窮的毅力。

夜裡十點多鐘，到達了「長流水」。顧名思義，應該有水，事實卻不然。眼前出現的是一條三十多米深的乾溝，溝底有一股細流，在細流的邊上，挖一個坑，把細流引入坑裡，等一二十分鐘才能舀上一桶水。從溝底爬三十多米的斜坡，才能把水提上來。一百多人做一頓飯，最少要八桶水，於是告訴學生不要喝水，把水攢下來好做飯。

在沙漠裡走了一天帶半夜，連一口水都喝不上，艱苦的情形可想而知。據說，這就是窮八站的開始。不禁若有所悟，啊！窮八站，窮得連水都喝不上，前面還有七站，該是什麼樣子呢？下一站是「一碗泉」，肯定水更困難了。

三、到了一碗泉，吃水更困難

離開長流水，經過一日的行程，騎車的、步行的，在傍晚時候都趕到了一碗泉，無住處，無水喝，坐在路旁乾等。駱駝隊十點鐘才趕到，師生們都圍攏來時，我說這裡一滴水也沒有，到老鄉家去詢問，他們說這裡的水比什麼都金貴。我們這麼多人，做飯總得用水呀！老鄉說：「要到五里路遠的地方，有一眼泉，我們喝水，都得到那去馱。」一查問，老鄉有馱水的毛驢，但只有兩頭，聯繫之下，把這兩頭馱水的驢都僱來，給我們馱水，至少要一個多小時才能馱回來，只好等著吧！

快十二點了，馱回四桶水，只夠做一頓飯，大家一合計，等飯做好，已是兩點多鐘了，乾脆就把晚飯和早飯併作一頓吧，剩點水，每人喝一缸子就行了。不得已只好如此，兩天吃一頓飯，喝一缸子水。

在等水的當兒，我到老鄉家裡看看是否真的沒水，進門一看，不僅找不到水缸，家徒四壁，看不見任何家具和被褥，土炕上溜明澄亮，無毯無蓆，看來真是窮苦得很。問他們有沒有食糧，一位中年婦女說：「哪有存糧呀？有點青稞，吃一點算一頓。」也看不見燒柴，燒的是馬糞、牛糞、駱駝糞，靠風箱鼓風燃燒。

天已冷了，婦女還穿著單褲，問她冬天有沒有棉衣？她說：「哪有棉衣？天再冷了，加上棉套褲（套褲就是兩隻棉褲腿）就行了。」我說：「我有一匹馬，想買點料餵餵。」一位老漢說：「人吃都沒有，哪有馬料？」經過再三商求，這位婦女又說：「我到隣居家找找看，找到就給你送去。」

我回來不久，她端著一葫蘆瓢黑豆送來，說是要兩元錢，不管多少錢，總算有了就好。我很注意那溜明澄亮的土炕，是怎麼弄的？據說，他們每天喝小米稀飯，剩的米湯，往炕上一潑，用手一擦，米湯一乾就發亮了，這也算是一條窮辦法。我心裡又很奇怪，每天都要吃飯，屋子裡空空如也，見不到一粒糧食。據說這裡時常有兵匪來搶糧，老鄉們有點食糧不敢放在家裡，都在外面挖個窖藏起來，吃一點取一點，以防搶劫，也真夠可憐的了。

我們駱駝隊進村時，已是夜裡十點鐘了，見有幾個七、八歲的孩子蹲在路旁，看到駱駝拉糞，都跑來搶著拾；仔細一看，有男有女，都沒穿褲子，上身只穿著破爛不堪的棉襖。由以上種種情況來看，所謂「窮八站」，真是話不虛傳。因想，范長江在《賀蘭山四邊》裡，所說的大姑娘沒褲子穿，也是事實。

這只是窮八站的第二站，從此以後，又經過了乾塘、頭墩子、白墩子、一條山、喜集水、狼抱水等六個站口，從這些地名來看，都是缺水的站口。實逼處此，再困難也得忍受，堅持每天走一站，一個多禮拜，才把窮八站踱過。回頭一想，所過之處，都是窮苦不堪，難怪呼之為窮八站。

這段路是沿著古長城走的，有時在長城裡走，有時在長城外走，這段長城都是土牆，大部分已坍塌，只有痕跡尚在。值得一敍的，就是頭墩子、白墩子的來歷。所謂墩子，就是土築的高台，土話叫墩子，每走上五里路就有一座，遠遠看去，有高有低，像是塔，又無檐無頂，只是一個土樁子；雖然已經剝落破壞，依然矗立在塞外古長城的沿線上，當然不止一兩個，可以說連綿不斷。

據說這些墩子，就是古代的烽火台；邊關有事，在烽火台上舉火，狼煙衝天，一個傳一個，向朝廷報警。或者朝廷有事集合諸侯，也用烽火傳訊。這就是原始社會通訊的方法。因此聯繫到看《東周列國志》中，烽火戲諸侯的一段故事，便結合目前所見的墩子，給學生講這段史話，大家邊走邊聽，忘了行軍的疲勞。

其次再說說「一條山」，雖然也是個窮站，卻也有一段史話。當初紅軍二萬五千里長征時，曾經路過此地，問起本地老鄉，紅軍過境的情況，都說：「吃的、穿的，都趕不上你們。」究竟紅軍是什麼人，我們是什麼人，他們也弄不清楚，一說一聽而已。由此聯想到當年（一九三六年）紅軍過甘肅境內，肅州分校（政校五個分校之一）被迫逃到包頭分校的一段情景，如今我們逃避日本兵，卻跑到甘肅來了，真是不可想像的事。

過了「狼抱水」，走完了窮八站，還有不窮不富的八站。不管窮富，越來越接近蘭州了，大家心情都很振奮，加以途經各站，是比窮八站好一些，喝水沒問題，有時還有房子住，有做飯的地方，不必搭帳篷、架羅鍋，減少很多麻煩，疲勞程度大大減少，感到輕鬆了許多。

又走了六天，經過火家台、狄家台（這都是烽火台的遺蹟）、石洞寺等六個站口。在一個傍晚的時候，跨過蘭州黃河大鐵橋，進入蘭州市，直奔小西湖蘭州師範學院。經過聯繫，就住在師範學院，正值放寒假，居住做飯均極方便。

至此，三大站的行程已走了兩站，將近五分之四的路程。從包頭出發，到現在已兩個多月了。出發的時候，還是八月中秋，現在已屆寒冬季節。流亡的生活何時算了？只有走著瞧了。

第九記　西行漫筆之四

一、蘭州七日

蘭州是我們計畫行程中的第二個大站，從全部行程計算，已走了五分之四左右；從時間來看，自農曆八月十七日起，現在已是陽曆十二月中旬，整整走了三個月，也可以說是一個冬季。千辛萬苦來到蘭州，住在蘭州最美的風景區——小西湖，又是高等學府內，條件比包頭分校的土房子要好得多；因此決定在這裡多休息兩天，再繼續西行。從中國整個版圖來看，蘭州是一個中心點，從古以來就是西北的重鎮，歷史悠久，市面繁榮；這且不提，最可注意的是澡堂子。三個月來，一路風塵，實在夠受了，首先安排師生們洗澡，洗衣服，整理一下行裝，做了一次名符其實的「洗塵」。師生們的精神為之一新，加以住房舒適，廚房寬敞，樣樣條件具備，決定把沿途吃厭了的麵片，改吃饅頭、包子、大米飯，生活也得到改善，都感到輕鬆一些。蘭州到西寧，只有三四天的路程，而且沿途經過的地方——永登、樂都，都是較富的縣份，住宿不成問題，只準備一些吃的東西就行，於是就放心休息了。師生們每天到城裡和東門一帶熱鬧的街道遊逛遊逛，幾乎忘卻身在逃難之中。大白菜、胡蘿蔔、青蘿蔔、洋芋，還有蘭州的特產百荷，都買來調劑做菜，牛羊肉也不缺，大有「樂不思蜀」的心情。休息了六天，疲勞雖緩過來了，但還得奔目的地西寧，這是終點站，也就是第三大站。往西行，還得過黃河大鐵橋。當地人說：「過了黃河大橋，有一段山路，時有土匪出沒，你們要多加小心，最好夜裡悄悄地通過，到天亮把這段趕過去，免得受驚。」既然有此一說，不能不提高警惕，經過師生們共同商量，決定偷渡這一段險路。天剛黑就開始做飯，把晚飯當作早飯，一切行裝和駱駝都準備就緒。夜裡十二點鐘一齊出發，安排馬成財拿著槍，又配合一個班的人員，在隊伍前頭走，我和步行的師生在後面，駱駝隊放在中間，並宣布不許點火，也不許喧嘩，更不要分散。過了黃河大鐵橋，折向西北，進入了山路，兩旁山勢起伏，夜幕沉沉，隱約不清，但都是禿山，沒有樹木，瞭望四外天邊都很清楚，如有人從山上出來，可以看得見。三十多里的山路，走了三個多小時，天剛亮就通過了，平安無事，心裡才坦然下來。前面的站口是享堂，進入青海民和縣界了。享堂在大通河西岸，河不太寬，有橋可通，水流清澈，空氣也清新，無沙漠乾燥之苦了。路途平坦，人駝都感到輕鬆，下午三點多鐘，就到了享堂鎮上。安排住下以後，立即做飯，這又把早飯當作晚飯。吃完飯，便隨便休息，街上逛逛；有攤販賣「釀皮子」的，類似涼粉，拌上醬油醋就可吃。還有賣「軟」的，是一種熟透的凍梨，融化後，裡面一包水，又甜又酸，類似東北的面酸梨；買了一些拿回住處，淑文很喜歡吃，三個多月沒吃到水菓，偶爾吃到，格外覺得新鮮。鄒國柱、談明義、戴芝瑞都是青海人，到了他們久別的家鄉，都有盡地主之誼的想法。鄒國柱說：「明天的站口是樂都縣，是我的家鄉，大家到了樂都，等於到家了，在我家多住兩天，好好休息一下，再奔西寧。」我同意他的意見，又跟張主任商量一下，他也很願意休息兩天，於是決定在樂都停留兩天。師生們聽說要到鄒老師家住兩天，都很興奮。第二天出發後，天氣好，路又平，很輕快地到了樂都，直奔鄒國柱的家裡。他的父兄家人見到鄒國柱回來，領來這麼多客人，又驚又喜，忙著安排住處。他家的院不大，院裡院外都佔得滿滿的，房子不夠，就把帳篷搭在院裡。

做飯就在他家的灶房裡，鍋不夠用，就把羅鍋架起來，一百多人，裡裡外外都是人，笑逐顏開，如同鬧市。不僅鄒家頓時熱鬧起來，左右隣居也都趕來幫忙。鄒家父子忙著殺豬宰羊，把米麵油鹽都拿出來，不要我們自備，極盡地主之誼。鄒國柱去南京讀書，畢業後還是第一次回家，離家已四年多了，家人相見，怎能不歡喜呢？用老話來說是「衣錦還鄉」，而且領來這麼多朋友，可謂千載難逢的盛事。從我們來說，若不是逃難，又怎能這麼多人來到這裡呢？勝友如雲，高朋滿座，實是當之無愧。鄒家新建了一幢兩層的小樓，樣子很土氣，不管怎樣也是樓；在邊疆的農村說起來，倘非富有，亦不易辦到。樓剛建好，尚未住人，樓上裝滿了秋收的果實——梨，這種梨剛摘下來，酸澀難以入口，必須捂一段時間，使之熟軟，等到皮黑肉軟才能吃，這就是當地人所說的「軟」。主人為了招待我們，叫家人在梨堆裡選了些半熟的，讓我們嚐嚐，酸甜可口，別有一番風味，主人的盛情實在感人。我們一百多師生遠離家鄉，遠離母校，逃難出來，在黃沙白草荒無人煙的草道上，奔走了大半個冬天，今天在鄒家把我們當上賓招待，也算是一生難遇的奇事。住了兩天，為了儘早趕到目的地——西寧，只好謝別主人，繼續上路，完成最後一站。賓主依依不捨之情，只能互道後會有期，告別了樂都。這一段路都是平坦大道，毫無顧慮，騎車的、步行的都儘快往前趕，計劃先到了西寧分校，找到周覺生主任，請他安排一切，這是自家人，當然責無旁貸。這裡又有蒙藏班第一期畢業的同學，鄧欽義、穆建業、穆成功、朱慶等人，都在西寧分校工作，也會替我們安排一切，自不待說。駱駝隊於黃昏時候才到達西寧城，這時方知西寧分校不在城裡，而是在城外西營盤，離城還有二三里路。穿過西寧城，來到西營盤，先到的人早已把住的地方安排好，也吃完了飯，等著我們後到的駱駝呢。一進分校大院，蒙藏班一期的幾個同學都跑來招呼，叫我們先進房子休息。他們幫著下馱子，搬行李，周主任也親來指揮。真是到了家了。安排好住房，吃罷晚飯，周主任和老同學們，都來詢問包頭的情況，詢問一路上的情況。周主任：「說到這就到家了，你們夠辛苦了，早點休息吧。安定下來，有話慢慢談。」親切之情溢於言表。我們就此在分校暫住下來。

二、西寧三月

師生一百多人為了逃避日寇，冒著風沙嚴寒，在荒漠無人的草道上，奔走三個多月（一個冬天），安全無恙，到了西寧。校本部給的任務總算完成了，大大的鬆了一口氣。我這個帶隊的人，自問無愧於師生，無愧於校本部的師長，既然到了目的地，今後一切還得張主任決定，我可以稍息仔肩了。經過與張主任商量，應該儘快向南京校本部報告一路的經過，並請示今後在西寧如何處理，再作定奪。遂即發一電報給南京，告以安全到達西寧，經費請速匯來，以維持師生的生活，以及今後如何處理。沒幾天，南京校本部回電指示，經費按月照寄，仍由包頭分校隨行的教職員負責籌備，使學生早日復課，其餘等研究後再函告。得到指示，心裡也就安定下來了，馬上就是新年元旦，好好休息幾天，過了新年再說吧。馬步芳主席得悉我們到了，為了表示歡迎，安排屬下治備全羊席為我們接風洗塵，以盡地主之誼。

正好是陽曆十二月三十日，一九三七年除夕之夜，有此盛筵，雖談不到「四美俱」，只可算「二難並」（《滕王閣序》句）了，但師生們仍然高興萬分。說起全羊席，師生們都未領略過，我是不吃牛羊肉的，自然也是不知其味，但不管吃不吃，不能不去赴筵。席開之後，師生們吃得有滋有味，如入屠門而大嚼，我聞到腥膻氣味即感欲嘔，只好捂著鼻子看他們吃。招待人員知道我不吃牛羊肉，特地給我做一碗麵條，端上來還是膻得不能入口，勉強吃一點，陪到席散。儘管如此，主人的一番盛意仍是難得的。隨後馬主席又請全體師生到澡堂子洗澡，真正做到了「洗塵」，難得馬主席如此熱情周到，都感到莫大的溫暖。

元旦過後，西寧分校的學生都在放寒假，我們不能照例放寒假，應按校本部的指示早日復課。按道理，西寧分校正放寒假，應該利用空閒的教室暫行開課，西寧分校周主任和在該校工作的幾位同學都表示支持，我和談明義、鄒國柱、戴芝瑞及幾位老師，也都認為可以這樣做，惟有張鎮臨主任不同意。他說：「我們是包頭分校，和西寧分校混在一起，名分不合適，經費也不好辦，將來咱們還是要回包頭的。」他是分校之主，他不同意，我們也只好聽他的，復課之事由此而推延了。

事隔幾天，張鎮臨以包頭分校主任的身分，去見馬步芳，主客之間，前去拜訪，並答謝款待的盛意，是禮所應當。見面後，張主任提出：「南京指示，要在西寧暫時復課，請馬主席暫借一處臨時校舍使用。」馬步芳一聽是南京的意思，便答應給想辦法。沒幾天教育李廳長（是黨校畢業的同學）來通知，在城裡給騰出一個小學的校舍，借給我們暫用。於是就搬進城裡，草草率率先行開課。包頭分校的牌子在西寧掛起來，張鎮臨也不提丟印的事，依然以主任的身分主持一切，這也是理所當然的，師生們只有高興，無任何意見。校本部也無新的指示，就這樣先做吧。穆成功同學是馬步芳很親信的人，馬步芳跟穆成功說過：「既然都是政校的分校，看情勢一時又回不了包頭，跟西寧分校合併在一起，不是很好嗎？」這番話傳到張鎮臨的耳朵裡，他一想兩個分校一合併，包頭分校不存在了，他這個主任也當不成了；他又聯想起在寧夏丟印的事，至今還未上報校本部，現在是一個丟了印的主任，校本部若知道了，不但主任做不成，說不定還要受處分。因此又像在寧夏一樣大發神經，懷疑周主任在馬步芳跟前說他壞話，陰謀要把包頭分校合併。我見到這種情形，勸慰張鎮臨說：「咱來到西寧是客居，西寧分校對咱不錯，至於兩分校是否合併，馬步芳也管不著，還得聽校本部的決定。

至於應否合併，要看兩種情況，一是戰局好轉，咱們能回包頭，當然就無合併的必要；這和一九三六年肅州分校逃避紅軍一樣（那時紅軍二萬五千里長征，曾路過甘肅），到咱包頭分校住了幾個月，也暫時復課，校本部照樣按月把經費滙到包頭。現在南京照樣給我們寄經費，就說明包頭分校依然存在。將來如果校本部真的指示合併，對於包頭分校的人員，特別是對你（張鎮臨）必會有適當的安排，絕不會棄之不管的。」他聽我這麼一說，也估計回包頭暫時是不可能的，且我的話對他並無同情之感，於是對我也發生懷疑，認為我是贊成合併的，在神經不正常的情況下，加以學生對我很親熱，對他很冷漠，遂神經病大發，居然下令免掉我隊長的職務，只讓我教課。我一看情勢不對，乾脆辭職不幹，免得再跟他傷腦筋。馬步芳聽說我已離開包頭分校，便找我和談明義、鄒國柱三個人去談話。他說：「你們都是大學畢業，我是老粗，是社會大學畢業，沒有專門的學問，你們都是專門人才，希望你們為青海多出點力！」我說：「主席太謙虛了，你是經綸滿腹，事業前途是偉大的，我們初出茅廬，毫無社會經驗，還請主席多多指教。」接著他問了些從包頭出來，一路上的情況，談話就結束了。

第二天，穆成功來說：「主席對你很重視，有意叫你到他的師部（一百師）當少校參謀，不知你肯不肯幹？」在我已離開分校，窮困無著落的情況下，認為這是絕處逢生，便欣然應允。張鎮臨聽說馬步芳要請我當參謀，更感到惴惴不安，怕我在馬步芳跟前說他的壞話。這完全是神經病作祟；實際上我跟馬步芳只有一面之緣，並無深切的關係，怎會說他的壞話呢？另外西寧分校周主任知道我離開了包頭分校，也來安慰我說：「你不必著著急，等開學了，你到西寧分校工作吧。」這固然是可能的，實際上也是安慰我的話，因此張鎮臨對周覺生也發生懷疑，認為我和周覺生圖謀把包頭分校合併。這些情況，當時我並未介意，認為在失意之時，有人同情，等於雪裡送炭，感到無限的溫暖。誰知，卻弄得張鎮臨疑神疑鬼。我離開分校，學生們也憤憤不平，跑來看我。我勸他們安心上課，不必為我擔心，並說張主任神經不正常，我不責怪他。請學生們暫時不要往我這來，免得他懷疑。

四月初的一天傍晚，周覺生坐著騾子車（這是西寧較講究的交通工具），從包頭分校的門前經過，張鎮臨懷疑他來奪他的學校，便大發神經，把學生都叫出來，上房放哨，看守校門，如臨大敵；並聲言周主任要來害他，奪取包頭分校，足足鬧了一夜，又說我和周主任同謀等等。天不亮，張鎮臨就跑到公安局報案，說昨夜我夥同周覺生，衝進他的學校，要殺害他，並奪他的學校。公安局立即派人隨他回包頭分校，一看並無動靜，只有幾個學生在門前站崗。當時一問，學生說沒見袁隊長來，也未見到周主任，公安局的人也覺得奇怪，便對張鎮臨說：「既然無事，你就不要外出了，等我們調查一下再說。」這都是事後學生告訴我的。我辭職離開包頭分校之後，再未去過這校門，閉門家居，連街上都不去，昨夜安安靜靜睡了一夜；張鎮臨大鬧一夜，我根本不知道。晨起正吃早飯的時候，突然來兩個警察，說是公安局的，來請我到公安局走一趟。我和淑文都覺得突然，詢問為什麼要到公安局去？他們說是張鎮臨到公安局報案，說我昨天夜裡同周覺生衝進包頭分校，要殺害他。

突如其來的災禍，使我既好氣又好笑，便對來警說：「我一夜未外出，而且多少天也沒見過周覺生，怎會與他合謀殺人呢？」兩位警察說：「我們是奉命來的，不管怎樣，請你去公安局，有話向局長去說吧！」一聽這是來傳訊我，只好跟他們去吧。對淑文說：「我去公安局說明一下，你去找談明義、鄒國柱，把情況告訴他們，叫他們向公安局證明我昨夜並未外出的情形。」便隨警察去公安局。到了之後，就叫我在一間空房子坐下，等候來人談話。等到中午，也不見有人來，從窗子看到張鎮臨也到公安局，不久，談明義也到公安局，但沒和我見面，我估計是在了解情況，耐心等著吧！中午給我送來饅頭和菜，我吃了之後，仍呆坐在那裡，等了大半天不見人來，感到焦急，家中還有淑文和孩子，一定也在焦急萬分。因想張鎮臨這個人平時多疑多嫉，今天居然誣陷到我的頭上來了。我到包頭分校之後，凡是學校的事情，張鎮臨都來和我商量，我也本著校本部派我到包頭分校服務的心情，一心一意，埋頭幹事，博得師生的好評。我與張鎮臨處得也不錯，確實幫他解決了不少問題，尤其這次從包頭逃出來，一路上他只是一個人先走，一百多師生都是我來管，受了不少苦頭；我竭盡一切力量，總算到了目的地西寧。現在又弄出這個莫須有的麻煩，感到十分傷心，遠處邊疆，一時也無法向校本部說明，真是有苦難訴，有冤難申。坐在空房子裡，思前想後，感到社會黑暗複雜之可怕，蜉蝣的人生，如何算了？又想我沒做過任何見不得人的事，沒有虧心事，不怕半夜鬼叫門，只好藉此來聊以自慰吧。等到下午四點多鐘，一個警官陪著談明義走進來，那位警官說：「袁先生！你的問題已查明了，與你無關，委屈你一天，很對不起。」我憋了一肚子冤屈，本想傾訴一下，剛想開口，談明義說：「事情已經弄清楚了，我來陪你回家，不必說了，快走吧！淑文嫂在祁秀清家等著你呢。」說罷，走出公安局大門，這才鬆了一口氣。祁秀清是談明義的未婚妻，與淑文相處甚好，我被警察帶走之後，談明義立即告訴她，她就把淑文和孩子接到她家，多方勸慰不要著急，患難之中見出朋友的真情。

我和談明義出了公安局，直奔祁秀清家。一進門，祁秀清的奶奶，拉著我的手久久不放，現出寬慰的樣子說：「回來就好了。淑文和孩子在這等一天了，急得連飯也吃不下。」說著叫秀清：「趕快做飯，袁大哥也餓了。」跟著鄒國柱、戴芝瑞也來了，一進門齊聲說：「真是天大的冤枉，想不到張鎮臨幹出這一手，哪有一點人心。」老奶奶也插話說：「這種壞良心的人，不會有好報的。」說著祁秀清擺桌子，端上熱氣騰騰的麵片，談明義、祁秀清和老奶奶陪我們吃飯，鄒、戴二人已吃過飯，只陪著我們說話。接著西寧分校的朱慶同學也來了，對我表示慰問，我說：「有你們這些同學在這裡，我感到不孤單，有你們幫忙，什麼問題都可以解決，還怕什麼？」鄒國柱說：「馬主席叫你到參謀處當參謀，你就去吧！給張鎮臨看看，他不要，馬主席還要。」談明義說：「不對！不能去，張鎮臨出此陰謀，與馬主席要老袁當參謀，是有關係的，要仔細考慮一下。」朱慶說：「公安局也派人去問周覺生，是否與袁隊長合謀殺害張鎮臨？周主任說袁隊長離開包頭分校以後，他就未曾再見過袁隊長，從何談起合謀？再說，昨天晚上，他在家裡未出房門一步，怎說他去殺害張鎮臨，這全是張鎮臨的有意誣陷，警察可向各方面去調查！警察了解一番，確實如此，不但周覺生無事，老袁的事，也就清楚了，所以才放回來。」戴芝瑞說：「張鎮臨這個傢伙，從在寧夏丟印的時候開始，就神經失常，說好聽一點，是精神病發作，實際上這個人平時就詭計多端，鼠肚雞腸，一路逃難出來，都是袁兄負責，自己受盡了很多苦，把師生帶到幾千里外的青海，替張鎮臨做了這麼一場艱苦的工作，不但不感激，反而翻臉不認人，恩將仇報，哪有一點人心？」說著飯已吃完，老奶奶說：「快回家休息吧，這一天夠累的了。」於是幾位同學，陪我回到自己的住處，邊走邊議論。淑文說：「應麟為學校一片忠心，最後落個被撤職，又被誣告到公安局拘留一天，哪裡還有真理呀！」談明義說：「張鎮臨不講理，總有講理的地方，我們在西寧的同學，和從包頭來的同學，聯名寫信給校本部，請校本部處理！」回到房子裡，一天沒燒火，冷冷清清，同學們忙著幫助燒炕。青海的炕也特別，一堆死土，中間挖一個窩，煤炭放在窩裡，點燃後，任其燃燒，等到煤煙冒完，再把炕面的木板蓋上，藉以取暖，弄不好就會煤氣中毒，家家如此，邊疆生活的艱苦，可見一般。

大家忙了一陣，把炕燒好了，各自散去。我跟淑文說：「這裡是山高皇帝遠，又是是非之地，不能久留，參謀也不能去做。」淑文說：「手裡沒錢，怎麼能活動呢？」我說：「明天跟同學們商量一下，他們都是當地人，請他們幫忙借點路費，回南京找校本部再說。」淑文暗暗抽泣，我也輾轉反側，心如油煎，思前想後，感到前途茫茫，在這戰火紛飛的年代裡，何處是歸宿呢？翻來覆去，一夜不曾入睡。淑文回憶說：「我在包頭分校附小教課，很受學生歡迎，兼代女生管理員，為了盡職盡責，我經常住在學校宿舍裡，連家都不回，結果因為生了孩子，張鎮臨就不聘用了。你幫著張鎮臨把潘曉鐘的問題解決了，隊長沒人幹，叫你兼隊長，你也是日夜操勞住在宿舍裡，咱倆的家等於虛設。這次逃難，一路上他坐汽車，坐架窩子，一個人舒舒服服的先走，把一百多師生推給你領著走，吃盡千辛萬苦到了西寧，總算完成了任務，他不但不感謝，反而把你免了職，又喪盡良心來加害於你，想起來真叫人寒心。」我說：「我是校本部派來的，不是沖著張鎮臨來的，正是因為我在分校裡深得人心，他出於嫉妒和害怕，怕我取他而代之，所以出此下策，這種司馬昭之心，我早已看出；只是因為在逃難途中，只好任勞任怨，完成校本部給的任務。烏雲遮不住太陽，總有一天會叫校本部明了真相的。冷眼觀螃蟹，看他橫行到幾時吧。」兩個人心如油煎，一夜未曾入睡，孩子也時睡時哭，似乎也感到不安。

天亮了，也無心做早飯，到街上買了兩碗釀皮子（舊麵做的冷食）填了一下肚子。十點多鐘，祁秀清來了，說：「奶奶叫你們到我家去。」這句話，在當時對我們來說，真是雪裡送炭，感到莫大的溫暖。到祈家以後，老奶奶首先關心的，是我們吃沒吃飯，叫祁秀清把飯端上來，我們也不客氣，吃了個飽。老奶奶見淑文眼睛都熬紅了，關心地說：「你把眼睛都哭紅了，真是可憐！有孩子吃奶，可不能著急上火，以後每天到我家來，和秀清一起說說話，解解悶。不久談明義、鄒國柱來了，商量一下今後怎麼辦？我說：「這裡不是我久居之地，張鎮臨這傢伙還會使出壞主意的，你倆和同學們說說，大家借給我點路費，我回校本部去。」他倆同意我的想法，說：「路費不成問題，你決計什麼時候走？」我說：「是非之地不可久留，越快越好，湊好路費，我就動身。」他倆又談論一下包頭分校的情形，他們說：「學生們聽到你的處境，都十分關心。說張主任這種不仁不義，毫無良心的人，都不想再跟他唸書了，但在張鎮臨監視之下，又不敢來看你。」我說：「學生們對我的感情是十分可貴的，不僅是師生之誼，無形中有父子之情，你們便中轉告學生，一定要安心讀書，不要為我擔憂，將來我回到校本部，把實情向教育長報告，對他們會有適當安排的。」說著，西寧師範的王創平校長也來看我，雖是相識不久，由於談明義、鄒國柱的關係，對我非常親熱，如同老相識一般。他對我說：「老袁，你不要犯愁，沒有工作不要緊，我家在西寧，有我吃住，就有你吃住。」話雖不多，可以說一語千金，處在困境，確實安慰不小。接著說到張鎮臨無情無義，非常氣憤。我說：「張鎮臨在這，不知還要再出什麼是非，我不能在此久留。」說了一陣，他們都各自散去，我和淑文困倦得很，躺在炕上便呼呼睡了。一覺醒來，已是晚飯時候，吃了晚飯，祁秀清又送我們回到自己的住處，這且不提。第二天中午談明義、鄒國柱、戴芝瑞、朱慶都來了，說：「西寧現有咱蒙藏班一、二期的同學九人，大家商量一下，每人湊十元，夠你到南京的路費了。」說著把九十元交給我。大家又一合計，我說明天就動身，於是叫戴芝瑞去給買汽車票。彼時西蘭公路交通還方便，傍晚戴芝瑞把兩張到蘭州的汽車票交給我，決定明早起程。王創平校長知道我要明天動身，也到我家來，送給十元路費，並親筆寫了一首詩相贈：「為唱陽關寄別情，烽煙萬里客心驚。勸君記取班超事，莫把雄圖誤食耕。」如此重情義，不僅是行色大壯，對我鼓起勇氣投奔前程，起了一定的作用。晚間青海民政廳廳長馬驥來到我家說：「主席聽說你要走，也不能挽留，希望你以後再來，叫我送給你點路費，略表寸心，以壯行色。」說著掏出一百元給我，盛情難卻，只好收下。我說：「本想在這裡報効主席，事出意外，決定先回南京學校，以後有機會再來効命，主席的厚意只好領受，時間匆促，來不及向主席辭行，請代我向主席致謝。」寒暄幾句，馬廳長便辭去。當時一百元不算小數，有了這一百元，再加上同學和王校長湊的一百元，路費和生活都無問題，等於絕處逢生。遂即收拾行李準備東歸。次日天不亮就起來，吃了早飯，鄒國柱、戴芝瑞、朱慶、穆建業、鄧欽義，以及談明義和祁秀清，都來送行，王創平也趕來相送。惜別之後，乘馬車去東門外車站，談明義、鄒國柱、戴芝瑞、祁秀清，相率送上汽車。我與他們揮手告別，即上路東歸了。西行漫筆到此告一段落。偕眷東歸，容再敘述。

第十記　飲恨東歸

一、漢口萍蹤，得人便佳
二、長沙金井，託妻寄子
三、回到母校，芷江度夏
四、隨校西遷，常德尋妻
五、岳陽小住，君山立碑
六、奉命回武昌，珞珈山受訓

人生沒有無緣無故的愛，也沒有無緣無故的恨。我在蒙藏班畢業之後，立志要為蒙旗教育做點貢獻，所以自願請求派到包頭分校服務。從一九三五年到一九三七年，正意欲安心為蒙旗教育奮鬥一番，不料倭寇肆虐，鐵蹄踏進了綏遠，包頭分校絃歌難續，迫於敵燄，不得不逃避，奉命率領一百多師生，倉皇西行，行至青海西寧。我苦無恨，累無恨，恨在日本帝國主義之侵略我國。千辛萬苦到了西寧，這是抗戰的大後方，按照校本部的意圖，本可絃歌重續，苟安一時，為邊疆作育人才，充實抗戰的力量，不虞又遇上張鎮臨這個昏憒自私之徒，無中生有，意圖加害於我，不但不能安身於包頭分校，即想獻身於青海的理想亦遭破壞，不得不飲恨東歸了。

一、漢口萍蹤，得人便佳

一九三八年四月四日，飲恨離開了西寧。西行之後，又要東歸了。西行時，走的是荒涼草道，這回東歸是坐西蘭公路的汽車，情況自然不同。朝發西寧，晚抵蘭州。因心急如焚，歸心似箭，在蘭州只停一日，即轉西安，在西安下榻阿房宮飯店，不禁興懷古之思；明知這是歷代故都，有許多古蹟文物可看，但無閒心亦無時間，僅停留一日，即轉乘火車，直奔漢口。到了漢口，住在長江飯店，從報紙上看到齊世英抵漢口。齊世英號鐵生，是東北的老鄉長，一九三二年到一九三五年，在南京讀書時，經常與之來往，相知較深，關係很近。彼時他是中央黨部的秘書，又是東北協會的負責人，對東北的人與事都能過問。得悉他到漢口，真有「他鄉遇故知」之感，頓覺有了希望，次日便尋訪齊世英。見面之後，他不禁愕然，地說：「你怎麼到這來了？」我把從包頭逃到西寧，再從西寧到漢口，意欲轉赴南京向政校彙報西行的經過等等，向他說明。他說：「政校已遷到湖南芷江，南京沒人了。」他又提及政校西遷芷江途中鬧起學潮，教育長丁惟汾不能視事，已換陳果夫任教育長，並說：「果夫先生最近幾天就來漢口，你在這等幾天，等見到果夫先生，聽候他的安排，再定行程。」我說：「果夫先生什麼時候到，住在哪裡，我都不知道，怎能見到他呢？」齊先生說：「我幫你聯繫，等他到了，我告訴你。你的住處留給我，我好通知你。」辭出之後，一邊走路一邊想，想不到在這遇到齊世英，更想不到在這就能見到教育長。離開西寧，踏上茫茫的征途，如何歸宿、何堪設想，現在居然有了這樣好的際遇，真是巧極了，心情為之一振，頓覺眼前現了光明。回到旅館，把見到齊世英的情況，以及在這等幾天能見到教育長陳果夫的消息，對淑文一講，自然她也高興萬分。她說：「這是絕路逢生，能巧遇這一步，說不定就會時來運轉呢！」愉快的心情溢於言表，自不消說。有了希望，也就不著急了。每天無事，除了到街上看看報，打聽一些戰事的情況而外，就是逛大街消磨時間，見到路旁擺卦攤看相的，一處連一處，前來問卜者大有人在，聽聽口音，蘇浙一帶的居多。在飯店內，也看到許多房間門上貼著「麻衣神相，六爻靈卦，測字斷吉凶，美觀氣色」的招貼。一天晚飯後，我和淑文抱著孩子，在旅館的走廊裡散步，走訪了幾位卜卦測字的星相者。交談之後，發現都是從長江下游一帶逃難到這裡，有的是中小學教師，有的是社會名流，在此悶居無聊，藉此結識一些朋友以解煩悶，亦略有收入藉以餬口。同行見同行，又同是流浪人，談得很投緣。一位無錫中學教師，姓名已記不清，他聽我說在此等候學校的教育長，將有遠行，他說：「給你測個字，看看順當不順當。」我遂即從小木匣裡，捻出一個帖，打開一看，上面寫「街」字。他眉頭一皺說：「圭字把行給分開了，不利於行，要把圭字抽掉，就行動通了。」他指著「圭」字說：「得人便佳，意思是圭字加個人旁，便是佳字。」哪裡得人呢？他靈機一動說：「有了！你旁邊不是站著一個人嗎？」指淑文在旁站著，隨手把「圭」字加上「人」旁，成了「佳」字，與行字聯起來，成了「行佳」，立即說了兩句寬心話：「有人伴著你，走到哪都好！」聽了之後，倒也開心，便說：「借你的吉言，但願如此。」出來之後，與淑文邊走邊談，這個教師倒很有機變之才，在逃難當中有此一技之長，略有收入以繼川資，總比紅口白牙張嘴向人家借錢乞討好得多，真是無藝不養家呀！

住在旅館裡，又等了五天，齊世英寫個字條告訴我：「果夫先生來了，住在揚子江飯店二樓十二號，我已和他說了，你要向他匯報包頭分校逃難的情況，你到他秘書室找程秘書，再約定時間。」接了字條之後，我立即去揚子江飯店找到程秘書，約定當天下午三點鐘來見。回來之後，把情況告訴淑文，淑文說：「見面之後，除了報告逃難一路的經過而外，一定要把到西寧後，張鎮臨謀害我們的事實，如實說明，請教育長對我們有個安置。」我說：「當然要詳細報告，我是校本部派到包頭的，學校不能不管我們。」下午三點鐘，準時到揚子江飯店，程秘書引我到一間客廳裡，等了片刻，果夫先生出來叫我在一張圓桌前，對面坐下。他開頭就問：「你怎麼一個人回來了？」我說：「到西寧後，張鎮臨把我撤職了。」他說：「學校派你去服務，他為什麼要撤你的職？」我把從包頭出發後的事情一一報告：張鎮臨怕吃苦，自己先走了，把一百多學生和幾位老師交給我領著走；以及到五原後，又叫我回包頭追款；在黃渠橋把校印丟了，到達銀川後又哭又鬧，不得已又派我回黃渠橋找印；到達西寧後，他說周覺生有意把包頭分校合併在西寧分校內，誣衊我與周覺生同謀要殺害他，於是把我撤職，還向西寧公安局告我，說我要陷害他，在西寧鬧得烏煙瘴氣，我一看不能在西寧待下去了，只有離開西寧。果夫先生又問：「其他幾個派去的同學怎樣？」我說：「他們還在包頭分校，沒被免職，但都對張鎮臨憤憤不平，都想離開包頭分校。」果夫先生又問：「學生怎樣？」我說：「到了西寧之後，本想休息幾天，儘快復課，正好西寧分校學生放寒假，利用他們的教室上課。但張鎮臨不同意，最後由教育廳長李先生做主，在城裡借用一所小學校舍，搬到城里復課。可是，叫張鎮臨這樣一鬧，服務的同學鄒國柱、談明義、戴芝瑞等，都想辭職不幹了，學生一看我被撤職了，其他老師也都不想幹了，弄得學生們也不安心。這些學生離鄉背井，吃盡苦頭跑到西寧，把我們幾個服務的同學都當成親人，臨離包頭時，學生家長再三囑託我說：『袁隊長，學生在外，你就是他們的親人，請你多多分心！』如今我落到這樣一個下場，學生們自然也感到失望，校本部對他們應該有個安排，免得將來家長埋怨我們。」我報告將近一個小時後，果夫先生說：「不用說了，你回芷江學校去找吳鑄人（邊疆學校的主任），叫他安排你的工作，其它等到芷江再談，我三兩天就回去！我坐飛機，比你先到，我會告訴吳鑄人的。」說罷辭出，我又到齊世英處，把見到果夫先生的情形告訴他一下。他說：「你快點回去吧！家眷也一同帶去，路費夠不夠？」我說：「路費夠用，明天早晨就去長沙，轉道芷江。就此告別，不再來辭行了。」他說：「有問題可隨時給我來信，我一時不離開漢口。」說罷辭出，回到旅館，已是晚飯時候了，一邊吃飯，一邊把見到教育長的情況告訴淑文，她也很高興地說：「想不到在這就見到了教育長，那就趕快走吧，早點回到學校，就安定了。」吃完飯把東西整理一下，第二天一早到火車站，買了兩張票直奔長沙。

二、長沙金井，託妻寄子

要去芷江，必須經過長沙，因為芷江在湖南的西部，有公路可通，所以必須先到長沙，再轉芷江。漢口與長沙之間有平漢路的火車，當然很方便。於是到了長沙，在車站附近找個旅館住下，然後就到飯館吃飯。第一次到長沙，當地的習俗盲無所知。走進一家飯館，坐下之後要了兩盤炒菜一碗湯，吃大米飯，以為兩個人點兩個菜不算多。跑堂的放上碗筷，一看筷子那麼長，比一般的筷子長三分之一，湯匙也特別大，覺得很奇怪。頃刻間飯菜端了上來，不但盤子大，菜也多，一個湯盤比臉盆差不多，兩大碗飯至少也有兩斤，這麼多的菜飯，兩個人怎能吃得完？既然要了，就吃吧，吃飽了還剩一大半，只好任其收拾下去，感到可惜，也不好意思開口。回到旅館一了解，筷子長，盤子大，飯菜量大，是長沙的一特點。由於初次到此，不了解這裡的習俗，做了這件蠢事，自己暗中好笑；真是一處不到一處迷，今後要入鄉問俗，不恥下問才行。第二天探悉肇雷在長沙任憲兵連長，肇雷既是我的同學，又是淑文的表兄，非同一般關係。找到他以後，談了一些在南京分手以後的情形，又說明我們要去芷江的打算。他很贊成，遂即考慮到去芷江要坐汽車走兩天。他並說：「政校遷到芷江也是臨時的，你去了之後，能否在那工作，也不一定；淑文跟你一同去，萬一有個變動，又得跟著你走，十分不便。最好你一個人先去，看看能否有工作安定下來，如能待住，再叫淑文去不遲；萬一不行，你就回來，我想法給你介紹工作，免得往返徒勞。」我一聽也有道理，但淑文一人領個孩子留在長沙，怎麼辦呢？肇雷說：「我在這裡可以照顧她，吃住都不成問題，你放心好了，如果在芷江能安定下來，你就回來接她。」和淑文一商量，她覺得有表兄在此照顧，暫時不去也行，等有一安定之時，再做長久安家的打算。肇雷說：「長沙東邊有個金井鄉，那裡有老鄉的房子可租，我經常去那裡，叫淑文暫去那裡住下，一切生活問題，我可以安排。」在走投無路的時候，遇到親戚這樣關心，感到很滿意，決定就這麼辦。第二天一早，他派了一輛吉普車，陪我們去金井，四十華里，半個小時就到了。老鄉一見肇連長來了，都跑來打招呼，他向老鄉說明：「想租間房子，安排我表妹住在這裡。」一位老鄉說：「我有房子，你去住吧，什麼租不租，儘管用好了。」說著領我們去看。是一間很寬敞的老房子，裡面擺著一張舊式的木床，床上還掛著蚊帳。老鄉說：「就住這吧，我在隔壁，還可以就近照顧。」我一看都很滿意，淑文說也好，便說定暫租一個月，以後再說。定了之後，肇雷有事，回長沙去了。我和淑文就住在金井，準備安排一下，我再去芷江。房東老漢說：「你們剛來，沒有米也沒有菜，暫不必急著做飯，就跟我們一起吃吧，慢慢再自己立伙。」遠處異鄉，人地兩生，得到這樣的照顧，感到莫大的溫暖。吃罷飯，已入黃昏，遂即休息，由於疲勞過甚，悠悠睡去，一覺醒來，天已大亮。下床穿鞋，看到床腿下盤著一條大蛇，嚇一大跳，鞋也沒敢穿，趕快叫淑文；她一看，也嚇得驚惶失措，披上衣服，抱著孩子就往外跑。我急忙跑到老房東家說明情況，老房東不慌不忙地說：「我們這老房子裡都有蛇，牠只吃老鼠不傷人，不要害怕。」說著，跟我們一起進房去看。蛇已不見了，老房東說：「下面有洞，牠已進洞了，不要管，有人蛇不會出來的。」我們才把鞋穿上，收拾床。老房東說：「你們洗洗臉，準備吃早飯吧。」他出去後，他的小姑娘端來兩碗米飯一碗菜，我和淑文邊吃邊說，住在這裡行不行？淑文說：「問問老房東，能不能換一間房。」飯後老房東又來了，我提出換房的意見。老房東說：「先在這住兩天，你走了，叫太太和我小女兒住在一起，有個作伴的，不必害怕。」於是就住了下來。第三天肇雷來了，我決定跟他回長沙，準備去芷江，淑文就留在金井。當時日寇猖狂進攻，到處不得安寧，往西逃的人絡繹不絕，長沙去芷江只有公路汽車；到車站一看，買票的人擁擠不堪，兩天以後的票都賣完了。肇雷說：「在這沒法擠，回去再想辦法吧，憲兵是有辦法的。」回去之後，他寫了一張條，派一個排長去給買票，果然就買到了，明天動身。這也是不敢設想的事。

長沙去芷江須三天的路程，第一天住常德，第二天住沅陵。常德市在沅江北岸，汽車站也在北岸，我就住在車站旁邊的德發旅館，吃住都很方便。但不曾想到，後來也是在德發旅館出了岔子，鬧出一段尋妻覓子故事，容後再敘。

三、回到母校，芷江度夏

把淑文和孩子留在金井，我一個人去芷江，心情惴惴不安。首先是手裡沒錢，離西寧時所帶的二百元，一路上汽車、火車，吃喝住宿，已用去大半。淑文留在金井得用錢，我去芷江也得路費，捉襟見肘的窘狀只有自己知道。考慮一下，我夠買車票就行了，回到學校，不會沒飯吃。儘量給淑文多留一點，免得她受窘。半路途中，夫妻又要分手，不禁想起去年從包頭出來，到了五原後，我因替學校辦事，返回包頭，遭到分散，把她眼睛急瞎的事。這次分手雖不是在五原，內心裡也鬱悶難宣。前途如何？實難設想。五月一日離開長沙，三日到芷江，先到邊疆學校（這時蒙藏學校已改名「邊疆學校」）找吳鑄人，到裡邊一看，夏永信、楊杏田、夏國光這些熟人都在，舊雨重逢，喜出望外，孤單的心緒頓時消釋。我把找吳鑄人的意思告訴他們，夏永信立即領我去找吳鑄人，見面之後，他開口就說：「教育長跟我說了，知道你要回來，一路很辛苦了。」遂即對夏永信說：「夏同志，你先給安排好住處，到食堂先吃點飯，其他明天再談。」出來之後，夏永信說：「就住在我的房間裡吧，還好我一個人，也很孤單，床舖安排好，到食堂吃點飯。」楊杏田、夏同光也都來了，問起從哪裡來，少不了又把自包頭逃難到西寧，以及從西寧輾轉到芷江的一段經過，略述一番。他們說：「你從包頭逃難，我們從南京逃難，都會聚在這裡，同一遭遇，殊途同歸，真不容易呀！」我說：「沒有學校在這的大本營，怎會有這麼大的凝聚力呢！」夏永信說：「時候不早了，老袁一路顛簸，該早點休息了，有話慢慢談吧！」說罷大家散去，便準備休息。夏永信一看我的行李非常簡單，只有一被一毯子。他說：「這裡天氣不冷，舖蓋少點沒關係；但蚊子多，沒有蚊帳可不行。」我說：「從大西北來，又是逃難，哪裡有這種東西呢？」說著他到總務處，借來一頂蚊帳掛好。行榻已定，心也就安定下來。夏永信是一九三零年在瀋陽東北蒙旗師範時期的老同學，「九一八」事變後，又一同逃難到北平，一九三二年並同時考入南京中央政治學校蒙藏班，故此二次同窗。畢業後，我去包頭，他留在學校，分手之後，倏忽三年，今天又重逢於芷江，自然倍感親切。就寢之後，都興奮得睡不著，他把學校鬧學潮的事，以及從南京遷到芷江的經過，大致說了一下。我也把包頭分校的情況，以及逃難途中的經過，到西寧後，張鎮臨發神經病，使我離開分校倉皇東返，在漢口見到齊世英和教育長的經過，略說一下。子夜過後，才呼呼入睡。第二天上午，吳鑄人找我，首先告訴我，叫我到《邊聲月刊》社擔任助理編輯，然後問起包頭分校的事。他是直接對包頭分校（包括其它四個分校）負責的人，在包頭時，每學期終了，都要向他彙報分校的情況。這回見面，僅把分校西遷的一路經過，和最後我被撤職的情形，詳細說了一遍。他說：「你寫份詳細的報告，我轉給教育長，過幾天教育長也會找你談話，再詳細向他彙報一下，他會有安排的。」《邊聲月刊》的總編輯是崔子信，我又到崔子信那裡報到。每天按時上班，精神有了寄託，也就安心了。過了幾天，教育長辦公室來個條說，教育長找我談話，立即前去。教育長把包頭分校的情況再度問了一番，我則從頭到尾詳詳細細做了報告，最後我說：「對於領出來這一部分學生應該有個安排，免得落家長的埋怨，對蒙旗造成不好的影響。」教育長很重視這個意見，點了點頭，對我說：「你這幾天先不忙工作，靜下來寫份報告，把你的意見都寫上，再研究安排的辦法。」最後我提到：「我的家眷尚留在長沙，是不是可以到芷江來？」他說在那有人照顧嗎？我說有她的表兄，在長沙當憲兵連長，可以照顧。他說：「既然有親戚照顧，就暫不要來芷江。學校已決定遷到四川重慶，一部分人要經過長沙，叫她等一等，就從長沙隨遷校的人一同走就行了。」隨後教育長又說：「在遷校途中，學生情緒不穩定，鬧一陣風潮，現在已平息了，其中一部分邊疆學校的學生，也盲目地跟著鬧，你可以多接觸接觸他們，穩定穩定他們的情緒。」我自然奉命惟謹了。由於我跟邊疆的同學，特別是蒙旗同學有淵源，也有感情，所以教育長有這一番囑咐。沒幾天，吳鑄人又發表我為邊疆學校的助理訓導，名正言順，做起工作就方便多了。我用了幾天時間寫了一份報告，交給吳鑄人轉呈教育長，完成了交給任務。《邊聲月刊》是邊疆學校辦的校刊，剛開始籌備，尚未出刊，崔子信是訓育主任，也無暇及此，編輯的工作落在我的肩上。從徵稿、審稿，到籌備出刊，忙個不停。有事幹，我的精神頭也來了。白天在辦公室工作，晚間便到學生宿舍裡，找些熟識的同學閒談，無形中也做了訓導工作。既然做編輯，就不能不寫文章，我寫了一篇《青海的新動向》。剛從青海來，了解一些青海的情況，其中主要說馬步芳主席思想傾向中央，積極擁護抗戰政策，對西寧分校，尤其是包頭分校逃到西寧後，全力支持的一些事實，建議中央不應以老眼光看待馬步芳。這一點意見，送給吳鑄人又轉給教育長，他們看了都很滿意。教育長又親自修改一下，在《邊聲月刊》第一期刊出。這篇文章傳到馬步芳看了，極為讚賞，他對穆成功、穆建業、鄧領義、朱慶幾位同學說：「你們看看，人家外省人對咱青海這樣關心，替咱說說公道話，多麼難得呀！你們都是同學，應該寫個信替我謝謝。」想不到一篇短文，增強了馬步芳接近中央的信心。教育長和吳鑄人也說：「《邊聲月刊》真起點作用。」關於家眷安置問題，就按教育長的指示，讓淑文在長沙等候。兩地懸心，加以芷江氣候悶熱，真有長夏如年之感。

四、隨校西遷，常德尋妻

五月來到芷江，把淑文和孩子寄留在長沙，兩地懸心，加以手頭無錢，無時不在念中；只好寫信說說我的情況，說明教育長叫她在長沙等候。八月中旬已開始行動了，學生們陸續坐汽車，經貴陽轉重慶，我因要接淑文，不能走這條路。經邊疆學校研究，學校圖書館的書要從水路運輸，水路是從芷江乘船順阮江東下，經常德、過洞庭湖，由岳陽入長江，轉漢口再溯江而上重慶。學校租了兩艇汽划子，每艇汽划子拖帶兩只木船，裝上圖書等物，指定我和體育教員楊杏田，各管一艇汽划子。這樣我可叫淑文先期到常德等候，我船路過常德時，即可隨船入川。在我從芷江出發前，即打電報給肇雷，要他安排把淑文和孩子送到常德等我。常德沒有熟人，便想起我來芷江過常德時，曾住在德發旅館，於是電報指明，叫淑文住在德發旅館等我。經過六天的航程，船到常德，我即上岸到德發旅館找淑文，詢問旅館掌櫃的和茶房，都說未見有帶小孩的女人住宿。查旅客登記薄，也無淑文的登記，心裡非常著急，是沒接到我的電報，還是交通梗阻，一時來不了呢？考慮的結果，船還等我起程，可沒接到淑文，怎能起程呢？與楊杏田商量，在這多停留兩天，我去長沙接淑文。第二天一大早，我就到長途汽車站，買了一張沒座位的票，到了長沙，一見肇雷，他說：「你見到淑文沒有？」我說：「沒見到，所以我才來長沙接她。」肇雷說：「接到你的電報，第二天就給她買好票去常德了，指明叫她住德發旅館。」我說：「德發旅館根本查不著她，老闆、茶房都說沒見到這樣一個人。」不禁胡思亂想起來，抗戰期間不斷發生交通事故，是不是出事故了？心裡越發著急，經與肇雷研究，趕快回常德再找，沿途問問前幾天發生車禍沒有。立即與肇雷到車站詢問，都說：「這幾天沒聽說發生車禍，我們出去，都安全回來了。」那就趕快回常德吧！到票房買票，已賣到一個禮拜以後了，說明我急於回常德的情況，央求售票員給想個辦法，他回答說：「票已賣完了，不好解決。」我與肇雷再三央求，售票員說：「明天早晨來看看，如有臨時不來的人，就把你擠上去。」總算有了一線希望，只好回去休息，次晨肇雷又送我到車站，一看人山人海圍著兩部汽車，哪有不走的人？兩部車子開走了，一線希望也絕了，看看遠處停著一部汽車，男女老少一群人，正忙著往車上裝行李，走去一問，是一家人包的車，根本不賣票。心想，有錢的人逃難可以包車，我這個窮光蛋，只好乾瞪眼看看，又將奈何？肇雷上前與包車的主人交談，知道他們是長沙交通銀行的家屬包的車，肇雷把我的情況跟他們說明，請他們擠一個人上去可不可以？他們說：「男女老少，擠得滿滿一車，哪能擠得上呢？」我像熱鍋上的螞蟻一樣，急得團團轉，看到他們後面裝行李的車廂沒有裝滿，於是再跟他們商量，可否讓我在行李廂裡湊合一下？車主說：「行李廂裡也滿了，哪有地方坐呢？」我說：「不一定要坐，擠上去站著也行。」他看我焦急的樣子，實在不好推卻，便說：「如果你能湊合，就跟著走吧！」我說：「那就太謝謝了！」等人家行李裝完，我就擠進去，半蹲半坐，臨上車時，肇雷提了一句說：「到常德打聽一下，有沒有重名的旅館？」我說到常德再看吧。在行李廂裡悶了一天，黃昏時分到了常德，仍進德發旅館查詢淑文的下落，依然是未見蹤影；轉問旅館茶房，德發旅館有沒有分號？茶房說：「我們這就是分號，還有老號在江南岸，那邊也住旅客。」聽到這話，立即過江，找到德發旅館的老號。果然，淑文住在這裡，已等候一個禮拜了！見面之後，她安然無事，我說明了去長沙找她的經過，不禁悲喜交集，共嘆逃難流浪中，前前後後不幸的遭遇，真有一言難盡之感。看到不滿周歲的華兒，瘦得大眼睛細脖子，坐在床上，我去抱她，哇的一聲哭了。三個多月的分離，她不認識我了。淑文把她抱過去說：「這不是爸爸嗎？，你怎麼忘了。」哄了一下，才不哭了，此情此景，怎不令人心酸！商量一下，船還在江邊等著，立即過江上船，準備進川。來到江邊船上，他們已等了兩天了，不見我回來，也非常著急。我把這兩天的經過，對楊杏田兩口子一說，他們也都為我高興，乃安排捎公，明早開船，往岳陽前進。船中無事，我問淑文，為什麼住到南岸老號呢？她說：「從長沙上車時，遇到一位常德的老人，肇雷拜託他沿途照顧我，這位老人很熱心，到了常德，他把我送到德發旅館，哪曾想有兩個德發旅館，弄出這個岔子。」我說：「若不是肇雷提醒一下，我也想不到有兩個德發旅館，時運不濟，到處出問題，夫復何言？不管怎樣，總算過去了。」淑文說：「不管怎樣，以後再不要分開了，弄得人疚心不啦的。」

船行一日，出了沅江口，進入洞庭湖。本想連夜趕到岳陽，不料傍晚時候狂風大作，波浪滔天，汽划子後面的兩只木船互相撞擊，搖蕩很厲害，有可能把木船撞壞。舵公一看，非常危險，萬一撞壞，就有沉船的可能，便對我說：「這樣撞擊很危險。」不用分說，他拿起斧頭，把拖船的纜繩砍斷，汽划子走了，兩只木船連在一起，仍是撞擊；他又把兩船連接的纜繩砍斷，兩只木船也分開了，各由舵公掌握，隨風漂蕩，船傾斜得很厲害。舵公說：「不要害怕，這樣單獨行動，船就不會撞壞，咱們找一個避風的港灣，停下再說。」黃昏以後，風勢更大，費了很大的勁，划到一個小灣子裡，才穩定下來。把船拴好，不太搖晃了，開始做飯吃飯。飯後睡下。一覺醒來，天已大亮，風暴平息，太陽懸空，天氣晴明，但汽划子不知哪裡去了。舵公說：「等著吧，會來找我們的。」等到十點多鐘，汽划子果然開回來了，找到我們。於是連結好後，再奔岳陽。八百里的洞庭湖無風也有浪，雖然搖擺很大，但無危險。中午以後，繞過君山到了洞庭湖的東部，見到湖面上漂浮著許多船板。舵公說：「昨天風暴可能撞碎了不少船，說不定還有些人落水了。」天黑時節，到了岳陽南津港，船拋下錨。下一程如何走法，還得商量。

五、岳陽小住，君山立碑

岳陽的南津港是一個很大的泊船碼頭，港灣船舶雲集，形同鬧市，我們的船也列泊其間，與諸船為隣，倒也不感寂寞。泊定之後，一時不能前進，也平安無事。回想昨夜的風險，不禁聯想到《岳陽樓記》的一段：「若夫陰風怒號，濁浪排空，日星隱曜，山岳潛形，商旅不行，檣傾楫摧，薄暮溟溟，虎嘯猿啼……」想不到我今天真適逢其會。當年范仲淹想必也身臨其境，不然何以描繪得如此真切呢？南津港到岳陽縣城還有一段路，不便登陸去玩，困在船上也感到無聊。隨船同行的，還有韓在英、劉詔等幾位同學。有句俗話「男愁唱，女愁哭」，他們坐在船頭，無處活動，一天到晚唱「流亡三部曲」「夜半歌聲」等歌曲。他們流亡逃難的情思，使我也回想到六年前的「九一八」事變，我從瀋陽逃到北平的一段流亡酸辛；也聯想到去年從包頭逃亡到青海的一段經過，瞻念前途不勝茫然。看到隣近船上有人坐在船舷邊釣魚，我跟淑文乃也買兩個魚杆學著釣魚，藉以消遣時間。大概技巧不行，久久釣不到魚，不過是「坐觀垂釣者，徒有羨魚情」而已。正在這時，邊疆學校派人來到岳陽找我，吳鑄人主任給我一個任務。原來有一個蒙籍學生（姓名記不起）在君山投湖自殺，君山上的老和尚把屍體撈起來，埋在君山腳下。根據學生證，老道通知邊疆學校前來認領，學校決定暫厝在君山，在墳前立塊石碑，以便將來時局穩定後，好向家長交代；並帶給我一些錢，叫我辦理這件事。因此我就離開船，和淑文及孩子到岳陽城裡，找個旅館住下，便於辦事。住在岳陽旅館裡，向旅館的老闆說明我要到君山上，尋找學生的墳墓立碑。這位老掌櫃的非常熱心，幫我找石匠訂做石碑，兩天就做好了，要往君山上送。老掌櫃的說：「僱用民船也有，但不保險，洞庭湖水無風三尺浪，常常有翻船的事故，你是辦公事，可以找救生會，請他們派一條救生船送你去，比較安全。」我按照老掌櫃的指點，到救生會找到負責人，說明我是中央政治學校的，為了給一個淹死的學生立塊石碑，想請他們協助一下，派條船送我一趟。負責人說：「船是有，但舵公水手都得臨時找，至少要五個人。」我說：「能派一條船就十分感謝了，至於舵公水手，我應該付一天的報酬。」說罷就決定明天早晨動身。我到湖邊一看，有三條較大的木船，塗了紅油漆寫著「救生船」字樣。一了解，每有風浪，救生船就出動巡視營救出事故的船，所以他們不怕風浪。回到旅館，跟老掌櫃一說，他高興地說：「答應給你出救生船太好了，明天我陪你們去。」翌日晨起，僱了四個人，把石碑抬到湖邊上了船，老掌櫃也隨我們一同上船，還特地備了酒菜帶到船上，準備舟中暢飲，可惜我不會喝酒，有些掃興；幸好他還帶了一部《岳陽縣誌》，他又是岳陽的老戶，於是邊吃邊講岳陽的一些古蹟典故，從唐堯虞舜，講到娥皇、女英，從湘妃墓講到湘妃竹，從君山的甜茶，說到洞庭湖的魚米，講得津津有味。船行三小時，來到君山腳下，捨船登山，找到廟宇並方丈。交談之下，他知道我是為了安排溺死的學生而來。老方丈極表熱忱，向我們講述發現溺死的學生經過，本著慈善為懷的心腸，把屍體掩埋起來，在衣袋裡發現學生證，才知道是中央政治學校的學生，所以通知我們。我代表學校，也代表家長表示感謝。老方丈派兩個小沙尼，領我們到山下，找到墳墓，遂即叫舵公移舟到墳前，把石碑抬下立好。回到山上，老方丈已備好齋飯，泡上君山的特產甜茶。茶飯已畢，除付了飯錢以外，又布施二十元香火錢，時已午後兩點多鐘了；想要買兩枝湘妃竹（斑竹）和些許君山甜茶，均以一時不便而作罷。謝別老方丈，立即返航，回到岳陽已夕陽落山了。在旅館吃罷晚飯，跟淑文說：「任務完成了，明天該回到船上去了。」淑文說逛了君山，還沒逛岳陽樓呢。我想，任務已經完成了，多休息一天，趁機會看看岳陽樓也好。第二天早飯後，步行走到岳陽樓，進門一看，迎面是六扇楠木屏風，刻著歐陽修親筆寫的《岳陽樓記》，書法挺秀，愛不忍離。據說這套屏風是複製品，原版也是楠木刻的，現藏於樓上，不輕易給人看。我看這個複製品也就夠名貴了，門前有賣這個複製品的拓本，有一種墨拓，一種朱拓，墨拓本八元多錢，朱拓本二十多元。當時正在逃難途中，手中無錢購買，只有付諸一嘆。出岳陽樓，站在門前台階上，眼前就是波浪滔滔的湖水，遙望昨日去過的湖心君山，隱約不清，像是一個青點，想起吳泰來句「天際君山一點青，片帆何處弔湘靈，愁心莫呀巴陵曲，楊柳春風滿洞庭。」的詩句，即情即景，情真詞雅，把洞庭君山寫活了！門前有照像的小攤，拍了一張照片留念，便回南津港上船了。這時已決定，船再經洞庭湖，過枝江，轉道長江；在宜昌換民生公司的民權號輪船，溯江而上，直航重慶。自然又飽覽了三峽的風光，特別是過巫峽時，仰頭遙望神女峰，雲霧繚繞，忽隱忽現，不免聯想到「巫山雲雨襄王夢」的故事。彷彿身在畫中，意在仙境，兩岸山陡，江面亦窄，船行其中，如入狹巷，彎彎曲曲，前望水盡似無路，一會兒峰迴路轉，又有柳暗花明又一村之感。汽笛一鳴，震動山澗，山鳴谷應，迴音震耳，又似有杜鵑啼血猿哀鳴之感。較之洞庭泛舟，倒有一番情趣了，至於巴陵峽、瞿塘峽，那就不必細說了。記得是九月二十六日，到達重慶朝天門碼頭，上岸之後，住在江邊一家小旅館裡，門前掛著「未晚先投宿，雞鳴早看天」的招牌。我和淑文領著孩子，包了一個房間，每天四角錢，我們認為很便宜。到吃飯時，茶房挨門喊去吃飯，一了解，每天還供給三餐，生活水平之低，是想像不到的。

六、奉命回武昌，珞珈山受訓

到了重慶，本應該立即回邊疆學校，一打聽，學校還在界石場，校本部在小溫泉，都在江南岸。小溫泉離重慶二十多里，有汽車可通，界石場離小溫泉，還有二十里，不通汽車，只有人行的田間小道，唯一的交通工具是滑杆（人抬轎）。界石場是屬於巴縣的一個鄉鎮，見到主任吳鑄人，問他怎麼去學校，他說：「先在這等幾天，等安排一下，再去界石場。」滿以為這下子可以穩定下來了。不曾想，九月二十八日吳主任突然來通知我說：「教育長派你去武昌，參加三民主義青年團幹部訓練班受訓，這是第一期，剛開始辦。為期一個月。」接著說：「你馬上找會計領點路費，明天就走，十月一日開學，時間很緊。」我說：「家眷怎麼辦？」吳主任說：「你放心走吧，不用擔心，我負責送到界石場，一切生活問題，學校會安排的。」突如其來的命令，又是教育長指派的，只有服從。當日領了路費，留下一部分給淑文，開付旅館費用，囑咐淑文到界石場後，學校會有安排的，有事可以直接找吳主任，還可以找夏永信，不必焦急，一個月就回來。但我們倆心緒十分不安，一夜未能安睡，思前想後，竊竊私議；左一次右一次的半路失散，吃盡了苦頭，剛剛到了目的地——重慶，本想可以安定一下了，不期又要分手，自嘆命運乖舛，只好聽天由命，夫復何言？次晨吃罷早飯，淑文抱著孩子送我到江邊上船，就此又各自西東了。和我同去受訓的，還有邊疆學校畢業生喬玉琇同學，有伴同行，倒也不覺孤單，順流東下，大有「輕舟已過萬重山」之感。

十月一日，如期趕到武昌珞珈山報到，當即脫掉便服，換上黃布軍裝，儼然一個士兵。這時方知除我和喬玉琇之外，還有祁堅祿、王偉兩個同學，受青海省之派，也來此受訓，真不是簡單的事。開學之後，就是緊張的戰時生活，訓練班的地址是珞珈山武漢大學的校舍，武漢大學早已遷往四川成都，空空的校舍，成了我們活動的天地，當然是很寬敞舒適的。軍事生活卻十分緊張，吃飯在食堂，上課在圖書館，活動在大操場。早晨洗臉，一律拿著毛巾，到東湖這個天然大臉盆洗臉。訓練班主任是康澤、桂永清，大隊長是戴之奇，分隊長也都是軍校出身的。雖屬短期訓練，卻有一套完整的體系，十分嚴格。訓練的中心內容是：發揚三民主義精神，抗日救國，做到「抗戰必勝」「建國必成」、擁護總裁——蔣介石，繼承國民黨，完成國民革命。所以要求學院朝氣蓬勃，奮發圖強。每天緊張的訓練生活，星期天也不休息。訓練班的第一件事，就是辦理入團手續，每個學員都是三青團的團員，也是三青團的幹部，要求之嚴，期望之大，使人有肩負重任之感，無喘息的時間。預計訓練期為一個月，到十月底結業。

到了十月二十日，由於日寇兇燄所逼，武漢已大撤退，訓練班也難以繼續了，便決定提前結業。桂永清一席講話，要大家回去後，發展團組織，擴大三青團的作用，繼往開來，完成抗日救國之大業。康澤又訓話了一番，鼓勵大家練班的旺盛精神，艱苦奮鬥，摧毀強敵，完成國民革命，以竟全功。講話畢，桂永清宣布：「訓練班提前結業，明天就各回各的單位。」解散後，亂作一團，有的拿著小本子互留姓名，有的三三兩兩聚在一起，研究如何走法。訓練班也無法統一安排，只有自己想辦法回去。第二天天剛亮，跑到湖邊上洗了最後一次湖水臉，吃罷最後一餐飯，便紛紛扛著行李離開珞珈山。心情十分緊張，擔心著日本鬼子快到武漢了，以快走為妙。渡過長江，到了漢口一看，街上行人稀少，商店也大部分關門，想找一輛黃包車拉行李也找不到。大家一商量，要回去都得坐船，立即跑到招商局去找船，一進門只有寥寥幾個人在辦公室；說明我們的來歷和目的，請他們幫忙找差船返回重慶。他們說：「武漢已全部撤退，所有水陸交通工具全部退走了。你們看，街上的黃包車也都不見了，哪裡還有差船？」我們一想，民生公司的船是不會再來了，只有找差船的一條路，又詢問他們是否還有差船回來？他們說：「也許還有船回來，時間不敢定，你們等著吧。」我們也無話可說，時局如此緊張，一切都處於慌亂之中，誰敢說一定呢？我們商量一下，就在招商局等吧，不能離開這裡，不知什麼時候有船，誰會通知你呢？等到傍晚的時刻，外面進來一個人，跟招商局幾位辦公的人悄悄嘀咕一陣；我們從旁觀察，可能是有船來，便又去向他們說：「我們負有三青團幹部的任務，急於去重慶，請你們儘量想辦法，讓我們先走。」他們說：「別著急，我們儘量給你們想辦法。」等到黃昏時候，從外邊又來一個人說：「弄到兩只小木船，你們跟我走吧。」心急如焚的我們，忙問道：「木船能進川嗎？」他說：「不必多問，想走就跟我走，我能走，你們就能走。」事已至此，只好跟他走。

到了江邊，上了木船，溯流而上，轉過龜山，遠遠望江心停著一艘大船，船上燈明火亮。帶我那個人說：「送你們到那條船上去，今晚就要開往宜昌。」見此情景，心中暗暗抒了一口氣，總算有船了。划到船邊一看，船上人山人海，上下甲板擠得水洩不通，根本無插足之地。那個人催我們「趕快上，趕快上，就要開船了！」情勢這樣急迫，也顧不得一切了，踩著人的肩膀往上爬，爬到上層甲板，把行李扔上去，踩得人亂吵亂罵；此時逃命要緊，也無法理會那些，一番亂踏亂按，總算上了船，只聽船上的人說：「快開走吧！再來人就不得了啦！」說話間船已起錨，逆流而進了。經過一夜一天的航行，抵達宜昌。這條差船是專擔負漢口與宜昌這段搶運任務的，不再西進了。下了船找旅館，到處是人滿，哪裡有安身之處呢？這時探悉我的老同學范正非在宜昌任憲兵連長，便去找他。范正非原名范長德，遼寧海龍縣人，「九一八」事變後流亡到北平。我們在東北學院相識，共同組織中華青年抗日救國團，準備出關殺敵，收復東北。

後來我考入南京中央政校蒙藏班，他入了中央軍校，學誼及友誼頗深。找到他，老友相逢，喜出望外。他為我們找到住處，又幫我們找船去重慶。他說：「武漢一吃緊，人都湧到這裡，都想進川，船是很緊張的，聽說民生公司有三條船輸送難民，也只送到萬縣。你們已經到這，比較安全了，不必著急，我給你們想辦法。」憲兵在地方上是有實力的，消息靈通，辦法也多。住了兩天，民權號輪船自萬縣返航回到宜昌，登記排隊的人擁擠不堪。一打聽已排到十一月中旬了，眾目睽睽，想插進去根本不可能。回來跟范正非一說，他說：「你們休息吧，我給你們想辦法。」他派了一位排長陪我到輪船公司，以有緊急任務為由，把我們十幾個人送上船，船票也沒讓我們買。在這緊急關口，沒有老朋友幫忙，不知要等到哪年哪月？開船前，范正非趕到船上同我話別：「我身為軍人，守土有責，敵人來了只有一拚，以後多通信吧！必要時也許把家眷（指他的太太）送到重慶去，少不了要你費心照顧。」我說：「只要到重慶，有我在，你就放心好了，希望早點來；最後是宜昌無恙，能不來更好。」范正非說：「但願如此。」我說彼此多珍重吧。

說罷起錨西上，揮手而別，不禁有「揮手自茲去，蕭蕭斑馬鳴」之感，何日再相逢，實難想像。進入夔門，俗稱江門，兩岸高峰陡立，形同大門，江水衝門而下，上下水位有一丈多的落差，船進江門十分費力。兩岸有絞灘的設施，把船拖入江門，這也算長江的一險。進了江門，通過西陵峽，來到巫山峽，又一次飽覽巫山雲雨風光。出了瞿塘峽，到達萬縣，至此已三渡三峽了。找個旅館先住下，一打聽，去重慶的船更困難，僅有的民生公司三條輪船——民族、民權、民生，已被徵用，只往返於宜昌與萬縣之間，輸送難民及公務人員，一派戰時緊張的氣氛。好在萬縣已是大後方，有三峽之險，敵人一時來不了，只好住下，慢慢想辦法了。住在旅館裡，欲進不能，不但心裡煩悶，手中路費也告罄，想曠日持久，亦有困難。到街上去看看，人人都有同感。忽然有人說：「雷鳴遠神父組織的戰地服務團，也在這裡等候去重慶。」一想，雷鳴遠是外國人，又是天主教的神父，他組織戰地服務團，是為了幫助中國抗戰，他一定有辦法。於是以不速之客的關係，去找雷神父。這個外國老頭，一點架子也沒有，熱情地接見我們。他滿口標準的中國語，除了相貌之外，看不出外國人的氣息。交談之後，說明我們是三青團幹訓班的學員，受訓完畢，急於返重慶，請他幫忙解決交通問題。他沒有拒絕，並說：「不用急，我也是在這裡等船，已打電話給重慶軍事委員會，等他們的回信，如果弄到船或汽車，都可以幫你們解決。」住了十幾天，每天都去探聽消息。

一天傍晚，來了一條招商局的差船，說是雷神父要的，趕快又去找雷神父，他說：「往上擠吧，我能走，你們就能走。」良言一句三冬暖，使我們感到這個外國老頭，真有中國的人情味。第二天一早，便收拾上船，不用買票，順利的回到重慶，立即過江到海棠溪，擠汽車回小溫泉校本部，向教育長彙報武昌受訓經過後，便回界石場。淑文早已把家安頓好了，這又算是一次重逢，離合悲歡的滋味，一言難盡。又把受訓的經過，以及回來沿路的情況，向吳主任彙報。武昌之行，就此告一段落。

第十一記　東歸漫筆

一、界石安身
二、界身同學會
三、高等文官考試後的際遇
四、兼任組織部科長
五、「八一五」重慶之夜
六、十年一日，十年一家

一、界石安身

我去武昌後，淑文和女兒曉華隨同邊疆學校的教職員，到了巴縣界石場。吳鑄人關照學校給安排一間住房，與校醫朱農和英文教員婁乃雄同住一院。我從武昌回到重慶，彙報受訓經過後，立即回到界石場。到家一看，朱醫生住正房三間，婁乃雄在西面樓上樓下兩間，淑文則住在東側的一間破舊的老平房，門窗破舊不堪，既黑暗又陰濕；靠牆放一張舊木床，另一邊就是放爐灶做飯的地方，就算是廚房，院內沒有廁所，馬桶就放在床頭。猛一看，感到十分不便，冷靜一想，從包頭逃出來，到西寧後又遭排斥，如今回到母校有個安身之處，也就難得了，心裡也安然下來。界石場是界石鄉的一個小鎮，是一個集市，四川叫做「場」，每月逢二五八趕集，叫做「趕場」。到了趕場的日子，四面八方鄉下的人都來趕場，買賣生活日用物品、柴米油鹽、雞鴨魚肉、各種蔬菜，貨物樣樣俱全，價格也非常便宜。一斗大米二元多錢，一斤豬肉二角錢，薪俸雖然微薄，生活倒也過得去。

最使人惱火的，就是老鼠，老鼠之多，如過江之鯽，不分晝夜，穿梭於室內外；它們不怕人，人亦司空見慣，不加理會，實則是無法理會。老鼠之大者如貓，貓見了老鼠都生畏，曾見有些人家養貓，把貓裝在籠子裡，否則有被老鼠咬傷之患。我曾說：「這不是人妖顛倒，而是鼠貓顛倒，此非聳人聽聞，事實確是如此。」夜間床上掛著蚊帳，人睡在帳子裡，老鼠順著帳子角就爬上帳子頂，吱哇亂叫，攪得人不能安眠，坐起來把帳子抖一抖，老鼠跑了，就算安靜了。此時因為明兒出生，無人照顧產婦，臨時僱了一位佣人。四川這裡對僱佣人，叫做「幫大娘」，對佣人呼之為「嫂」，我僱的人姓劉，就叫劉嫂。每天早來晚走，相處如同家人，對淑文及孩子照顧得很好，吃飯也同時吃。我對她說：「夜裡老鼠鬧得睡不好覺。」她說：「老鼠沒有吃的就亂鬧，還要咬東西。」她每天臨走時，總把剩飯裝一缽子放在地下牆角邊餵老鼠，夜間果然安靜多了。自此而後，每天夜裡都要給老鼠備些食物，求得夜裡安眠。四川老鼠之多，可稱一絕，我進城去，晚上在街上走，老鼠滿街亂竄。俗話說：「老鼠過街，人人喊打。」到了重慶，我看把嗓子喊破了，也打不勝打。我們住這個小院，緊靠鄉公所，婁乃雄的住房與鄉公所是一牆之隔。鄉公所就是一座土衙門，鄉長申健卿就是土皇帝，常常逮捕一些流氓地痞，或是偷盜搶劫之徒，一到晚上就刑詢，打得急哭亂叫，鬧得我們三家，特別是婁乃雄家，夜裡無法睡覺，比鬧老鼠還厲害，這又算是四川的一絕。終年如此，我們只有徒呼奈何！

我剛回到邊疆學校，每天上班，卻不教課，閒時間較多，抽空與一些在校的同學談心，勸他們安心讀書，好為邊疆地方做事。他們辦壁報，我幫他們審稿編排；醫務所舉辦嬰兒健康比賽，我幫他們宣傳報名，協助健康檢查，整理比賽結果，頒發獎品，如同在包頭分校一樣，成了活動的中心人物。其間有一件令人難忘，引以為戒的事情。對門住的英文教員婁乃雄是浙江義烏縣人，英文程度很好，人極忠厚，與我相處甚篤。他在報紙上看到一則新聞，軍事委員會外事班招收英語工作人員，受訓後按成績安排工作，待遇很高，並說受訓一年後可以派出國工作。這個「招賢榜」打動了婁乃雄的心。他跟我說：「要去報名投考。」我一想有出國的機會，是件難得的好事，即贊同他去報考。我也有心，但不懂英語，根本就無法報考。考試後，婁乃雄被錄取，我為之祝賀，不久就去入學受訓了。不曾想進去之後，填了不少表格，規定不許隨便回家，不許與外界接觸，不許與同事之間橫向聯繫。總之一句話，不許與外界聯繫或自由活動。他一了解，原來是軍統局的特務機關，不寒而慄，想要退出；但是上面說了，進這個大門，就沒有個人的自由，想要退出，談何容易？幸好訓練尚未開抬，陷入不深。

在一個禮拜天，他請假回家，與我談及入班後的種種情況，並說絕不能上這個當，死也得離開這個班，從而我也很懊悔，深感對社會事物涉歷不深，了解得不多，不該盲目贊同他去報考。於是我說，既然如此，那就決心脫離為妙。他說：「沒有充分的理由，他們不會讓退出的，這個黑衙門是無情的，弄不好會把你暗中幹掉。」聽來確實覺得可怕。我說：「你想怎麼辦？」他說：「只有裝病一招。」我說：「裝病就得裝得像真病一樣，一面找朱醫生來檢查治療，一面請朱醫生給出個檢查證明，說有心臟病和腦震盪，接受不了訓練。病在家裡不去，再託人從旁關說，也許可能批准離開。」經過這一番籌劃，把請假書、檢查證明，叫他太太親自送到訓練班，並說明在家養病的情況，訓練班遂即派人來界石家中了解，又向朱醫生了解，最後終於批准他不去受訓；但囑咐他，班內的情況不許到外面亂說。當然只有唯命是從。不管怎樣，脫離了就好，他精神為之解放，我從旁也替他高興。從這件事，得到很深刻的教訓，社會上的事物不僅複雜，而且也是險惡的，在一種事弄不清楚的時候，不要輕易表示意見，同時對軍統這個特務機關，也有了較明確的認識。

二、界身同學會

同學會，任何學校都有，本是校友之間互相聯合的群眾組織；可是政校同學會則不同，它是以學校為主體，列入學校編制，以密切聯繫畢業同學與學校之間關係的一個組織。一九三九年二月，邊疆學校主任吳鑄人對我說：「教育長（陳果夫）調你到校本部同學會去工作。」把一份調令交給我，名義是中央政治學校研究部助理研究員，派在同學會工作。對我來說，這當然是很好的消息，回家與淑文一說，她也很高興。但這個職位要離開家，到小溫泉去上班。界石離小溫泉二十華里，不能每天來回跑，必須到小溫泉去住。淑文說：「你去吧，家裡的事，我可以支撐，你不用耽心。」隔了兩天，到小溫泉去報到，同時把行李搬到校本部職員宿舍，與孫春寧、廖人祥兩個同學住在一起。他倆是大學部五期畢業的，雖然過去不認識，知我到同學會工作，相處很好。從此就在同學會上班了，叫我負責調查登記工作。不久同學會開委員會議，又把我選為委員，參與同學會業務研究工作。所有委員如趙保全、蔣國媛是黨校畢業，周異斌是大學部一期畢業，王慕曾是大學部二期畢業，蕭自誠是大學部三期畢業，學歷、資歷都比我高，我僅僅是蒙藏班第二期畢業，為什麼把我也選為委員？後來才知道，蒙藏班自二期以後，就改為蒙藏學校，後來又改為邊疆學校，這個系統和地政學院、計政學院、合作學院，以前都未列入同學會範圍。自我到同學會工作，並選為委員之後，我曾向同學會委員會建議，地政學院、計政學院、合作學院，以及蒙藏班、蒙藏學校、邊疆學校，都是校本部附設的一部分，都應該參加同學會，經過委員會的通過，會長陳果夫的批准，所有附屬各院校班的畢業生，都是同學會的會員。於是我就無形中代表了蒙藏邊疆這一部分同學的關係，這是教育長有意識的安排，我也體察到教育長的意圖，因此就名符其實地這樣做了。後來凡是邊疆的同學，來找同學會，或是來找教育長，我都盡力為他們聯繫；如岑學恭、郭世清他們辦畫展，請教育長去指導，我就為他們安排好教育長前去的時間，並陪同教育長前去。有些邊疆的同學，來找同學會或教育長，請求調動工作，我就請示教育長，為他們安排工作。因而與邊疆的同學，有了密切的聯繫和深厚的感情。當時年輕力壯，好活動，在小溫泉校本部住宿，每天天剛亮就早早起床，到操場上鍛鍊身體，跑完步總要玩一陣單槓、雙槓。一天在雙槓上翻身跳下時，一不小心，左臂用力不夠，翻偏了，左臂撞在槓頭上，立刻不能喘氣，也說不出話來。趕快到醫務所，一檢查兩根肋骨受傷，不能上班了，只好回家休養。這時家已搬到南溫泉，離小溫泉較近。醫生吳迪是東北老鄉，與我相處很好，每天到家裡為我治療。邊校有兩位雲南的同學知我受傷，送了兩瓶三七精粉，服用之後療效很好，經過一個多月的休養，完全恢復正常，才開始上班，只是此後再也不敢玩雙槓了。

在同學會工作期間，適逢考試院舉辦高等文官考試，我想這是難得的機會，在宦途上想要上進，這是正常的途徑。便向同學會總幹事趙保全表示，想參加高等文官考試。他支持我的想法，說：「這是提高資歷的好機會，你可以參加。」他把我的想法向教育長報告後，也得到了他的支持，認為我有上進心，可以去試一試。於是便開始準備參加高考。我是蒙藏班教育行政專業，乃報名教育行政組，考試之後，居然得到錄取，雖然不能名列前茅，也不算落後。教育長說我是可造之才，趙保金及在校工作的同學都為我祝賀，就等著受訓了。不久，畢業生指導部成立，余井塘任主任，周異斌任總幹事。周異斌是大學部第一期畢業，是該期畢業考試的第一名，同學們呼之為「狀元」。他的學問品德都是同學們的表率，曾教過我的政治課，其為人端莊耿直，一絲不苟，我處處以他為榜樣，對他很尊敬。他對我也很親切器重，亦師亦友，往來較密切。一次我寫信給他，開頭稱「異斌同志」，他見我後說起這件事，說：「我們之間是同學關係，但也是師生關係，在雙重關係之中，應選擇輕重親疏的稱謂，不稱『師』，稱謂『學兄、學長』也好，總比稱『同志』親切得多。」我深感自慚，誠懇接受他的忠告，於是相處更密切。他任畢業生指導部總幹事，把我推薦為指導部的幹事，得到余井塘和會長陳果夫的同意後，便轉到指導部工作。同學會是畢業同學的組織，畢業生指導部是學校行政組織的一部分，是指導畢業生在工作崗位上如何做好工作的機構，兩者是二合一的。我到指導部仍主管調查登記工作，原在同學會的工作，也兼管起來。經過一番研究，我著手編印同學錄，這是指導部的工作，也是同學會的工作，要把從黨校到大學部和各附設學院，以及附設的蒙藏班、蒙藏學校的全體畢業生的畢業年限級別，及當時在各地服務的職務等，做綜合的記錄，使畢業生人手一冊，便於互相聯繫，互相鼓舞，是一項具有政治意義的工作。抗戰時期，紙張奇缺，大有「洛陽紙貴」之勢，印刷同學錄，想用白紙都不易購到，只能用粗糙的黃草紙，印得並不精緻，就這樣也略勝於無。出版後，免費分發給各地的同學。大家紛紛來信，認為學校對畢業生如此關心，遠非其他學校所能比，特別是各學院及附設蒙藏班、蒙藏學校的畢業同學，見到他們也是同學會會員，學校對他們同樣關心，增強了向心力和凝聚力。畢業生指導部的作用，也就顯示出來了。此事忙了幾個月才告一段落。

一九四零年，考試院考選委員會決定，這一屆高考及格人員受訓半年，然後再分配工作，訓練的責任也落在中央政治學校的身上。在中央政治學校附設的各院校之外，又增設一個高等科，專為訓練高考及格者而設的。一九四零年五月開始集中訓練，經過教育長的批准，我帶職半薪參加受訓，這可以說是得天獨厚的條件，同學、同事們都以羨慕的心情，鼓勵我好好上進，我自己更不用說了，決心好好學習，充實自己，以不負教育長培育之心。在訓練班裡，我以老同學的身分，仍然十分活躍，只恨日寇侵略者的飛機，每天日夜不停輪番到重慶上空轟炸，訓練班也難以安靜的上課，每天大部分時間，是進防空洞躲警報，有時連飯也得在防空洞裡吃。但學員們精神抖擻，信心百倍，飛機過去了，立即到課堂上課，飛機來了，就往防空洞裡跑，像是成了生活規律，習以為常，學習都很出色。大家都明白，從這裡畢業出去，都是高等文官了，青雲的梯子就搭在這裡，哪能不用心呢？遺憾的是我突然患了惡性瘧疾，每天發冷發熱，弄得人一點精神也沒有，有一段時間無力支持上課，身體瘦弱得很，遵醫囑住在宿舍裡不要活動，安心治療。一天日寇飛機又來轟炸，所有的人都進了防空洞，我臥在床上起不來，一個人躺在房裡，只有聽之任之。敵機臨空，炸彈落下來，落到仙女洞（防空洞）的山頂上，斗大的碎石騰空而起，籃球場上落了不少碎石，我住的房子屋頂被砸個大窟窿，石頭落到屋內，瓦片亂飛，幸而我躺在雙層床的下舖，未受損傷，但已嚇得魂不附體了。空襲過後，同學們回來，看我安然無恙，都為我慶幸。躺了二十幾天，打針吃藥加緊治療，總算保住性命；但起來走路仍舉步困難。抗戰時期藥物也奇缺，「維他賜保命」是使我恢復健康的良藥，但醫務室沒有，我託人在重慶買了三盒，每天注射，終於痊癒，體重也較病時增加十公斤。

一月份訓練班結業時，我已恢復了健康，心中自有說不出的高興！半年訓練，我未回界石家中，病了也未告訴淑文，知她一人照顧孩子，支撐家務，已經夠累的了，怕她跑來看我。一心奔取功名，連家也顧不上照料了，想到過去封建時代，上京趕考的人拋妻離子，不禁有同感焉。訓練期間各科都有訓導，負各科政治教育之責，等於班主任，訓練快結束了，這些訓導都隨學員分配到各地方去，任實際職務。大部分訓導都內定為行政專員，一個專區管轄幾個縣，這些未來的專員都暗中拉攏得意的學員，組織領導班子；起碼是找縣長，自己轄區的縣長人選，從高考訓練班中物色。於是不少學員被內定為某縣縣長。我這科的訓導佘凌雲，被內定為甘肅省天水專區的專員，這個專區轄四個縣，他想找四個學員去他的專區當縣長；首先他選定了我，叫我去天水縣當縣長。按當時舊社會的情況來說，屬於一等縣，是個肥缺，又是專署所在地，工作也較方便。我便答應跟他到天水去。但我是帶職帶薪受訓的，而且是教育長批的，必須得到教育長的允許，才能去天水。這時余井塘已調到中央組織部任副部長，王德溥接任畢業生指導部主任。我回到指導部後，把有意去天水的想法告訴王德溥，請他請示一下教育長。第二天他對我說：「教育長叫你仍回指導部，不要去天水。」於是我又回到指導部工作，同時把家搬到南溫泉居住，每天也可以回家料理一些家務。心想在學校工作也很好，再不作其它想法了。

三、高等文官考試後的際遇

高等文官考試及格，又經過半年的訓練，按舊社會的官等來說，是薦任官了。說起來已具備中高級官員的資格了，所以有去天水當縣長的想法，教育長不准去，只好仍回學校工作。一九四一年元旦剛過，接到教育部部長朱家驊的薦任狀，到教育部擔任專員，遂即去重慶川東師範教育部報到。部長朱家驊當面對我說：「教育部新成立一個『中華教育電影製片廠』，同時成立一個『教育電影製片廠指導委員會』》，指導製片廠的工作，果夫先生任指導委員會的主任委員，你兼任指導委員的秘書，你聽從果夫先生的安排工作。」至此我才明白，教育長心中早有安排，所以不叫我去天水，對我愛護之深，可以想見。感奮之餘，便辭掉指導部幹事的職務，到教育部上班。朱家驊部長指示得很明確，叫我聽從果夫先生的安排，於是第二天便去衡舍（陳的住宅）向教育長報到並請示工作。教育長說：「指導委員會剛剛成立，製片廠也剛剛成立，都還沒有開過會，等召集一次會議以後，再進行具體工作。」從此我就三天兩頭去衡舍，向教育長請示工作，首先是籌備第一次指導委員會開會的事務。指導委員有何應欽、陳立夫、朱家驊、張道藩、劉季洪、羅學濂、李清悚等人，何應欽是軍政部長，陳立夫是中央組織部長，朱家驊是教育部長，張道藩是文化運動委員會主任委員，劉季洪是教育部社會教育司司長，羅學濂是中央宣傳部電影製片廠廠長，李清悚是新成立屬於教育部的中華教育電影製片廠廠長。規格之高，以及重要性，可想而知。

第一次會議主要是研究製片廠的方針、作用，以及與中電（即中央電影製片廠）、中製（即屬於軍政部的中國電影製片廠）如何協作發展和製片內容問題。會上決定教育電影要普及運用，作為教材的輔助部分，也就是社會教育的一部分。為了經濟實用，便於推廣，決定採用 16 毫米的小型拷貝和小型放映機。第二，決定第一部片子先拍陳果夫所編的《移風易俗》的教材；第三，決定在人力、財力可能的情況下，適當地拍製一些短小的教育動畫片；第四，拍製一些幻燈教育片。會議開過之後，具體工作就由果夫先生指導進行。我是指導委員會的秘書，實際上就是陳果夫的秘書，也就是陳果夫教育計畫的執行者，專辦電影製片的事情。陳果夫對製片廠的指示，要我去傳達，廠裡有所請示，也由我轉呈。這是一項新的工作，無常軌可循，不僅要忙些，而且還得籌劃工作的步驟，以及與各方面協商的一些事務。製片廠設在北碚的北邊——北溫泉，於是我就經常往來於重慶與北碚之間，去時乘長途汽車，回來則坐嘉陵江的船，順流而下，到牛角沱登岸。

由於工作的關係，經常與陳果夫官邸的兩位秘書——程世傑、梁淵，經常接觸，處得很熟。他們說：「你每天跑來跑去，太麻煩，有時果夫先生不在，你就空跑，實在不便；不如你搬到衡舍來住，咱們住在一起，有事還可共同商量。」我說只要工作方便，我沒意見。通過他倆的提議，經果夫先生的同意，我就搬到衡舍住，吃也在衡舍。衡舍秘書室的工作，我也分擔一部分，例如寫八行、譯電報、接待來賓等；反而成了陳果夫先生的私人秘書，兼辦指導委員會的事。教育部我的辦公室依然保留，由一位幹事駐部辦公。陳果夫先生有時到外邊講演，我就隨從記錄，陳果夫先生認為很得力，至此衡舍秘書加上我已是三人。衡舍的人事很簡單，一個看門的傳達，一個侍從副官，一個汽車司機，一個廚師，此外就是他的夫人朱明，以及朱明的妹妹朱畹芝，和一個上初中的女兒陳澤寶。三個秘書和他們家人，每天同桌吃飯，無分內外。因為陳果夫先生是老肺結核，為了防止傳染，採取中菜西吃的辦法，每人兩套碗筷，一為公用，一為自用，以公用筷子把菜夾到自己的碗裡，再用自用筷子進餐。這是衡舍多年來的生活習慣，起初有些彆扭，時間長了，也就成了自然。陳果夫先生有個習慣，每天晚飯後，他和秘書以及家人，照例都到客廳裡坐談一陣，這是輕鬆愉快的晚會，十之八九是陳果夫先生講故事或介紹一些國家的事情。這種場合，秘書很少發言，作為我來說，自動找了一件適當的工作，陳果夫先生講故事，我就做記錄，然後稍加整理潤色，抄清送給陳果夫先生看。每次他都細心的看，有錯別字予以修改，有時還有批語。這件事他也非常滿意。

我們三個秘書的家，都住在南溫泉和小溫泉，小溫泉中央政校教育長和侍從室第三處主任，都是他兼任，所以小溫泉也有秘書室，有兩個秘書，一是仲肇湘，一是鍾顯堯，另外侍從室還有專職秘書羅實秋，他每星期總要回小溫泉辦兩天公。他回小溫泉，我們衡舍的秘書就要輪流跟回小溫泉，也就是回家休假的時間。等他回重慶就跟回來，成一項無形的規定。這時淑文經陳果夫先生的介紹，到政校高等科圖書館當了一名圖書管理員，她有了月薪四十元的收入，家庭生活也就寬裕一些。昕兒出生剛一歲，明兒已三歲了，華兒五歲，就上小學一年級試讀，因為家裡沒僱佣人，淑文上班，曉華上學，兩個小的孩子放在家裡，每天託付樓下住的好友王大任（當時是第三處少校處員）的太太佟桂榮代為照看。我只能每隔兩個禮拜，隨果夫先生回家一次，最多住上兩天，家務幫不上什麼忙。家住南溫泉花溪河畔，下樓就是花溪河，這條小河雖然不大，但從上游虎嘯口流下來的水終年不斷，河水清澈，水平如鏡。小溫泉與南漁泉之間有小船通行，成了交通的要道，也是遊玩的好地方。沿岸有些釣魚墩，時常有人垂釣，小舟蕩漾於花溪之中。觀看岸上的垂釣者，時生羨魚之情。淑文上班的仙女洞，距住處不到二百米，爬上山坡就到了。在她辦公室往下一看，家就在眼下，曉明三歲多，頑皮得招人喜愛，自己能上山，到他媽媽的辦公室找媽媽，門警都認識他，故意逗他，不讓他進去，他毫不介意地說:「喂!今天又是你站崗啊。」說著跑了進去,惹得人好笑。某一天他想學別人到河邊釣魚,弄一個柳枝,拴個布條,跑到河邊,一下滑落水裡,嚇得嚎啕大哭。淑文坐在辦公室裡聽到是曉明的哭聲,趴窗子一看,曉明站水裡哭,趕快跑下來,把他拉上來,這時佟桂榮也跑出來照顧,這也算是生活奮鬥中的一段插曲吧。

當時岳父家已在隴海東路運河車站居住,岳父任運河車站郵局局長,那裡是日佔區,無學校可上,淑謙、輔堯、曉春、志宏都失學了,他們和我通信,有意到重慶讀書,經我與淑文商量,儘管重慶生活困難,為了他們不失學,決定叫他們來。當時戰火連天,要通過幾個戰區偷渡才能到重慶,他們四個人經過三個多月的跋涉,吃了不少苦頭,終於到了重慶。曉春、志宏是一九三七年姥姥回老家遼陽時,從黑龍江省望奎縣帶出來的,本想接到包頭,在我身邊教養,由於「七七」事變爆發,包頭分校西遷,他倆就一直跟著姥姥、姥爺。這時已離開我十年,曉春已十五歲,長成大姑娘了,志宏也已十四歲。十多年的分離,他倆不認識我,我也不認識他們。他們四人到重慶牛角沱碼頭,等了很長時間,不見我去接,春兒叫他們三人在碼頭等著,她到衡舍去找我,正好在路上相遇,但不敢相認。我一看一個女孩穿著一件半舊的藍布衫,又髒又舊,臉也沒洗,像是長途跋涉的模樣。我不住地打量她,她心裡也若有所感,放慢了步子,仔細看我,並高聲問:「你是不是我爸爸?」,我說:「你是曉春嗎?」這樣一搭話,父女才得相逢,一時有說不出的酸楚。乃同到牛角沱,找到志宏等三人,領到了衡舍。果夫太太和他們的家人,以及程世傑、梁淵,聽到我們父女相逢的一段情景,都讚嘆不已。我們父女的心情,那就更無法形容了。第二天把他們四人送回南溫泉家中,休息整理一番,然後又請教育部次長余井塘寫了一個條,把四個人安排在青木關的中大附中上學,輔堯、淑謙讀初二、曉春、志宏上初一,雖然有些吃力,但都知努力,還能跟得上。

我從一九四一年至一九四二年,幾乎每月要去北碚製片廠一次,同時又成立了動畫片社，有二十多人繪製卡通《生生不息》，地點在江北岸童家溪，每週要去檢查工作，並向陳果夫先生匯報。因為人才不夠，經費無著，畫了半年，拍成影片，只放映五分鐘，且不太精緻，不夠理想，和美國米老鼠比，真是天壤相差。於是決定停辦，另作計議。春兒他們四個人在青木關中大附中唸書，只能假期回家玩幾天，常年住校。怕他們想家，我每次去北碚，路過青木關，總要住一夜，和他們團聚一下，並領他們到街上小飯館吃頓飯，問問學習情況。一九四三年岳父全家也從運河車站（實際是江苏隴海東路運河車站）來到重慶，這可說是兩家大團圓，定居在南溫泉，和淑文住在一起，成了一家人。經我介紹，岳父到重慶上清寺郵政儲金滙業局工作，每隔一個星期，回南溫泉家中看看，有時下班後，我也到他的宿舍看望一下，解決一些生活工作中的問題。在抗戰時期，能在重慶安然過生活，也就不容易了。

四、兼任中央組織部科長

一九四三年，陳果夫先生兼任中央組織部部長，大學部第一期畢業的張同學任組織部總務處長。他向陳果夫先生提議，由我兼任事務科長。簽呈批准後，我就上任了，但並不支薪，仍拿教育部專員的薪水。這是一個義務職，只幹工作，不取報酬。但陳果夫先生既然叫我幹，只有認真去做。於是每天白天到組織部辦公，下班後回衡舍辦公，吃住仍在衡舍。這樣一來，電影製片廠的事，指導委員會的事，組織部的事，加上秘書室的事，一天到晚忙個不休，成了一時的忙人。

因為組織部的事務多，重點就放在組織部。「事務科」顧名思義，就是辦事務，掌管組織部一切事務，包括食堂、宿舍、公用設備，和一切辦公用品的購置、管理、發放，甚至員工的生活福利。乃至不屬於其他科室的雜事，都由事務科管理。等於管家的人，裡裡外外什麼都得管。當時正值年富力強，精力充沛，在不要報酬的情況下，還想把工作幹好。在組織部不到一年時間，有幾件事做得比較滿意，值得一提。一是從節約開支入手。組織部下有總務處，普通黨務處、軍隊黨務處、邊疆黨務處，每處之下又各有科室，機構相當龐大。單從文具紙張用品方面來說，消耗量很大，各處室都有專用的表報、信紙、信封、便箋，以及各種筆墨和辦公用品及統一公文用紙，凡此種種都得由事務科購置儲備，以供各方面領用。這些工作集中在事務科，加上日常雜務，工作量相當繁重。我接手之後，除了應付日常事務之外，感到有些管理制度不太合理，例如領取公用物品，不經主管處室批准，工作人員隨便到事務科領取；印刷各種公文用紙，時常更改重印，造成積壓浪費。部內各處室之間互相傳遞文件，也印有專用格式的便箋等等，經費開支非常龐大。於是我著手訂了幾條領用辦公物品的細則，事務科發放用品的辦事細則，公用汽車使用辦法，食堂管理細則等，簽請部長批准實施。我又清查了庫存物資，把許多積壓很久的各種不適用的公文用紙，分類清理，能用的就不再重印，不能用的，作為內部傳遞文件的便條，發給各處室使用，從而避免了一部分浪費開支。半年下來，很見效果，曾受部長的嘉許。

此外，因為採購物資、印刷用品，經常與工商界往來，各商店的老闆常到事務科兜攬生意。按以往的慣例，商家要暗中給經辦人一成回扣，這屬於經辦人意外所得。我當事務科長，是經辦的主管人，於是商店的老闆便暗中找我，許以一成回扣。我認為這是變相貪污，不接受回扣，公開與商家談明，採購的貨款減價一成。老闆說：「銷售價格是同業公會議定的，任何商家不能隨便增減，要回扣是那個價，不要回扣也是那個價，而且家家如此；回扣是給經辦人的，彼此心照，不為事外人所知。」我問一個科員，張科長是否接受回扣？科員說：「這事哪能公開，不知內情，不敢亂說，不過市面上都是如此，風聞哪個經手人也少不了。」我一聽這話中有話，不便再往下問，心中卻有些想法，這種變相貪污的事不能做，況且聽剛才科員的話，是瞞不過睽睽眾目的，「要想人不知，除非己莫為。」絕不能做這種見不得人的事，乃想到：「周公恐懼流言日，王莽謙恭下士時」這兩句話，深感人言可畏，一失足會成千古恨的。但又一想這一成回扣不要，白白便宜商人，個人雖保持了清廉，公家卻受了損失，也覺得於心不甘，遂將這件事向部長彙報：「要回扣毀壞了自己，不要回扣損失了公家。」部長說：「你想怎麼辦？」我說：「應該要回來，交給公家，不然白受損失。」部長說：「你寫個簽呈，我批一下，收回來的回扣，給全部員工辦福利好了。」我寫了簽呈，部長立即批示「購貨回扣款由會計室代管，由總務處為員工辦福利用。」會計室主任說：「會計室增添這個項目，還是第一次，只好作為帳外資金處理。」於是每次回扣都交到會計室，每月至少有兩三千元。如何辦福利？又得動腦筋。晚間回到衡舍，吃罷晚飯，與家人坐到客廳裡閒談時，陳果夫先生說：「你明天找找中央電影製片廠羅學濂，叫他每星期六晚間，給組織部全體職工放一場電影，費用就由福利金開支。」有了這個指示，第二天我到玄壇廟找到羅學濂，把陳果夫先生的意見一說。他說：「果公指示，自當照辦，你安排時間，電話通知我就行了，這件事交給裘逸華科長辦。」從此每個禮拜六晚上，就在組識部院內放一場露天電影，這也是組織部前所未有的事。另外還用這筆款給食堂添置一些桌凳和餐具，把廚房的衛生設備搞好些。集體宿舍分男女兩部分，也分別添置一些必要的桌凳，使大家生活舒適一些。因此很多人說：「組織部從來還沒見過像袁科長這樣，為大家辦好事的人。」為了整頓食堂秩序，開飯時我自到食堂，向就餐者宣傳維持食堂秩序，講求飲食衛生，愛護食堂公物，並督促炊事員精心製作飯菜，讓大家滿意。這些實際行動，都產生了較明顯的效果。副部長馬超俊說：「袁科長這種身臨其境的作風，是公務員的好榜樣，應該推廣。」馬超俊廣東人，當時已五十多歲，還帶頭參加青年遠征軍，這當然是應著號召的行動，但為了爭取第二次世界大戰中，中國能有自力自強的能力，其體現的愛國之心，實是令人敬佩！

抗戰期間，尤其抗戰後期（1943—1944 年），重慶的生活非常緊張，物價上漲、物資缺乏已達極點，薪俸階級叫苦連天。我雖然兼了職務，只有薦任四級的一份薪俸，每月一百二十元，全家六口生活捉襟見肘，但又不願做貪官污吏。人人都說事務科長是肥缺，是別人求之不得的，我卻囊空如洗，兩袖清風。有些人譏諷說我是傻瓜，我一笑置之，不以為然，求仁得仁，總算落個好科長的虛名。也就是「老漢王坐北京，心滿意足了。」當時國民黨的官場中，處處都是勾心鬥角，追名逐利，腐敗現象已司空見慣。上層以往忠心於陳果夫先生的段劍民，因未當上中央委員，竟大發牢騷，寫了一首打油詩：「劍民革命二十年，中委不值半文錢，蔣家天下陳家黨，願花長好月長圓。」潑口大罵起來，類此現象，處處可見。

在衡舍服務者，我和程世傑、梁淵之間，也產生了一些矛盾。論關係，程世傑是陳果夫的外甥，當他的秘書多年，梁淵是程世傑姊夫的弟弟，也是親戚關係，比我先到衡舍。我雖然屬於陳果夫先生的學生，但陳果夫先生的學生，尤其中央政校的學生，比我強的有的是，不足為奇。我到衡舍當秘書，不過兩年多，可是我既是秘書，又是教育部專員，並兼了組織部科長；自從兼任科長以後，白天不在衡舍辦公，秘書室的工作做得很少，尤其在組織部做得有點小名聲，無形中引起程世傑、梁淵的嫉妒，這是我始料不及的。我了解到這種情況之後，好像冷水澆頭一樣，又聯想到在組織部裡，同樣的科長不少，難免也有這種情況。覺得官場中太可怕了，不容許人做點好事，因而有些灰心，便跟陳果夫說：「我不兼組織部科長了。」寫了一個辭呈，陳果夫不批，我不好追問，只好硬著頭皮幹吧。

一直拖到「八一五」抗戰勝利，我又向陳果夫提出，東北光復了，從「九一八」流亡出來，多少年收復失地的願望今天已實現了，我想回東北去工作；實際上我是想離開衡舍，躲開程、梁二人，不和他們爭高低。再寫了一個報告給陳果夫，仍是置之不理，預感到一定是不滿意我的要求，在報告遞上之後，我就不到衡舍秘書室上班了。因想在政治上找出路，有陳果夫這樣的後台，總算可以了，偏偏遇到程、梁這樣兩個人，他們在陳的面前，怎能說我的好話呢？於是萌了脫離政治，自己去改行做生意的念頭。想我這樣人在政治上混到什麼時候，也是個窮官，要想富就棄官經商，名正言順的發財致富。下了這個決心，遞上的辭呈、報告，批不批都不管了，堅決離開衡舍和組織部，走自己創業的道路。並開始聯絡一些同學、朋友，集了一點資金，在重慶組織一個信誼商行，在重慶先幹起來。很多人不理解地說：「袁應麟放棄這麼好的工作不做，要下來做生意，真有點可惜。」我卻不加理會，我行我素。

五、「八一五」重慶之夜

離開衡舍，仍回教育部宿舍居住，放開心思，做自己想做的事；正在這時，日本投降的消息傳來，抗戰的陪都——重慶，自然是無限欣歡。「八一五」這天夜裡，當廣播出「日本投降了，抗戰勝利了」的消息傳出後，大街小巷，山上山下，鞭炮齊鳴，一片火樹銀花。人群湧上街頭，狂呼亂喊，八年來鬱悶的心情，一下子都傾洩出來了。我和教育部社會教育司的幾個同事，跑到上清寺，西路口一帶，擠在人群裡，沉浸在無限歡樂的海洋裡，享受著勝利的狂歡，徹夜不停。我們回到宿舍，已是凌晨三時了。第二天幾個朋友在一起談天，都在考慮今後個人的出路問題。有的說：「困在重慶這座山城上八年了，這下子可以活動活動了。」有的說：「不管怎樣，都得離開重慶，在重慶蹲了八年，語言、生活習慣都四川化了；成了第二家鄉，一旦離開，真有點依依不捨之感。」還有的說：「在這苦熬苦修八年，重慶有名的風味小吃，都無機會去嚐一嚐，這次離開重慶，再來就不容易了，如不領略一下，未免令人遺憾！」有人問：「重慶有哪些風味可吃呢？」我說：「九華園的鯽魚蘿蔔是有名的，麻婆豆腐是有名的，豆花開堂、小籠蒸牛肉也是有名的。」有人插嘴說：「這些都是飯館裡吃過的，不稀罕，我覺得炒米糖開水，擔擔麵，倒真是四川的風味小吃。」我說:「炒米糖開水，每天晚上都擔著擔子，在巷子裡叫賣，打開樓窗一喊，就擔到跟前來，不用下樓，用一根繩子放下來，他就把沖好的炒米糖開水，放在籃子裡提上來;我時常吃，這算領略過了。擔擔麵卻沒領教過，明天咱們就去吃，我請客。」到哪裡吃呢？是不是觀音崖上邊那些小吃店裡就有呢？有人說:「真正的擔擔麵沒有門市，就在陝西路燈籠巷裡，擔著擔子賣，那才是真正的擔擔麵。」於是和幾個朋友約好，明大早晨去吃擔擔麵。從川東師範到陝西路很遠，得徒步走到西路口或觀音岩，才有公共汽車，至少要一個多小時，才能到陝西路。當我們趕到陝西路時，已經九點多鐘了，到燈籠巷口一看，小汽車停了一大排。走過巷裡，看到路旁有四五處，都是一付擔子擺在路旁，幾條矮凳子放在牆根邊，吃的人擁擠不堪。有一處人特別多，一問，這一處是真正的老擔擔麵，細一看吃的人都是衣冠楚楚、神氣十足的老爺太太，站在擔子周圍，把擔子包圍起來。我們想擠也擠不進去，一了解這些人，不是銀行的經理，便是公司的老闆，每天坐小汽車來吃擔擔麵。巷子口上停的小汽車，就是這些人的。我們在旁邊觀望一陣，想等一等人少了再吃，可沒多久麵賣完，已經剎鍋了，很多人還沒吃上，我們也只有望擔興嘆。走到其他幾處，也是擠得滿滿的，最後走到巷子口一處，總算沒有落空。我們幾個人湊湊合合，每人吃上一碗兩鑲(一碗中一半麵條，一半餛飩，名之曰兩鑲)。初次嚐試，也分別不出好壞，覺得味道還不錯。我們剛吃完，一看人已走光，擔子也都走了，看看錶剛十點多鐘。原來這些擔擔麵，每天是定時定量銷售，在家裡準備好一鍋老湯，一板麵條，一碗餛飩餡，一打餛飩皮，賣完就收攤。因此早九點開始，不到十點就剎鍋了。不管正牌、冒牌，都是如此。初來的人就分不出真假。了解到這些情況之後，決定有機會再來吃一次正牌的擔擔麵，以了八年的心願。

一個星期天，又是我們幾個人，有準備的，早早趕去，八點到了燈籠巷。巷子裡不僅沒有擔子，行人也很少。我們轉來轉去，到九點鐘，見到麵擔子，都陸續來了，其中真正的擔擔麵剛到，人都圍上來。

再一看，前天吃擔擔麵的那些大人先生，也都趕到了，來得倒很及時。我們捷足先登，搶在前面，每人先來一碗麵條，再來一碗兩鑲，飽餐一頓，品品味道，與前天吃的，卻相差無幾。吃完後又到其他幾個擔子跟前，仔細看看，品種是一樣，調料是一樣，設備做法，都無大差異。正牌、冒牌，無非是心理作用而已。擔擔麵為什麼成了重慶的風味小吃，好吃在哪裡？我想深入了解一下，於是走到一處人較少的擔子旁，站在鍋旁和大師傅么四擺起龍門陣，邊看邊問，邊看著客人吃麵。一比較各處設備都是一樣，一付擔子，一頭是鍋灶，一個鐵皮做的，像半截汽油桶似的一口圓鍋。鍋有個篦子，從中間隔開，多半鍋湯，篦子一邊是雞架，豬排骨，一邊是空湯，這就是下麵條、下餛飩的地方。湯鍋這一邊的鍋沿上，排掛著一個白鐵圓罐，罐裡就是做好的捎子（打滷）放在湯裡，不會涼。麵條或餛飩煮熟了，罩簍撈在碗裡，舀上一勺原湯，放上一匙捎子，再拿到另一頭擔子旁加上各種調料，就可以吃了。擔子另一頭是一個一米多的大木盤，盤的裡邊放著十幾個瓷罐，裝著醬油、醋、蒜泥、辣椒油、韭菜花、香油、芝麻醬、蝦油、味精、精鹽、胡椒粉等各種調味。每個罐裡有一個白鐵皮做的小勾，每碗麵裡都要把調味放全，而且所用的麵粉是細白粉。麵條切得很細，餛飩餡是雞肉、海米、豬肉、韭菜，用雞蛋調成的，再加上精心細做，怎能不好吃呢？觀察的結果，我總結出擔擔麵的特點是三個字，精、細、全。就是選料精、做工細、味道全，堪稱為獨特的風味小吃。後來在各大城市，如廣州、北京、天津，乃至新疆烏魯木齊的百花村飯店，都見過標有四川擔擔麵，循名客實，那就風馬牛不相及了。

六、十年一日，十年一家

十年似乎是一段漫長的歲月，但衡諸人生能有幾個十年？所以十年這個段落，是值得珍惜的。莘莘學子苦讀十年寒窗，才能有所成就，十年意味著人生的變化。而依十年河東，十年河西之說，十年又意味著社會的變化。這雖然不是一定的規律，卻成了常見的事實。回憶我的人生，今年已八十歲了，也只不過是八個十年。就以十年為一段落，來做個回顧吧！出生的第一個十年，家裡只有祖母、父母，後來又有了兩妹妹，成了六口之家。第二個十年當中，我結了婚，生了兩個孩子，但祖母已去世，一家八口人，這是我家庭人口最多的時代。第三個十年中變化最大，遭逢「九一八」事變，我一個人流浪在外，在這期間父母去世了，兩個妹妹夭折，髮妻亡故，只剩下兩個孩子——曉春、志宏，還不在我身邊，可以說沒有家了。

一九三六年，在包頭教書期間，斯年二月與淑文結婚，三七年生下華兒，這算又有了家庭，但既是逃避日寇侵略烽火，長途跋涉在大西北沙漠之中，又是流亡生活，有家等於無家。直到一九三八年定居在重慶界石場，這才安定下來，有一間土屋居住，具有家庭規模了。接著一九三九年生了明兒，一九四一年生了昕兒，一九四三年春、宏兩兒也從戰區接出來，團聚在一起，成了七口之家了。大女大兒在青木關上中學，二兒二女在南溫泉上小學，三女兒尚在襁褓之中，淑文每天上班，略有收入。特別是春、宏兩兒自幼失母，十多年來流落在農村親戚家中，享受不到家庭的溫暖，這次又周轉了七八年，才來到我的身邊，得到家庭的溫暖；這一切經過，總算安排得不容易。正好抗戰勝利了，我有到天津經商的打算，此時和淑文結婚將滿十年，淑文說不久就要離開重慶了，去照張相片留個紀念吧。當時春、宏兩兒在青木關上學，就領著華、明、昕三個孩子，照了兩張相，一張是我和淑文的合影，一張是我倆和三個孩子的合影。淑文說：「照片上要寫幾個字。」我一想，和淑文結婚十年來，夫妻感情篤厚，從未爭吵過，十年光陰如在昨日，遂寫了「十年一日」四個字。又一想，有了五個孩子，又是一個溫暖的小家庭，遂寫「十年一家」四個字。在別人看來毫無意義，但作為我們自己來說，這十年包含著說不完的辛酸悽苦，是不平凡的十年啊！

第十二記　棄官經商

一、決心下海

離開宦海投商海，人生無非海中游。

海波蕩漾一葉舟，脫離苦海費奔波。

功名路上跑了一段，參加高等文官考試，受了高等科訓練，爭得了高等文官的資格，當了薦任官，做了專員，又是秘書，還是科長。小小的功名總算到手，表面上看來儼然一官，確實也有不少人暗中羨慕；實際上拿一百多元薪俸，本可養家費己，可是到手的只有幾十元，其餘大部分是撥給發了霉的糟米，不能吃亦不頂用，一家七口生活難以為繼，功名再好，難以解飢。

見到在一起工作過的同學孫春寧，丟掉畢業生指導部的幹事不幹了，自己在重慶市都郵街，開了一個「均益地產公司」，不到一年，便成了小小的富翁。因為我和他原來同在畢業生指導部當幹事，相處甚善，我到重慶衡舍工作以後，有時就去均益地產公司和他閒談。他說：「老袁，下來做生意吧，別幹那個窮官了。」

當時許多同學在財政部、外交部、社會部、花紗布管理局、煙酒專賣局等單位工作，我也常到這些同學的辦公室去談談。他們雖然不是大官，也和我一樣，擔任不大不小的科長、司長、秘書、專員之類的職務，不管大小，都叫做公務員。言談之間，都流露著窮公務員沒幹頭的意思，一天到晚趴在桌子上不停的工作，也僅能維持一家老小的餬口。大家也談到孫春寧做生意混得不錯，言下之意，要想有錢花，還是做生意。

這時候王德溥從內政部次長調任禁煙委員會主任委員，連個副部長也沒撈到，有些失意之感。有時候我到陳家橋去看他，陳家橋離重慶市區四十多公里，當天回不來，就住在他家，晚間沒事閒談，頗有些牢騷的語言；並談到當官沒有經濟後盾，是吃不開的。談到蔣介石能夠站得住，沒有宋孔是耍不開的；美國的總統哪一個上台，都有財閥作後盾。像我們這樣窮酸酸的，到什麼時候也上不去攤，只能亦步亦趨，保住飯碗就不錯，飛黃騰達根本就別想。但是想賺錢，就得經商，當官是不能發財的。這些話當然是牢騷，但也是實際情況。要經商首先要有資本，其次是要有人肯幹，於是又談到陳仙舟搞個復東公司，孫春寧搞個均益地產公司，都搞得很好。我說：「我想改行做生意，不想當官了。」王德溥說：「你肯下海嗎？」我說：「下海就下海唄，什麼不是人幹的，有下海的決心，說不定會升天呢！」哈哈一笑了之。

此後，每去陳家橋就住在他家，總是談做生意的事。我回到重慶城裡見到一些同學，也常談到這個想法。有的說：「你要做生意，我入兩股。」有的說：「你要做生意，一定能做好．」聽了這些話，再加上孫春寧極力鼓吹，便決心改行，也就是決心下海；從而便開始找同學和朋友聯絡集股。當時同學們都和我差不多，月入為出，都是「癩蛤蟆打蒼蠅，剛供嘴」。談到集股，都心有餘而力不足。經過一段時間的聯繫，有十幾個同學入股，有的出兩萬，有的出一萬，最後只湊到十幾萬元，根本就談不上資本。就這十幾萬元，開始做了，組織一個字號叫「信誼商行」。

這時候碰到一個機會，從天津來了個郭鎮華，據說是給「偽滿州國」大臣熙洽當過差，後轉為國民黨地下工作人員李春光領導下的工作人員。他從日本人手裡得到一部分孫中山先生所著《民權初步》的手稿，要獻給中央。李春光與王德溥相識，寫信介紹郭鎮華找王德溥，請他向中央引見。王德溥把這件事向陳果夫報告，陳果夫叫王德溥接洽，看看是否屬實。王德溥把郭鎮華帶來的手稿拿給陳果夫，陳果夫交到黨史委員會鑒定，認為確是孫中山先生的手稿。於是王德溥把郭鎮華安排住在旅館裡妥為招待，陳果夫簽請中央秘書處撥了一部分活動費，交王德溥轉給郭鎮華。郭住在重慶，三天兩頭去陳家橋王德溥家。一次我去陳家橋，適與郭鎮華相遇，王德溥介紹我正在籌備做生意。郭說：「我在天津有個殖業銀行，還在組織一個元昌公司。」希望我到天津去做生意，他可以幫忙。經與王德溥研究，認為到天津去是個好機會，為了進一步與郭鎮華聯繫，我也住在旅館裡，和郭鎮華探討去天津的可能性和具體辦法。

經一週多的日夜相處，知道殖業銀行已開業，元昌公司尚未正式組織，郭鎮華希望我和王德溥能參加他的公司。我與王德溥研究之後，同意參加他的公司，但無股本。郭說：「不要你們拿錢。」並說他要等中央秘書處的接見，一時回不去，叫我先到天津做準備工作。又經與郭王共同研究，元昌公司要參加，但我因有一些同學的入股，必須另組織一個公司比較合適；並叫郭鎮華也參加我組織的公司，郭也同意，於是我便準備去天津。

二、東方公司

「八一五」抗戰勝利前夕，在重慶成立一個信誼商行，登記註冊剛剛辦好，還未做生意，抗戰勝利了。人們的心情從苦悶中解脫出來，都在做新的打算；我做生意的想法，自然也隨之而有新的開拓。此時恰好認識了郭鎮華，他極熱心拉我到天津，我亦決定隨他去天津，創一個新局面。此時王德溥又介紹沈克（公使）和我見面，說他有資金，叫他與我合作。我想，一個有做生意的路子，一個有做生意的資本，這真是風雲際會。經了解沈克是石友三的部下，是漢奸部隊，勝利後歸孫連仲屬下，人都呼之為「沈司令」，手裡接收了一些物資，發了一點接收財。跟王德溥談想做生意，王德溥說可以和袁應麟合作。我說：「有資金可以作股。」沈同意後，我便決定不要信誼商行，應該組織一個像樣的公司。通過王德溥、沈克、郭鎮華和我共同研究之後，決定組織東方企業股份有限公司，設在天津。因此我就計劃著去天津籌組東方公司。

抗戰時期，各種交通都非常緊張，剛一勝利，人人都想趕快離開重慶，回到自己的家鄉。可是出川的交通線以長江為主，那時只有招商局和民生公司兩家有船。招商局的船早已專供軍用，謂「差船」，老百姓無由問津；而民生公司也只有民本、民生等幾條客輪，登記者已到半年以後。公路有成海、川黔、川峽等幾條線，不僅車少客多，而且都繞道而行，既費時又費錢，也不想走這條路。飛機可以直通北平，一般人也望之興嘆，所以想去天津，怎樣走法，大成問題。

俗話說：「車到山前必有路。」東北三省劃分為九省後，各省政府的班子都組織起來了。各省政府的主席、廳長及接收人員，都急於到治所視事，已訂好了包機。黑龍江省主席吳煥章有意叫我回黑龍江工作，並說已包好一架飛機，我可以隨飛機第一批先飛北平。我一想這個機會不能錯過，便表示同意。吳煥章給我一個「接收專員」的名義，不久就安排乘飛機回到北平。這是平生第一次坐飛機。

北平是我十四年前待過的地方，烽火之後面貌如何？坐在飛機上，憧憬的心情很不平靜。飛過西安上空，俯瞰有些古建築，以為就是北平了，未得仔細看清，飛機一掠而過，繼續東飛，有人說，這是西安。不管是西安也好，洛陽也好，既然未降落，當然就不是北平。正議論間，大約二十分鐘，看到萬壽山了，群心鼎沸，齊聲說：「這才是北平呢！」說話間，飛機繞北京城飛了一圈，古老的皇城皇宮、城牆，以及鱗次櫛比的街道房屋，一一在目。說話間飛機已降落西苑機場。下機後坐上民航公司的汽車，直奔城裡。

進了西直門，經過西四大街，來到東郊民巷，沿路行來，不停的左顧右盼。西直門裡，那些古老灰舊的瓦房，老式木格的窗欞，一如過去。西四牌樓雖然舊了，依然矗立無恙；摩電車還是叮叮噹噹，往來不停。這是我十四年前，每天都要坐車去西單皮庫胡同上學，最熟悉的地方。那時我住在西四太安侯胡同十二號，舊地重臨，感慨良深。到北平都像到家一樣，各人自討方便，投尋親友，紛紛散去。

我到了北平市黨部找到金克和。他說：「你住到郭紫峻那裡吧，那裡房子多得很。」於是就到北長街找到郭紫峻，就住下了。第二天到北平商業銀行，見到總經理孫文軒，又見到常耀宸，都是在重慶郭鎮華介紹的。他們知道我來做生意，都極表熱情，便說：「你住到行裡來吧，和各方面聯絡，還方便一些。」我說：「在北長街也很方便。」沒有搬到商業銀行，但每天去和他們研究做生意的事。

我在北長街住了一個多禮拜，就去天津了。所謂黑龍江接收專員這個空名義，就此自動結束，實際上其他許多去黑龍江接收的人員，也都困在北平，不得前進；一時冗員太多，無法維持，我自動脫離，他們也不追問，不了了之。實際上一些接收大員也沒去黑龍江，就在瀋陽設個臨時辦事處，直到解放，無形中就結束了；東北九省之設，也落於空想。

我到天津，先到殖業銀行，見到馬則麟、王爽齋等人，因有郭鎮華的介紹信，都非常熱情。按照郭鎮華的安排，住在他家，郭太太更是熱情接待。從此每天到殖業銀行，進行東方公司籌備工作。我離開重慶時，帶了十七兩黃金，就存在銀行裡，這就是我成立公司的資本。一個月後，郭鎮華回來了，他的元昌公司，我的東方公司，同時宣告成立。在赤峰道租了一棟樓房，各用一半，兩個公司的牌子都掛起來。

東方公司用了幾個人，都是郭鎮華介紹的，常耀斌是常耀宸介紹的，郭鎮華介紹的張先生任經理，常耀斌任副經理，便開始做生意。兩位經理，都有做生意的經驗，一聯繫有食鹽的生意可做，便做了一批食鹽，賺了幾個錢。又趕上中國銀行拋售白銀，又做了一次白銀生意，又賺了幾個錢；這時十七兩黃金變成三十多兩了。東方公司的名字傳開了，天津市跑會的，不斷來遞消息，介紹生意，大都是進出口項目。

張、常兩個經理與我研究，想要做進出口生意，我考慮必須擴大營業範圍，不然怎能賺錢？因此同意他倆的建議，開始往進出口方向聯繫。首先得有懂外語的人，才能和外國聯繫，又聘了一位英文秘書，他不但懂外語，還有外國的路子。這時跑會的人每日來往不斷，不僅送信息，還拿來一些小五金、呢絨衣料、舊衣服，以及美國麵粉的樣品。首先選定了舊衣服的進口，通過英文秘書聯繫，訂貨之後，用黃金變外滙，通過中國銀行交付了貨款。兩個禮拜，貨就到天津了。當時舊衣服都打成大包，不便零售，打開兩包做樣品，其餘都原包批發出去，又賺了二十多兩黃金。

這樣也增強了我做生意的信心，公司職員也多了。除了經理秘書之外，會計出納、打字員、營業員，還有一位老同鄉王七堂，是久居天津的跑生意的經濟人，到公司來當職員，一天到晚在外面聯絡生意，進出口信息，十分靈通。他說：「有一筆加拿大的盤紙可以進口。」通過秘書與加拿大電報聯繫，可以訂貨，又叫營業員到各捲煙廠摸底，並了解行情。營業員回來說：「各廠家都急需盤紙，價格也合適。」乃立即叫英文秘書拍電報進一步聯繫，第二天得到回電，報了價，並有現貨，亦有輪船，只要夠一船，隨時可以起運，兩週後可在天津碼頭交貨。於是便決定做這筆生意，向中國銀行買外滙，只要有兩家銀行擔保，就可以預付，作為貸款處理。天津殖業銀行，有直接關係，可以擔保，又打電話到北平商業銀行，請他們給擔保，他們也同意，立即辦理貸款手續，由中國銀行，直接滙到加拿大。

外商收到貨款，第二天就開始裝船，並發回電報，告訴貨已裝船起運，運單連同保險單，已直寄天津東方公司；並說一個禮拜可以到達天津碼頭，提單先到，根據提單，立即分頭向各煙廠訂銷售合同。三千多噸盤紙，絕大部分都訂了出去，預收三成定金；不到一個禮拜，貨尚未到天津，銀行外滙貸款已全部還清，從而公司的信譽大增。貨船按預定時間到達天津，隨潮進入海河，直靠招商局碼頭，遂即卸到招商局倉庫和大陸銀行倉庫。一面卸貨，一面通知訂貨廠家，按合同把貨款付清，速來提貨，不到十天，全部貨物都已提完。前後不到一個月，這筆生意就做成了，計算一下，淨賺法幣四億多。這一下轟動了天津市，東方公司的名聲傳開了。

任何事情都有曲折，盤紙從加拿大起運時，投了水運保險，這是做進出口生意必辦的一件事，防止意外風險。結果這次保險真的起了作用。貨船快到天津時，突然接到船上發來電報，說是船上失火了，正在搶救中。接到電報急也無用，只好聽之任之。過了幾小時，又接到電報說火已撲滅，無大損失，這才放下心來。卸貨後，有幾十筒盤紙被水浸濕，這一部分未入庫，立即運回公司攤開曝曬；這部分損失，保險公司如數付給。後來水漬盤紙賣給小捲煙廠，並未賠錢，這也算是做生意的運氣。

郭鎮華的元昌公司卻一筆生意也未做成，相形之下，感到失望。這時沈克來到天津，王德溥也到天津，一看不到半年，東方公司做起來了，希望很大，乃研究正式成立董事會；由沈克任董事長，王德溥任副董事長，我任總經理，郭鎮華任董事，開了一次董事會。為了辦事方便，買了一部舊雪佛蘭運輸車，和一部日本的貝貝敖斯汀小汽車，挎斗三輪也有兩部，東方公司在天津活躍起來了。

這時沈克與善後救濟總署聯繫，打算接收一條漁輪，於是又成立了東方漁業公司。後因漁輪沒分到手，漁業公司也就無形中解體。當時郭鎮華、馬則麟與沈克商談，叫沈克接辦殖業銀行，意在沈克有資金，始終未往東方公司投，想叫他投到銀行裡。經研究，銀行由王德溥任董事長，沈克任總經理，我任副總經理，郭鎮華任董事，在羅斯福路中原公司附近，租了一棟門市，修葺一新。

三、東光公司

殖業銀行正式開業，叫沈克撥款，沈克始終不撥；銀行開業後，籌碼周轉不靈，沈克也不過問，每天由我來調撥支撐。沈克究竟有無黃金，不得而知，光聽他說有，但不往外拿。他想把東方公司賺的錢往銀行裡投，我不同意，他對我很不滿意。我說：「東方公司你一分錢也沒投入，你要辦銀行，還想把公司的錢拉到銀行裡去，公司就不要做生意了。」反問他為什麼不投資，他支吾其詞，不作具體答覆。我一看這個軍閥漢奸，滑頭滑腦，有意耍弄我，便提出推掉銀行副總經理職務。這些情況告訴王德溥，王德溥說：「他既不肯投資，公司也沒他的份，叫他自己幹銀行吧。」延至一九四七年春，便與沈克分開。為了擺脫沈克的關係，我把東方公司改為東光公司，並在天津新疆路買了一棟樓房繼續營業，與沈克便一刀兩斷了。不久殖業銀行由於沒有周轉資金，也就倒閉了。

當初創辦東方公司的目的，不是為了個人發財，乃是見到抗戰末期，國民黨政府貪污腐敗，民心渙散，為了振興中華民族，改良政風，必須從教育入手。在公司賺了錢之後，王德溥便提辦教育的想法，剛好北平景山街有一所私立中學無法維持，經人介紹，由東方公司承辦，改為東方中學，一切費用由公司負責。不久沈克又把鼓樓私立小學接過來，改為東方小學，也由公司承辦。一年多來，公司在這方面投入不少錢，但認為這種投資是為國培育人才，作為改良政風的根本大計；不料沈克別有用心，與我們的想法完全不一致，加以不久平津解放，學校如何結束，我就無從過問了。

四、瀋陽東光分公司

東方公司在進口衣服時，有瀋陽趙允捷來津訂貨，買走幾包舊衣服。趙允捷和天津市地政局局長吳惠和是小老鄉，他對吳說：「如果東方公司想在瀋陽設分公司，我在馬路彎有一棟門市房子，可與東方公司合作。」經吳的介紹，交談之下，我認為是個機會，同意在瀋陽設分公司。經與吳局長研究，叫趙允捷擔任副總經理，以馬路彎他的房屋作為投資，便著手籌備瀋陽分公司。

經過一番醞釀，一九四七年五月，我去瀋陽，東光瀋陽分公司宣告成立，把天津方面庫存一些貨物，撥到瀋陽一部分，開始營業。又從上海各地採購一些電器，加上天津所存的水漬盤紙，生意倒也不錯。

五、東光公司的解體

一九四七年下半年，內戰的烽火燃遍了東北，東北九省的接收，除遼寧省和吉林省少部分縣市之外，接收人員都不能進駐，東北鐵路公路交通大部被解放軍佔領。以瀋陽為樞紐的軍民食糧十分緊張，東北經濟委員會負擔採購食糧的任務，他們自己無法採購，只好委託商辦。東光公司瀋陽分公司經過磋商，承擔了採購糧食的任務，採購種類以大米白麵為主。我考慮只有到南方採購，於是我與副總經理趙允捷，去南京、無錫、鎮江、蕪湖一帶聯絡，找到了可靠的貨源，留副總經理住在南京繼續聯絡。我回到瀋陽，與東北經濟委員會簽訂了代購糧食的合同，收了一部分定款滙到南京。我又去南京，向糧食部辦了採購許可證，便開始訂貨，組織運輸。頭一批麵粉十萬袋，由鐵路運到瀋陽交了貨，東光公司在瀋陽的信譽，一下子傳開了。未幾，鐵路被解放軍截斷，關內關外鐵路已不通車，隨後所訂的大米、麵粉，便由海運到葫蘆島交貨。一九四八年，海運也緊張起來，一些貨輪被國民黨控制，搞軍事運輸，貨運就被擠掉。四八年上半年，還運到一船麵粉和一船大米，七月份以後，海運也不通了，採購糧食的業務，也告終止。

這時我仍住在瀋陽籌劃一切，副總經理在上海辦事處，我電告他目前運輸困難，暫不要進貨，已訂的進貨合同趕快停止，已訂的貨物全部退掉。我在瀋陽與東北經濟委員會訂的代購合同也中止進行。

此時長春外圍戰，接著四平解放戰相繼而來，形勢如此迅速變化，瀋陽的解放也就迫在眉睫了；我趕快把瀋陽分公司作了結束的安排。九月下旬便回到天津，一個多月以後，瀋陽就解放了。大勢所趨，平津的解放，看來也只是時間問題了，平津去南方的交通，相繼緊張起來。我函電屢催趙副總經理，趕快把南方的業務全部結束，所有資金調回天津，作第二步安排；他卻置之不理，不但資金不調回來，連信也不回了。派人去找他，他就東藏西躲，避而不見。當時估計在南方的資金，合法幣在十一億左右，都掐在趙允捷手裡；去的人無可奈何，我更是鞭長莫及。時局混亂得很，北京一些國民黨的官員紛紛南逃，西苑、南苑的機場，都被解放軍控制，不得已把東單牌樓及西單牌樓拆掉，東西長安街變成跑道。我想去南京也去不了，對趙允捷也無可奈何。

緊接著天津外圍戰開始，天津已變成死城，延到一九四九年一月，天津解放，公司無法營業，乃將天津公司所有的現金，分給全體職工，遣散回家，公司也就無形中停業了。南方的資金，無法清理，也就不了了之。不久，我被捕勞改，公司固定資產，我也無從過問了。

直到一九六九年文化大革命中，我第二次被關押隔離審查時，北京外調人員到新疆找我了解趙允捷的情況時，通過外調人員的透露，我才知道趙允捷利用東光的名義和資金，自己在蕪湖成立一個碾米廠，又在吉林老家買了多少房產土地。斯時我被關押，後來又判刑勞改，對於整個公司的結局，我都茫無所知。趙允捷在文化大革命期間，畏罪自殺身死，如此下場，可謂「自作孽不可活」，我只能付之一嘆。

第十三記　厄運三十年之一

一、略談華北的形勢

抗戰勝利後，過去在日本卵翼下的偽政權——冀東自治政府，以及「何梅協定」等喪權辱國的條約，一概風消雲散，化為烏有，這是理所當然的。這時華北，也就是山海關以內地區，尚無共產黨的蹤跡，省市縣的接管，都按中央政府的安排，按部就班掌管黨政權力。北平設有行轅，李宗仁任主任，坐鎮北平。第五戰區司令長官孫連仲也駐守北平，還有傅作義的部隊，駐防北平周圍各地。所以一九四五年「八一五」以後，中央派遣的省市黨政軍等接收人員，很快順利地展開工作，這是華北的一大幸運。我一九四六年春回到北平，隨後又轉到天津，看到各機關各單位，士農工商各行各業，確有欣欣向榮的景象。到了一九四八年，共產黨在東北得勢之後，林彪率領的第四野戰軍，從中央軍手中，不但得到大批美式裝備、武器彈藥、坦克裝甲，還俘擄了大批中央軍。當時解放軍仍是土八路，只知道小米加步槍，所謂「美式武器」，根本沒見過，更談不上使用。但是他們能抓住人心，把俘擄的中央軍機械化部隊人員加以整訓，編入解放軍第四野戰軍序列，聽他們指揮，於是如虎添翼，聲勢大振。全部四野，像潮水一般湧向關內，第一矛頭就指向天津。北平行轅是個空頭衙門，像東北行轅一樣，雖能發號施令，但無實力。而孫連仲也像陳誠一樣，摸不清共產黨的底細，布署抵抗，不切實際，盲目的把重兵布署在山海關、古北口一帶，以為守住這兩處關隘，就可以擋住共產黨的軍隊，哪曾想共產黨的戰略戰術是游擊式的，探悉山海關、古北口這兩個門戶，有中央軍把守，便避開這兩處要隘，從山區進入河北。等中央軍發覺，四野部隊已越過昌黎、灤縣，直奔天津，中央軍已無法抵擋了。當中央軍回頭後撤，離開山海關，四野的機械化部隊，即從中央軍手中擄得的美式裝備，以及改編的中央軍機械化人員，便從山海關長驅直入。就這樣，河北陷於共產黨之手，以致天津、北平岌岌不保了。

二、解放前夕

一九四八年（民國三十七年），瀋陽解放前夕，關裡關外，鐵路交通已被共產黨的游擊隊截斷，一向靠南糧北運供應民食的瀋陽，又加上長春、四平被解放軍控制，北糧亦不能南運，孤立的瀋陽糧源告絕。遼寧省政府、瀋陽市政府主管糧食部門，除了供應民需之外，還有更急迫的任務，即供應軍糧。東北行轅熊式輝一個命令，非辦不可，省市政府當然奉命惟謹，以頭拱地也得辦。東北經濟委員會也負有供應軍糧之責，這是當時的現狀。我一手創辦的天津東光企業股份有限公司，一九四七年在瀋陽設有分公司，轉銷進口商品，並經營國內南北商品的交流貿易，在南京、上海設有辦事處，我則時常往來於津滬、津瀋之間主持業務。一九四八年夏，我在瀋陽時，正值東北經濟委員會有向南方購糧食的決定，經過聯繫，東光公司承辦了代購糧食的部分任務，這完全是以做生意為目的，無任何政治責任。在簽訂了代購合同之後，我派副總經理去南京主持採購業務，彼時鎮江、無錫兩個麵粉廠的麵粉，安徽蕪湖的大米，便大量北運。那時大連、營口，均被八路軍控制，無法靠岸，只能在葫蘆島交貨。為了信守合同，維護信譽，一九四八年下半年，我都在瀋陽主持業務，直到九月下旬，把最後一船貨交清，我才離瀋回到天津。

我在瀋陽期間，正是長春外圍戰和四平外圍戰事最激烈時期，有些熟朋友從長春突圍出來到瀋陽，到我公司相見，真是行色匆匆，驚魂未定；看到他們慌張神色，感到十分驚訝！問他們怎樣逃出來的，便滔滔不絕地說：「長春已經變成一座死城，四周被八路軍包圍得水洩不通，城裡的人要吃沒有糧，要燒沒有柴，一個小寶（一兩黃金），只能換五個饅頭，馬路上的柏油路面，都刨起來當柴燒。」鄭洞國躲到銀行大院裡，外面見不到一個軍隊，也不敢突圍，夜裡室外槍聲不斷，看來長春是難以固守，與其坐而等死，不如冒險衝一下，也許有置之死地而後生的希望。於是便決定趁夜往外逃，化裝成老百姓，貪夜出城，二里多路，不見共產黨的軍隊，也不見老百姓。原來這就是真空地帶，試探著往前走，繞過路口，從田地裡悄悄朝前走，什麼人也沒碰見，摸到天亮，居然闖過了封鎖線。這時也顧不得飢餓與疲勞，趕快往前走，在老百姓家裡，用小寶買點吃的，休息一夜，又往前走，聽老百姓說：「四平也被八路軍包圍了，鐵路已截斷。」乃又決定裝作老百姓打柴的樣子，繞過四平，才回到瀋陽；身上帶幾個小寶也都用完了，總算買了一條命。言下不勝悽慘，但能得生還，也覺得萬幸。

隔了幾天，在四平黨部任書記長的李蒙泰，也跑回瀋陽，據他說：

「四平外圍雖然也被八路軍封鎖，但比長春鬆得多，四周也有真空地帶，把老百姓都趕走了。沿路上想要買點吃的，也買不到，只好餓著肚皮走。沿途遇到一次八路軍的哨兵，因為我已化裝成老百姓，在盤查時，我說是到前村裡親戚家借糧去，便混過來了。越過封鎖線後，心裡鬆口氣，途中有小舖賣饅頭，一個小寶換五個；餓急了，不管多少錢，有吃的就行。買了五個饅頭，填飽肚子。一口氣衝出來了，冒著性命危險，總算活著回來了。」

他到公司來，在瀋陽的鄭輔周、秦祥徵、黃應麟等，也都來相聚。這時長春已棄守，四平也已是朝不保夕的處境，談到瀋陽，遲早也得失守，因而談到個人處境，與今後的打算。我身臨其境，深知大勢已去，無可挽回，便決定把瀋陽分公司暫時結束。在此期間，瀋陽的氣氛非常沉悶，在瀋陽的老友鄭輔周、秦祥徵、黃應麟、劉振華等，每天晚上到公司來閒談，分析時局的形勢，研究如何自處的辦法。我說：「我是商人，什麼時候也少不了做生意的人，決定回天津繼續做生意。」

鄭輔周是瀋陽市社會局長，黃應麟是新民縣長，都是現任官吏，不能容於共產黨，決定南逃。秦祥徵是遼寧省保安大隊長，領有一千多人，武裝齊全，負有保衛瀋陽的職責，一旦八路軍來了，勢必抵抗戰鬥；可是一千多人，頂什麼用？鄭洞國的大軍都保不住長春，一個小小的保安隊能保住瀋陽嗎？顯然是無濟於事的。當時遼寧省主席徐箴簡在瀋陽，秦祥徵想走也走不了，其他在遼寧省政府任文職官員的一些同學，如馮小朋秘書長和黃泰漢秘書長，也陸續跑到公司來找我打聽情況，研究辦法，準備必要時棄職南逃，都是惶惶不可終日。秦祥徵這一千多人不能棄之不管，大家意見，叫秦祥徵準備投降，並在四平不保時，趕緊派人與八路軍聯絡，在瀋陽圍城時率眾投誠，還可保住全體官兵的性命。秦祥徵考慮的結果，決定投誠，後果如何？不必考慮。秦祥徵的投誠，下面詳說。

我於一九四八年九月回到天津，十一月瀋陽就解放了。當瀋陽危急的時候，在遼寧省政府、瀋陽市政府工作的一些同學，都相繼逃到關內；有的路過天津停留一下，住在我家。得悉秦祥徵投誠成功，一切安全，為之鬆了一口氣。路過天津住在我家的同學朋友，一個個神色張慌，席不暇暖，就又轉往上海、南京。臨行時，沒錢的我支助一點路費，沒衣服的，我衣櫃裡的西裝隨意穿用。不少人都勸我同走，由於做生意的亂攤子，特別是在南京、上海的兩部分，一時料理不清，加以我在瀋陽時已決定不走，便留了下來。

十二月初，整個東北全部解放，共產黨的第四野戰軍相率南下，平津戰役拉開序幕。未幾，天津外圍全部被解放軍控制，市長杜建時、警備司令陳長捷，一再向市民昭告誓守天津，與天津共存亡。這表面上是給市民吃定心丸，實際上解放軍的包圍圈已經形成，平津鐵路也被截斷，城內城外已不通氣。城內居民白天到街上買不到菜，買不到肉，入夜則四周槍聲不斷，形勢愈來愈緊張，拽光彈、照明彈五光十色，像流星一樣空中亂飛，鬧得人像熱鍋螞蟻一樣坐不安、站不寧，更難以入睡；跑到樓頂平台上瞭望四外，火光熊熊，一片紅煙。

從瀋陽回到天津的鄭輔周，也未走成，每天晚飯後，到我家來談論時局，坐得不耐煩了，便以打麻將消遣時間。形勢變化很快，不到二十天，陳長捷據守的最後據點耀華中學的院裡，旗杆上掛起了一條白褲子，代表白旗，宣告投降，天津就這樣全部解放了。市長杜建時、秘書長梁子青都成了俘虜，陳長捷與天津同一命運，這是天津解放前的情況。

天津解放後，平津間的火車很快就通車了，我曾趁機去北平一次，告慰岳父母，全家無恙；見到老友尹冰彥，他問我走不走？我說不走。他說：「不走也好，我介紹你參加民革吧。」見到表兄蒼寶忠，他決定全家跟政府南去，也勸我一同走，我說我還繼續做生意，不想走；為了幫助他遠行，送給他一點路費，略壯行色。

這時北平已在醞釀和平起義，市黨部的吳鑄人、金克和，以及省黨部的吳延環，都已去南京了。西苑機場已被解放軍佔領，飛機無處起降，把東長安街的牌樓拆掉，路兩側的電線杆子也都撥除，利用長安街的馬路作跑道，運送南逃的人員。北平解放已成定局，但如何解放，卻在未定之局，人心惶惶，不可終日，但都趨向於和平解決。我待了兩天，便返回天津，這就是北平解放前夕的情況。

我在天津的住房位於甘肅路，是向房地產管理局租用的一棟二層小樓，圍城緊張的那幾天，警備司令部的一個班強佔住了幾天；解放後，解放軍一個班又佔據了一層樓，我們只好蟄居在樓上。住進之後，見他們一天沒吃飯，問他們為什麼不吃飯？他們說：「給養還沒到。」我說：「我們這米麵油鹽，什麼都有，你們自己做著吃吧。」他們不肯，我說：「暫時借給你們，等你們給養到了，再還給我。」他們說：「我們都是小米，吃你的大米，沒法歸還。」說什麼也不肯用，硬挺著餓了兩天，直到給養到來，才開始做飯，我很稱贊他們守紀律的精神。這些軍人不到一個禮拜就撤走了。

過了幾天，有兩個時常見面的地痞流氓，打著共產黨的旗號，逼我們搬家，把房子騰給他們，當時我沒同意；第二天，領來一個穿灰色軍裝的人，和我談話說：「這房子不是你的，你得趕快騰出來，我們要用。」我一看形勢不對，不能再頂了，答應等一個禮拜，一定騰房子。於是就把家搬到新疆路五十六號，我公司的樓上，每天到街上看，混亂異常，街旁巷口，戰死的警備司令部的兵、解放軍的兵，隨處可見。警備司令部在各十字路口修築的碉堡，都炸成一堆亂磚。

街上商店不開門，攤販們應運而生，到處是菜攤、肉攤。沒有雞蛋，把打蛋廠的蛋黃粉，搬出來賣，倒買倒賣現大洋（銀圓）的小販，充斥街頭。「買一塊，賣一塊」的喊聲，以及手裡拿兩塊銀元，叮叮噹噹亂敲的聲音，不絕於耳。打小鼓買破爛的販子滿巷亂竄，已成了無政府狀態。有些買破爛的販子，經常在我公司門前轉來轉去，我看這些人神色不對，不像是小商販，感到有些詫異，但我內心無愧，也不去理會這些；誰知，他們就是監視我的，是共產黨地下工作者。直到一九四九年四月三日夜，我被捕以後，一看審訊我的人，就是常出現在我門前買破爛的人，心裡才明白我早已被盯梢了。

三、天津被圍了

共產黨的第四野戰軍乘勝入關，所謂「平津戰役」已拉開序幕，第一個目標就是攻天津。當時天津市長杜建時及警備司令陳長捷，還信心百倍，困守天津。報紙上天天宣布絕不放棄天津，市長和警備司令決心與天津共存亡，給老百姓市民吃個定心丸。坐鎮北平的傅作義也遙為聲援，認為天津可以守住，人心比較穩定。及至天津周圍被四野包圍之後，困守在城內的警備部隊仍然奮勇抵禦。解放軍四野部隊想要像錦州、瀋陽那樣，不費吹灰之力就據為己有，還不是那麼容易。

於是四野又採取長春、四平的經驗，來個圍而不戰，使天津成為四面不通的死城。這一招真厲害，鄉下郊區的生活物資進不了城，城裡居民首先就發生恐慌；守城的部隊也同樣遭受生活物資缺乏的影響，戰鬥力受到影響。這是我親眼所見的事實。

在被圍期間，首先是蔬菜來源斷絕，開始菜價飛漲，後來就貴賤也買不到，不久連肉蛋也不見了。市政府商業部門動員各廠家、商號，把必需的生活物資，儘量搬上市場供應市民。儘管如此，城內儲存的物質總是有限，買不到雞蛋，把打蛋廠的蛋黃粉搬出來應市。這時市場上惶惶亂亂，已無秩序，入夜則四周槍聲不絕，火光四起，居民一夜數驚，心目中都想，這樣下去，天津是難以固守的。

就這樣將近一個月，到一九四九年元月，戰鬥形勢變了，市內守城的部隊無力反抗，只處於招架的狀態；而圍城的解放軍卻節節逼近，發動攻勢了。白天比較平靜，聽不到槍聲，入夜則槍聲四起，信號彈、拽光彈紅紅綠綠，五光十色滿天飛，哪裡還能入睡？屢屢跑到屋頂平台上張望形勢，感到愈來愈近，惶恐的情緒十分緊張。市長杜建時、警備司令陳長捷一再向市民昭告，誓守天津，與天津共存亡，這明明只是給市民吃定心丸而已，實際上解放軍的包圍圈已經形成。

這樣持續將近一個禮拜，已是一九四九年一月十四日了，外面便傳說八路軍已攻進城了。這一夜槍聲不絕，不時還聽到轟炸的聲音，而且聲音都很近，一夜未能入睡。天剛亮，就是一月十五日的凌晨，在樓窗口望外看，見到穿著灰軍衣的兵扛著梯子，揹著繩索，陸陸續續往耀華中學方向奔跑。心裡已明白，這是八路軍部隊。不見警備部隊抵抗，也聽不見槍聲了，只聽到附近四周，隔一會轟炸聲響一次，隔一會轟炸聲響一次，震得我住的樓房都搖搖幌幌，只好蹲在屋內作壁上觀吧。到下午外面傳來消息，警備司令陳長捷投降了，杜市長也不見蹤影了，這時才明白天津已失守，沉重的心情，就難以形容了。

天剛黑，來了幾個穿灰軍衣的八路軍，說是一個班，實際只有六個人，進到我住的樓裡，聲稱要借我的一間房子暫時住宿。聽了之後，知道他們是解放軍，只好表示同意，把樓下的客廳，指給他們住宿。見他們身邊除了一個挎包、一支步槍之外，別無它物，意欲給他們兩床被褥，他們不肯接受，問他們吃飯沒有，他們說幾天都沒睡覺，也沒好好吃飯，只是吃點乾糧（包米西餅子），填填肚子。我要給他們做飯，他們堅決拒絕，說是解放軍要守三大紀律、八項注意，不能動老百姓的一粒糧、一針一線。

聽這話，只好作罷，便和他們閒談起來，有兩個人還是東北老鄉，是參加解放軍不久的新兵，再細談，他們說，原在滿州國時是皇協軍，去年才編入解放軍的，這時好像有點鄉親的味道，知道他們幾天都沒吃飯了，把米麵拿出來給他們做飯，他們堅決不肯。我說：「算是借給你們，等你們給養來了，再還給我。」他們也不肯，並說：「我們的給養都是小米、包米麵，吃你們的大米白麵，沒法還給你。」說到這裡，也只好作罷。

他們住了三天，出出進進，我也沒去過問，這些人走了之後，我到街上轉了一圈，見到幾個八路軍的屍體，躺在路旁和住戶的院裡，尚無人收殮；轉到耀華中學牆外面，看到院內旗竿上懸著一條白布褲子，有人在指著白褲子說：「這就是陳長捷投降，掛出的白旗。」聽來為之可笑，可憐到連塊白布都沒有，其他可想而知了。至於陳長捷、杜建時的下落，則無從得知了。

四、碉堡的炸除

在守城的階段，各個街口都修有水泥碉堡，作為防禦工事，這是每天路過街口，司空見慣的東西，現在則全都炸毀了。因回想，前兩天聽到附近的爆炸聲，就是在炸碉堡，難怪把住的樓房震得亂顫。

五、市面的混亂

我的住處離第四醫院不遠，平時這裡是很安靜的，現在成了雜亂市場，小攤小販擺滿了路旁；主要是賣食物，像煎餅攤雞子、油條、豆漿一類的食品，見不到青菜和蛋肉。有兩處簸籮裡面堆著黃黃的澱粉，一問是蛋黃粉，可以當雞蛋食用，這是平時見不到的東西。人群中間，不少人手裡拿兩塊現大洋，也叫銀元，叮叮噹噹地敲，口中不住地喊：「買兩塊、賣兩塊。」這時共產黨的所謂「邊區票子」也出現了，大概是解放軍拿出來買東西的，但小商小販都不敢收，因為以往沒見過。市面流通的還是金圓券，大家心目中，金圓券也靠不住了，都想換成現大洋，於是便出現了買兩塊賣兩塊的投機小販。

六、清掃戰場

八路軍進城了，左右隣居互相打招呼「八路軍進城了」，不時看到八路軍馬車滿載著屍體，一個壓一個，上面用葦蓆蓋著，只看到頭髮和腳，氣味很難聞，知道這是打掃戰場啊。據說在戰鬥中，天津警備部隊也死了不少人，聽聽而已。運到哪去，誰來過問呢？

七、一個怪現象

打小鼓的，天津收買破爛的，突然多起來了，滿街跑。天津的風俗，買破爛的，手裡拿著一個碗口大小的皮鼓，用一根竹棒敲打著，嘣嘣的響，也算做小商販的一行，平時也有，但很少，現在多起來了，嘣嘣嘣嘣的聲音不絕於耳。當時也不以為然，沒去注意，事後聽說這些打小鼓的人，很多是八路軍的暗哨，意在探聽市民活動的情形，或是奉命跟蹤某些人的密探。後來才明白，有兩個打小鼓的，天天在我門前轉，原來我已經被監視了。

八、逼我騰房

我的居室，是一幢兩層的小樓，是從房地產管理局租來的，樓上是臥室，樓下是客廳、餐廳、廚房。解放軍圍城期間，天津警備部隊一個班，把樓下客廳佔據了一個星期；解放軍進城後，解放軍一個班又佔據了幾天，弄得我全家侷促在樓上，感到十分不安。戰火紛飛，性命都難保，只好委屈應付。

解放軍佔領天津不久，有一個流氓領著一個穿灰軍衣的八路兵，跑到我家，那個八路東張西望，那個流氓說：「你這房子我們要用，趕快給我們騰出來。」逼我三天內，一定騰房。面對這個現實，我怎能說不騰呢？只好說多寬限幾天，可以騰給他們。那個流氓說：「這房子不是你的，你得趕快搬出去，不要囉嗦！」一口流氓腔，咄咄逼人，跟誰說理呢？只好說：「一個禮拜內一定騰給你們。」說罷，那個流氓說：「好吧！一個禮拜，一定要騰出來！」說罷向八路一招手便走了。我看那個流氓的神氣，並不是解放軍要房子，而是那個流氓狐假虎威趁火打劫。

街上秩序亂成一團，已成了無政府狀態，只好忍氣吞聲，趕快搬走，幸好我的東光公司在新疆路，買了一棟小樓，這是我自己的房產，距離甘肅路不遠，乃於第二天搬到新疆路居住。心裡想能否安居下去，大成問題，只好走一步說一步，心緒慌亂，大有無可奈何之感！

九、笑話兩則

解放軍佔領天津後，便陸續佔領各機關，準備接收政權。其間一小股佔領中央銀行，一些八路進到客廳之後，一看沙發椅子羅列四周，富麗堂皇的房屋設備，從來沒看見過，眼花撩亂，好像劉佬佬進了大觀園一樣，可是一個人也不見。有士兵往沙發上一坐，彈簧一顫，嚇得跳了起來，大呼下面有埋伏，幾個士兵都把槍端起來，對著沙發進行搜查，喊：「快點滾出來，不然就開槍了。」喊了半天，不見回應，有的士兵說：「把他掀出來捉活的！」喳呼一陣仍無動靜，壯著膽子把沙發掀起來，一看並無人，用手壓壓沙發，原來是彈簧顫動，一場虛驚，便成了一則笑話，在街道中流傳。有人說：「莫怪叫土八路，真是土包子！」成了老百姓口中的故事資料。

還有一小股進入合作金庫，見到辦公桌上放著算盤，有的八路用手一搖，嘩啦嘩啦作響，大概是一個班長說：「不要亂動，那是電台。」市民們冷笑地說：「這些土包子，怎能管好市政呢？」街談巷語也成為笑談的資料。我想如此笑話，恐怕不只一二呢。略舉一二，以見當時的現狀而已。

十、解放臨頭

一九四九年二月，在共產黨的壓力下，我的家從甘肅路搬到新疆路 56 號（現在 27 號），這是自己的房子，可以由我自己安排。把家安在二樓，裡間是住室，外間是客廳，外面還有一間花廳。公司辦公室在樓下，由於形勢緊張，公司已無法營養，決定暫時結束。遂即寫信、打電報，催促在南京、上海負責的副總經理趙允捷，叫他立即結束業務，清理賬目，撤銷南京、上海的辦事處，急速回來，把能調回的流動資金全部調回來，積存的物資能退就退，不能退的，廉價處理。估計當時在南京方面的流動資金，約有金元券九億多元，再三催促，卻不見回音。

彼時北平也亂成一團，往南京方面去的交通，只有運送政府官員的飛機，還可勉強起飛，其他均已斷絕。我想親自去料理，也插翅難飛了，無可奈何，便把在津的公司職員召集起來。。資金已調不回來，就天津方面現有的現金全部變成黃金，結算一下，先給大家分一分，大家暫時各自回家，等待時局穩定下來；公司能營業時，再回來工作。公司就這樣結束了。一部分無處可去的員工不願意走，公司既已停業，已不發薪水。

當時好友王澤源，不是公司的職員，但寄住在公司內，自己做點小買賣，維持生活。解放後，買賣也做不成了，設法買了幾台草繩機，買一車稻草，在後院裡擰草繩，這是商品打包用的，尚有銷路，仍可餬口。

無處可去的幾個公司職員，天天在公司裡坐著，他們說：「分得一兩個小寶，如兩個月閒下來，會坐吃山空的。」營業主任常耀斌聯繫了一家停業的機米廠，叫我暫時領頭，大家集資兌下來做碾米工廠，可以維持幾個人的生活。在無路可走的情況下，我答應他們的要求，每人出一個小寶，我出兩個，湊了十個小寶，把這個小機米廠（含有三間房子和兩台電動碾米機）頂下來，並改名為阜豐機米廠。但是尚未開業，我就被捕了，阜豐機米廠如何結束，我也無由過問了。

一九四九年四月三日，夜一時許，正在睡夢中，夢見我睡在一架雙層床的下舖，忽然有個小孩手拿扇子給我搧風。正在這時，門上電鈴響了，猛然驚醒，穿上衣服出去開門，只見五六個穿便衣和灰軍裝的人擁在門口。原來他們都已跳牆進入院內，門開了，一擁進入室內，出示一張逮捕證，立即不許我活動了。說是要我去交代問題，無話可說，只好聽之，這時淑文（妻）和時兒（女），在夢中驚醒，起身穿衣，目睹情景，嚇呆了知道情況不妙，也不敢多話。三個穿軍裝的公安人員問我：「有什麼證件沒有？」我說：「都是過去的證件。」他們說：「就是要你過去的證件，趕快交出來！」我便從箱子裡取出來，有校長蔣中正署名的畢業證書；有國民黨政府考試院院長戴傳賢署名的高等文官考試及格證書；有國民政府行政院教育部部長朱家驊署名的薦任專員任命狀，全部交給們。他們蠻橫地問：「還有沒有？」我說沒有了，他們並不相信，親自動手把箱子翻個底朝上，了無所得。便說：「跟我們走！」心想，我已是商人，沒有反共的言論、活動，心裡泰然，去把情況說清楚就會回來的。於是對淑文說：「不要害怕，我去把問題交代一下，就會回來的。」話猶未了，就被架上在院外停著的吉普車拉走了。

我被拉到瀋陽道一號，關進地下室，黑暗無光，伸手不見掌。他們把我推到牆角裡，叫我蹲在那裡，便把門鎖上。我以為不久必然會有人來問話，熬到天色微亮，抬頭一看，已有五、六個人蹲在裡邊，可能都是昨晚被抓來的，面面相覷，都不相識，互問什麼時候來的，都說是昨天晚上，方才明白昨夜是大逮捕。果然，接著又推進來兩人。心裡忐忑不安，只好故作鎮靜。等了半天，也不見有人來問話，心想，恐怕短時間出不去了，這且不提。自我走後，淑文也就如墜五里霧中，既不知我的去向，又嘀咕著吉凶莫測，天亮了，到處打聽我的下落，毫無所得，急得連飯也吃不下去。

下午鄭輔周來我家打聽情況，剛一進門，就被守在我家的公安人員監視起來，不准他與我家人說話，也不准他活動，問他與我什麼關係？有什麼勾搭？他說：「我們是好朋友，經常到一起聊天，沒什麼不正當的勾搭。」就此被公安人員監視起來，不讓他外出，他想回家，也不允許，進一步了解他的身分，知他是瀋陽市的社會局長，不容分說，也被逮捕起來，送到瀋陽道一號，關在另一個房間裡。我們彼此相望，但不能接談，心裡明白，也是被抓進來的。在公安三處審訊員郝大個子（不知名，只以郝同志呼之）的口中，知他是因到我家看我，而被捕的。上述情況，是後來同在新生大隊勞動時才了解的。

不久，田申（我的表侄女的丈夫）到我家中看我，同樣被捕關押在瀋陽道一號，也只能打個照面，而不能交談。這是郝大個子告訴我的。因此我心裡明白，自我被捕以後，公安人員就日夜守候在我的家中，淑文也在被監視之列，來看我的人，淑文也不能和他們說話。又過了幾天，尹冰彥從北平來看我，同樣被拘留在我的家中，經公安人員詢明來意之後，了解他是民革成員，經過大夏公司張經理的擔保，才允許他回北平，從此風聲傳出去，再也無人敢來我家了。過了很長一段時間，守候的人見無人來了，才撤離我家。這是淑文到新疆與我見面後，談及的一些情況。

回來再說我在瀋陽道關押中的經過情況。四月天氣，仍是春寒料峭，蹲在地下室水泥地上，只有離家時身上穿的皮袍，入夜蜷縮著睡一覺。過了兩天，移到一樓一大間屋內，這裡有十幾個人，都不相識，但同是被囚人，有同病相憐的心情，互相稱之謂「難友」。室內是地板地面，比水泥強多了。有的人與家中取得聯繫，給送來被褥，我向守衛人員提出要被褥。他說：「你寫個條子，派人到你家去取。」當天即把被褥送來了，自此淑文才知道我在瀋陽道，一個禮拜的困惑，總算透亮了。

一個禮拜以來，只有郝大個子跟我談了幾次話，主要是問我，被捕後到我家看我的人，都是什麼關係。實際上看我的人都被抓進來了，問我也就是對證一下，看看是否真實。這時淑文的心情已稍平靜，幾次到瀋陽道求見，均未見到，聽人家說：「可以給犯人送點吃的或錢。」她試探著送點吃的和錢，都由守衛人員轉給我，心裡頭稍寬解。

接著郝大個子不斷找我談話，往往談到深更半夜，弄得筋疲力盡，頭昏腦脹，這叫做疲勞審訊，意圖是使你精神恍忽，趕快如實交代。當時我想，既不能南逃，就跟著共產黨走吧。瞎子掉井，哪裡還不是避風，現在說白了，這是痴心妄想，既已如此，那就坦白交代吧。

郝大個子一天到晚「坦白從寬，抗拒從嚴，立功受獎」這幾句話不離嘴，心想，事已至此，也無須多所顧慮，聽天由命吧，從寬從嚴，何敢希冀？要來紙筆，晝夜不停地寫，從出生到被捕，從家庭到社會，詳詳細細寫了一厚本，自認夠坦白了。而郝大個子一看，說是太囉嗦了，實際上他有些看不懂，因為錯綜複雜的社會關係，用文字敍述，有時還夾用文言，他這個半文盲，怎能看懂呢？於是他說：「你畫一張表吧，簡單地列舉一下就行了。」過了兩天，給我兩張圖畫紙，便以我為中心，把與我有關係的人依次寫上，用線連起來。實際上等於我交代材料的索引，交上去後，再也不問了，這也算是別開生面的交代材料。

十一、鐵窗滋味

在瀋陽道關了二十多天，把交代材料寫完了，表也畫完了，郝大個子說：「你的問題基本都清楚了，送你去學習。」聽說學習，心裡為之一亮，立即把行李捲好，收拾停當了，郝大個說：「跟我走吧。」挾著舖蓋，出了瀋陽道一號，門外已有兩輛三輪車在等著，郝大個子坐一輛，我坐一輛，不多時到了公安局門口。這個地方以前來過，不太陌生，拉進院裡，直到後面監獄下了車，郝大個子和另外一個人說了幾句話，不知說些什麼，說罷，坐上三輪走了。那個人沒說什麼，監獄門一開，把我推進去，牢門一關就走了。

進去一看，炕上地下坐滿了人，擠得無立足之地，地中央擺著一個大尿桶，臭氣薰人欲嘔。擠來擠去，在尿桶旁邊勉強坐下，小便的人來往不停，不僅氣味難聞，踩得大腿疼痛難忍，也無法躲避。心想，都是出於不得已，誰也不是故意的；只好忍氣吞聲，不禁想起文天祥「正氣歌」中所說的那種情景，今天我也同此遭遇，曷勝浩嘆！

同時又想，這明明是送我坐牢，還說是送我學習？共產黨也不說真話呀！不由暗自尋思，這不過是厄運的開始，今後如何？實不敢再往下想。黑暗無光的囚牢，加上是黑夜，彼此都看不清楚。天亮了，從門上的小方洞（風眼），透進一線亮光，環顧一下，公安局副局長齊慶斌也在內，因距離較遠，不便相問，面面相覷，投以目光傳情而已。

過了兩天，也覺不出臭了，如入鮑魚之市，久而不聞其臭，與之俱矣。一天兩餐，每人一個包米麵餅子和一碗菜湯，也吃得很香，「飢者易為食，渴者易為飲」，這又是一番體會。一天放兩次風，全部出去解大小便，趁機活動活動，透透氣。輪班把大尿桶抬出去倒了，這是一天中最盼望的時刻。

五月二十幾號的一天，看守所所長從門上小方洞遞進兩份報紙，一份《天津大公報》，一份《天津益世報》，靠近門口的人近水樓台，把報紙接在手，大家說：「念念吧。」他便高聲唸起來。頭版頭條新聞用特大號黑體字的標題：「特務頭子陳果夫秘書袁應麟等二十餘人落網。」我聽了這條消息，感到異常震驚，心想我並不是特務頭子，也沒做過特務工作，報紙上居然這樣報導，這種新聞只能聳聽，是不翔實的，而且我剛剛把問題都交代清楚，共產黨這樣做，也不是實事求是的；但報紙上既已登出，說明我的問題相當嚴重。

讀完這條新聞之後，不少人便議論起來說：「這幫人完了，非槍斃不可。」同監的人都不認識我，只有齊慶斌遠遠地看了我一眼，就把頭低了下去，彼此心照而已。而我的心緒更亂，再唸其它新聞，也無心聽了，頓時好像一塊石頭壓在心窩，呼吸都感到沉悶。想到郝大個子說的「坦白從寬」，我的半生經過，都毫無保留的交代了，並沒有得到從寬，思前想後，一連幾天睡不好，吃不下。有些人知道我就是袁應麟，抱著同病相憐的態度，用語言寬解，確是一番好意，實際上何嘗能解除我心中苦悶呢？這時監獄裡的人陸續不斷地增加，成了人滿為患。坐也坐不下去了，想起來小便，都不敢站起來，一站起來，就坐不下去了，憋得人把褲子都尿濕了。身處囹圄，誰敢吭一聲呢？過去常聽人說「鐵窗滋味」，如今身臨其境，真的飽嚐鐵窗滋味了。

十二、新生大隊

公安局監獄是由一位姓李的管理，人們都稱之謂「李所長」，不詳其名，約四十多歲，瘦高身材、瓜子臉，穿一身黑布長袍，說話很和氣，不像是解放軍隊下來的人。因為他不斷地往監獄裡送犯人，裡面人滿為患，可是這位所長根本不考慮裡面的情況，一個勁往裡塞，裡面的人實在喘不過氣了，憋得沒辦法，便忍不住地喊：「裡面連站的地方都沒有了！」所長根本不理睬，把犯人往門裡一推，砰的一聲，牢門又關死了。我心裡想，到這裡來，就不是人了，這樣下去，非憋死不可；詎料，人心叵測，天心不泯，在山窮水盡無路可走的時候，相對的還有柳暗花明的出現。

在我進監獄的第十二天，一清早門開了，李所長手拿名冊，站在門外喊名字，喊到的人立刻出去，我也是被喊的一個。當喊我名字時，馬上聯想到前幾天報紙上登的消息，心裡噗通噗通直跳，是不是喊出去要槍斃呀？被喊的人臉都嚇白了。我想，事已至此，怕已無用，聽天由命吧。想到這，心也就穩定了。喊了一百多人出去，我想一下子能槍斃這麼多嗎？喊完了，牢裡還剩一部分。我們出去這些人到院裡集合，李所長說：「把你們送到新生大隊去學習，由白隊長帶你們走，你們回去把舖蓋收拾好，有車送你們去。」聽說是學習，還叫新生大隊，一顆砰砰亂跳的心才放了下來，紛紛回到牢裡把舖蓋捲好，拿了出來。

白隊長指揮一眾人上了大卡車，三輛卡車離開了監牢大院，直到南門外一個倉庫大院內，這就是新生大隊所在；房子很寬敞，但無床舖，分組打地舖安定下來，大家面面相覷，都鬆了一口氣，和監獄比，如同上了天堂。一百多人編為五個大組，我被指定為一個大組的組長。

白隊長說：「大組長除管理一個組的生活而外，主要是領導學習，怎樣學習，隨後再布置。」大家安排好，休息一下，白隊長召集大組長開會；首先說明新生大隊不是監獄，到外邊解手，要向值班警衛報告，開飯時，伙房把各組的菜飯分好送到各組，由大組長分配給每個人，喝開水也是如此。飯後，大家都得端坐在自己舖上，開始學習，除了讀報紙而外，大部分時間還是坦白交代，反覆學習，「坦白從寬」「抗拒從嚴」「立功受獎」的政策。結合這三句話，進一步認識自己的罪惡，自我交代，大家分析，提意見幫助，要求人人都得發言，弄得人昏頭漲腦，沒完沒了。

一個大組二十多人，睡覺時頭朝裡，起床後舖蓋捲好，一律靠牆擺齊，每個人坐在自己的舖蓋前，好像幼兒園小孩排排坐一樣。發言時，主要是講自己的家庭和祖宗三代的經歷，以及自己在舊社會的活動，一天不漏的，都要講清楚。說得不具體或不詳細，別人就從旁分析，說你立場不穩，思想沒有劃清界限，給你扣一大堆帽子。因此，尚未發言，先把自己說個不像人樣子，叫做自我批評，這樣，別人才會說你思想進步，說你靠攏組織；否則就是堅持反動立場，頑固不化。

我是組長，要領導學習，自然要帶頭交代，做樣子給別人看，不管是真是假，為了過關不得不如此。過了幾天，開始叫大家出去勞動，好像解除金箍咒一樣感到舒暢。其他四個組也出來勞動，指定我負責領工具，分配幹什麼，因此我的活動範圍就比較大了。隊長這樣安排，似乎對我有些信任的感覺，勞動的任務，就是清理大隊院內的環境。

這裡原是一家商店的倉庫，因為失過火，有些房屋已坍塌，院內亂七八糟，到處是破爛堆，我們就做拆除清理工作，從廢基中挖出不少被燒的商品，和殘存的布匹、紙張、玻璃器皿；可用的都集中起來，交到隊部。其中挖出一些玻璃球，這是小孩彈著玩的東西，每個人都往口袋裡裝一些，拿回室內，沒事就彈球，變成了小孩；其實哪有興致玩耍，無非是藉以消磨苦悶的時間而已。

一九四九年秋天，天津解放已經半年多了，公安局要舉辦一次公安展覽，意思是展示進城以來治安管理的成績，叫新生大隊的犯人都要寫稿子，交代自己的歷史，思想認識的變化（洗腦的結果），或者檢舉揭發別人的問題，並以新生大隊的名義，出一張牆報（壁報），令我來編輯。

白隊長指示，牆報的內容，坦白交代是一方面，同時要把新生大隊隊員經過學習，思想進步的情況及靠攏組織的表現，都反映出來，讓社會上的人看看「舊社會把人變成鬼，新社會把鬼變成人」的種種經過。明知這是共產黨的一套花招，但已經到了這步田地，又得奈何？平心而論，誰不想爭取得到寬大處理？於是就發動各組寫稿子，會畫的畫，能寫的寫，不能寫的就找人代筆。總之，人人都要寫一篇。根據我的建議，買來一些彩色紙張和筆墨，以及一些必需的用品，我又在各組裡找了郭君強（警備司令部的秘書）及劉杰等五六個人，共同來設計編輯。

經過兩個禮拜的活動，收到一百多篇稿子，還有不少漫畫，因而聯想到，犯人當中還真有人才。稿子收齊，經過審閱之後，白隊長認為可以，便又發回給每個撰稿人謄清一遍，終於編成了一張牆報。這張牆報一米寬、三十多米長，是用一段新的大五幅白布為版面，稿子貼在白布上，由兩個會美術的，用有光紙剪成圖案做花邊分成欄目。排版的那天，把白布在院子展開，十幾個人忙了一天，完全貼好了，很像一回事。見的人都說：「從來沒見過這麼大的牆報。」連我也同有此感。

編好後交給白隊長，送到公安展覽會上，據說，引起一時的轟動，因為寫稿人的家屬，都想探望親人究竟怎麼樣？焦念的心情可想而知；參觀公安展覽，一看牆報上有自己親人的文章，如同會見親人一樣，爭相觀看，並互相傳告。許多犯人的家屬知道了，都跑去看，看看親人被關押半年多，究竟是個什麼樣子，這是最關心的事。

據看過的人後來告訴我，我交代出去的手槍和日本戰刀，都在展覽會上擺著，成了治安的勝利品。說起手槍和戰刀，倒有一段經過。一支撥殼槍，是楊寶福要在公司入股，作為股金給我的，屬於公司的財產；一支勃朗寧，是解放前夕，住在我樓下的守城部隊扔下的，他們走後，我拾掇房子，在時兒的搖籃裡發現的。另外，一支五鋒子，是一位朋友逃往香港前，留下託我給賣掉的，一時賣不掉，就放在我家裡。日寇投降後，有些日本軍官棄甲丟兵逃命而去，散遺下不少戰刀，有些好的戰刀，在什麼地方煉製而成的，只要在刀譜上有名的，都是珍貴物品。抗戰勝利後，我回到北平，見到老友尹冰彥（李宗仁的秘書），一把戰刀是他送給我作為抗日勝利紀念的。這些東西的來歷雖已交代清楚，也屬於查獲的武器，所以成了公安展覽的勝利品。

一九四九年冬天，新生大隊的管理也放寬一些，家屬們可以來看望親人，或送些錢物及吃的東西，而淑文早已被驅逐出自己的住房，掃地出門，領著孩子去北平，投靠她的父母去了，因而無緣相見。

這時，郭大隊長和白隊長召集各大組長開會，指示要組織文工團，配合肅反、鎮反宣傳。新生大隊裡三教九流、五行八作樣樣俱全，說書的、唱戲的、耍把式賣藝的、小偷小摸、流氓地痞，乃至局長秘書、經理老闆、戲房票友，統統滙在一起。既無貴賤之分，亦無高低之別，同是一囚之犯。

在這裡才知道社會之大，無奇不有，拿小偷這一行來說，確有一套手法。記得有幾個慣竊，叫他們在公安展覽會會場表演偷竊的技術。聽他們回來說，在會場轉一圈，把參觀人的手提包裡的東西、手上戴的手錶，在進口處就偷走了，被偷的人還不知道，到出口處，公安人員問他：「你丟什麼東西沒有？」他才發現被竊，公安人員把東西還給失主，他們還覺得很奇怪，公安人員跟在後面，也沒發現是怎麼偷的，真是神乎其神了。我心裡想，不到這裡來，怎能了解社會的黑暗面呢？不禁不寒而慄。

雖然叫新生大隊，仍是囚犯，跟外面的家人不得通氣，自然是苦悶異常；聽說要組織文工團，都感到鬆動一些。經我到各組聯絡，叫大家各就所長，開始報名，藉以「立功贖罪」。大家認為，這是自由活動的好機會，報名的人紛至沓來。經過進一步了解，先找幾個能拉會唱的、能編能寫的十幾個人，組成一個編導小組。研究的結果，以警備司令部稽查處的事實為背景，編一齣「新京劇」，用京劇的唱腔，穿時裝演出，目的是揭露迫害地下共產黨人的內幕，以配合「肅反」（即肅清反革命）、鎮反（即鎮壓反革命運動），定名為《人民公敵》。

我不會唱京戲，也不懂京戲，叫我來組織這個班子，真叫做「硬拿鴨子上架」，但又推不掉，只好硬著頭皮幹。首先是編劇，乃找一些會唱京戲的演員、票友，叫他們來說戲，用舊戲的情節，結合稽查處行動人員種種活動的事實，安排好生旦淨末丑的角色，然後再配合西皮、二簧、快板、慢板、倒板等唱腔，由各個角色，利用舊詞套編新詞。成型之後，我在詞句音韻上加以修正，編成一本五場新京劇《人民公敵》。經郭大隊長審查同意後，便開始排練。

排京戲，離不開文武場。由各戲院、電影院的經理出面，借來了文武場用具，於是鑼鼓喧天，開始排練，練身段，吊嗓子，天不亮就起來練，早飯後便到臨時禮堂，一場一場的排。不僅練動作，在唱詞方面也不斷的修改。在排練中，郭大隊長、白隊長都時常來觀看，排練二十多天，已經定型了，準備彩排，許多問題又來了。我又組織一些人準備服裝、道具、燈光、布景（京戲叫「守舊」），一個六十多人的文工團，全部形成了，名之曰「新生大隊文工團」。

我們先在隊上彩排演出，隨後到公安局及各分局演出。經過幾天的試演，都認為可以對外演出，於是便向社會上各大工廠、機關、學校，乃至銀行、企業公司，以及各社會團體，輪流演出，就這樣轟動了全天津市。演出的單位、地點、日程，通過隊部聯繫，都事先安排好，由我來領導出演。備有四輛大卡車，為文工團使用，我指定兩輛拉演出及舞台工作人員，兩輛拉服裝道具，由趙隊長和四名警衛帶我們出去。

郭大隊長說：「老袁，這個團就由你完全負責，有事和趙隊長商量決定就行了。」我說：「六十多人，都是犯人，萬一出了問題，我怎能負責呢？」郭大隊長說：「警衛由趙隊長管，你只管演出事務。」就這樣，文工團的大事小事，缺東少西，乃至於每天作息時間、吃飯喝水等一切事務，都由我安排；一天忙到晚，成了苦中作樂，樂以忘憂了。

每天下午四點鐘吃完晚飯，四部卡車按時來到隊部院內，滿載著演員、道具，浩浩蕩蕩奔向演出地點，這一下把犯人演員的家屬也轟動了。每天下午，都到新生大隊門外，打聽今天到什麼地方演出，他們就跟到什麼地方，名義上是看戲，實際上是要看看自己的親人，每看到自己的親人出現在舞台上，便不顧一切走到舞台前邊招手示意，打個照面。因為會影響演出的效果，我趕緊跑下舞台，勸說他們不要這樣做，以後有機會使他們能見面談談，好歹安換回座。

我們每天都演到夜裡一兩點鐘才結束，演出單位照例供一頓夜餐，飯菜都很好，等於改善生活。吃完飯便收拾回隊睡覺休息，總在夜裡三點鐘左右。早晨九點鐘起床，吃完早飯，該練的練，該準備的準備，中午再睡一會，下午四點鐘吃晚飯，接著又是外出演出，生活規律完全變了。

犯人家屬摸到這個規律，每天下午四點鐘，就到新生大隊門口等候，車一出門，紛紛擠到車跟前，扔上一些香菸或吃的東西，打個招呼；然後跑到演出地點，在後台門外等候到半夜，趁演罷回隊上車時，再搶到車跟前說上幾句話。趙隊長無法管，我也不能管，我想，作為犯人，與家人見面說上幾句話，確實是難得的機會，怎能制止呢？

演了很久，天津市的工廠、學校，機關單位，都輪流演過了，最後一段時間，決定到戲院演出，既擴大宣傳面，又可以賣票，有些收入。海報一貼出，又轟動了社會各界，「新生大隊文工團在戲院掛牌了！」似乎是一件新鮮事，街談巷議，不脛而走；特別是犯人的家屬更感興趣，由此更可以多些見面的機會。

到戲院演，就得與戲院協商，結果票價按照戲院普通票價八折，每天收入與戲院四六分成，文工團得四成，居然也有了收入；一切聯繫結算，都由我負責。一場一結算，分成所得，除掉開支，每天向會計室交賬。因在戲院演出，無人供餐，每晚演出結束時要吃一頓夜飯，隊長決定每人買一份餡餅或包子。這些事也得我辦，我到街上附近的小飯館，商定每晚給準備好七十份晚餐，按規定時間送到戲院後台，花樣隨時變化，演員們都很滿意。隊長和四個警衛，也同樣享受。

一些家屬們知道每天在戲院演出，不到隊部門口等候，改在戲院後門等候了。汽車一到，便蜂擁圍上來，鬧得演員心神不安，不但要說話，送的東西也越來越多，除了香菸、糖菓、點心之外，還有的做些熟菜，提著送來，警衛也制止不住了。趙隊長一看，擔心會影響演出，便說：「老袁，你跟家屬們說，現在不要圍著，讓演員們趕快進去化妝，等演出後，誰下妝不再上場了，叫他們家屬到後台空的地方見面談談。」我把這個消息向家屬們一宣布，演員和家屬都很高興。

演員們進去了，轉而把我圍住，這個說：「我看某某。」那個說：「我看某某。」我說：「大家不要急，你們都在後門外等著，誰下了妝，我就來招呼你們，到裡面去談談。」當然不止一兩起，每天總有十幾起，陸續把他們家屬帶到後台的空地方，東一對，西一對，各自找僻靜的角落促膝交談。可惜淑文已去北平，不然也會來看我的，這個方便，自己卻用不著。直到演出結束，集中吃夜餐，才散去。

自此以後，成了慣例，每天車一到戲院後面，家屬們就蜂擁而來，把我圍住，這個喊「老袁」，那個喊「老袁」，安排叫我見見，有些事要告訴他，我當然理解他們的心情，安慰他們說：「不用急，誰都能見著。」在這個小天地裡，「老袁」成了最響亮的呼聲。演出的一個月，天天都熱鬧一陣。

接著「抗美援朝」開始了，郭大隊長說：「老袁，新的任務來了，文工團要配合『抗美援朝』的宣傳，中心內容是『抗美援朝，保家衛國』。」我想，這是多麼響亮的口號，比「肅反、鎮反」好聽得多了，也有保衛國家的目的，應該宣傳。便和編導小組郭君強等商量，要另編一個劇本。誰也不肯動筆，只說：「不能再編京劇，最好編話劇或活報劇，來得快一些。」誰來編呢？都叫我執筆，大家協助，不得已，只好承擔下來。

實逼處此，不幹也不行，經過一番考慮，決定仿照《白毛女》形式，編一本歌劇，定名為《鴨綠江畔》，以東北民歌為主，穿插一些所聽到的解放區流行歌曲。經過一個多月的編寫，五場大型歌劇編成了，送給郭大隊長審閱，認為可以排演，便選了一些演員開始排練。劇本是我寫的，導演也就是我，其他幾個編導小組的人從旁協助，不到兩個禮拜已經定型，彩排之後，都認為很好。於是又組織舞台工作人員，開始做道具，借服裝，準備演出，已是十二月初了。一日，我們中隊的隊長靳毅找我到他辦公室去，告訴我劇不能演了，趕快辦理結束；借人家的服裝和道具，趕快送還。問他為什麼？他說：「你先不要問，過幾天你就知道了。」

我回到組裡，把演員和舞台工作人員，召集到一起，宣布歌劇停止排演，都做結束準備。問我為什麼？我說：「我也不知道，靳隊長告訴我這樣做，就趕快做吧！」把大家和我，都打在悶葫蘆裡。我僱個三輪車東跑西跑，送還借的服裝，同時也告訴大家，把自己的東西也拾掇一下，聽候隊裡安排。借的東西還有些沒送完，十二月五日早飯後，召集全體集合，我一看，氣氛有些不對，不像平常集合的樣子。集合之後，郭大隊長宣布，大家的案情業經法院審理完畢，今天宣判，大家一聽都楞了。原來認為在新生大隊學習一段時間，把問題交代完了，就可以放出去了，所以不管幹什麼，人人都積極靠攏組織，爭取進步；一聽說宣判，心裡涼了半截子。

郭大隊長拿著名冊，點名宣布，喊到名字的站出來，接著唸：「某某判刑幾年，站到這邊；某某判刑幾年，站到那邊。」不到一個小時，宣布完畢，還有一部分沒有喊名字，原地不動；共分成五幫，編成五個中隊。一二三四中隊，解散回去打行李，自己的東西都收拾好，必需的衣服被褥隨身帶走，不能帶的，歸攏在一起，寫個名字，叫家屬來拿回去。收拾完畢，坐在自己的位置上待命。五中隊搬到原四中隊住的房子裡，聽候安排。

命令如山倒，解散後回到房子裡，捆行李，搬房子，收拾東西，忙亂起來，誰也不吭聲，心情沉重，面面相覷，意味著不幸的來臨。行李捆好，已是下午四點鐘了，沒來得及吃午飯，每人給個饅頭略充飢腸。但很多人愁眉不展，吃不下去，低聲互問要送到哪裡去？給家人寫條子，只能交代把東西取回去，不敢寫其他的話。

一聲哨響，叫把行李扛出來，按新編的隊集合，又點了一次名，便按次序走出大門，離開了新生大隊。

第十四記　厄運三十年之二

一、北平和平解放

且說駐守北平的傅作義，已知抵抗亦無用，便醞釀投降，這當然是共產黨求之不得的事。

在天津陷共兩個多月之後，投降條件醞釀好，傅作義的部隊進行和平改編，放下武器，聽命於共產黨，和談局勢已定。下一步該看共產黨的行動了。

1.學習城市政策

要想接管軍政機關，一時感到無所措手；好在局勢已定，早接管幾天，晚接管幾天，都無所謂。在毛澤東指令下，接收的人員都要進行學習，幹部學習城市政策，學習城市生活，部隊官兵學習城市紀律，適應城市生活，防止壞人破壞，保衛黨中央，三大紀律，八項注意；進城後要嚴格執行，不能被城市生活腐蝕等等。據我所見，當時確有一番朝氣。

2.入城式

舉行入城式，把在東北掠獲的坦克、裝甲車、汽車，以及美式的武器裝備，排在序列的前頭，隨後是步兵，最後還有一部分騎兵，浩浩蕩蕩開進了北平城。事前組織好的市民，手執紅旗夾道歡迎，自然是另有一番氣象，不必細說。進城之後，首先宣布，原在機關學校各部門工作的人，一律上班聽候安排；可是許多人對共產黨早有戒心，上班者寥寥無幾，各部門單位雖有共產黨幹部前去接管，也是冷冷清清，沒事可做。

3.訴苦學習

傅作義的舊部，一律集結在城外，不准進城。排連長以上的軍官，徒手進城，參加學習班。我有兩個親戚在傅作義部隊工作，都是不大不小的軍官，自然得參加學習。他們的家庭都有房子和土地，用共產黨的標準來說，夠得上地主階級。他們的出身又都是中央軍校，國民黨的忠實信徒，在未查明歷史之前，都隨大流參加學習。學習的內容，首先要寫自傳，交代家庭成分、個人出身及經歷學歷。主持學習的人，自然都是共產黨的幹部，開始便宣布，要老老實實交代，不要害怕，不要弄虛作假，有什麼就交代什麼，既往不究；如抗拒交代，則從嚴處理，共產黨的政策是「坦白從寬，抗拒從嚴」。大家聽了，不禁毛骨悚然，捏了一把冷汗。

按照共產黨的階級劃分，有貧農、下中農、中農、富裕中農、地主等等，還有資產階級、城市小資產階級、民族資產階級等等，自己考慮夠哪一類，就填哪一類，不要隱瞞；除了自己交代以外，還可以互相揭發，在揭發中，還可以立功受奬。就這一套，把人捉弄得提心吊膽、寢食不安。有些具體事實及其後果，下面再陸續敘述。

我的親戚肇雷，家庭是地主，又是中央軍校出身，還當過憲兵連長。他一想，憑這幾點，共產黨也不會饒他，便偷偷跑到天津，對我說：「共產黨真厲害，我是待不下去了，想往南方跑。」在我家住了一夜就走了，因為是開小差，怕有人來追。由此可見共產黨的政策，「坦白從寬」是不可靠的。

還有我的內弟，在傅作義部隊裡當獸醫，本以為隨著傅作義，起碼可以保住工作，餬口生活，結果也不是那麼一回事；部隊拆散了，挨鬥的，挨整的，沒有一個能安然生活。當然傅作義是例外，在共產黨利用之下，當了幾年水利部長，到最後也是「飛鳥盡，良弓藏，狡兔死，走狗烹」，如斯而已。

4.南下參軍

共產黨占占據北平之後，趁熱打鐵，立即向南進發，意在一鼓作氣消滅南京中央政府，囊括全國；但軍力不足，而且八路軍大都是文盲，如今要想往南方進軍，不但人力不足，而且要接管行政，這就不是大老粗所能勝任的了。於是發動青年學生參軍南下。一些學生既不能上學了，蹲在家裡也無事可做，於是紛紛報名南下參軍，又是經過一番學習，便編入連隊，穿上軍裝，儼然是人民解放軍，無形中給土八路軍注入了新血液，隨之南下參戰。共產黨這一招，也是取勝因素之一。學生思想單純，又有一股勇氣，在過江占領南京的戰鬥中，起了不小的作用，這也是中央軍意想不到的事。

5.民主黨派的活動

所謂「民主黨派」，就是民主同盟、九三學社、農工民主黨、民主促進會、民主建國會、工商聯合會，以及中國國民黨革命委員會，後來又加上一個致公黨。這些黨派，大都是知識分子的樂園，在國民黨統治時期，由於政治腐敗，都有些不滿現狀的思想，也就是左傾思想，與國民黨是格格不入的，自然也就不會受重視，甚至有時還會受限制。可是在國民黨組織的國民參政會中，除了國民黨革命委員會之外，都有一席之地，這也算是民主氣氛。

一九三八年，毛澤東到重慶與國民黨進行談判，達成「雙十協定」，組成政治協商會議時，這些黨派又都是政協（後來名之曰「舊政協」，這是與後來共產黨領導下的政協——新政協，相對而言的）一分子，這是盡人皆知的，有史可稽，無庸贅言。

在毛澤東進入北平，又占領南京，共產黨入主全國的形勢下，便要組織中央政府了。毛澤東把這些民主黨派的頭領，都召集到北平，協商成立中央政府。這些久不得志於國民黨的人，包括宋慶齡在內，受到毛澤東的青睞，自然表示擁護。中華人民共和國的中央政府，就於一九四九年十月一日宣告成立了，並成立了新政協。各黨派的負責人及一些成員，大都被吸收為政協委員，在共產黨領導下的八個民主黨派，成了共產黨標榜民主政治的特徵。說句實在的話，都是共產黨御用的附庸，混名混利，混官做而已。年積日久，共產黨日益腐敗，各黨派也就難以清高了。

6.中華人民共和國成立（人民大學習）

「人大」，是人民大學的簡稱，也就是現在北京人民大學的前身。但前一段的人民大學，與現在的人民大學，其內涵是不一樣的。前一段的人民大學，等於臨時訓練班，以學習共產黨的政策為內容，特別是土改政策。所謂「土改」，就是消滅地主，消滅土地私有制，達到名符其實的共產主義，這當然不是一件簡單輕而易舉的事。誰來做這些事呢？光靠共產黨幹部或共產黨員，是遠遠不夠的，只有利用國民黨遺留的人。用這些人，既不放心，又不懂共產黨的政策，於是把這些人，統統收入剛成立的人民大學，加以短期訓練，名之曰「學習」，也就是一般人所說的「洗腦」。學完之後，分散到各縣各農村去，進行土改，也就是鬥地主、打土豪、打惡霸的工作。黨號召說：「這是對大家的考驗，看看是否忠實為共產黨工作」。

我有不少熟朋友，都被送入人大學習，而且也都下農村搞土改。前面所說的民主黨派，也有不少人參加人大學習，當時以為能參加人大學習，是靠攏共產黨的表現，許多人遂求之不得，良可慨也。「人大」是人民大學的簡稱，後來把人民代表大會，也簡稱為人大，特此說明，免得混淆。

7.傅作義的功過

辛亥革命成功，全國尚未統一，各地軍閥割據，北方尤甚。傅作義當時是擁護革命的，軍閥混戰中，傅作義以守涿州出名，以後就成為國民黨的實力。彼時傅作義是國民黨的忠實將領，後來做了綏遠省的主席，對國民黨中央政府當然忠心耿耿。一九三三年，國民黨中央政治學校在綏遠包頭，設立包頭分校，傅作義以省主席身分親到包頭祝賀。因為這是直屬於中央的機構，此後每到包頭，總要到分校去看看，表示對中央的重視。

一九三六年，內蒙古德王王府在綏遠境內的百靈廟，德王（德木楚克棟魯普）受日寇侵略軍的慫恿，意欲以百靈廟為據點，成立蒙旗自治政府。日寇派偽軍李守信部隊進駐百靈廟，割據綏遠領土。傅作義出兵抵禦，打敗了李守信偽軍部隊，趕走了德王，保住綏遠百靈廟不落日寇之手，這也列為抗戰有功之臣。

這回在抗戰勝利轉入三年內戰期間，是傅作義坐鎮北平。當天津落入共產黨手中之後，一些駐北平的中央大員紛紛南逃，弄得老百姓惶惶不定，有人就說：「有傅作義在，北平可保無虞，因為他有守涿州的經驗。」但出乎意外，他卻不戰而和，投向共產黨，使北平「和平解放」。其經過大致是，東北長春、四平、瀋陽陷共後，共產黨的第四野戰軍長驅入關。天津被圍之際，傅作義看大勢已去，便心存二志，在一九四八年十二月中旬，就派人出城與共產黨談判。這時毛澤東、周恩來、劉少奇、朱德等，都住在保定附近的西柏坡村，往返非常方便。在頻繁的談判下，決定不加抵抗，獻上北平。共產黨毛澤東得了這個便宜，自然喜出意外。一月十四日由鄧寶珊、周北峰代表傅作義，在離北平四十里的通縣，簽署了「和平解放北平的十四項協議」。

這個協議剛簽定，天津即被共產黨占領，華北重鎮平津兩城一失，大勢已去。共產黨毛澤東於一月三十日進入北平，聲勢大振。接著就是南下渡江，占領南京國民政府了。傅作義之功過，論者則其說不一。站在國民黨的立場，說：在危急關頭，束手投向共產黨，陷國民政府於國厄，是民國之罪人。站在共產黨的立場，則認為傅作義是莫大的功臣，所以在中華人民共和國成立之後，出任水利部長，成了共產黨的高級幹部，這且勿論。還有一些社會人士則說：傅作義審時度勢，知國民黨已大勢所趨，無能為力，如傅作義起兵抵抗，必陷北平於兵火之中。古老的文化故都亦必遭砲火破壞，百孔千瘡。如今「和平解放」，故都的文物古蹟得以保存，北平的百姓免遭砲火之災，傅作義是為北平造了福。也就是說「投降有功」。共產黨列為功臣，自屬必然。

筆者認為，前面的各種評論，都有片面性，而且一時尚不能論定。假如北平的老百姓，由於傅作義的此舉，在共產黨的管治下，登諸首席之上，過上永久相安的幸福生活，傅作義確實有造福蒼生之功；如果不是這樣，老百姓在共產黨管治下，仍和過去在國民黨管治下一樣，或者還不如過去，那麼，傅作義的功過便須留待歷史作定論了。我是秉筆直書，作為史家之素材而已。

二、延安勞改，挖洞打柴

刑已判了，無形的枷鎖套在脖子上。東西拾掇好了，坐在地上，低著頭，誰也不說話，空氣既沉悶，又緊張。不到五點鐘，吹哨集合，招呼把行李扛上，要帶的東西帶上。四個中隊長分別把隊伍集合好，又點了一次名，扛著行李走出大門。門外早已準備好多少輛大客車，一看都是天津市各路公共汽車，每個車門都有警衛把守。出大門就上車，擠滿一車又一車，開到前面街上排隊等候。警衛人員一再喊不許說話，氣氛十分森嚴。從車窗往外看，路兩旁人山人海，都在看熱鬧；

其中少不了犯人的家屬，得到消息也跑來看，擠在人群裡東張西望，尋找自己的親人，見到了也只能招招手，沒法交談。

四個隊很快上完了車，立即開動，直奔天津西站。下車一看，一列鐵悶罐車皮開著大門，遠遠望去，車門裡碼著高高的兩堆白花花的木鍋蓋。警衛押著，走到鐵悶罐跟前，命令大家快上車，一個中隊一列車皮，連人帶東西都上完了，鐵門一關，便與世隔離了。

車門一關，黑咕隆咚，什麼也看不見，只有車皮角上的小小方洞，透進一線亮光。停了一會，黑暗中彼此也能看見了，各自把行李按組排列整齊，都坐在自己的行李上。仔細一看，門口堆的不是鍋蓋，是兩堆白面大鍋盔，中間還放著一個大木桶，是便桶。再一看，車裡沒有警衛，大家才鬆了一口氣，開始說話。

從準備這麼多吃的情況來看，不會是近路，這兩堆大鍋盔，是夠吃兩三天。車一直不開動，我說：「不管怎樣，把行李打開，休息一下吧，看來鍋盔是給咱們吃的，中午沒吃飯，誰餓了就吃吧。」正說著車門嘩啦一聲開了，已是黃昏後了，站台上靜無一人，警衛喊：「下來兩個人抬水桶！」我以大組長的身分，派了兩個人下去，把水桶抬上來。嘩啦一聲，鐵門又關上了。有人說俏皮話：「這回有吃有喝，餓不死了。」有人說：「吃喝拉撒，睡在一起，可以隨便了。」囚犯的生活，都有體驗，愁也沒用，不由得各取所需，吃喝起來。

車開動了，我說看看往哪個方向開，有人站起來，從小透氣孔往外看，說是往南開，有人說：「可能去河南黃泛區農場。」有人說：「可能去保定。」

小小的透氣孔，不斷有人擠著往外看，忽然有人說：「到站了，燈光之下，看到路牌上是高碑店。」有人說：「管他高碑店，矮碑店，快睡吧。」車皮裡靜下來，都睡著了，一覺醒來，天已亮了。

車停在潼關車站，車門又開了，警衛喊：「把便桶倒一下！」然後把水桶拿下去，又抬上一桶開水，車門便關上了。下去倒便桶的人說：「四面都是警衛，不見行人。」啊！是在戒嚴呢。

車開後，大家又在猜，往西走了，是不是到青海大草原去了？車過西安未停，直到咸陽，停了幾個小時，車門開了。隊長在下面喊「下車吧！把行李都拿下來，各隊集合好。」

郭大隊長說：「要開始行軍了，把簡單的行李打成背包，能揹的自己揹，不能揹的，另外捆好，寫上名字，放在這裡，隨後僱車運走。」又是一陣忙亂，背包打好了，留下的東西，寫好名字，堆在一起；大家又吃點鍋盔，喝點水，在各分隊長率領下，直奔去北潼關火車站。

北潼關是煤窯，距咸陽四十公里，有一段小鐵路，是運煤的專線。上了火車，很快到了北潼關。下車後，坐在地上休息。分隊長說：「今天就住在這裡，明天就要行軍了，大家知道往哪裡去嗎？」大家說：「不知道。」隊長說：「現在我們要去最好的地方，毛主席住過的地方，革命聖地——延安。」

兩天來的悶葫蘆打開了，大家竊竊私語，去延安可不錯。隊長說：「這裡離延安六百華里，沒有交通工具，要徒步行軍，預計一個禮拜走到，大家思想上要有個準備。」說罷命令大家把背包揹好，開始行軍。

當天住在北潼關，約有十多里的路程，初試行腳，倒也不覺得累。大家邊走邊說：「延安是革命根據地，一定很好。」

隊長靳毅走到我跟前說：「你們出來的人都好了，留下的那些人，在你們走後第二天，都被鎮壓了。你們到延安好好爭取，刑滿就可以回家了。」相處一年，有點感情，也算是安慰之言，在我是聽之而已。

長途行軍，沒有經驗，加以關在新生大隊裡，體質都很弱，還揹上二三十斤的背包，腳掌磨起泡，有的還把腳脖子挫傷了，一瘸一拐，也得咬著牙往前走。我當然也不例外，每天晚上到宿營地，都不想動彈了，有苦也無處訴，不想走或不能走都不行，犯人哪有自由？只好咬緊牙關，隨大流苦撐著前進。常言道：「有享不了的福，沒有遭不了的罪。」不管怎樣，連滾帶爬，經過七天，終於到了目的地——延安。

舉目一看，一片荒涼，既無城牆，亦無街道房屋，只有一座禮堂，還是平房，孤零零地在廢墟中。據說，全城房屋在胡宗南部隊攻進延安時，為了徹底搗毀共產黨的老巢，全部燒燬了。姑妄言之，姑妄聽之。

再向四周望去，在山崖上，高高低低的窰洞依然存在。心想，這就是當年王寶川住的寒窰吧？我們這個大隊，所屬十個中隊有一千多人，已安排好住在離延安城十三華里的橋兒溝、王家坪一帶，跨過延水，走一個小時才到達。

十個中隊住地很分散，一二三四隊都是天津來的，集中在一起；其他是上海、廣州來的，分住在其他地方。不管哪裡，住的都是舊窰洞，其骯髒就不用說了；好在可以避風雨，也就可以安身了。

黃土崗上的窮山溝，一下子來了這麼多人，舊窰洞有限，不夠分配，立即動手挖窰洞。沒柴燒，自己到山溝去打柴；沒有吃糧，就派人到延塔下面的糧倉揹小米；油鹽醬醋，也得跑到延安城去買。青菜沒有，就吃鹹菜，每天都為生活在忙碌。

橋兒溝是個窮苦的小山溝，有幾家農戶散居在各個山崖的窰洞裡。小鎮上有幾戶小雜貨舖，是茅草房，賣些麻花、燒餅、麥芽糖等食品，也都陳舊不堪。農戶種田，都是在山坡上，靠一頭牛、一匹毛驢，翻土播種，靠天雨吃飯，十分艱苦。山溝裡有點平地可以種菜，山水下來可以澆灌，這都是老鄉們一家一戶，祖輩經營，賴以謀生的命根子，看來還算是菜園子的樣子。跟他們商量，可以買到一點青菜，雖不能滿足需要，亦略勝於無。窮鄉僻壤一下子來了幾百人，天天打柴、揹米、挖窰洞，山坡上、道路上，到處都是人，橋兒溝頓時熱鬧起來了。

為什麼急急忙忙把這一千多人送到延安來呢？支邊不是主要目的，說是建設延安，實際上要什麼沒什麼，連應用的土工具，也只有鐵鍬、十字鎬、斧頭、钁頭，如何談得上建設？當時正是抗美援朝運動開始，沿海各地都成了前沿陣地，輸軍備戰動盪頻繁。我們這些人有來自廣州，有來自上海，有來自北京，再加上我們天津的一些人，都是肅反運動抓起來的，五方新處，三百六十行，行行都有。身為囚犯，心情不穩是很自然的，共產黨害怕這些反革命分子騷動起來，影響抗美戰爭，所以把這批犯人送到大後方，隔絕開來，免去後顧之憂，這乃是真正的用意。

三、自己種菜，改善生活

謀生的辦法，是人生存的本能，適應環境，往往是逼出來的。一千多人集中到延安，給延安增添了生氣，也給延安增加了負擔。別的不說，就以柴米油鹽醬醋茶這七件事來說，哪一樣也少不了，米一時生產不出來，只有到糧倉去揹，燒柴自己到山裡去打，油鹽醬醋，到延安城裡去買，吃菜就得靠自己種了。各中隊根據自己住地的條件，就地想辦法解決，誰有辦法，誰的生活就會好些。

我們四中隊一百多人，分成四個大組，隊部決定抽一個大組，專門種菜。在隊部附近的山溝裡有點平地，早被老鄉們分別占了。因為沒有勞動力，每戶最多種上一二畝。一看他們耕作的方法都很精細，邊邊角角都利用了。僅靠山根底下，多少還有些荒地。經隊部同意，跟老鄉商量，把一些荒地利用起來，開闢了二畝多地。又跟老鄉們研究，以勞力換了二畝菜地，湊起來有四畝多地。便找五六個有種菜經驗的，由我領著開始種菜，組裡其餘的人出去打柴。

我們按照口裡種菜的方法，開畦挖渠，變成水澆菜園子。來不及育苗，向老鄉買些茄子、辣椒、西紅柿的菜苗回來定植，由於管理得比老鄉細緻，種得很好。到四、五月份，各種蔬菜都長得很旺盛，老鄉見了很奇怪，這些犯人真有本事。

有些老鄉不斷來我們菜地閒談，我們也時常到他們菜地去參觀，互相交流經驗，交往很好，他們肥料不足，把我們腐熟好的人糞尿，送給他們一些。因此我們什麼時候需要水，他們就把水讓給我們，有了這樣好的條件，青菜下來得很早，水蘿蔔、小白菜、菠菜，吃一茬種一茬，經常不斷；黃瓜、茄子、辣椒、西紅柿、韭菜、芹菜，應有盡有，而且吃不完，便分送給一二三隊。不到半年，生活弄得很好，我也學會了種菜的技術。

大隊部聽說我們中隊菜種得好，跑來參觀，一看果然不錯，就因為這個不錯，又惹出來不少麻煩，也可以說是，招來一場災殃。福兮禍兮，不是沒道理的，否極泰來，泰極否至，古往今來，莫不如是。

大隊部下屬十個中隊，一千多人，夏季吃菜，到處向老鄉購買，尚可度過，冬天吃菜就有問題了。於是大隊部召集各中隊開會，研究全大隊，冬天吃菜問題。決定到遠處山溝裡，尋找空地播種冬菜。經過幾天的查看，在離橋兒溝三十多里的山溝裡，找到一片荒坡，但不集中，東一片，西一片，湊起來有三十多畝。決定在這裡種蘿蔔、白菜。

大隊部指定四中隊負責，中隊就指定由我負責。我跑去一看，都是荒山，不開墾怎能種菜呢？回來跟靳隊長說：「荒山坡不開墾不行，就是開墾了，生荒地第一年種莊稼都不可能收成，種菜就更成問題了。」

靳隊長說：「大隊部叫幹就得幹，不能講價錢，不管怎樣，先去開墾吧，把地翻起來再說，你們大組編為種菜組，由你領著著先去開荒，如何種法，下一步再說。」

於是準備好工具，二十個人上山開荒。

距離隊上三十多里路，一去一來就是六十多里路，光走路就要五個多小時，而且半路還要過一條六十多米寬的淺水河，來回都得淌水。每天天一亮就出去，太陽落才往回走，只有兩個警衛跟著。靳隊長說：「老袁，這二十個人交給你了，一切均由你安排。」

身為勞改，叫幹什麼，就得幹什麼，無二話可說；忙了二十多天，荒地開完了，蘿蔔、白菜種子也拿來了。所有開墾的面積，播了十畝白蘿蔔，二十多畝白菜；出苗以後，每天都得去除草鬆土，沒水澆，只好等待下雨。陝北高原雨量很少，菜的長勢不旺，眼看著菜苗黃瘦，也無可奈何！

我們隊的小片菜地，因有水澆灌，樣樣都豐收；靳隊長異想天開，要在隊部後面的山坡上種洋芋（土豆），四十多度的陡坡，都是焦乾的黃土，人往上爬都費勁，要種洋芋，真是困難重重，如不下雨，連苗也生不出來。

靳隊長說：「能收就收，不能收，浪費點洋芋種也無所謂。」有了這個指示，種壞了也沒有責任，反正勞力是不花錢的，叫幹就幹吧。種籽準備好了，全中隊一百多人一齊出動，從山腳下一字排開，每人一兜種籽，開始爬山播種。沒有工具，每人一把鐵鍬，挖個坑，丟兩塊種籽。挖上坑，埋下坑，不到兩個小時，一片山坡，變成了洋芋地，等著下雨吧。天公作美，不久下了一場小雨，洋芋出苗了，既不除草，也無法培土，聽其自然生長，沒人去管它。

我們種菜組二十個人，每天起早貪黑，跑到山裡鬆土除草，忙了一春帶半夏，到秋末，拳頭大的蘿蔔、蔓菁，連帶葉子收到四萬多斤，沒有包心的白菜，收到三萬多斤，這就是一千多人，賴以過冬的蔬菜。要往回運，入窖儲存，全靠人揹，我們一個隊部出動，又把隣近的二中隊找來幫忙，兩個中隊揹了一個禮拜，連泥帶土，總算收回來了。又派了五個組挖了五個大菜窖，準備儲藏越冬。

正在整理入窖中，忽然變天，下了一場大雪，露天堆著菜，沒有東西蓋，怕凍壞了，不得已急三忙四推入窖中；但天晴之後，抓緊翻窖整理，做工的只有我這個組二十人，五個菜窖，每個窖僅僅四個人，一下子翻不完，過了幾天，未翻的兩個窖發生了燒窖事故，窖口熱氣外沖，窖內的菜已開始腐爛。二十個人都感到問題嚴重，向靳隊長反應，他也沒有辦法，只說：「趕快搶救吧。」於是日夜不停地奮力搶救，把窖內的菜全部扔出來，有的已腐爛成泥，搶救的結果，能吃的菜不到三分之一。

各個中隊的領導，聽了這個消息，紛紛向我們中隊提意見，責備管理不善，而實際責任者就落在我的頭上。各隊提意見要處分我。作為我來說，一肚子冤屈，因為是勞改，有口難辯，有冤也無處訴，只好聽之；情緒低落，活還得照幹，無精打彩，等著處分。心想，槍斃還不至於，至少要加幾年刑；事已至此，聽之任之吧。

大隊部召集各中隊長開會研究這個問題，我被打在悶葫蘆裡，但還得每天領著二十人去翻菜，大家都感到，菜的本身，就不夠入窖的標準，加以天時不利，一場大雪，弄得人措手不及。錯誤不能說沒有，但這個責任不能完全推到我們身上。

開了三天會，靳隊長回來，找我到隊部去，我想一定是宣布處分我的結果。到隊部後，靳隊長很溫和地叫我坐下，不慌不忙地對我說：「老袁哪！菜窖問題，討論了三天，今天大隊做出決定，分析菜燒窖，你有責任，但不是你不負責任，而是受天氣影響，措手不及所造成的，當時本應遮蓋搶救，不應下窖，可是咱們沒有條件，這不能怪你，因此對你做出三條決定：第一、菜燒窖，你有責任，但不是因你不負責任造成的事故，對你不給予處分；第二、你要繼續負責，把現有的菜保管好；第三、只許管好，不許管壞。」

我一聽，第一、二兩條，倒是近情近理，可以接受，這第三條，就是強加於人了，等於金箍咒。我對靳隊長說：「隊長，你對我的照顧，我很明白，不要說我是勞改，就不是勞改，我也應該給你幹，現在事實既已造成錯誤，該處分就處分吧，我不敢再幹這個工作了，另找一個人負責吧！」靳隊長語重心長地說：「老袁那，你不要這樣想，大隊部所做的決定，對你還是相信的，你不要辜負領導對你的信任。」這話一說，我想應該識時務，在勞改隊裡，能爭取到這一步也不容易。於是就不再推辭了，咬著牙幹下去。

這時候有一、三兩個中隊，去延安城裡修建糖廠，土法用甜菜熬糖，兩個中隊留在橋兒溝挖窯洞、修圍牆。住在遠處的六個中隊，每天也有人來領菜，我一面照顧發菜，一面派人給城裡建築隊送菜，還得領著人翻菜窖。為了明年種菜做準備，又安排往城裡送菜的人，回來時每人挑一擔大糞，積肥漚肥，好像一個當家人，什麼心都得操到。

隊部附近的幾畝菜地收成很好，西紅柿、黃瓜吃不完，我和靳隊長研究，把吃不完的西紅柿做成西紅柿醬，吃不完的黃瓜醃成鹹黃瓜，結果都做成了。一大缸西紅柿醬、兩大缸鹹黃瓜，為冬季調劑生活創造了條件，這一點比其他幾個中隊做得都好。

春節期間，附近一、二、三隊的家屬，都來要西紅柿醬，要鹹黃瓜。靳隊長說：「跑到山溝來都很苦，凡是有家的，每家送一份，照顧照顧。」我便挨家送菜，家屬見了皆大歡喜，有的留吃飯，有的送東西，我是勞改，怎敢接受呢？一一婉言謝絕。

四、乾打壘修圍牆，作繭自縛

前面說了，有的隊挖窰洞，有的隊修圍牆，挖窰洞是解決住的問題。我們住的橋兒溝，是共產黨中央組織部的住地，解放了，都進城了，遺留下一些窨洞，變成我們的住處，但不夠用，得挖一部分新窰洞。

陝北的窰洞有的很考究，前面用磚砌成牆，留有門窗，看去儼然是一棟磚房，進到裡面卻是窰洞。有的窰洞不但有裡外間，還有樓上樓下，勞改隊也都仿照樣子，挖成兩層樓，住的問題解決了。

有的隊閒著沒事幹，隊上便安排這些人修築圍牆，把勞改隊圍起來，用意是防範勞改犯外逃，這等於作繭自縛。實際上也是叫這些犯人有點事幹，不然，何以謂之「勞改」呢？

橋兒溝這條山溝，前後是山，兩頭溝口，一邊是橋兒溝小鎮，另一邊是老鄉的住處。首先把兩頭溝口堵死，留有大門，便於警衛把守，然後沿著山坡圍起來，變成一座圍城。沒有材料，採用乾打壘的辦法，就地挖土，用夾杠一層一層的打實，五十多公分厚，兩米多高。築成了，好像萬里長城似的，高低蜿蜒，亦甚壯觀。

這時城裡的糖廠也建成了，開始熬糖，從甜菜切條，到熬成紅糖

（還做不成白糖），都是人工操作。反正勞改的勞力不攤成本，只要吃上糖，老鄉們也就滿足了。煮過的甜菜渣滓（甜菜條），各隊輪流挑回去，混在小米裡燜乾飯，也成了改善生活，吃起來很甜，也算勞改生活的一個特色。

五、接管被服廠，曇花一現

一九五一年底，來延安勞改已經一年。新年來臨，勞改隊也得準備過年。我這個組因為要發菜、送菜，格外要忙一些。同時根據一年來的經驗，還要準備來年，把菜種得更好一些。忽然大隊來個命令，大隊要成立被服廠，任務交給我們四中隊，接著就運來一批做衣服、做鞋子的縫紉機。

靳隊長又對我說：「老袁！被服廠的事由你來接管，你先把運來的機子接收清點一下。」我哪裡懂這種機器呢？推辭幹不了，靳隊長又說：「你不懂，不要緊，隊裡有幾個是裁縫，把他們組織起來，你領著幹就行了。」

與靳隊長相處兩年，不僅相知，也有了一定的感情，既然看得起我，就幹吧，何況身為勞改，叫你幹，你不幹也不行呢。於是先找了兩個做過裁縫的人，幫我接收機器，按移交的清冊，我唸他們點數，從中我也懂了些機器零件的名稱。清點接收完了，怎麼幹呢？又在全隊裡動員一番，凡懂裁縫的都要報名登記，這樣一招呼，就有二十多人報名。

靳隊長說：「這二十多人編成一個縫紉組，你來當組長，領著學習，準備把我們中隊，變成被服廠。」怎樣學呢？這又是一個新的課題，跟靳隊長研究的結果，學習時間定為半個月，先整頓思想，揭發舊社會裁縫偷工偷料的作風，結合自己過去做裁縫的惡習，樹立今後為人民服務的思想，爭做新工人。有了這個新希望，新機會，誰不想爭取呢？所以學習得熱火朝天，學習完了，立即幹起來，把機器都裝起來擦拭乾淨，有壞的則加以修理。為了試車試工，動員幹部們，誰有衣料，拿來給他們縫衣服。

剛開始不久，一切還在準備之中，突然接到命令，被服廠不幹了，要去新疆，叫我趕快把接管的一切物品、機器，造一詳冊，一式兩份，移交給地方。像開玩笑似的，被服廠曇花一現，又交出去了；二十多人的幻想，也成了泡影。

第十五記　厄運三十年之三

一、新疆移民，勞改進疆

急三忙四，把縫紉機造好冊，交出之後，接著就準備進新疆。大家聽說要去新疆，思想上波動很大，背地裡紛紛議論，這下子離家更遠了，聽說騎駱駝要走幾個月，恐怕想回家是無望了。有的說：「新疆偏僻得很，生活也很艱苦。」有的說：「封建時代，朝廷官員犯了錯，便發配到新疆，我們也等於發配從軍到新疆，只有老死在那裡了。」議論紛紛，顧慮重重，什麼想法都出來了。

隊長指導員大部分是河北、河南、江蘇、山東等地的人，加以文化程度有限，對新疆也不了解，亦望之生畏。因為都是共產黨員，又是幹部，上級的命令不能不服從。上級指示，對於勞改犯人要做好思想動員，這又是個難題，不了解新疆情況，怎麼動員呢？

靳隊長又找我說：「老袁哪，你看怎麼辦？要做動員工作，就得學習，我看還得你領著學習。」我說：「領著學習是可以的，學什麼？

有沒有學習提綱？」靳隊長說：「大隊部只是叫動員，打通思想，沒有發學習材料，我看先叫大家談談，說說每個人的想法，摸清大家的思想，再針對實際情況，做動員工作。」我說：「動員也得去，不動員也得去。把上級的命令宣布一下，叫大家思想有個準備也好。」

於是隊長便集合宣布：「全隊集中學習，袁英林（名字被簡化了）領著學，大家敞開思想，談談個人對進疆的想法和認識，另外又要長途行軍，必須加強鍛練，每天早晨跑步一小時，早飯後，就坐下來開始學習，其他工作都不做了。」

日程宣布之後，只有執行。每天早飯後，集中在一個窰洞裡，炕上地下坐得滿滿的，人人都得發言，已經成了規律；誰不發言，就扣上思想有問題的大帽子。所以都爭先恐後地發言，千篇一律，都是服從組織分配，叫幹啥就幹啥，實際上是「金鋼鑽搭吐沫，不得不如此（瓷）。」

作為服刑的犯人也只有這樣，誰敢說不想去新疆呢？為了打破沉寂的空氣，根據我所知道的，有關新疆的歷史、地理的情況，把新疆的民族、生活、交通、物產等方面，介紹給大家，當然是「灶王爺上天，揀好的說」。新疆是一片大草原，遍地是牛羊，有「天蒼蒼，野茫茫，風吹草底見牛羊」的詩句，還有吐魯番的葡萄、哈密的瓜，全國馳名等等。實際上，我也是書本知識，人云亦云。當時說這些話，無非是為了增添一些對新疆的印象，究竟新疆好在哪裡，我也說不出個所以然，應付學習，過關而已矣。

一九五二年一月中旬，結束了延安一年的生活，經過七天的行軍，又來到咸陽，住在一個大院裡。休息了一天，第二天全大隊集合，一千多人站得滿滿一院子，以中隊順序為單位依次排好。由新疆軍區來的人逐一點名，並向前一步走，頭上腳下仔細觀察一番，老殘者提出去，另外站在一旁，意識到這是不合格的。經過半天時間，檢查完畢，淘汰下來的沒幾個。點名的人宣布：「從今天起，你們都屬於新疆軍區生產建設兵團管理，解散後吃午飯，下午再集合，重新編組，有汽車接你們進疆。」

大家一聽有汽車，不要徒步行軍了，心裡鬆口氣。吃過午飯，很快又集合，原來十個中隊的建制不變，各隊的隊長也原封不動，隊長遂即宣布重新編組。為了乘車的安排，四十人為一組，乘一輛汽車，每組指定正副組長各一人，實際隊部早已把名單列好，只照單宣布一下。我們這個組指定我為組長，鄭作藩為副組長，編完組解散後，各組開會討論，沿途車中應注意的事項、安全問題、吃喝拉撒問題，都做了規定，然後每個人把自己的行李用品拾掇一下，按規定準備好，等候明天啟程。

第二天天剛亮，大卡車開來了，車上都是白帆布的新篷布，印著「新疆軍區」四個大字，排滿了一院子。早飯後，又是全大隊集合，行李都揹在身上，按新的編組站隊，檢查人數後按組上車。篷布蓋得很嚴，一部車四十人擁擠不堪，只能排緊坐好，無法活動。車廂前頭，一邊一個油桶，露在篷布外面，兩個警衛坐在油桶上，篷布四邊用繩子捆牢，防止途中有人跳車逃跑。車開動後，什麼也看不著，不到站也不能大小便，有的人要小便，又不得下車去解手，只好尿在吃飯的缸子裡，從篷布縫潑出去，好在中途休息一次，可以下車解手。

第一站住在張掖，天黑了才到達。下車一看，路兩邊都是持槍的警衛，把犯人夾在中間，只聽到「快走！快走！」的喊聲，如臨大敵一樣，形勢非常緊張。到達關帝廟，就是住處，只見門上貼著白紙條，寫著勞改隊某組、某組住此，猛一看非常詫異；在天津，在延安，沒聽說「勞改隊」這個名詞，至此才恍然大悟，進疆勞改了。實際上，在天津和延安的兩年，囚犯生活就是勞改，不過用新生來掩蓋罷了。以前所抱的「坦白交代後，就會被釋放回家」的幻想幻滅了，「坦白從寬」這句話值得深思。

第二天天不亮就起身，沒水洗臉，老鄉們抬來一大桶麵片湯，搶著喝兩缸子，算是一頓早飯。飯後立即上車，悶在車中，想看看河西走廊的面貌，也不可能。就這樣，酒泉、星星峽、七角井、尾埡、吐魯番等地，一站一宿，一個禮拜後抵達烏魯木齊，住處是新疆有名的大監獄院。這座監獄是八卦形的建築，八個方向是八棟長長的牢房，中間修一座兩層樓的瞭望亭，八面皆窗，看守人員站在亭上，可以監視八棟牢房的巷道。這是盛世才統治新疆時修建，四周圍牆很高，牆頭上還有鐵網防止越獄，統治者用心亦良苦矣。

我們不遠千里而來，居然也享受了這裡的鐵窗風味，和當初在天津被捕坐牢的情況一比，真是「杯弓蛇影」，怎堪回想呢？在這裡休息了三天，十個中隊混在一起，有機會互相串連。聽說有十幾個人中途跳車逃跑了，我想這漠漠無垠的戈壁灘，汽車跑一天也見不到人煙，跑出去無吃無喝，必得餓死在荒野裡，真是不堪設想。

二、石河子新城

烏魯木齊停了三天，第四天宣布去石河子新城，仍是大卡車送去。大家一聽到新城，心神為之一暢，起碼要比監牢好一些，滿以為是一座像樣的城市。車行半日，來到一片白皚皚的雪地，杳無人跡，不見房屋。車停下來，隊長說：「到了，下車吧！」大家下得車來，東張西望，連一棟房子也沒有，新城在哪呢？大家相顧無言，也不敢問隊長。隊長帶著大家，走了一里多路，見到一片突出地面不高的葦棚子，名之曰「地窩子」，我一看，就像東北過去，跑關東，上北大荒的人搭的「馬架子」。

隊長說話了，這就是石河子新城，大家默默無言，都有大失所望之感。進去一看，是一道兩公尺寬六十公分深的地溝，用整梱葦子，梢對梢搭在一起，蓋成的葦棚子。地溝兩邊就是兩公尺寬的面對面的土台子，這就是炕；上面舖一層葦子，就是炕蓆，人就睡在上邊。向南的側面，有兩個出入的門，迎門是兩道火牆，供取暖之用，燒柴也是葦子；火牆是磚坯子砌的，類似東北的鱉拉搭（毛爐），燒得熱呼呼地。原來早已有人在這裡給準備好的，外面雪地堆了不少葦子，就是燒柴，供取暖之用。另外還有幾個葦子堆，裡面是積雪，原來這就是吃的水，做飯、飲水都得靠化雪。

有柴有水，還沒有糧，也無法為炊。第二天一早緊急集合，隊長宣布，每人拿一條口袋，到瑪納斯揹糧去。瑪納斯是縣城，離住地二十公里，一天一個來回，每人揹二十斤，有時是大米，有時是包米麵。持續了二十多天，吃住問題解決了，勞動改造嘛，不能閒著，總得找點活幹。

隊長說：「要在石河子老城北邊，挖一條滲水渠。」就是在平地上挖一條溝，挖到兩公尺深，地下水就滲出來，成一條水渠，用以灌溉。原來石河子水位很高，挖一公尺半深，就有水冒出來，所以兩公尺深的渠，地下水就很旺。頭一天剛挖完，還是乾渠，第二天上班，就是半渠水，不能施工，必須把水掏乾，才能繼續深挖。於是渠道裡，留成一道一道的隔離壩，每三十公尺就有一道壩，上游的水往下游戽，戽乾了趕快挖，如是一段一段的往下倒，邊掏邊挖。不料上游戽下來的水很猛，把我們組的一道壩沖垮了。為了不影響下游施工，我領三個人跳下水，用身子擋住沖垮的缺口，叫岸上的人猛往下搿土，企圖把缺口堵住。一月底的天氣，新疆仍是冰天雪地，渠裡的水冰人徹骨，等岸上把土搿滿，缺口堵住，我們四個人已凍僵了。身子不會動，口也說不出話了，岸上的人見勢不妙，趕快下水把我們拉上來，腿也不會走路了。有人說趕快攏火烤烤，有人說不能烤，趕快架著活動，於是兩個人架一個，就在沙灘上拖著蹓；蹓了半個多小時，腿才能活動，也能說話了，這才送回住地休息。到新疆第一次勞動，就幾乎把命送掉，從此得了靜脈曲張，兩腿落下了時常抽筋的毛病。

這條滲水渠一直通到石河子老城的西面，下面是一片紅柳戈壁灘，有了水，老鄉們就可以種田了。這是進疆後，替老鄉做的一件好事，也是勞動改造的初試牛刀。所謂石河子老城，也只是一個小鎮，有幾十棟錯落不齊的平房，有住戶，有小舖面，有小飯館，是烏魯木齊去伊犁必經之路。居民大部是維吾爾族和哈薩克族，原名石河子，因為生產建設兵團要在附近建一個新城市，叫做石河子新城，相對而言，原有的石河子鎮，就叫做石河子老城。這就是我們一千多人的勞改大隊，初到新疆的實際狀況。

三、沙灣種菜

在延安一年，我主要是領一個大組種菜，吃了不少苦頭，也受了一些無枉之冤，有口難言，誰叫你是勞改犯呢。但幹的工作確有成績，總算解決了一千多人的吃菜問題。這一千多人又來到新疆，說是建設石河子新城，僅僅還是個設想。前面說過，所謂石河子新城，還是白茫茫一片雪地，首先要解決的是吃住問題。眼前來看，住有地窩子，燒柴自己到葦湖去砍葦子，吃糧到瑪納斯縣去揹，吃菜卻成了問題。大隊部決定，還是叫四中隊抽出一個組種菜，顯然又是根據延安的老經驗，於是靳隊長又指定我領一個大組負責種菜。

一九五二年的三月初，滲水渠已經挖完，第四中隊便決定去沙灣縣一個叫梧桐樹的地方開荒種菜，我又是具體負責人。拉磨的驢子矇上眼睛只好拚命地幹，聽么喝吧。

石河子原屬於沙灣縣管轄，「梧桐樹」是個小地名，離石河子六十多華里，一天的路程，就到達目的地。我們依然是住地窩子，不過這裡的地窩子，都是老鄉們住過的（彷彿像延安的窰洞一樣）；老鄉不住了，成了我們的「安樂窩」，打柴、擔水、埋鍋做飯，開始了過日子的生活。

休息一天，隊裡做了布置，我的一個大組種菜，其他組打柴。這裡戈壁灘上，長一種名叫「梭梭」的小樹，不成材，只能做燒柴。樹質鬆，不用斧砍，用手一掰就倒。看來葉子綠綠的，可是沾火就燃，非常好燃燒，所以燒柴也不困難。住有現成的地窩子，吃糧可以向老鄉買，只是吃菜有問題，既然指定要種菜，春天又來了，開始幹吧。

種菜組由隊長和老鄉領著，指定一片老鄉曾經種過的荒地，叫做

「歇茬地」；原來老鄉們因地廣人少，土地種一年歇三年，輪流耕種，培養地力。指定給我們的這片荒地長滿了雜草，枯黃在地裡，據說已歇了兩年了，我們要利用，需要重新開墾。當時什麼工具也沒有，隊長跟老鄉聯絡，借來一張木犁和幾把砍土饅。沒有牲畜拉犁，就用人拉，以人代牛；十幾個人不抵一頭牛，還累得喘不過氣來。勞改嘛，再累也得幹，連犁代刨，幹了幾天，翻了五畝多地；又跟老鄉商量，把他們種過瓜的倒茬地，借了三十多畝。原來新疆種瓜的地必須輪作，第一年種瓜的地，必須倒茬種其它作物，三年以後才能再種瓜。我們借用的瓜地才歇了兩年，勉強可以利用。初來乍到，沒有經驗，以為只要是地就可耕種，便向老鄉買些菜籽，甜瓜和西瓜籽，就此幹起來了。

我們仍是按照延安種菜的經驗，茄子、辣椒、西紅柿、黃瓜，都採取催芽育苗的栽培技術，畦子打好，苗已育出。要定植了，我去跟老鄉要水，準備栽苗，叫他們把瓶口（閘門）的閘提一提，分給我們一點水，老鄉聽說我們要栽秧，以為是插稻秧呢，便說：「你們沒有稻田，栽什麼秧？」我說：「栽茄子、西紅柿、辣椒等菜秧，面積很小，用不了多少水，大約兩個時辰就夠了（老鄉們用水，按舊法的時辰計算，實際上就是按鐘點。）」

老鄉很奇怪，問我，茄子、辣椒、西紅柿能栽嗎？我說：「都能栽，我們的秧苗已經長好了，急著要栽下去。」老鄉同意給寅時水（即上午天剛亮時），我說：「天還沒亮，不能栽苗，請給我們辰時水。」他們也答應了。我們栽秧時，他們跑來看，並說：「能栽活嗎？」我說：「能活，我們種菜，都這麼做。」定植後三四天，苗都活了，長勢很好；老鄉們認為我們有辦法，從而我每次去要水，都很痛快，因此，也和他們交上了朋友。

三十畝甜瓜、西瓜，是直播的，苗已出齊；瓜菜離不開水，但是白天的水，老鄉自己用，只有晚間讓給我們。瓶口（分水閘）離我們菜地十多里路，每次放水，都得到瓶口去查看，是否按時給水，水量夠不夠？同時也防止老鄉偷水。一次晚飯後，我一個人去查水，因無月光，在紅柳灘裡走迷了路，辨別不出方向，也找不到來時的路，轉來轉去，越轉越迷。心裡明白，瓶口離隊部一個小時的路程，看看星星，已是半夜了，轉了三個多小時了，急得滿頭大汗，又害怕遇著狼。想要往瓶口方向去，也不知哪條路對？太累了，坐下歇一歇，萬不得已，就在紅柳灘裡，坐以待旦，等太陽出來，就可找到路了。

隊裡的人說：「袁組長去了這麼久沒回來，會不會有什麼問題嗎？」靳隊說：「你們趕快去找。」班裡幾個人，拿著馬燈來找我，隊部門前燃起一堆火，沿路上，走一段燃一堆火，他們邊走邊喊。我遠遠的望見火光，知道是給我引路，便奔火光走去。不久，又聽見喊聲，這才找到路，與找我的人一起回隊，離隊部也不過一小時多的路程。心想，這好像「烽火戲諸侯」一樣，不禁為之好笑。回來一看，瓜地、菜地都已澆完。天亮了，時辰到了，該去退水，我需要睡一會，休息一下，派兩個人到瓶口把閘門落下來就行了。

到了四月下旬，水蘿蔔、小白菜都吃上了，黃瓜、茄子、辣椒等都已開花，瓜也長得很旺。大家邊工作邊說：「今年可以吃上咱自己種的哈蜜瓜了。」這也算「苦中有樂」。

正幹得起勁的時候，大隊部突然來個命令，調我去大泉溝工地，我覺得很詫異，剛剛把瓜菜種出來，還沒完成一年的計畫，為什麼要調走呢？是不是又出了什麼錯誤了？靳隊長也很奇怪，安排好了，叫我領著種菜，為什麼又要調走呢？上級的命令只好服從，便對我說：「老袁！大隊部調你去，不能不去，種菜的事，只剩管理和收穫了，交代給你們組裡的老王頭就行了，去一段時間再回來。」於是向組裡交代一下，又收拾一下自己的東西，第二天便挑著行李，去大泉溝了。

四、大泉溝挖渠

「新疆軍區生產建設兵團」顧名思義，就是既生產又建設的兵團。根據當時新疆的地理環境，生產是以農業為主，建設則以水利為先。水是農業的先行，所以一開始，就設有水利工程處，我們這個勞改大隊，就是隸屬於水利工程處的，後來又編入建築工程第一師。

大家都知道，新疆地廣人稀，而地又大部分是戈壁灘，可耕地面積很少，主要原因是沒有水，有水便有田。新疆是少雨區，降雨量很少，只有靠澆灌種田。兵團要開發農業，首先就要挖渠引水灌溉。新疆水利資源並不缺，天山上積雪融化的水，滙成不少河流，瑪納斯河就是雪水流成的河。

生產建設兵團要把瑪納斯河西岸廣濶的戈壁灘，奎屯、車牌子、下野地一帶，開墾成農田，關鍵便在於把水引到這裡。所以決定挖一條瑪納斯河西岸大渠，全長一百多公里，計劃中是建成四十公尺寬、十五公尺深的大渠，儼然一條小河，工程量之大，可想而知。

我們這個勞改大隊，就是挖渠的水利大軍，全大隊有十個中隊，除了我們四中隊到沙灣種菜而外，其餘都開赴大泉溝西岸大渠工地。他們到了大泉溝，也和剛到石河子新城一樣，一片空地，什麼也沒有，自己砍葦子，搭棚子，安排住處。安定下來後，正式開工挖渠了，工地上要有施工技術員，便想到我的頭上，所以才調我到工地工作。我是蒙在鼓裡，根本就不知道，反正是勞改，叫往哪去，就往哪去，「磨道的驢子，只有聽吆喝。」

後來不久，我們這個中隊也得參加挖渠，菜都種好了，苗出齊了，只需管理鋤草澆水，就可陸續收穫。隊裡決定，只留下二十個體力較差的人管理菜地，其餘的人全部到大泉溝工地挖渠。經過一天帶半夜的行軍，來到大泉溝工地。開工前，張大隊長找我，叫我當施工員，擔任分段、放線、收方及檢查質量的工作。我說我不懂工程技術，幹不了。張大隊長說：「調你來工地，就是叫你幹這個工作。」渠道早已測量好，樁也打好，但我沒有學過，完全外行。張大隊長領我到工地，實地告訴我，哪個是中心樁，哪個是邊樁，樁頂上的±符號，是什麼作用？經他一指點，多少有個數。當時我說：「一個人幹不過來。」

他說:「已經找了三個懂工程的人幫你幹。」我說:「那還可以。」

第二天，大隊集合，宣布開工了，一千多人像螞蟻一樣，散布在一條線上，張大隊長領著各中隊長，我和其他三個人也跟著，按隊分段，每個中隊兩百公尺一段，然後放線。各中隊又指定了記工員，配合我檢查質量及每天統計收方，就這樣又幹開水利工程了。

大泉溝是水草茂盛地區，有地下湧泉，水溫極低，手伸進去，冰涼徹骨，估計在 20℃以下，但水中有魚，清澈可見。附近幾十里內樹木茂密，特別是柳樹最多，這為施工提供了極好的條件。在開工前，各隊都到樹林中，砍柳木做扁擔，割柳條編擔土用的土箕子，一千多人散布在荒山野壑中，為戈壁灘增添了一點生氣。張大隊長領著我和各隊的記工員，沿著放好線的渠道而行，從而我了解了工地的全貌。

為了掌握工程的進度與質量，我本著幹什麼學什麼的心情，處處細心學習，掌握了不少術語，懂得了一些施工的要領。每天起早睡晚，有時連飯都不能按時吃，一心一意想搞好工程。

四十米寬、十五米深的渠道，簡直是一條河，到下野地、奎屯約一百多公里長，土方量是很大的；而挖出的土必須擔到五十米以外，都靠人力擔，而且每人每天的定額為四立方，勞動強度之大，工作時間之緊張，可想而知。我雖然不擔土方，每天在五公里長的工地上東奔西跑，掌握坡度，掌握深度，檢查質量。由於地形不同，土質不同，須根據不同情況，隨時變化，稍一疏忽，就會發生質量事故，而我又是門外漢，隨時都會遇到難題，只有多想多問、多鉆研，從實踐中摸索經驗，不久也都能掌握了。各隊記工員中，有的懂工程技術，我把各隊記工員都團結得很好，成了我的得力助手；每天晚上收工後，各隊記工員把每個人的成績和全中隊的成績都報給我，我滙總後，再向大隊部滙報，並請示安排明天的工作。

前面說過，一百多公里長的地段，地形地貌地質是不一樣的，有時遇到石頭，有時遇到沙子，有的地方還是葦湖，有些地方低於水平線，不但不能挖，兩側渠岸還要墊方，乃至於有些地段地下水位高，泉眼往外冒水。因此施工的方法、定額，都要根據實際情況隨時變更，包括挖葦方、挖石方、挖沙方、填土夯實、排水堵泉等種種具體情況，得邊幹邊摸索。白天在工地與帶隊的隊長、指導員隨時商討，晚間回到隊部彙報後，又得商定下一步施工的步驟。一天到晚，腦子想的都是工程，「勞改」二字忙碌之中都沒放在心上了。

有時想到「黃河百害，惟富一套」的故事，黃河後套之所以富，就是由於王同春在後套挖了八條大渠灌溉農田，又挖了一條退水渠，農田澆完了，多餘的水從退水渠仍流入黃河，有水利而無水害，所以才有「惟富一套」之諺。現在這條西岸大渠挖成，能使下野地大片的戈壁灘變成農田，是一件了不起的事，深感這是一樁有利於國計民生的事，於是幹得也很起勁。

不到一年，大渠挖通放水，瑪納斯河的水流到下野地。在這一年裡，一千多人胼手胝足，沒有白忙，我自己也立了兩次功，減了兩次刑，共九個月。在第二次立功減刑大會上，隊長對我說：「兵團幹部部楊部長來了，他要找你談一談，現在他在吉普車裡等著你，你自己去吧。」我到吉普車跟前，楊部長站在車門外，叫我上車，他也坐進來，便開始談話，首先問了一些工地的情況，又問了我個人的思想情況。最後他說：「要把你調到石河子去，你有什麼意見？」我說聽從領導安排，沒有什麼意見，談約半小時，出來後，大會已散會，便隨隊回到宿營地。晚間隊長告訴我：「楊部長跟你談話，已經對你說了，要你到石河子去，對你將有新的安排，你收拾一下，明天就送你去。」

五、石河子軍法處

次日早晨，吃完早飯，即上路去石河子。由一名警衛押送，我自己擔著行李，真有點像「蘇三起解」的樣子。大泉溝工地距石河子六十里路，一般六個小時即可到達，由於我擔著沉重的破爛行李，三里一停，五里一歇；壓得兩肩痛，走得兩腿疲，加以未吃午飯，渾身無力，直到下午五點多鐘，才到達石河子。經過警衛的聯繫，把我送到軍法處看守所裡，餓得累得實在不行了，弄來一個饅頭略充飢腸，便休息了。

這裡是一處地窩子，裡面關押一百多人，都是新疆當地的犯人，還有維族青年在內。一天到晚關在地窩子裡，連大小便都不得自由，比在大泉溝工地差遠了。心情十分苦悶，每天閒著無事，就跟維族青年學維語，藉以消磨時間，每天學三句，用漢字注音，三個多月裡，學會了一些日常生活用語。

一九五三年的元旦到了，楊科長（軍法處的科長楊建陵）找我說：「要出張牆報，你來編吧！」叫幹啥就得幹，沒二話可說；於是就到各個牢房聯絡，發動寫牆報稿子。又與楊科長商量，拿來些出牆報用的紙，經過一番籌集，元旦這天，牆報貼出來了，大家爭著看，領導也來看，都說編得不錯；實際上都是大家寫的稿子，我只是編編排排貼貼而已。

元旦過後，所有犯人都出去勞動，燒磚、運磚，準備蓋房子；先蓋小學校舍，後蓋醫院，把我留在牢裡，不去勞動，感到奇怪。當離開大泉溝工地時，靳隊長說：「你到石河子就好了，組織上有新的安排，你要好好幹吧！」可是到了石河子，反而關在牢房裡，不得活動。現在大家都出去勞動了，又不叫我出去，思前想後，無以自解，只有聽之任之吧！

第二天，別人都走了，楊建陵科長到牢房來和我談話，說明留我在家，是叫我編寫文娛節目，準備到各工地去宣傳，留下的人，還有會畫的臧之駿，會唱河南曲子的李延齡，會唱秦腔的周某，以及劉中清和我。我是什麼也不會的，向楊科長說明我的意見。楊科長說：「你在天津搞宣傳工作，搞得很好，我們都知道，從工地把你調來，就是要你搞宣傳工作。」至此，我才明白，原來是這麼一回事，那還有什麼話可說呢？

楊科長又把留下的幾個人找到一起，交代一下，我們就天天聚在一起，商量編節目的事。我說：「你們能畫能唱，我什麼也不會。」劉中清說：「你不是能編能寫嗎？誰能唱，就把舊詞唱出來，你照調編詞就行了。」我說：「試試看吧。」於是就在這幾個人說唱的協助下，編起節目來了。

當時剛剛宣布了過渡時期總路線，和國民公德——五愛（愛祖國、愛人民、愛勞動、愛護公共財物、熱愛共產黨），過渡時期總路線，只是說從新民主主義，過渡到共產主義低級階段的社會主義，然後再往高級階段共產主義社會過渡；在過渡時期，共產主義就是燈塔。只是這麼幾句口號，不了解具體內容，無法編成劇本，乃編了一齣活報劇，做了一個指示航程的燈塔和船，象徵船奔燈塔，幾個演員唱著：「大海航行靠舵手，萬物生長靠太陽……」的歌曲，做成划船的動作，喊著口號，奔向燈塔。當時就感到俗不可耐，一點藝術性也沒有，可是楊科長和楊部長還說演得不錯。

至於國民公德——五愛，尚有具體內容可塑造，決定編一齣河南曲子戲，由李延齡唱河南曲子的舊調舊詞，什麼陽調、詩篇、上六、垛子等等，他唱我聽，經過幾天時間，對於各種調子有了印象，開始編一齣《五愛家庭》為內容的劇本。以一個家庭的老少三輩為主體，穿插熱愛勞動，熱愛鄉隣，團結合作，發展農業生產，秋收後上交公糧的事蹟，最後歸結於共產黨領導得好而落幕。五幕歌劇採用了河南曲子調和陝西郡鄠調，編成後送給楊科長審查，結果說是宣傳小農經濟，未能排演即告壽終。

乃又改弦更張，編寫相聲、快板、數來寶、蓮花落等曲藝小節目，其中以《解放軍建軍史》和《錦繡中華》兩個相聲，編得比較成功；演出後，很受觀眾歡迎，於是深入到各連隊去演，後來有些兵團的農場都來索稿。

最後又異想天開，把舊社會裡賣藝的拉洋片也搬出來，編了一套《人民公敵》的洋片，根據陳伯達寫的《四大家族》一書為取材，由臧之駿畫了二十幅漫畫，我編了些唱詞，到各連隊去演出，也感到新穎。這期間也編過幾段河南墜子，我在屋子編，劉中清組織七、八個演員到處去演，演得十分熱鬧；而我始終坐在屋子裡，枯悶的時間，賴著一支筆東拉西扯，寄託情思，消磨時間，苦中作樂，亦云難矣。五三年一年時間，就這樣混過去了。

一九五四年三月間，新疆的氣候也大地回春，逐漸暖和起來，小學校舍、醫院都要開始建設，燒磚、運磚的工作十分繁重緊張，沒有汽車，也沒有馬車，唯一的運轉力量是人力。我們編節目的人，編得不少，而且都演出了，可以繼續演出一段時間，乃停止編寫，去參加運磚。演出的幾個人，仍繼續到各連隊演出。

這時，天氣雖暖，路上仍有殘雪，勉強可以用扒犁運磚；不久路雪化完了，扒犁不能用了，便用人揹。磚窰到醫院工地兩公里多路，往返一趟要兩個多小時，每人每趟只能揹二十塊磚，還累得喘不過氣來，要運夠一棟醫院大樓的磚，其勞動量之大，可想而知。

我一年多未外出勞動，體質十分虛弱，猛然出去勞動，感到力不自勝，這是可以理解的。每天收工回來，疲憊不堪，只有暗自吞聲，徒喚奈何？幹了兩個多月，磚不揹了，又要栽樹，號召每個人至少栽一棵樹，而且都要掛上木牌，寫上自己的名字，作為將來的紀念。天知道，一塊小木牌、一根細蔴繩栓在樹上，風吹雨打，能掛幾天？姑妄言之，姑妄聽之，姑妄為之，不管怎樣，將來樹長起來，妝點風景總是好的。

栽完樹又修路，當時只有放好線的路基，據說這是石河子新城的一條幹路，挖成六十公分深的基槽，一層卵石，一層黃土，一層碎石，一層沙子，卵石都要用手擺緊。因此首先是備料，挖卵石，石河子地區也怪，挖下四五公尺深，剝開沙子，下面都是大大小小的卵石，磨得又光又圓，一點棱角都沒有。

據說幾萬年前，這裡是海底，滄海變成了戈壁灘，不禁有滄桑之感。把卵石挖出來，運到路基上，開始舖路基，把幾十公分直徑的大卵石，一塊挨一塊地擺在挖好的基槽裡，然後舖上砂土，碾實了再舖碎石子。因無水泥、瀝青，用黃土蓋面碾實，就算完成。

光知道這是石河子新城的馬路，不見一棟房屋，聽領導說，石河子新城十四平方公里，這裡是工業區，那裡是商業區、文化區、生活區等等，一篇空話，也只是姑妄聽之而已。一個多月，路舖完了，又要修豬場，從挖地基、揹磚，到砌牆蓋豬舍，一百多間豬舍蓋起來了；之後又去修食品廠。這是一片墳地，挖地基，挖出不少棺材、骷髏，清理完了，已是秋末季節，因磚、木材料沒有備齊，建築工程停止，就被派遣到南山伐木去了。

六、南山伐木，韃子廟新生

《詩經·小雅·伐木》曰：「伐木丁丁，鳥鳴嚶嚶，出自幽谷，遷於喬木。」這是多麼令人嚮往的意境。現在我去伐木了，心境卻不是輕鬆的，更不是遷於喬木。

一九五四年春節過後，把我調到建築工程第一師第四團八一木工廠所屬的伐木隊，這個隊在南山韃子廟，南山是天山山脈的一部分，以其位於烏魯木齊之南，一般人習慣地叫做南山。就南山而言，尚有許多具體名稱，如東溝、白楊溝、清水河、韃子廟等等。

伐木隊是屬於工一師的一個勞改隊，歸四團領導，這個隊駐地在韃子廟，從石河子到韃子廟大約九十公里，有汽車可通，中途經石場、卡子灣、六道灣盤山而過，翻過一個叫做韃子嶺的山口，就到了韃子廟。到這一看，遠處山勢起伏，遙望青松鬱鬱蔥蔥，山坡上面有一排木房子，山坡下也有幾棟木房子。所謂木房子，就是所有圍牆、屋頂，都是用粗細不等的圓木圍起來、支起來的房子。屋內睡覺的炕，也是圓木架起來的，生活條件不如軍法處，不過在勞改隊待長了，什麼條件都可隨遇而安，也只能如此。

我被編到一個班裡，第二天就隨著班上山伐木，兩個人一組，用魚肚鋸對面操作，兩個人對面坐在地上拉鋸，五十公分直徑的樹，要一個小時才能放倒，然後用月牙斧把樹枝砍掉，再按要求的規格，截成長短不等的材料——圓木，效率不高。

後來改用彎把鋸（也叫刀鋸），每人一把鋸、一把月牙斧，單獨作業，材積定額為每人每天五立方米，五十公分直徑的樹，要伐三棵才夠定額，勞動強度之大，可以想見。

伐木是危險的活，為了安全，伐木的人不能聚在一起，每個人的距離，必須相隔百米以外，防止樹倒下來砸傷人；樹快要鋸倒時，必須高聲呼喊「樹倒了！」告訴鄰近的人注意躲開。一百多人遍布山崗，因此呼喊之聲不絕於耳，震動山谷，頗不寂寞。

鋸材的尺寸，從大頭起，第一段四公尺，第二段五公尺，第三段五公尺，第四段九公尺；末梢一段小頭直徑只有十五公分，是做電線杆子的材料。樹高都在三十公尺以上，至少要鋸成六、七段材料。樹的根部粗細不一，從四十公分、五十公分，到一公尺多，如伐到直徑大的樹，每天伐一棵，就可以超額完成任務。但是工作中稍一粗心，就有砸傷砸死的危險。

有一天下班很久了，大家都吃過晚飯，還有一個人沒回來，我趕快跑到山裡去找，邊走邊喊，不見回應，轉了很久，在一個山窩裡，發現他已被砸死在一棵伐倒的大樹下，整個頭部被砸碎了。趕快回來向隊長說明情況，派了四個人把屍首抬回來，伐木隊有的是木板，做了一口棺材，掩埋在山坡上。一查檔案，死者是廣東人，再有一年就刑滿了，就這一年，沒熬過去，令人傷心！一夏天就有三個人被砸死。

砍伐季節在夏秋兩季，冬春兩季是集材、運材時間。夏天伐倒的樹，鋸成一段一段的木材（圓木），橫七豎八散布在山坡山溝裡，到冬季利用雪地有滑力，把木材推下山，集中在山下平場上，以便汽車裝運下山。有些山坡沒有雪，便用圓木修成滑木槽，把木材撬到槽裡滑下山坡。山坡很陡，坡度有四十度、五十度不等，木材從山上往下放，如同脫弦之箭，飛一般地往下溜竄，也是很危險的工作。

集材完了，等汽車來裝運，這時採伐區到處是砍下的樹枝，既容易引起火災，又妨礙樹木的生長，必須進行清林，把散布在樹林中的樹枝清理到山下，林區以外二三百公尺的空地上。清理下來的樹枝太多了，堆在山下，好像一堵堵的圍牆，綿延數里，把放牧的草場給占了。哈薩克牧民跑來提意見，經研究須燒掉，於是在一九五四年除夕的晚上，便點起火來，一夜之間，山下一片火龍，映得滿天通紅，如同白晝。全隊人都出動在周圍監視，以防延燒到林區，引起森林火災。經過幾天的監視，火熄滅了，以為可以不妨礙放牧了，孰料被燒的草地，草根都燒焦了，第二年被燒過的地方，赤地一片，寸草不生，哈薩克牧民又來提意見。但事已如此，為之奈何？只有好言相慰，不了了之。

伐下的木材，要運到石河子八一木工廠，製成各種建築材料或家具。從石河子到南山韃子嶺，是盤山公路，坡陡路彎，叫作「六道彎」，汽車行駛在山坡上，迂迴盤旋，十分危險。冬天路被雪封，汽車不能上山，運木料的汽車，只能到山下的石場。從石場到韃子廟，有十三公里，這十三公里，就是上面所說的六道灣、韃子嶺。

在汽車不能上山的時候，只能用人力拉到石場，再用汽車運往石河子，拉木就成了我們冬季的任務。材集完了，接著就拉木，拉木有三件工具，一把錘子，一條繩子，一個拉木釘（帶鐵環的鐵錐子，錐長二十公分，姆指粗，連接在鐵環上）。繩子的一頭拴個鐵鉤子，鐵錐釘在圓木的頭上，鐵鉤掛在鐵環上，就可把木拉動了。山間坡陡、路彎、雪滑，拉木這個工作更危險，勞動強度更大，有人開玩笑說這是玩命的活。

韃子廟到韃子嶺兩公里，是陡坡，從下往上拉，像老牛拉重車，也像逆水上行船，拉縴一樣。頭拱地不敢鬆動，稍一鬆動，木料就往下滑，從夜裡一點鐘往上拉，直到太陽出來，約四個小時，才拉到嶺上。到嶺上以後，便是一路下坡，就是六道彎，這一段路到石場十一公里，木料在雪路上，不用拉，就像滑雪一樣，自動地飛也似的往下滑。這時人只有跟著木料跑，到拐彎的地方，用繩子把木料拉一下，轉個方向，又繼續向下滑。這十一公里，一個小時就跑到了石場，速度之快，如同汽車。人跟著跑，為了掌握方向，一會在這邊，一會跳到那邊，想停一下，或慢一點，都不可能。跑得渾身大汗，從背心裡冒熱氣，衣服濕得如雨淋一樣，寒氣撲身，滿身是白霜。

到達石場，把木料放到集材場，一停下來，渾身濕冷，凍得發抖；趕快圍著火牆烤，把衣服烤乾了，然後吃一頓飯，便往回走。十一點鐘開始上山，因兩腿跑得痠軟，舉步維艱，直到下午三四點鐘，才回到韃子廟，已經疲憊不堪了。到了之後，趕快到集材場選一根合適的木料，釘上拉木釘，拉到路旁放好，準備明天拉，這才算完成一天的任務。

體力棒的小夥子，能拉 0.4 立方的一根圓木，我只能拉 0.2 的，上坡時，還要別人幫忙，才能拉上韃子嶺。起早貪黑，整天在雪地裡跑，很多人得了雪盲和紅眼病，有的腿被撞傷，不能走路，只好在隊上養傷。不管怎樣，我還是堅持下來了，這段工作延續到一九五五年春末，才告一段落。

接著又要伐木了，在過去一年的實踐中，出了不少力氣，也積累了一些經驗，從中懂得了樹木生長的習性，病蟲害的滋生和天敵，林區復育更新的理論與辦法、伐木的經驗、集材的知識，以及山區氣候變化的情況，乃與臧之駿合作，他畫我寫，編成一本《伐木手冊》，作為伐木者參考，也作為伐木隊的總結。原稿交到隊部，隊長指導員都是半文盲，識字有限，未重視這本資料，限於時間，既未得複印，亦未能抄存，至今思之，猶覺可惜。

第十六記　厄運三十年之四

一、韃子廟「新生」

「新生」，在共產黨政權下，是刑滿的代名詞。既然把過去的社會，名之曰舊社會，意味著那是腐朽封建的社會，共產黨掌握政權之後，標榜的便是新社會。所以經過共產黨改造的人，都叫做「新生人員」。作為我個人來說，等於死而復生。袁天罡說過：「從前種種，譬如昨日死；此後種種，譬如今日生。」也好，我能有今天的「新生」，應該說是厄運中的一個轉機。我是一九四九年四月三日，共產黨進入天津六十三天，被關押起來；一九五零年十二月，以歷史反革命的罪名，判處有期徒刑七年，投入勞改；到一九五五年七月一日，已是六年三個月了，由於減了九個月刑，加在一起滿七年了，也算是提前新生。七月一日，是共產黨誕生的日子，黨員和群眾，都要開慶祝會，勞改隊也得慶祝，這天的晚間，伐木隊（勞改隊）正在開慶祝晚會，我是晚會的主持人，正在後台忙著給演員們料理服裝，安排演員上場演節目，忽聽指導員劉超，在前台閉幕的空隙中，宣佈袁英林（這是共產黨給茼化的寫法）刑滿新生，念了刑滿通知書，後台又忙又吵，聽得不十分清楚，因為事發毫無所知，便有點將信將疑。前台拉幕的隊員，聽到宣佈以後，趕快跑到後台，告訴我，老袁！你「新生」了，恭喜！恭喜！聽了之後，才深信無疑，但正忙著照料演出，也無暇多問。等到演出結束以後，劉超指導員把刑滿通知書交給我，並說：「明天不要出工了，等候隊部給你安排工作。」

由於心情激動，一夜輾轉反側，思前想後，未曾入睡，第二天搬離勞改隊宿舍，到另外一間房子住下，一邊休息，一邊把衣服被褥拆洗一下，準備開始過新的生活。邊拾掇邊想，能幹什麼呢？過去所不敢想的老婆孩子，也湧上了心頭，能不能團聚呢？千頭萬緒，前前後後，都縈迴在腦子裡。過去在隊裡，相處較好的一些人，都為我高興，我心裡卻泛起愁來了。第三天，七月三日，指導員劉超當眾宣佈，任命我為伐木隊的文化教員，身份為之一變，自此就列入了兵團幹部之群，開始當教員。口吻也變了，把我叫做「文教」，意思是文化教員，主要是為隊上的幹部——隊長、指導員、分隊長們上文化課——掃盲。與指導員劉超相處甚好，他向隊員講話，都叫我給他寫個稿，他照著念，他的文化程度較低，稿子上有些字，還不認識，於是在他講話時，我坐在旁邊，遇有卡殼時，就從旁提示一下。因此和我感情很好，經常叫我到他家吃飯，他的妻子石寶瀛，對我也很親切，其他隊長、分隊長、司務長等一些幹部，由於給他們上文化課掃盲，都處得不錯。

不久，反胡風運動開始，隊部接到通知和一些文件，指導員組織學習，但文字很深，幹部們理解不透，不知怎樣學習批判，我對胡風其人，根本就不知道，也不知如何批判，指導員念文件，念不下去，我就代念，叫我領著學習，更感到老虎吃螞蚱，無從下口，於是就反覆閱讀文件，從文字中，了解一些情況，然後再讀給幹部聽，並就我所理解的皮毛，望文生意地加以解釋，幹部們也似懂不懂，但有主見，反正胡風是反革命分子，批判他思想反動，總是沒錯，批判的資料，不斷送到隊部，我一面上文化課掃盲，一面讀文件，無形中我成了反胡風的通事，自己都感到莫明其妙，只好隨幫唱影，人云亦云。

白天隊員上山伐木，隊長、指導員、分隊長都上山檢查工作，我也隨著上山，東遊西逛，消磨這空閒的時間，晚上回來，就領著學習，也無非是文件的傳聲筒，照本宣讀，就字面給幹部們解釋一番，就算是批判了。與此同時，也代管勞改隊員們的學習和娛樂活動。到年底，反胡風運動的高潮已經過去，幹部們都鬆了一口氣，樂得輕鬆一下，過個快樂年，我也不再讀文件了。

我的職司重點是教文化課，伐木隊分散在幾個山區，一部份在韃子廟，一部份在東溝，一部份在白楊溝，幹部也分在這三個地方，教幹部文化，就得輪流到處跑，三處距離，都在十華里以上，每個禮拜跑一個地方，爬山越嶺，非常吃力，職責所在，只得如此。一個禮拜六的晚飯後，天都黑了，要從韃子廟趕到東溝去上課，走到韃子嶺的半坡上，對面下來一隻狼，眼看離我只有二百多米，該怎麼辦呢？手中無物，只有身上披的一件棉襖，我立即蹲下，把棉襖矇著頭，偷偷地盯著狼，狼見我蹲下了，不見頭，狼也停下了，呆呆地望著我，我心裡有些發怵，但實逼處此，怕也無用，便鼓起勇氣，緊緊盯著它，心想，你要撲上來，我用棉襖矇住你的頭，你咬不著我，我可以雙手擰住你的前腿，把你擰死，頓時想起景陽崗武松打虎的故事，勇氣也就來了，稍停片刻，狼拐彎了轉到西邊山坡上，繞著走過去，我依然不動，盯著它走過去了，我才站起來快走，俗話說：「麻杆打狼，兩頭害怕。」一點也不錯，我怕它，它也怕我，所以它繞道而去。

這樣奔走了一冬天，在教課當中，跟幹部們，建立了一定的感情，相處甚恰。一九五五年，除夕之夜，隊員們開娛樂晚會，演出秦腔—

—戰單同，又要我照顧演出，因為服裝道具，都在我的房間裡放著，許多演出的事，都要找我。而隊長和指導員一些幹部，除夕聚餐，我也是幹部，也得參加，這是離開勞改隊幾個月來，第一次與幹部們同過除夕，也感到愉快。俗話說：「無酒不成席」，聚餐也是少不了酒，我本不會喝酒，隊長、指導員說：「文教！今天是除夕，你又是第一次參加聚餐，得先敬你一杯。」我說：「我不會喝酒。」表示謝絕，可是他倆舉著杯，一再勸酒，並說：「這杯酒是歡樂酒，歡度除夕，不能不喝。」又說：「就這一杯，下不為例。」盛情難卻，遂勉強把一小杯白酒喝下去，據說只有二錢，可是我卻醉了，胃裡辣呼呼的，頭暈臉燒，不能自主了，便躺倒劉指導員的床上，如同駕云一般。這時山下勞改隊員們正在演戲，喊我到山下去給拿服裝，我心裡很明白，就是身子不由自主，從床上爬起，就往山下跑，五十多米的山坡，都是石頭台階，飄然而下，不知是怎麼走的，跑到我的屋裡，把服裝給拿出去，便一頭倒在床上，昏睡過去，指導員跑下來喊我去吃飯，我說：「頭暈的很，你們吃吧，不要等我。昏睡過去，直到第二天半晌午才起來，口乾舌燥，急想喝水，元旦都放假休息，無人來問，我跑到伙房，喝了一碗冷水，又吃點東西，回到房裡，又呼呼睡去。第一次喝酒，就鬧了笑話，俗語說：「酒是穿腸毒藥」，不無道理，從此便與酒絕緣，這是一生中第一次喝酒，也是最後一次喝酒，多少年來，參加過無數次大小宴會，從未沾過酒，見到別人痛飲，便望之生畏，確實也見到不少人喝醉了，吐得滿床滿地，真是自討苦吃，益增吾厭酒之心。

二、新疆安家

新生的消息，傳到北京家中，淑文知道以後，便自由通信，彼此述說離別六年來的經過與心情，淑文叫我回北京，我也想回去看看，可是兵團不同意，動員我把家接來，在新疆安下心，紮下根，建設新新疆，說的非常墾切，實際就是不放我走。我有這種感覺，可不便推卻，同時又估計，短時期是回不去的，於是寫信給淑文，說明此意，當然把新疆說得是一個好地方，兵團領導，對我也很重視，新生後立即派為教員，工作也還可以，並且兵團領導也表示，你來了之後，也可以安排工作，說了一些打動淑文心情的話。淑文回信表示，我既不能回去，她可以來新疆，只是路途遙遠，手中無錢，一時還來不了，我把這種情況，向兵團領導反應之後，兵團立即通知駐北京辦事處，找到淑文，說明兵團接她進疆，不要自己拿路費，並已安排好沿途接待的辦法。淑文又把這些情況，寫信告訴我，問我如何辦理，我自然也同意。

經過一番書信聯繫，淑文便於一九五六年四月一日，到了石河子，落腳在工四團八一木工廠，這時我還在南山伐木隊工作，八一木工廠立即通知我來石河子，接待淑文，四月二日，即乘拉木料的汽車，來到石河子八一木工廠，和淑文與昕、時兩個女兒見面。別離已六年多了，猛一見面，恍如隔世，感到有些陌生，尤其兩個孩子，哪裡會認得這個爸爸呢？一時有說不出的酸楚。終究還是骨肉情深，相見之後，不到幾小時，也就親熱起來了。我和淑文，悲喜交集，滿肚子話，不知從哪裡說起。木工廠安排一間職工宿舍，暫時住下，過了兩天，給我安排一間住房，條件很差，門矮窗小，只有一舖土炕，初來乍到，一時也不便提意見，心想，總算可以自己安家了。搬過去之後，稍事打掃。八一木工廠安排淑文為廠部文化教員，上班後，與原教員室工作的小王、大王在一起工作，分了一下工，叫淑文擔任職工掃盲工作，小王與大王，擔任宣傳廣播工作。

一切都安排好了，我又回南山伐木隊去。因淑文亦姓王，三人同姓，又同在一起工作，彼此招呼很不方便，三人之中，淑文比他們倆年長幾歲，他們便把淑文稱之謂老王，廠內領導，也就以老王，大王、小王相稱呼，老、中、青三王，一時傳為佳話。夏季裡，淑文領兩個孩子，到南山伐木隊，來看我兩次，說說六年來家中的情況，都有滄桑之感，而事成過去，也就是說說而已。一九五六年冬天，臨時把我調回石河子廠部裡，協助編寫木工廠年終總結，實際上並不是協助，而是由我主持寫總結。

我一直不在廠部工作，什麼情況也不了解，如何來寫總結呢，感到丈二和尚，有些摸不著頭腦，協理員王云成在延安時，就相處很好，調我寫總結，就是他安排的，他說：「老袁，你不用著急，我有辦法。」於是他把各股室和各車間的領導，召集在一起，開滙報會，叫我也參加，他們說，我邊聽邊記，搜集一年來各方面的情況，依此來寫總結。經過兩天滙報，了解一些情況，但滙報者，語焉不詳，我所了解的，只是一些皮毛現象，既不深入，亦不具體，仍是無法動筆。王協理員又對我說：「我已跟各股室車間的領導說了，你可以隨時找他們談話，進一步了解情況。」我想這不是我協助寫總結，而是他們協助我寫總結。這樣經過兩個多禮拜，初稿完成，廠長、副廠長、協理員，各股室、車間領導，又開全廠領導會議，讓我把總結稿念給他們聽，念完一部份，他們就提意見，不合適的地方，立即修改，遺漏的地方，遂即補充。全廠有秘書室、行政辦公室、財務股、供銷股、生產股、一車間、二車間、三車門、四車間，共九個部門，都要提意見，修改補充材料。當然我又是邊聽邊記邊改，開了兩天會，提了不少意見，也補充了不少內容，我又開始修改，弄了一個月，修改完成，又經過廠長，協理員和我，再度邊讀邊研究，才算完成，費了九牛二虎之力，忙了一個多月，總結寫完了，交出去了，也到年底了，我又回到南山伐木隊。

一九五七年，新年過後，把我調回木工廠任教員，教員室的三王，加上我，四個人，大王、小王的工作不變，我和淑文專門擔任全廠掃盲工作，淑文教工人，我教幹部，每天給廠長、協理員等十幾位幹部上文化課，在認真教，認真學的情況下，領導們文化程度，提高得很快，十分滿意。這一年正是反右鬥爭開始，這是繼反胡風運動之後，又一個運動，廠部接到通知和文件，領導幹部們，首先就得開會，學習文件，有些文字，領會不透，又得我來輔導，文件學過了，便結合廠裡的實際情況，批鬥右派言論和行動，我也參加幹部的反右活動，讀文件，學習文件，都是我的任務，成了我是領導反右的骨幹，批鬥時，我也隨幫唱影，人云亦云，當然不是唱反調，也不敢唱反調，因為善於辭令，而且發言較多，一個問題，正反兩面，都有說詞，他們認為分析的深刻，被說成是反右積極份子，這樣當然我自己就不是右派分子了。但是一個職工二百多人的廠，如果說找不出一個右派分子，對於反右鬥爭這個運動，似乎也無法對上面，因此不能草率收兵，沒有右派分子，就找右派言論。

財務室有一位孫會計，平時愛發牢騷，說些不滿意的話，便找到了他的頭上，揭發檢舉，紛至沓來，接二連三的開批鬥會，最後扣上一頂右派言論的帽子，送去勞動教養，弄得老婆孩子，生活都無法維持。第四車間有個年輕工人，曾經被勞改，平時愛開玩笑，說俏皮話，言者無心，卻是聽者有意，竟被揭發為右派言論，在車間裡批鬥了一遍，送去勞教算完事。木工廠的反右鬥爭，就這樣收兵了。天知道，哪裡能構成右派言論，都是生活中的雜談，也只好以右派言論定罪，不然何以向上級交代。

我想，毛澤東公開號召大鳴大放，所謂：「百家爭鳴，百花齊放」，「鳴」「放」就是叫大家暢所欲言，有啥說啥。毛澤東又說：「言者無罪，聞者足戒」，大家信以為真，說了些心裡話，為什麼說出來，就揪住不放，必欲投諸勞改勞教而後已呢？後來才明白，這是毛澤東的陰謀，有人說他自己稱之謂陽謀，不管什麼謀，都是毛澤東哄騙人的巧語花言，所以後來也不管是不是鳴過放過，凡是知識份子，都成了右派，全國一百多萬知識分子，一網打盡，成為人所不齒的臭老九。後來有人說這是毛澤東「引蛇出洞」的詭計，究竟是否詭計，歷史學家會有定論的。從這些事實來看，木工廠揪出兩個右派言論，又算個什麼呢？

三、精兵簡政

一九五七年年底，反右鬥爭告一段落，一九五八年一開始，又來個「精兵簡政」運動。新年剛過，工一師幹部部的張部長，就來到石河子工四團和八一木工廠蹲點，親自進行整編。首先把廠長辦公室的秘書何靜，調為行政辦公室的秘書，把我從教員室調到行政辦公室任管理員。在他們計議之下，淑文也得調出教員室，既然叫做精兵簡政，又不能往各股室安插，了解到淑文有縫紉技術，於是決定在八一木工廠成立一個縫紉組，叫淑文當組長。這是一個自謀生產的小團體，不在木工廠體制之內，淑文不同意，她說：「當初是你們動員我來的，現在既然要下放，我仍舊回北京去。」他們說：「淑文同志，你不要激動，這是精兵簡政的運動，教員室四個人太多，所以把袁同志和你都調出來，袁同志先到行政辦公室，你先擔任縫紉組長，發揮你的技術，把縫紉組搞起來，以後再安排其他工作」，淑文說：「我考慮一下再說吧。」淑文回來跟我說：「精兵簡政」，就是變相裁人，既然我已被裁，你也不會長遠下去，趁這個機會，咱倆都回北京吧，我會縫紉，又能當會計，回去幹什麼不吃一碗飯，在這裡熬不出個名堂。」我說：「回去當然是個辦法，但是他們剛剛把我調為行政管理員，表面上是重用，實際是拉住不放，我要走，他們怎肯放呢？」淑文說：「你去辭嘛，就說我要回去，你得陪我回去。」我跟張部長一說，張部長不肯放，並說：「淑文同志也不能走，你得說服她留下來。」我說：「這個工作我做沒用，得你去說服她。」於是張部長又拉上會計股長陳旭，又找淑文面談，叫我也參加，張部長說：「新疆需要人才，精兵簡政，是一時的運動，我們不能不動，你先委屈一下，運動過去，會另有安排的。」甜言蜜語，說了不少，願也許了不少，實逼處此，又將奈何？不得已，淑文勉強擔任了縫紉組長，領幾個家屬，幹起縫紉工作。這個縫紉組歸行政辦公室領導，我自然是理所當然的支持者。淑文是個要強的人，幹什麼都有一股犟勁，縫紉組幹得不錯，家屬職工，都來做衣服，每天幹不完的活，收入也不少，領導上很滿意。兩個孩子上小學，都很用功，小家庭又算安定下來。用他們的話來說：「也就達到了安下心，紮下根的目的。」不少職工還羨慕不已。

行政辦公室，等於總務室，什麼都管，職工食堂，家屬住房，兒童福利，乃至全廠辦公的用品，都要行政辦公室來辦，可謂包羅萬象，是一個大雜燴的單位，秘書何靜，是行政辦公室的領導，只做些文字工作，一切事務，都落在我的肩上，家屬有問題來找我，小孩訂牛奶來找我，各股室領用辦公用品來找我，副業生產隊要種子，要農藥來找我，乃至於家屬養雞，買不到飼料，也來找我，成了十方萬靈神，一天到晚，忙個不停。張副廠長，陳旭股長，對我極力支持，工作倒也順手。廠裡又成立合作社，派王晉田當主任，也歸行政辦公室領導，不久又把淑文領導的縫紉組，撥歸合作社經營，範圍略有擴大，淑文也是起早貪晚的忙著，回北京的事，也就不提了。

所謂精兵簡政，也是一個運動，運動一來就不能不動，張部長動了，從烏魯齊動到石河子，煞有介事似的，裁這個簡那個，簡來簡去，只是東調西調，換換地點，換換名義，一個也沒下去，在運動的風頭上，無非是走過場，應付一下上級而已。

四、三面紅旗

總路線、大躍進、人民公社，就是三面紅旗，這又是一個新的運動。

說到總路線，要把前一段的過程，回憶一下。可以看出，共產黨在方針、路線、政策方面，也是搖擺不定的。早在一九五二年冬天，我剛到石河子軍法處不久，楊建陵科長對我說：「老袁！現在中央有文件，要宣傳過渡時期總路線，你編個宣傳節目吧！」我說：「什麼叫過渡時期總路線，我一點也不懂，怎麼編呢？」他說：「有文件，你看看文件再說。」他把這文件給我，看了兩遍，大義說：在解放戰爭時期，是新民主主義階段，解放以後，已進入社會主義階段，社會主義，是共產主義的低級階段，必須過渡到高級階段——共產主義階段。怎樣過渡呢？必須有個總路線，首先要從思想上建設國民公德——五愛，即「愛祖國、愛人民、愛黨、愛勞動、愛護公共財物。」看完之後，腦子裡有了一個共產主義低級階段、高級階段的概念，又有了樹立國民公德——五愛的具體內容，就順桿爬桿，找了一個會畫的臧之駿，會唱河南曲子、河南墜子的李延齡，能寫會演的劉中清，反正都是犯人，打著楊科長的旗號，找誰都得幹，幾個人湊到一起一商量，這是楊科長交下來的任務，必須完成，由我執筆，先編一段「活報劇」，定名曰「過渡」，形象地做了一個道具——船，生拉硬扯，編些唱詞加說白，演員五人在船上，做划船的動作，邊唱邊喊口號，表現了從新民主主義，過渡到社會主義，從一九四九年十月一日，進入到共產主義低級階段——社會主義，同時要樹立國民公德——五愛，在這時期，人人都要勞動，按勞取酬，無剝削，無壓迫，人人過著幸福的生活。

要加速完成五年計劃，逐步過渡到高級階段——共產主義社會，達到各盡所能，各取所需的目的。口號是：「共產主義是天堂，社會主義是橋樑。」通過活報劇的表演，把國民過渡到共產主義天堂上去。現在回憶起來，不僅是空想，而且也很可笑。接著又編了一齣五幕的河南曲子戲「五愛家庭」。宣傳國民公德，編成之後，送給楊科長審閱，楊科長說：「唱詞曲調，都很好，只是有些小農經濟意味，缺少共產主義思想。」叫我重新修改。什麼叫小農經濟？什麼是共產主義，我還弄不清楚，這個劇本，也就棄之未用。當時所謂「國民」二字，是有別於「人民」的，共產黨認為，只有工人、農民，是屬於工農聯盟，是共產黨的基礎，這一部份叫做「人民」，除此以外，還有資產階級，地主、富農、反動派，不屬於「人民」的範疇，但又都是中國人，便稱之謂「國民」。毛澤東這種階級觀點一劃分，覺得「人民」是自己人，是光榮的，「國民」則屬於敵對階級，是外路人，灰溜溜的。人民、國民這種說法，不久也都拋諸腦後，不再提了。

四十一年的實踐，都趨於幻滅，現在回想起來，未免幼稚可笑。共產黨是靠運動起家的，到了一九五八年，毛澤東認為，共產主義階段已到了，又來個總路線，大躍進、人民公社——三面紅旗運動。這個運動的結局實際上把全國人民，拋進了災難的深淵，種種事實，一言難盡，已有不少史實，記錄在冊，不需我狗尾續貂。這一大段時間，我在新疆，就目睹身歷的新疆實況，略述梗概。過去新疆的省會叫迪化，自從陶峙岳率軍投降（名曰起義），共產黨垂手而得到新疆的政權（名之曰和平解放），立即成立了新疆軍區，生產建設兵團，陶峙岳搖身一變，成了軍區司令員。

這些政權的易手，人事的更迭，都是常事，而新疆也像北平一樣，和平解放，老百姓免遭砲火之災，卻是好事。於是把新疆省，改為新疆維吾爾自治區，取消迪化，恢復了烏魯木齊的原名，這是深得維吾爾族和哈薩克族民心的措施，是共產黨少數民族政策成功之一招，無可非議。隨之把陶峙岳的軍隊，編為新疆軍區生產建設兵團，實行軍墾，大搞農田水利建設，建制成十個農業師，下分二百多個農業團，還有三個建築工程師，十幾個工程團，散布在天山南北，把沉睡多少年的戈壁灘，翻騰起來，天山南北，成了大面積的產糧區，少數民族的畜牧業，也隨之繁榮起來。過去地廣人稀，解放後，送去了不少勞改犯，這還不夠，又動員四川，湖北、河南、山東等地的青壯年，移民新疆，在新疆安家落戶，名之曰「支邊」，就是支援邊疆建設。這樣一來，外地移民，遠遠超過當地維哈少數民族之上，農業生產，連年豐收，耕一年可以吃三年，城市建設，也日新月異，首埠烏魯木齊市，高樓大廈，拔地而起，舊貌換新顏，儼然現代化城市，特別是石河子新城，從一間房子沒有的一片空地，經過六年時間的建設，一座十四平方公里的新城市，矗立在戈壁灘上，不僅是生產建設兵團的基地，也成了新疆工農業最發達的地區。城市規劃，分為工業區、教育區、商業區、居民區，兵團的中心機關區，均是按照新興城市布局，工業區有八一加工廠包括磨面炸油廠、八一毛紡廠、八一製糖廠、七一棉紡廠，其他如食品加工廠、釀酒廠、養豬場、養雞場等等，應有盡有。最具特色的，石河子是全國唯一的森林城市，全市周圍的林帶，二十五公尺寬，市區街道的林帶，五公尺寬，分栽成沙棗樹、槐樹、榆樹、新疆楊、白楊等五行，茂密沖天，走在街道上，如置身於森林之中。

一九八五年，我曾回過新疆，離開新疆石河子才八年，被樹林遮得連路都不認識了。回想一九五二年開始建設時，從無到有，燒磚蓋房子，挖卵石鋪路，並親手栽樹，而且領導上又規定誰栽的樹，掛上自己的名牌，如今不僅名牌不見了，恐怕不少人也不見了，真是一言難盡。石河子既然是生產建設兵團所在地，當然也是黨政活動的中心。平時北京中央有什麼政策，到達新疆，要比中央遲半年，可是總路線，大躍進、人民公社三面紅旗運動，很快就傳到新疆。首先是農村人民公社化，不管是縣屬各區，還是自治州所屬各區，也不論少數民族，抑或其他民族居住區，兵團和自治區，一聲令下，很快都變成人民公社，並且都取消了一家一戶的小灶，每村都辦起了公共食堂，不管男女老少，也不分張王李趙，一律到食堂吃大鍋飯，憑票供應，過時不候。所有勞動力，白天都到田間，到工廠去勞動，家務也無人管了，有些老弱病殘，走不動，爬不動，蹲在家裡，不能到食堂去吃飯，只有餓肚子，等外出勞動回來的人，帶點吃的回來，想要喝熱湯熱水，家中亦無法舉火，家庭等於旅店，只有晚間回來住宿，老鄉們叫苦連天。有一次我到附近的農村，買瓜菜種籽，走到公社裡，找不到人，等到中午，有人回來吃飯，才找到人；辦完了事，我也得吃飯，但沒有飯票，食堂不供應，最後找到生產大隊長，才買上一碗菜，一個包米麵大餅子，略充飢腸。

當時我想，人民公社化了，吃飯都這樣困難，這就是共產主義社會嗎？好在我們是生產建設兵團，是國營農場，不在人民公社化之列，但也得往共產主義過渡呀。當時所理解的共產主義，就是各盡所能，各取所需的大同社會。各盡所能倒好辦，工農商學兵，三百六十行，各行各業，會幹什麼，就去幹什麼，各取所需，則有問題了，當官的有老婆有孩子，有房子有車子，還有勤務兵、褓母，這都是所需，都應該取；當兵的就有問題了，不要車子，不要褓母，不要勤務兵，至少要個老婆孩子，要個房子。兵團傳下通知，要先進行登記，登記之前，大家討論，自報公議，吵吵嚷嚷，鬧哄了一陣，結果是行不通，不了了之。我是種菜的，也兼管大田生產，見到報紙上報導，某某地方，某某公社，畝產稻谷七萬斤，又某某公社，畝產稻谷十三萬斤，不信吧？是人民日報報的，於是將信將疑的研究討論，算一算一畝地為六百六十六平方米，以十三萬斤稻谷，舖在一畝地上，也得舖二十公分厚，這秧怎麼插，這秧怎麼長，真不敢設想。有人說：「人民公社就是力量大，人家把地深翻一公尺多深，多施肥，不要說不可能。」事實也就是如此，誰敢說這不是事實，誰敢說「人民公社」不好呢？只是我們條件不夠，做不到罷了。毛主席說：「一天等於二十年。」難道一畝地就不能產十萬斤稻谷嗎？毛主席的話，一句頂一萬句，什麼奇蹟幹不出來，騎毛驢看唱本，走著瞧吧。

五、大煉鋼鐵，超英趕美

一九五八年，大躍進中，各單位都捲入了大煉鋼鐵的浪潮中，這是在毛澤東號召「要書記掛帥，全黨動手，全民上陣，土洋結合，為年產一千零四十萬噸鋼鐵，在十五年內，超過英國，趕上美國」而奮鬥的目標下開始的。工一師第四團，自然也不能例外。

這個任務，又落在我的頭上，叫我在八一木工廠附近，建爐煉鐵。突如其來的任務，頭腦中一點影子也沒有，不要說手沒摸過鐵，也從未看見過煉鐵，怎麼煉呢？實在不敢承擔這項任務。團裡吳政委對我說：「老袁哪，這是一個光榮艱巨的任務，以你的才幹智慧，一定可以完成這項任務，不必考慮困難，大膽放手去幹，用錢用物，儘先供應，要算政治賬，不要算經濟賬，我全力支持你，有事直接找我。」一番話說的我心裡熱呼呼的，明知這是戴高帽子，但一團之首的政委，這樣信任我，重視我，怎好再推辭呢？「士為知己者死」，只好硬著頭皮說：「盡力去完成吧。」，於是就大幹起來。首先是參觀學習，到已經開始幹的單位——農八師師部，看看他們怎樣找礦石，怎樣挖土平爐，怎樣裝爐點火等一系列的程序和方法。

回到八一木工廠，向團部吳政委滙報一下，吳政委說：「幹吧！用不著猶豫，爭取不要落在別的單位後面。於是就在八一木工廠院外的空地上，挖起了小土平爐，爐深兩公尺，口底徑一公尺，中間爐膛一公尺二，爐的兩傍，斜著挖兩條通風道，通到爐底，風道口安上鼓風機。一切完成，便開始裝爐，一層煤，一層礦石，裝滿了點起火來，鼓風機吹個不停，一夜工夫，煤炭燒完了，礦石也燒化了，跟煤炭渣子熔化在一起，成了一塊大鉈，既不是煤渣，也不是鐵，用鎯頭可以砸開。八一木工廠的領導來看，吳政委也來看，都說這是「燒結鐵」，有希望能煉成鐵，可能是爐腔太小，溫度不夠，再改良一下，提高爐溫，就可能煉成了，對我又是一番鼓勵，接著幹吧，於是又到農八師去學習，他們也未煉成，也在設法改良，改挖大土平爐繼續幹。我於是也不能鬆懈，回到團裡，與吳政委商量，要建大土平爐。吳政委同意了，在八一木工廠院裡，開始挖大土平爐，直徑二十公尺，深五公尺，周圍修成風道，安上四台鼓風機。試驗之後，風力很大，全部爐腔都能吹到。認為可以了，便準備裝爐，大卡車不停地從南山運礦石，發動所有家屬，每人發一把鐵鎯頭，日夜不停地砸礦石，又運來幾十噸煤，便開始裝爐，五十公分厚一層煤，加上五十公分厚一層礦石，裝了十幾天，才把這個大坑填滿。

正準備點火開始之際，忽然來了命令，停止煉鐵，把這個任務交給師部青年煉鐵高爐去完成，只好照命令辦，一大坑礦石和煤炭，又要挖出來，送到青年高爐去，而青年高爐，在烏魯木齊卡子灣，跑石河子，二百五十公里，一天只能運一趟。爭取時間，又調來幾部卡車，動員不少人力，把裝進大爐裡的煤炭、礦石，一層層挖出來，裝汽車運走；我又領一些人，拆除鼓風機以及風道的白鐵皮管子，隨後又把大坑填平，清理工作做了一個多月。從開始到結束，共折騰了三個多月，我廢寢忘食，熬過多少個不眠之夜；耗費了多少錢和物資，我心裡也無確數，總之是一大筆開支，在不算經濟賬的前題下，誰也不敢說這是浪費，不了了之。轟轟烈烈的大煉鋼鐵的任務，就此結束。在院外十二個土平爐的冶煉過程中，不僅我日以繼夜，和我一起的還有幾十個男女職工。為了鼓舞人心，堅持完成任務，我還編了一本《煉鐵練人》的大型歌劇，準備鐵煉成後，開慶祝會時演出。記得其中有「姑嫂談心」「應戰三星」「人心似鐵」等場面，煉鐵停止，劇本也就無用了。兩個多月，家事無時間過問，博得了「公而忘私」的讚譽。詎料「物極必反」，盛譽之下，譭寓其中，是含有深刻哲理的名言，當時雖然不是沖昏了頭腦，至少是心安理得，以為盡到了心，竭到了力，並未晤徹這個道理，可是不久發生在我身上的一些事，使我至今回味不已。

為什麼突然停止不煉了？後來報紙上透露，彭德懷給毛主席上了萬言書，備述人民公社化以來，各社都辦起了公共食堂，家庭不許做飯，把鍋都砸碎了，拿出去大煉鋼鐵交任務，老弱殘病，蹲在家裡，吃不上飯，活活餓死。能幹活的人，不得不隨大流去幹活，也都隨幫唱影，幹不幹，混上三頓飯，吃不好也吃不飽，面有菜色，一肚子怨氣，敢怒而不敢言；地方領導幹部，有苦說不出，三面紅旗是毛澤東提出的，又不敢不高舉，只好弄虛做假，虛報浮誇，欺上壓下，砸鍋獻鐵，交代任務。彭德懷出於愛護黨，維護毛澤東的領導地位，苦口婆心，上了萬言書，毛澤東雖不以為然，但黨中一些領導，不能瞪著眼看老百姓遭殃，只能當機立斷，停止大煉鋼鐵，停止公共食堂，大煉鋼鐵，就是這樣收場的。至於毛澤東懷恨在心，使用各種手段，殺彭德懷，害劉少奇，利用文化大革命，把一些真正出於好意，維護他維護黨的中央領導，一律當作異己消除，其人其事，都是共產黨的內訌，是非曲直，歷史自有定評，勿須我談。

六、懷才受謗

在八一木工廠行政辦公室當管理員，本職任務，都能盡到職責，如數完成，這是分所應當，勿須炫耀；在大躍進中，又兼辦了大煉鋼鐵的事，雖然沒有煉出鐵，但聞風而動，響應領導的號召，說幹就幹，不畏難，不怕苦，上山找鐵礦石，不分晝夜領著實幹，是有目共睹的。特別是吳政委，認為我有勇氣敢作敢為，認真負責，十分滿意。張德燦副團長，是起義幹部，與我關係很好。一九五九年，團部成立副業生產隊，由張副團長主管其事，知道我有種菜的經驗，他便與吳政委說，要調我到副業生產隊擔任副隊長，領著搞副業生產。吳政委也知道我在延安就種過菜，進疆以後，在沙灣也種菜，積累了經驗，在八一木工廠，擔任行政管理員，亦時常指導種菜，有一套種菜的本事，乃同意張副團長的意見，調我到副業生產隊，任副隊長。

看起來是一件好事，不曾想，卻因此而招來一場大禍。副業生產隊隊長雷得勝，是河南人，八路軍出身，是文盲，勉強能寫自己的名字，有主見，拿不出主張，人稱之為「常有理」。指導員崔秀才，河南扶溝人，解放後參加共產黨，是半文盲，能閱讀文件，自以為了不起，實際也是不學無術之輩，人稱之為「假秀才」。副業生產隊既由副團長張德燦領導，我在八一木工廠時，他是木工廠的廠長，對我了解較深，他向吳政委提出，叫我當生產隊副隊長，吳政委怎能不同意。於是我離開木工廠的行政辦公室，當起了副業生產隊副隊長，有關生產隊的計劃安排，張副團長都叫我來做。我想領導既然屬意於我，就放手幹吧，不能辜負領導的希望。經過一番了解，編好了副業生產隊的全年計劃，先給雷隊長看，雷隊長沒意見，最後送到張副團長審查，張副團長批示「照辦」，那就幹吧。熟料，「道高一尺，魔高一丈」，由於我是勞改新生人員，從勞改隊，一步跨入幹部之林，而教員，而行政管理員，而副隊長，三年以來，升了三級，在我自己看來，也覺得新生之後，一帆風順，雖非共產黨員，共產黨對我如此信任，我想出點力，發揮一下特長（種菜），也是理所當然。不曾想，事與願違，無意中招來了指導員崔秀才的嫉妬。原因是有關副業生產的事，張副團長不找指導員崔秀才，而與我商量，這本是共產黨處理事務的常規，指導員抓政治思想，隊長副隊長抓生產，有關生產計劃安排，找我商量，也是無可非議的。我並無夜郎自大之意，深知隊長、指導員，是一隊之長，張副團長如何指示安排，回來都和隊長指導員滙報，讓他們知道，我的作法，是團裡的意圖，不是擅自主張。可是我的官沒有他們大，而聲望比他們高，他們很不服氣，特別是指導員崔秀才，很不以為然，嫉妬之心，從而產生。隊長雷得勝，本是庸碌之輩，遇事不拿主張，做好了是他的成績，做壞了責任一推了之。指導員崔秀才，以共產黨員的身份，總覺得高人一等，說話勝氣凌人，大而無當，人又稱之「不講理」。為了把團裡交給我的任務，盡力完成，我想這些先不去管它，首先把本分內的工作幹好，不負團裡的期望，也就心安理得了；凡有事實在，風言風語，也就風消雲散了。隊長見我把生產安排得頭頭是道，必也樂得拿現成的成績，因而與我合作得較好；而指導員就不然了，鼠肚雞腸，一肚子壞心眼，總覺得我這個新生人員，聲望高於他，很不是滋味，便暗中佈置一些他的走卒，都是他的小同鄉，小舅子，處處監視我，並在隊裡散布流言，說一個勞改新生的人，在隊裡指手劃腳，目空一切，成何體統。從而蓄意暗害，不讓我在石河子管隊裡的事，把我調到南山石場，離石河子九十公里，專門負責種土豆和養豬，並分派了一些調皮搗蛋的二流子（勞教分子），叫我領著去幹。即便這樣，還是幹得很出色，到秋天土豆豐收了，豬也養成了，團裡和八一木工廠一些領導，交口稱讚，因此崔秀才越加嫉妬。半年多來，石場有些工人借錢，經我手借出去四百多元，一時扣不回來，崔秀才知道了，造謠說錢被我貪污了。土豆收穫後，團部和八一木工廠的幾位領導，帶信給我，叫我給他們帶些土豆，領導託辦的事，怎敢不辦？我按照他們的要求，每家給帶去二百斤土豆，心想他們不會白吃的，等我回石河子，再和他們結算。這件事崔秀才知道了，說我拿公家的東西送人情，又造謠說：「袁副隊長，思想沒改造好，舊意識濃厚，拿公家的東西送人情，腐蝕幹部，並貪污公款四百多元。」背著我寫報告給團部，揭發我的「罪行」。由於我是勞改出身，怎鬥過身為指導員的共產黨員？於是把我調回石河子，不讓回家，住在隊部一間宿舍裡，來個隔離審查。我要找團部申辯，也不准許，弄得我有口難辯。經過十幾天的調查，查清經手四百多元，未經隊長指導員批准，擅自外借，實有其事；給團部和八一木工廠領導帶土豆，也未經過隊長指導員同意，擅自送給領導未收款，也有其事。真相弄清楚了，構不成貪污行賄罪，但也不能回副業生產隊了，最後以撤銷生產隊副隊長職務了之。回家後與淑文反覆考慮，深知境域之難處，想就此罷休，與淑文同回北京，無奈領導又不放走，本想堅決不幹，怕共產黨給扣上不滿意現實的帽子。想來想去，正在這個風頭上，委曲求全，忍耐一下吧，叫幹什麼就幹什麼，混日子吧！從而悟徹了「懷才受謗，能不得展」之古訓。聯想到歷史上各朝各代，遭受不白之冤的人，比比皆是，不禁浩嘆自己太不明智了，天歟？人歟？為之奈何！

七、接管溫室

由於崔秀才的譭謗，加上圍著他轉的一群小同鄉，宵小之輩，趨餤附勢，隨聲附和，一時真假莫辨，副隊長被撤職，出身勞改，有口難分，只有聽之任之，心灰意冷，不想再與這些人爭短論長，存著苟全性命，不求聞達的心情。過了幾天，雷得勝找我，叫我接管溫室，並說：「團裡叫你當農業技術員。」因受了崔秀才的誣陷，不願擔任任何職務，便對雷隊長說：「我不想再任職了，當個工人，幹點活算了，你把我安排哪都行，我休息幾天，就去上班。」雷隊長走了，第二天張沖團長找我談話，張德燦副團長也在座，既勸導又安慰，說問題已經弄清楚了，不必再介意，無論如何，還得發揮你的技術，所以安排你當技術員，同樣是搞副業生產，說了一大堆好聽的話。

我是心慈面軟的人，駕不住三句好話，便答應接管溫室。我沒做過溫室，又是一個新課題，便對張團長說：「既然叫我搞溫室，就服從分配吧！不過我還得從頭學起，雖然都是種菜，與在大田裡不一樣，只能試一段時間，看看行不行。萬一不行，還請團長另外安排工作。」張團長說：「煉鐵你都能幹，以你的經驗，不會搞不好。」高帽子又扣在頭上，只好幹吧，不能再講價錢了。這是一間土溫室，只是為露地栽培育苗，進去一看，茄子、辣椒、西紅柿的小苗，已經出土，原管理人說：「很快就要疏苗、倒苗了。」我說我沒幹過這活，你暫時不能走，得幫我搞一段時間。」他說：「你跟隊長說吧，隊長同意就行。」我跟雷得勝一說，他同意了，我心裡也有了底，邊幹邊學吧。

附近有一個蔬菜栽培單位，也有一間小土溫室，是一位老菜農在管理，我便前去學習。老菜農很客氣，不久和他交上朋友，學到了一些溫室管理經驗，他也正在育苗、倒苗，與我們的溫室一樣，正好邊學邊回來幹。這位老菜農已幹了兩年了，有些實踐經驗，他講些各種蔬菜從催芽、播種、室內溫度、水分，以至出苗後，間苗、移植、定植等時間問題，我本著「敏而好學，不恥下問」的精神，向他求教。自己又想法買到一些溫室栽培，溫室管理，露地栽培等技術的書籍。日夜鑽研，逐漸掌握了溫室栽培的全套技術，春季菜苗全部出室之後，便開始做冬季溫室蔬菜栽培的準備工作。從修葺溫室門窗、火道，以及翻土、配土、室內消毒和土壤消毒，到準備好種根、種籽，足足忙了一個秋天，十月份開始栽培，這是工四團的這個土溫室，第一次冬季生產青菜，計有韭菜、芹菜、蒜苗和韭黃、芹黃、蒜黃三個品種，六類蔬菜，還試種了一部分黃瓜。六類蔬菜，到新年元旦已開始應市，效果都很好，首先運了一車烏魯木齊工一師師部，師部各家屬在新年裡，吃到新鮮蔬菜，高興的不得了，都說：「四團溫室搞得好。」惟有黃瓜，秧子長得很旺盛，但不結黃瓜，問別人，也說不出個道理，我內心也很著急，不得已，翻閱資料，在一本蘇聯出版的蔬菜栽培學書（翻譯本）之中讀到，黃瓜是短日照作物，開花結實期必須有充足的陽光，溫室栽培，如採光不足，可以補充光照，一百支的燈光，只能管一坪方米面積。有了這個啟示，立即在黃瓜架中間，裝上幾個一百支光的燈泡，日夜不停地照，在光照強的地方，居然結了黃瓜。這一試驗成功，信心強了，思想便集中在溫室栽培技術上，又買了一些蔬菜栽培的書，除了工作，就是看書，思想有了寄託，好像又有了前景，前一段的煩惱也消除了。

這時候，兵團生產辦公室直屬的園林隊溫室（是蘇聯專家巴浦洛夫設計修建的，飛機式的新式溫室）從北京四季青公社，請來一位溫室專家——任師傅，在園林隊，辦了一個溫室訓練班。我跟雷隊長商量，派跟我在溫室工作的師書真，一起去參加訓練班學習。因而認識了任師傅，為了學習經驗，與任師傅有些交往。一次請他到我家作客，知道我溫室補充光照試驗成功，他感到很好，要向我學這一招，我說：「我對溫室，是初學乍練，還得向你學習經驗。」於是說好，互相交流經驗。過了兩天，他領著園林隊溫室訓練班學員三十餘人，來我溫室參觀，叫我講一講補充光照的經驗。

三十多人，圍在溫室黃瓜架的周圍，聽我講述試驗的過程與效果。在講話中，團部協理員王云成，陪同師長曾繼富，來溫室視察，他們在溫室外面，聽到我在裡面講，試驗補充光照成功的經過，從理論到實踐，講得頭頭是道。曾師長問王協理員，講話的是什麼人？王說：「是袁應麟，是勞改新生人員。」曾師長很詫異，對王協理員說：「這個人講得很好。」講完之後，他倆走進溫室，和我談了一陣，從此，曾師長對我有了一些印象，我每次去烏魯木齊，到師部辦事，曾師長見了，總是熱情打招呼。

一九六三年冬天，師部由馬副師長、生產科許炳南科長，主辦一個蔬菜栽培訓練班，把工一師所屬各單位，種菜的領導，集中在烏市師部，培訓一個月。工四團參加學習的人，是雷隊長和王晉田，馬副師長，指定要我參加，我們三人，到師部報到之後，馬副師長和許科長，指定我擔任訓練班的秘書。他倆是一正一副的班主任。秘書是個空名義，沒什麼事可辦，僅僅是班裡有什麼事，發個通知，排排講課、討論的時間，主要是叫我講課。許科長指定要我講蔬菜育苗和栽培技術。可是我離石河子時，並不知道叫我擔任這個任務，一點資料也沒有帶，怎麼講呢？許科長說：「根據你的經驗，隨便講吧，使大家有個概念，懂得一些常識，回去之後，能實際操作就行了，不要什麼理論。」我意識到，這是領導對我的信任和重視，於是臨時編寫一份《蔬菜栽培簡明操作法》講義，共分品種選擇，種籽處理，浸種催芽，苗床整理，播種、覆土、溫度、水份、間苗、移苗、定植，以及定植後的田間管理、整枝、採種等一系列的技術，印發給培訓班，大家都很滿意。結業時要進行測驗，經過了解，很多人沒文化，不會寫字，怎麼測驗呢？我想了一下，採用是非法，乃編了一份五十道題的試卷，每道題後面，有個括弧，由我逐道題宣讀三遍，學員們理解後，只在括弧內劃符號，對的劃個「十」，錯的劃個「一」，這樣學員們一個月的成績就有了。馬副師長、許科長大加讚評說：「袁技術員真有一套，學員們也滿意。」訓練班結束，回到石河子，繼續管理溫室，我想溫室應該發揮的作用，在於及時育好苗，提早陸地定植，使一些新鮮蔬菜，提前應市，不僅滿足市場需要，也可以賣好價錢。根據這個想法，提早定植，初春夜裡氣溫低，採取單株覆蓋防寒的辦法，加強田間管理，這一措施，居然達到預期的設想，辣椒提前七天上市，首先被克拉瑪依油礦拉走一車，又過了幾天，黃瓜也提前上市。

賣好價錢是一回事，很多人都知道四團溫室搞得好，辣椒、黃瓜，提前上市了，趕過了園林隊的洋溫室和農八師的土溫室。這件事被兵團生產辦公室知道了，師部也知道了，都說：「四團袁技術員不簡單。」誰譭誰譽，不去管他，我行我素，理得心安而已。

八、三年自然災害

說到自然災害，人人都會意識到，螟蝗水旱，冰雹雨雪，再加上台風地震等等，人力不可抗拒的一切災害。而一九六零年，到一九六三年，既然咱們國土內的大地上，並沒有發生大面積的上述種種自然災害，為什麼叫自然災害呢？這是嫁禍於自然的遁詞，實際上是一場人禍。其事實有二：第一，是毛澤東腦子一熱，想做共產黨的皇帝，一意孤行，首先是一九五七年，繼三反五反之後，來個「反右鬥爭」，把所有知識分子，劈裡啪啦通通打下去，有的投入勞改、勞教，有的以「五七」戰士的名義，送到窮鄉僻壤的農村去勞動，美其名曰「走五七道路」，打翻在地還不算，再踏上幾腳，定性為「臭老九」，叫你不齒於人，永世不得翻身，只剩下一群渾渾噩噩的農民工人，灌輸「毛主席是人民的大救星」，奉若神明，這樣毛澤東說什麼是什麼，無人敢反抗。因此有一九五八年，弄出來三面紅旗——總路線、大躍進、人民公社，號召「全黨動員、書記掛帥、全民動手、大煉鋼鐵」，要以「一天等於二十年的速度，超英趕美。」又大颳共產主義風，大辦人民公社、公共食堂，取消一家一戶的小灶，把鍋砸碎了，拿去煉鐵。公社食堂，無儲備基礎，不久就揭不開鍋，社員們到食堂吃不上飯，回家裡又不能做飯，到處出現飢荒，到處都有餓死人的現象。毛澤東視而不見，聽而不聞，彭德懷向他滙報各地飢餓的實況，他認為是唱反調，有失「人民大救星」的尊嚴，便以虺蜴的心腸，想盡方法，在1959年中央召開的盧山會議上，以彭、黃、張、周反黨集團的名義，把彭德懷打下去，最後囚禁以死。

有關毛澤東迫害彭德懷，乃至後來在文革期間，整死劉少奇、羅瑞卿、賀龍等一些跟著他打天下的人，最後都被他整死的情形，另文再述。毛澤東做共產黨皇帝的夢，勃勃雄心，已達到瘋狂的地步，自己國內的老百姓，吃不上、穿不上，卻把搜刮的民脂民膏，拿去支援朝鮮，支援越南，支援古巴，支援非洲的坦桑尼亞，阿爾巴尼亞等窮國，打腫臉充胖子，妄想博得擁護他的虛名，結果實得其反，所有受援助的人，都成了反對他的敵人，可以說是「其愚不可及也」。這些都是造成所謂「自然災害」的根源，能不令人浩嘆！其次，是「一邊倒」。所謂「一邊倒」，就是中國共產黨拋棄了世界上其他國家，一意倒向蘇聯。可以說：是毛澤東倒向斯大林，把蘇聯稱謂「老大哥」，自己甘當小弟弟；也可以說，是毛澤東是斯大林的兒皇帝。這些話不是出自我口，而是當時的社會輿論。我想，如果斯大林真有共產主義所標榜的拯救全人類，對中國共產黨真心實意和無私的援助，那麼，倒向蘇聯，倒向斯大林，也未謂不可。

誰都知道，第二次世界大戰，軸心國垮台，日寇投降了，作為同盟國之一的蘇聯，立即出兵東北，名義上是扶植中國共產黨，實際上是掠奪勝利的果實，應該說：共產黨當時能佔有東北，是蘇聯掩護的力量。無可諱言，按情理蘇聯本應該真心真意，把共產黨毛澤東扶植起來，可是蘇聯軍隊在哈爾濱，在長春，在旅順、大連，姦淫霸道不算，臨撤走時，把東北的重要物資，重要的生產設備，全部掠奪一空，交給共產黨的東北，是一個千瘡百孔的空売郎。尤有甚者，一九四九年，共產黨打垮了國民黨，成立了中華人民共和國，由於八年抗戰，三年國民黨與共產黨打內戰，整個中國，到處是瘡痍滿目，民生凋弊，當時共產黨也標榜與民更始，醫治戰爭創傷，但自己沒力量，困難重重，因為是「一邊倒」，只有求助於蘇聯老大哥，斯大林一看，機會又來了。於是急三忙四的給中國共產黨設計，訂了一百多項重點建設項目，派了一大批所謂專家、工程師，一擁而來到中國，名義上是幫助中國搞建設，實際上就是勞務輸出，解決蘇聯失業問題，而毛澤東卻奉若神明，認為這批老大哥，來之不易，不敢稍有拂逆，這批人趾高氣揚，一言一行，都凌駕於中國人之上，吃住拿都超過當時共產黨官員的待遇，誰也不敢吭聲，老百姓看在眼裡，恨在心裡，但攝於毛澤東的淫威，怕挨整，也只得俯首貼耳，以老大哥尊敬之。忍氣吞聲，期待第一個五年計劃完成後，能過上共產主義幸福的生活。孰料，斯大林並非真誠幫助中國，而是置中國共產黨於蘇聯共產黨卵翼之下，壯大他共產主義大家庭的聲勢。

毛澤東抓住政權之後，揚眉吐氣，以為可以和斯大林排排班輩了，在天安門廣場上，豎起了「馬恩列斯毛」併作一排的高大像牌，雖然名列驥尾，也覺得足以自傲，便高高興興地，跑到莫斯科去朝聖，卻被斯大林訓斥一頓，無形中成了兒皇帝，未敢多停；表面上裝做鎮靜，把中國留學生，召集在一起，做了一番訓話說：「你們好像早晨八九點鐘的太陽，希望寄託在你們身上。」後來許多事實證明，這完全是「劉備摔孩子，刁買人心。」悄悄回到北京之後，也未敢聲張，這一段就算過去了。斯大林派來的這批專家、工程師，葫蘆裡賣的什麼藥，不但不知，也不敢多問，據說，全部設計圖紙，都在老毛子手裡，施工現場，也是老毛子掌握，中國的工程師、工人，都是拉磨的驢子，矇著眼睛，聽人家吆喝。就在這個時候，斯大林死了，赫魯曉夫上台，「一個師傅一個令，一個和尚一個磬。」蘇聯的政治，有所變動，用毛澤東的話說：「蘇聯變修了」，成了修正主義，於是毛澤東發動輿論，大批修正主義，在人民日報上，發表了九評赫魯曉夫，把赫魯曉夫惹翻了，派到中國來的專家、工程師，全部撤走，所有項目的圖紙，也全部帶走了，一百多個項目，有的已開工，有的尚未開工，嘩啦一撂，都成了半途而廢，中國參與的工程人員，是丈二和尚，摸不著頭尾；中國人傻了眼，毛澤東也乾瞪眼。這還沒完，不知是怎麼回事，還欠了老大哥一大筆錢，蘇聯老大哥，翻臉不認人，立逼還債，意欲把中國共產黨，扼死在搖籃裡，這當然是夢想，但千瘡百孔的中國，經濟尚未恢復，眼前的困難，又非渡過不可，於是便在五億老百姓的身上打主意（當時宣佈人口為五億），竭澤而漁，把老百姓賴以生活的物資，統統拿去還債。

蘇聯的民生物資，本來也很困難，日常用的肉蛋菜，排隊都買不到，所以對中國還債的物資，什麼都要，糧食是主要的，其次豬肉、牛肉、雞鴨魚、雞蛋、花生仁、水菓，有什麼要什麼。政府的院裡，不種五谷蔬菜，政府的官員，不養豬牛雞鴨，這些物資的來源，當然要出在老百姓身上。於是周恩來總理號召老百姓，過三年苦生活，勒緊褲帶還債。豬羊牛肉、雞鴨魚肉、雞蛋鴨蛋，老百姓一律不許吃，連蘋果梨桃，花生瓜子等，也得上交還債，因而造成老百姓吃不上，穿不上。一般機關單位，也是如此，全國上下，一片飢饉現象，這種現象，至少要連續三年，才能把債還清，因而成了所謂的三年自然災害。

如此這般，明明是人為的結果，哪是自然災害呢？人禍不能說，只好委之於自然，生為中國人，生在這個社會裡，又將奈何？我當時在新疆石河子生產建設兵團工一師四團生產隊的溫室當工人（技術員），有一段時間，一粒糧也見不到，餓得沒辦法，隊裡拉來一車苜蓿（紫云英），都已開花了，這本是牲畜的飼料，現在人也得吃了，不能生吃呀，食堂炊事員，把苜蓿洗一洗，放在籠屜裡，又弄來兩麻袋麩皮，灑在上面，燒火蒸，苜蓿都老了，不要說杆子蒸不爛，葉子也蒸不爛，蒸好了，叫大家去打飯，我也拿個缸子，打了一份，回來一看，沒法下嘴，很多人都扔掉了，到渠邊上挖野菜充飢。我坐在溫室發呆，看著大家把打回來的苜蓿都扔掉了，上面還沾些麥麩子，捨不得扔掉，拿個缽子，用水把麩子洗下來，又把大家扔掉的揀回來，也把麩子洗下來，控乾之後，得半碗麥麩子，團成一個餅，放在爐子上烘乾，可以吃了，但捨不得吃，拿給大家看，大家說，還是技術員有辦法，實際吃了也無濟於事，等於畫餅充飢而已。

這樣挨了三天，隊裡又拉來幾蔴袋蠶豆，煮熟了，一人得一碗，吃得特別香，大家說：「這比過年還好。」「飢者易為食」嘛。此後又陸續拉來些包米粒、小麥，也不磨粉了，囫圇煮著吃，包米粒煮開了花，還可以嚼爛嚥下去，麥粒根本煮不爛，只有囫圇吞下去，腸胃也消化不了，結果是整吃整拉，一點沒吸收，有人講怪話說：「吃半斤，拉八兩，沒賠沒賺，誰要去撿回來，還可頂一頓飯。」當時的慘狀，可想而知。就這樣，蘇聯老大哥，對於小弟弟，一點憐憫之情也沒有。

當時還債的物資，在霍爾果斯交貨的時候，挑肥揀瘦，倍受刁難，據從伊犁回來的人說：「冷凍整豬，要拿尺子量肉膘，不夠厚的不收，往旁邊一扔，花生仁要過篩子，漏下去的不收，桃子、蘋果、核桃，都得經過篩選才收，篩下的東西，視為廢物，也往旁邊一扔，水菓一摞就摔爛了，其它花生、核桃等篩下的下腳，為數不多，往回運連運費也不夠，只好丟掉。」凍豬肉，還可以收回來，積攢多了，又運回新疆，交給兵團，轉賣給職工，有錢沒錢都得買，叫做「愛國肉」，一律從工資中扣還，弄得人哭笑不得。這就叫作自然災害。

在九評赫魯曉夫之後，跟蘇聯漸絕邦交，彼此不通氣，不往來，達三十餘年之久，也算是爭口氣。似乎好了瘡疤忘了疼，近年來又在大談恢復中蘇友誼，我對這一點不反對，國際外交嘛，纵横捭阖，時好時壞，本是常事，但要以共同需要為前提，以力量平衡為關鍵，以不吃虧上當為原則，再不要一邊倒了！前事不忘，後事之師，當國者其慎諸！

九、自力更生度難關

吃穿是維持生命的基本條件，尤其是吃的問題最突出，三年自然災害的頭一年（1961），最嚴重的是沒有吃的，困難的情況，前面已經說過了。俗話說：「人是鐵，飯是鋼，三天不吃賽麻秧。」一點也不錯，由於吃不飽，缺乏營養，很多人身體軟得像蔴一樣，走起路來晃晃蕩蕩，無精打采；也有不少人，得了浮腫病。當時營救的辦法是，每個禮拜給患浮腫病的人，發一斤黃豆，煮著吃。這個辦法是有效，但哪裡有黃豆呢？兵團司令員陶峙岳，召集在石河子單位的領導，有的屬於農八師一些團場，有的屬於工一師的一些團場，到兵團司令部開會。工一師在石河子的只有工四團，司令員召集開會，研究生產自救問題，不能不去，派誰去呢？政委跟團長一研究，這個會不是聽聽而已，恐怕要拿出一些辦法，解決實際問題，應該是生產隊隊長或指導員去，但雷得勝和崔秀才，恐怕接受不了，於是就考慮到我的頭上。張團長說：他是生產隊的技術員，以技術員的身份，參加開會，完全可以，同時他也能接受新事物。遂即找我談話，叫我去兵團司令部參加陶司令員召集的生產自救會。我說：「我去不行，最好叫雷隊長或崔指導員去，回來以後，他們就可以直接領著搞生產，我去開會，回來還得向他們傳達，那又隔一層手，況且我能不能傳達完全，也是問題。」趙政委不等我說完，搶著說：「團裡派你去，你就聽團裡的，不必管生產隊，我們認為你能完成任務。」張團長也說：「不必多考慮，叫你去你就去，團裡相信你能做好。」話說到此，我也無話可說了，我說：「叫我去我就去。」這是第一次會，什麼內容？也不清楚。

報到之後，陶司令員宣布，這個會要開一天，上午介紹經驗，佈置任務，下午參觀，實地去做。隨後就由兵團生產辦公室一位技術員，介紹做小球藻的經驗與方法，並說這是補充營養不足，治浮腫病的有效方法，把小球藻所含的營養成份，小球藻的生活條件，以及如何繁殖，如何採收，如何使用等講了一大套。小球藻這個名詞，我還是第一次聽說，既然說得神乎其神，那就認真做吧。

下午到農八師去參觀培養小球藻的溫室，如何添置設備，如何管理，如何擴大繁殖等，邊聽邊看邊記，最後每家給一瓶菌種，帶回去培養繁殖。參觀完了，陶峙岳又講話，囑咐各單位回去，立即動手，這是抗拒自然災害的有效措施，不能當兒戲。回到團裡，向團長政委滙報之後，他們說：「說幹就幹吧，需要什麼條件，寫個簡單計劃，我們批一下，培養地點，就利用你的溫室吧。」回來之後，我一想，中間還夾著雷得勝隊長、崔秀才指導員這兩個絆腳石，不能不理會，不然又會從中搗鬼。乃把開會的情形，團政委和團長的指示，向他們說一下。他們說：「那就幹吧。」培養小球藻，要大批製造，就要用大的容器——缸、缽、瓢、勺等器皿。通過張團長，我到團的倉庫裡去尋找，缸甕瓢勺都有，缸甕的容積不小，但口徑面積太小，接觸不到多的陽光，到院子裡一看，有四個大浴缸，深度適宜，容量等於一口缸，而表面接觸的陽光，等於三口缸。與保管員商量，暫時借用一下，不影響將來建築使用。打著團長的旗號，他能說不同意嗎？把它們拉回來，在溫室的前沿，一條線擺起來，都能接觸到陽光。裝滿水，放入菌種，便培養起來。過了幾天，看不出繁殖的情況，心裡很急，又跑到農八師去請教。他們說：可能是水溫不夠，光照不強，你從這兩方面，想法加強一下，看看怎樣。在溫室裡，提高溫度有辦法，加強光照，則比較困難。我聯想到，栽培黃瓜，補充光照，得到成功的效果，這個不妨也給他補充光照，反正是試驗階段，說不定也會起作用。於是又到倉庫裡領了四個五百支光的水銀燈泡；一看還有一人高的穿衣鏡，我想利用鏡子，把光反射到水面，更會加強些，乃又借來一面大鏡子，支架起來。溫室裡日夜通明，弄了兩個禮拜，水面上厚厚一層綠苔，找農八師的人來一看，說：「這就是小球藻，把它撈起來烘乾，就可食用了。」

第一步成功了，團長政委都來看，隊長指導員以及醫務所的王所長也都來看，表示很高興。下一步烘乾，需用大塘瓷盤子，到倉庫去找沒有，叫我到商店去買，到商店一看，盛菜的塘瓷盤子太小，發現了沖洗照片用的長方型塘瓷盤子，既淺，面積又大，買了四個回來，這也算是培養器皿，把小球藻撈出來，擱在盤裡，放在火牆上烘烤，一天就乾燥了，是黑綠色的粉末，心裡猶疑，這就是小球藻嗎？醫務所王所長來了，用紙一包，都拿走了，我當然接著培養第二批。過幾天我到醫務所問王所長，小球藻用過沒有？有沒有效果，他說：「拿回來就用了，經過觀察，效果不錯，比吃黃豆有效，趕快多培養吧！」有了這個結果，就有了信心，接著幹起來。

不久，兵團司令部又通知開會，趙政委說：「還是叫老袁去吧。」張團長又通知我去司令部開會。去了之後，還是陶峙岳主持會議，這次是佈置洋芋芽栽的事。陶峙岳說：「生產自救，要多方面想辦法，開闢生產資源是一方面，節約生產資源又是一方面，現在從合江省（這是東北三省，劃為九省後的一個新省區）請來一位種洋芋的專家，他發明洋芋芽栽的新技術，即不影響洋芋的栽種，又可節省洋芋種塊的一部份，可以吃用，今天就請這位專家，介紹經驗，傳授技術，希望各單位來的人，認真學習！」接著這位專家，把兩個裝滿馬糞的木箱子，搬上講台，又拿來一筐整洋芋，便介紹用馬糞箱育芽的方法，邊講邊做示範：「在木箱裡放一層十公分厚的馬糞，擺一層土豆（東北把洋芋叫土豆），把箱裝滿了，加溫使馬糞發燒，並保持濕度，大約十天左右，土豆的芽子就出來了，有兩片子葉，根上已出白鬚根，就連鬚根掰下來，定植在地裡，土豆種塊，仍可食用。」叫大家回去實驗，有問題隨時再問。種洋芋我倒不外行，可是芽栽卻是新問題，陶司令員既然號召，誰敢不做，回團之後，又滙報一番，照著做吧，蔬菜種籽催芽，我是熟悉的，馬糞箱洋芋催芽，還是第一次，不過掌握溫度水分，並不陌生，弄了幾個木箱子，照樣培起來，都很理想地達到了要求，在溫室附近，整了一片地，定植下去，苗出得很旺盛，團裡來看，都說很好，只是要大面積栽培，一下子來不及，今年作個試驗，明年再擴大吧。這又算是一段新鮮事物。

為了生產自救，渡過災害，陶峙岳也算關心群眾疾苦，想了不少辦法，小球藻、洋芋芽栽，都算是具體的措施，但是群眾的生活，仍得不到真正的解決。團裡政委、團長召集各連隊的領導開會，一面聽滙報，一面討論如何把群眾的生活先搞好，解決燃眉之急。我提議讓群眾自己動手，解決自己的生活問題，具體辦法，就是讓群眾利用業餘時間種自留地，在各連隊附近，劃出一片地，分給各家種菜、種玉米、種葵花、種洋芋，自己想法，來解決自己的問題。這個建議，得到大家的讚同。別的連隊，如何安排，我不太清楚，本隊生產隊雷隊長，把這件事，交給我辦理，我擬了一個辦法，每家給二分地，自己想種什麼，就種什麼，以能解決自己目前生活問題為原則。地分完了，我看大渠邊上，還有不少荒地，又號召大家，自己再開墾一片荒地。這樣，大家積極性起來了，起早貪黑，開荒整地，有的種一片小麥，有的種一片玉米，擠出邊邊角角，種蔥、種蒜、種蔬菜，在不妨礙公家生產和公共衛生的情況下，也可以養雞養豬，這一來，家屬們一天到晚在自留地裡，除草、鬆土，下了班，男人也到地裡，莳弄作物、澆水。可如此澆水就有問題了，因都想搶著澆自己的地。於是我又安排按次序輪流澆灌。

經過一春天的安排，看到很多人都有不同的好辦法，我想到群眾的潛力是大的，群眾的辦法是多的，真要放手把群眾發動起來，還怕生產搞不上去嗎？問題是官僚主義作祟，把群眾沒看在眼裡，甚至於把群眾的手腳，都束縛住了。春天一開始，還看不到明顯的效果，到了六、七月，玉米棒子下來了，家家吃上煮老玉米，到秋末，瓜菓、洋芋、蔥蒜、葵花籽，家家都有，有的收到幾十斤小麥，家家喜笑顏開，忘掉是災害之年了。尤其是養雞養豬的人家，雞蛋吃不完；到年底把肥豬宰了，油肉也解決了。我當然也是得實惠的一家。這種生產自救，無須用小球藻治浮腫病，也不用芽栽洋芋了。可到後來，奇怪的事又來了，兵團通知，每個連隊，都分給一些整豬，強迫家屬們購買，價款從工資裡扣除。過去一段時間，誰敢想像吃肉，經過自力更生，生活好起來了，反而送肉上門，非買不可，這不是錦上添花，而是增加老百姓的負擔。這些肉是哪裡來的呢？原來是運到霍爾果斯交給蘇聯還債的整豬，因為肉膘不夠標準，退回來了，從伊犁運到烏魯木齊，又分到兵團來處理的。為了還債，老百姓勒緊褲帶，不要說肉，連糧都吃不到嘴，餓到得浮腫病；經過自己動手，生活不愁了，又來個強迫買肉，翻來覆去，受災害的，都是老百姓，哪裡去訴苦呢？

第十七記　厄運三十年之五

一、福兮禍兮，阜北農場
二、社教運動，在數難逃
三、群鼠鬧農場，不祥預兆
四、擴建溫室，師長授意
五、交出溫室，理想成泡影
六、四清運動，幹部下樓洗澡
七、文化大革命，大難臨頭

一、福兮禍兮，阜北農場

自一九五五年七月就業之後，一直在石河子的新疆軍區生產建設兵團建築工程第一師第四團工作，前後達七年之久，時好時壞，坎坎坷坷的經過。

前面已經說過，本想離開新疆，回到北京另謀生路，終以勞改過的污點，身不由己。幾番提出請求，總不得脫身，後來又想，到哪裡也是共產黨的天下，瞎子掉井，哪裡也是避風，委曲求全，湊合活著吧！可是，口袋裡裝不住錐子，在一般工作中，又不肯欺心憒事，總想要做就要做好，這也成為我一種個性。

由於在工四團溫室對園林隊溫室訓練班的一次講話，引起曾師長的注意，一九六三年春天，把我調到阜北農場。它是工一師直屬的農場，是團級的建制，序列編為新疆軍區生產建設兵團農業二二二團，下屬十二個生產隊。其中兩個是園林隊，規模很大，有一萬多畝開墾好的耕地，全部是機械化生產，地點在阜康縣的北面——北亭，所以叫阜北農場。

為什麼要調我去阜北農場呢？在我臨離開工四團時，由於和團政委趙樹莊相處很好，找我到他家吃飯作為送行。席間他說：「一九六二年曾師長看你溫室搞得很好，就向我提出要你去阜北農場辦溫室，當時我未同意，我說四團也在做溫室，剛剛搞出點成績，就把你調走了，一時無適當人接管。到了今年，曾師長來四團視察工作，再度提出要調你去阜北農場，並說阜北農場是全師唯一的農場，好壞關係到全師員工的生活，園林二隊有個溫室，管理技術太差，一直未生產出東西，要你去把溫室好好整頓一下。」

他停頓了一下，又繼續說：「我向曾師長說，如果你若走了，四團溫室就沒人搞了。可是曾師長說：『要抓大頭，阜北農場有兩個園林隊，專搞瓜菓蔬菜栽培，將來要擴大成烏市蔬菜供應基地，袁技術員去，不僅僅搞溫室，也要他指導菓園菜地的栽培技術。』師長這樣一說，我也就無話可說了，我說：『你是師長，師長一定要調，我只有服從。』」聽完趙政委一番話，我這才明白調我去阜北農場的原因了。

趙政委又說：「你到阜北農場，可以發揮一下特長，安下心好好幹吧。」語重心長，出自肺腑，惜別之意也溢於言表；我心匪石，怎能不受感動呢？當時阜北農場只有園林二隊，有一棟玻璃溫室，就把我安置在園林二隊，閆指導員極表歡迎。

至於家仍住在團部，淑文被安排在加工廠當工人，搞掛麵和醬菜生產工作。就這樣又苟安下來，不管什麼工作，她仍享有行政十八級的幹部待遇，亦算差強人意。園林二隊距場部約五公里，我只能住在園林二隊，每星期日休息時回家看看。由於收入不多，和淑文兩地生活，開支較大，只有量入為出，安排生活。

既來之則幹之，為了把溫室搞好，抓緊時間育苗，立即下工夫，把溫室原有土壤全部挖出，換上按科學方法配好的培養土，遂即開始育苗。黃瓜、茄子、辣椒、西紅柿等幾種主要秧苗，都能達到要求的效果，定植後成活率很高，溫室初見優勢。同時又搶時間，抓季節，露地直播蔬菜，及時下種，並增加了一些新品種，一百畝甜瓜（哈蜜瓜）和一百畝西瓜，都及時播下去。這一年瓜菓蔬菜都得到豐收，蔬菜除供應本隊家屬外，每天往場部門前拉一車去賣。

甜瓜吃不完，也運不出去，眼看熟了的甜瓜，堆在田間無法處理，不能眼看著爛掉，我提出了曬瓜乾的辦法，隊長同意，便領著蔬菜班的人，在瓜地邊上搭起架，拉上鉛線，曬起瓜乾來。過去沒幹過這種活，邊幹邊摸索經驗，這一措施成功了，忙了半個多月，堆在地裡的甜瓜，大部分都處理完，曬了五百多公斤哈蜜瓜乾，豐收的果實沒有扔掉，隊長和指導員都非常滿意。

另外，曾師長出國到印度，帶回一種甜瓜種籽，叫我試種，種了半畝地，也種成功了。瓜是紡錘型，白皮，有十道縱溝，熟了肉是粉紅色，非常酥脆，隊上領導品嚐，說是既酥又甜，水分也大，是一個很好的品種，便決定今年不賣，全部留作種籽。因此把瓜拉回隊部，剝出瓜瓤，瓜殼再賣給隊上的家屬，少收幾個錢，大家吃了都說可口，叫什麼名字呢？我說：「瓜型像個宮燈，裡面的肉又是紅的，叫『燈籠紅』吧。」大家說皮是白的，肉又酥脆，叫「白皮脆」吧。議論一陣，定名為白皮脆，收了不少種籽，為明年大面積播種，做好準備。

二、社教運動，在數難逃

共產黨是靠運動起家的，毛澤東是靠整人活著的，回顧一下共產黨六十多年來的過程，再回顧一下毛澤東一生的做法，事實俱在，勿庸諱言，亦不可否認。種種運動，造成了三年自然災害，一九六三年，自然災害剛剛緩解一點，人們剛喘過一口氣，想要把生產生活搞好一些，社教運動又來了。

當時我在園林二隊，胼手胝足，一年下來在瓜菓蔬菜栽培方面，做出一點成績，正想和隊長、指導員商量一下明年的生產計畫，但是運動一來，他倆像熱鍋上的螞蟻一樣，忙個團團轉，無心談生產。

什麼叫「社教」？一點也不懂，聽指導員讀文件，也是似懂不懂，後來經大家議論，舉了些事實，才明白社教運動，就是查違法亂紀、貪污盜竊、假公濟私、多吃多佔等等不良作風問題。

指導員做動員報告說：「人人都要檢查，不管工人、幹部、黨員，都要向黨交心，有問題，只要坦白交代，不予深究。凡屬多吃多佔，只要交代清楚，就算了事。舉凡佔用公家的東西，或拿公家的東西送人，只要自我檢查交代，把東西還給公家，就不予追究。」就是「向黨交心」，名之曰「公物還家」。

這樣一來，幾乎人人有問題，天下烏鴉一般黑，誰也不用說誰，誰也不用笑誰，本著「交代清楚，不予追究」的精神，公物還家開始了，佔用公家桌椅板凳的，拿公家的鐵鍬十字鎬的，還有佔用這個，佔用那個，五花八門，什麼都有。於是搬的搬，扛的扛，紛紛交還給公家。隊部門前堆滿了破破爛爛的東西，鬧哄了幾天。這股風過去了，再追查多吃多佔，從領導到工人，從大人到小孩，沒有人沾不上邊。

瓜菓蔬菜下來了，一天到晚，在菓園、菜地工作的，誰不吃、誰不拿呢？小孩到地裡吃個西紅柿、黃瓜，吃個蘋果、桃子，本不是個問題，可是這個運動一來，就成了問題，這就是多吃多佔，都得徹底交代。

但要具體落實，誰吃過哪些瓜菓蔬菜、誰吃多、誰吃少，平時沒注意這些事，現在居然成了問題，還要交代清楚，誰也說不出個具體情況，怎麼交代呢？迫不得已，領導異想天開，乾脆訂出個等級，按等級上交算了。於是一等的就是吃佔最多的，定為十五元，二等定為十元，三等定為五元，自己酌量，夠哪一等就哪一等，也不再評論，報完交給勞資股，開餉時，從工資中扣回。

這樣一宣布，大家鬆了一口氣，沒有人報一等的，報二等的也不多，大都是報的三等，隊長和指導員為了起帶頭作用，都報了一等。我一想，自己一年來是吃了不少東西，而且都是揀好的吃，不能報最多，也不好意思報最少，就報個十元吧。

又鬧哄了幾天，這一關又算過了。這一運動出現一種好現象，過去隊長和指導員等一些領導，都是共產黨員，無形中高人一等，到處走走看看，指手劃腳，說說這個不對、那個不好，但在這次運動當中，每天早晨拿起掃把掃院子，到田間也幫著職工幹些活，這不能不說是運動的效果。

三、群鼠鬧農場，不祥預兆

小時候看過《五鼠鬧東京》的唱本，那是用老鼠象徵五個人，回想起來，都是因為人禍横流，釀成了民不聊生的災難。又聯想到「國家將興，必有禎祥；國家將亡，必有妖孽」的古訓，覺得天災人禍都有一定的徵兆，只是當事者能否預感察覺而已。《幼學瓊林》上說：「礎潤而雨，徵諸濕也，履霜堅冰至，驗諸寒也。」近代科學工作者在預測地震時，除用儀器檢測外，也觀察到了有些自然徵兆，如地震將作，雞犬老鼠等動物因預感而驚動。細心體察，不無道理。

一九六三年秋季，阜北農場園林二隊正在秋收玉米、黃豆等大田作物時，突然發生了驚人的鼠災，割倒的玉米、黃豆放在田間，在拖拉機往場上運的時候，發現每一堆裡都有幾隻小老鼠，見人不跑，隨著黃豆、玉米拉到場上，過一天拖拉機碾壓脫粒時，群鼠像射箭一樣四處奔馳逃竄，一時蔚為奇觀，人亦莫可如何。奇怪的是貓不起作用，狗倒出來管閒事了，隊上幾隻狗圍著場子轉，捉捕老鼠吃。大家信口說：「狗咬耗子，多管閒事。現在真管起閒事來了。」

還有白天在場上玉米脫粒，到晚間堆在場上，用篷布蓋起來，以防下雨，第二天要曬玉米，一揭篷布，玉米堆上密密麻麻一層老鼠，捕殺不及，用掃帚掃到一邊，任其逃離，如此現象足足鬧了一個秋天，到了第二年春天，卻一隻也看不見了。

有些人議論說：「這是不祥之兆，不知哪一方又該遭殃了。」事過境遷，也就不想這些了。事隔不久，「四清運動」又來了，口號是：「幹部下樓洗澡，群眾順水洗手。」弄得人人自危，連共產黨員幹部也像熱鍋螞蟻一樣，不知所措。「四清」一了，文化大革命又來了，弄得人禍橫流，災難遍地，群魔亂舞，無法無天，人人浩嘆，莫可奈何；真像群鼠鬧農場一樣，十年浩劫，誰為為之？孰與致之？始作俑者，其無後乎！

四、擴建溫室，師長授意

在園林二隊幹了一年，栽培瓜菓蔬菜，辦理溫室，初見成效，曾師長感到滿意，便決定擴建溫室，大抓瓜菓蔬菜，使阜北農場兩個園林隊，成為烏魯木齊市蔬菜生產的基地。此一計畫頗具遠見。與我談及這個想法，我很贊成。曾師長便把這個任務，交給農場的鄒保生政委和副場長杜志杰，並指示溫室要建在場部附近的園林一隊；於是又把我調到園林一隊，開始規劃建新溫室。

工一師在烏魯木齊市卡子灣有個預製件廠，生產水泥大型建築件，離市區十餘公里，在該廠附近，建有五棟大溫室，意欲冬季供應烏市新鮮蔬菜，這也是曾師長計畫中的。但是經營兩年，效果不好，不僅沒吃到菜，還賠了不少錢。這次要在園林一隊修建溫室，曾師長指示，把卡子灣的溫室拆掉，移到阜北農場重建，指明叫我負責規劃，同時要鄒政委和杜副場長全力支持，即日開工，今年冬季要見效果。師長有這個決心，又有明確的指示，那就幹吧。

於是從卡子灣舊溫室的拆遷，到新溫室的設計施工，都由我一手承擔，具體落到我身上，這個責任可不算小，好在我心裡有點成竹，根據我搞溫室的一點經驗，加上領導上的支持，理想便可能實現。連拆帶運，連設計帶建築，從春忙到秋，到九月份，座落在園林一隊的三棟新溫室（拆五棟的料，只夠建三棟）建成了，總栽培面積達六百多平方米，即將近佔地一畝。

一切設施準備好，便開始冬季生產。到元旦期間，青韮、韮黃、青芹、芹黃、蒜黃、黃瓜、西紅柿都長成了，開始節日供應。首先是烏市師部來了一部大卡車，拉走了一車各種鮮菜，給師部的職工家屬增添了節日的歡快。大家說：「還是阜北農場有辦法。」

元旦過後，就是春節，緊接著生產第二茬，時間只有一個多月，我領著溫室工作人員，晝夜不停加強管理，所有保溫、澆水、培土、通風、採光等每一個環節，都親自掌握。春節到了，又供應師部一車鮮菜，師部便議論開了：「卡子灣搞了兩年，過年過節沒吃到鮮菜，今年阜北農場，連著兩個節日都吃上鮮菜，師長真有辦法。」師長聽了，當然感到欣慰。我也總算沒有辜負曾師長的一番用心。師長到阜北農場，來溫室看我，慰勉有加，並指示陸地大面積種菜的設想。我說：「只要有條件，你的理想可以實現。」我說，想仿照北京四季青公社的做法，三年之內，把園林一隊變為「長青園」。師長聽了，更感到高興，遂即說：「老袁！你幹吧！有困難到師部來找我。」得到師長這樣支持，更沒有理由不幹了。

一九六四年這一年，一面領著修建溫室，一面領著蔬菜班大搞陸地栽培，與兵團生產辦公室聯繫，與烏市一家蔬菜生產隊聯繫，找到一些蔬菜種籽，使園林一隊菜地，增加了不少新品種，如花椰菜、空心菜、瓠子、絲瓜、蛇瓜（又名大豆角）、莿芥、茼蒿等，都收成很好，為阜北農場平添了一分秋色；又為來年打基礎，栽種了一分地草石蚕，二畝地草莓。過去新疆吃不到的菜，阜北農場都有了，鄒保生政委和杜志杰副場長也都十分滿意。

這裡簡述一段插曲，瓠子下來了，拿到場部菜市去賣，無人識貨，賣不出去，杜志杰看到了，賣菜的工人說：「杜場長，這個菜沒人買。」杜副場長一了解情況，是過去沒見過，不知怎麼吃，不敢買，於是杜副場長立即親自宣傳，說：「這是很好吃的菜…。」並講解如何吃法，這才有人來買。

隨後花椰菜（菜花）下來了，拉到市場去賣，也無人問津，幸好場部小飯館的廚師看見了，他說：「這是哪裡來的？」賣菜工人說：「咱們園林隊自己種的，沒人來買。」他說：「我要，每天給我送一車吧！」我聽到這些情況，覺得新疆太落後了，只知道吃蘿蔔、洋芋、大白菜，連瓠子、菜花都沒見過，實在可憐。

我問隊長李鳳儀（甘肅人）和指導員（也是甘肅人）吃過沒有？他們說沒吃過，我拔了兩顆送給他倆，並說：「你們應該嚐嚐，自己種的菜，連什麼味都不知道，怎麼去推廣呀？」第二天上班時，我問他們吃了沒有？他們說吃了，又苦又澀，一點不好吃。我問他們怎麼做的？他們說：「洗過切碎了，燉著吃的。」我說：「吃的是花是葉？」他們說：「連花帶葉一起吃的。」我說：「難怪不好吃，花椰菜只能吃花，不能吃葉子。」種菜的單位都鬧出這樣笑話，難怪市場上無人問津了。

正在要研究明春生產計畫，想大幹的時候，意外的變化又來了。

五、交出溫室，理想成泡影

事情往往是難以預料的，共產黨的事更是變幻莫測。這些在我思想中，都有所認識，雖然不是司空見慣，也可謂「經過風雨，見過世面」，因此能做到「驟然臨之而不驚，無故加之而不怒」。

園林一隊溫室建起之後，經過曾師長一再鼓勵與支持，正在幹得起勁的時候，突然來個變化。一天早晨，隊裡指導員和幾個班長突然來到溫室，把在溫室工作的楊老漢和班長楊淑珍都找來，叫我一起開會；先是幾個班長對溫室工作提些意見，接著指導員對著我說：「隊上決定，把你調回隊裡去，參加菓園班工作，溫室交給楊老漢接管。」問我有什麼意見，聽了之後，我立即意識到，這不是隊裡的決定，一定又有大的變化，當即說：「沒什麼意見，服從領導分配。」這句套話，跟共產黨混了十幾年，已經是口頭禪了。

指導員討的就是這句話，接著便說：「你準備一下，立即交接吧。」又是一個「迅雷不及掩耳」的命令，我遂即說：「沒什麼準備的，楊老漢在溫室工作，一切都很熟悉，就請老楊接著幹吧。」楊老漢是山東老解放區的老共產黨員，他的女兒楊淑珍在溫室當班長，也是共產黨員，溫室的工作，他們父女一清二楚，既然要他們接管，我一表態，幾句話就交代完了。

問題是我的家也要立即搬出溫室。指導員說：「你的家搬到隊部去吧，已經給你安排好一間房子，等一會隊上派人來幫你搬。」會散了，我和淑文趕快收拾東西，不久隊裡菓園班的黃班長，領幾個人推著膠輪車來，當天就搬完了。

不由我不回想，不久以前，曾師長還叫我做計畫，擴大溫室生產，建設蔬菜生產基地，我也動過一番腦筋，要搞什麼長青園的設想，不旋踵間，這些設想都成了泡影。這些曾師長不會不知道，想必是出了曾師長也無能為力的變化，後事如何？走著瞧吧，不久會清楚的，這就是我處變不驚的心態。

六、四清運動，幹部下樓洗澡

社教運動還沒有完全結束，拖泥帶水，又來個「四清運動」，不禁使我從頭想起。自從一九四九年共產黨得勢以後，接二連三的運動，幾乎無日無之，肅反運動、鎮反運動、土改運動、抗美援朝運動、支援古巴運動、三反五反運動、反胡風運動、反右派運動、走五七道路運動、興無滅資運動、總路線、大躍進、人民公社三面紅旗運動、大煉鋼鐵運動、精兵簡政運動……等等，沒完沒了；弄得幹部、黨員暈頭脹腦，老百姓寢食難安，形成了共產黨獨特的作風，也可以說是毛澤東挖空心思的傑作，這些有待以後再論。

這次「四清運動」，又搞什麼名堂呢？以前曾搞過四清，那是清倉、清賬、清財物、清工作。現在又要四清，清什麼呢？一是清政治，二是清經濟，三是清思想，四是清組織。以前那次四清，叫做「小四清」，這次四清叫做「大四清」。很明顯，這是對著黨員幹部來的，涉及到黨內思想不純、組織不純的問題，要把一些不忠於黨、不忠於毛澤東的異己分子，從黨內幹部清洗一次，所以口號是「幹部下樓洗澡，群眾順水洗手」。聽來倒很輕鬆，實際上是一場嚴肅的、殘酷的鬥爭。幹部黨員有貪污受賄、侵吞公款、假公濟私、多吃多佔等等，都在清查之列。

我曾想：解放軍部隊裡有「三大紀律、八項注意」的教育，幹部黨員又經過「三反、五反」的運動，誰還敢違法亂紀呢？可是事實並不是這樣，黨員幹部中四不清的人真是不少，當然一般群眾也不是那麼純潔，所以才要四清，才要「下樓洗澡，順水洗手」。

所謂「下樓」，就是要放下幹部的官架子，走出辦公室，接受工人群眾的揭發批判。洗澡開始了，文件指示，自我檢查，自我交代，這都是共產黨搞運動的老一套。你別說，這老一套還真靈，場部辦公室居然門庭若市，不少幹部帶頭，跑到場部政委場長辦公室，交代貪污受賄的事實，寫檢查，退贓款，或自動交出佔用公家的財物，乃至於過去做了哪些壞事，這些都要在大會上跟群眾見面，向群眾坦白，不以為醜，反以為榮。為了給有問題的幹部留點小面子，凡屬上層領導交代問題，寫材料交代就行了，不必當眾檢討。這樣一來，有問題的幹部黨員紛紛坦白交代，因為不當眾檢查，究竟誰貪污，誰受賄，誰侵吞公款，群眾哪裡知道呢？這也得算上「官官相護」吧。

在「四清運動」中，從報紙上傳來一股風，號召學雷鋒，說是共產黨員毫不利己，專門利人，名之曰「做好事」。怎樣利人、怎樣做好事呢？報紙上介紹一些事實，某某廠單身職工宿舍的職工被褥、衣服，被家屬偷著拿去給拆洗，又偷著給送回去，做了好事不留名。又某某單位職工得悉其他某某職工家中有困難，便偷著以該職工的名義，給他家寄幾十元錢。報紙上一鼓吹，類似這種事就多了。這股風也刮到阜北農場，於是有些女職工偷偷給男職工洗衣服、拆被子，還有的女黨員買幾條毛巾，偷偷送到男職工的床上，其中有位女職工（即溫室班長楊淑珍）買了一套理髮工具，夜裡偷偷送到托兒所的窗台上，不留名，這就算學雷鋒做好事。

此風一興，花樣百出，就不必多說了。睽其用意，無非是表現自己進步，免得四清清到自己頭上。實際上，時隔不久，這些做好事的人都查出來了，少不了要在大會上表揚一番。說好聽一點，是沽名釣譽，實際上都是弄虛作假，欺上瞞下，揭穿了如同兒戲一般。而作為共產黨的領導者卻自鳴得意。如此人心，如此社會，國家的命運將何以堪？即此猶未為足，接著文化大革命運動又來了。

這次四清運動，具體到我個人身上，當然是在數難逃。交出溫室之後，場部勞資科找我談話，問我過去幹什麼？為什麼勞改？我說：「這是過去的歷史，早已交代清楚，而且已做出結論，處理完畢，有檔案可查，何必再問？」他又說：「刑滿以後當教員，當行政管理員，又當副隊長，給你定為行政十七級，你認為怎樣？」我覺得問得很奇怪，其中必有緣故，我說：「不管當什麼，定多少級，都是組織的安排，我只有服從組織分配，沒有其他想法。」

這位幹部問來問去，不得要領，也覺得自討沒趣，直截了當地說：「想跟你談個問題。自從你調到農場以來，場部裡有個新規定，刑滿人員不能當幹部，你已不當教員，不當管理員，也不當副隊長了，不能享受行政幹部級的待遇，應按你現時的工作，改為農工級，你有什麼意見？」

我說：「這又何必問我，我前面已經說過，服從組織分配，叫幹什麼，就幹什麼；你們想怎樣辦，就怎樣辦，我有什麼意見呢？」他見我口氣很硬，再問也無用了，便說：「你既沒意見，就按規定辦吧，你原來的行政十七級，應該套為農工五級，工資略有變動，原來六十三元，改為五十四元，你看怎樣？」

我一想，正是「四清運動」的風頭上，我又是運動的對象，勞改已註定了我的命運，再能幹也是反動派，越能幹，他就要狠狠整，只好忍氣吞聲地說：「你說怎辦，就怎麼吧。」這就是四清運動，落到我頭上的災難。

我回家對淑文一說，相對悽然，都有大難臨頭之感。我說，降為農工了，就已經降到底了，認命吧！當個農民，了此一生，也就算了。淑文說：「一九五八年，精兵簡政，我由教員調為縫紉工人，那時本該咱倆都回北京另謀生計，你受張部長的愚弄，叫你安下心紮下根，還動員你說服我，一同建設邊疆；如今弄到這步田地，你被清下來了，想不幹也不行了！」我倆只能相對為之一嘆！

七、文化大革命，大難臨頭

一九六六年春，四月初，淑文請假回北京探親治病，費了多少唇舌才得批准。她走後，昕、時兩兒仍在石河子，只我一人在家，每天在班裡幹活，往菓園、菜地送糞，準備春耕。這時，下樓洗澡的，順水洗手的，雖然鬧哄了一陣，似乎接近尾聲，但未結束，「四清運動」的迴響餘音未絕。

一天早上，在拉糞中間，響起了廣播喇叭，說是文化大革命開始了；因為拉著糞車，不能停住聽廣播，所以斷斷續續，聽得不全。什麼叫「文化大革命」？也弄不清楚，有人問我，這又是怎麼回事？我說：「我和你一樣，『癩哈蟆跳井』——不懂。不過你不用急，等著吧！一定有文件下來，一看就明白了。」

第二天在廣播裡聽到，號召大家起來鬧革命，北京各單位紛紛組織革命團體。在田間休息的時候，黃班長跟我說：「老袁！咱們也組織吧，革命一定要跑在前頭，不能落後。」我說：「組織吧。」在晚間班務會上，就以全班為單位，組成了革命小組，定名為「紅旗革命組」，我也是小組成員之一，讀文件，聽廣播，開會討論，鬧了幾天，也可以說是盲動了幾天。

一個星期天，場部召開全體職工大會。到了會場，都未就座，亂亂嘈嘈，來回亂竄。有一個人對我說：「這是革命大會，你來幹什麼？趕快滾！」他說話如此冷酷，我一看情形不對，知趣為妙，立即退出會場，溜回家裡。

晚間班裡開會，我還得去參加，黃班長說：「今天大會上已經宣布了，勞改過的人不能參加運動，都得靠邊站。老袁，你就不能參加小組了，以後班裡開會，你也不要來了，等運動過去再說吧。」從此我又成了靠邊站的運動對象了。

原想平平穩穩當個農民，現在看來，就這個最低的願望也保不住了。一個人在房中無事可幹，便繼續修改《新疆地區蔬菜栽培技術簡明表解》的稿子，藉以遣送無情的歲月。

說話到了五一，隊裡循例放假，我便利用這個機會，把住房清理一下，找些廢報紙，和隔壁的胡統計合作，把天棚、牆壁裱糊一新，等候淑文回來過太平日子。詎料，五月三日一清早，突然宣布實行軍管，原農二隊改為軍管隊，凡屬勞改過的人，一律集中到農二隊，接受軍事管制。接著就說：「你們趕快拾掇一下，連家也搬過去，今天就搬。」聽了之後，猶如晴天霹靂，頭腦為之一轟。話猶未了，大卡車已停在門前，催促立即裝車，剛裱糊好的房子也住不成了；東西也來不及好好收拾，破東亂西，慌慌張張往車上扔吧，好像不是自己的東西一樣，鍋碗瓢盆、床舖被褥，都摞在一起。往後的日子怎麼過？頭腦中已無法想像。

與我同車搬家的，還有隔壁住的趙茂春、周阿仁兩口子，當然也是勞改過的，平時各幹各的工作，不多往來，這下子變成物以類聚，同病相憐了。兩家的東西，也不分誰的，扔了一車。我們三個人坐在車上，面面相覷，相顧無言，雖然不是囚車，也可以說是楚囚對泣了。

園林一隊距農二隊只有六公里，不要半個小時就到了。到了農二隊，有人領著，拉到山背後的一棟土草屋，分作兩間，我與趙茂村各住一間。門矮窗子小，很久沒住人了，又髒又黑暗；人生到此，又有什麼話可說呢？好歹把東西搬到裡面，不管怎樣破爛，總算有個藏身之所，打掃一下，又算暫時安定下來。

到了下午，各隊的勞改新生人員，都集中完了，指導員佟國良（瀋陽人）和軍代表甘大國（四川人），集合講話，宣布軍管戒條，除工資照給，每天照常勞動外，未經許可，不得自由活動。心想，已失去自由，無形中意味著，這又是二次非勞改的勞改。聽罷後，一個個垂頭喪氣，愕然相顧，無話可說，都在嘀咕著自己的命運。

從此以後，又像犯人一樣，每天由警衛押著，到田間勞動。還是春灌季節，主要是田間澆水，日夜輪班。我穿著過膝的長靴膠筒子（水靴），扛著鐵鍁，在泥水裡，跋來涉去；想要坐著休息一下，都沒機會，弄得疲勞不堪。

在一次夜班澆水中，膠筒子把腳磨破了，腳背紅腫得像發麵窩頭，疼得不能走路了，只好留在家裡療養。淑文不在家，只我一個人，腳疼得下不了床，吃飯不能去食堂買，大小便不能下地，弄得呼應無人，痛苦不堪。不得已，只好喊隔壁的周阿仁幫忙。到食堂買飯，到醫務室找醫生，倒還可以，她是女人，大小便怎好開口麻煩她呢？她看出我的難處，主動說：「老袁！你不要客氣，大小便就解在盆裡，我給你倒吧。」萬般無奈，只好如此，於是她幫我每天買飯，找醫生取藥，倒便盆，成了她的任務了；我自己痛苦得欲哭無淚，欲訴無由。

休養了十幾天，總算能下地行動了，指導員佟國良說：「已經好了，湊合上班吧！暫時不必澆水，到田間修渠整地。」這話一說，好像是給予照顧似的，自知身無自由，怎敢不遵從呢？只好一跛一拐，到地裡去幹活。同班的陳立根是泥瓦匠，在園林一隊修溫室時，就很熟識，還有焦園春、劉有福，這些人見我有困難，都主動來幫助我。一個多月，才完全恢復正常。

人在難處，有這些朋友來幫助，內心深受感動；日久天長，都有了感情，常常往來，無話不說。但是到後來，這些卻構成我「反革命」的一條罪狀。試問還有一點人性嗎？

第十八記　厄運三十年之六

一、文化大革命，十年浩劫

文化大革命，是毛澤東政治生涯登峰造極的傑作，也是中華民族十年浩劫的深淵。在這個深淵中，千千萬萬的炎黃子孫慘遭滅頂，多少個跟隨毛澤東共同打天下、立下汗馬功勞的親密戰友，共產黨的高層領導——主席、元帥、總理、部長，冤遭殺戳；比之秦皇漢武，確實有過之而無不及。這些事實，已逐漸為人們所認同，為歷史學家所正視，在共產黨內部卻輕描淡寫地用「十年浩劫」四個字，掩飾過去。乃至為冤死的人平平反，來粉飾太平，就算不了了之，實在令人難以氣平。

共產黨內部如何勾心鬥角，互相傾軋，毛澤東如何耍弄陰謀手段殺戮戰友、排除異己，也逐漸逐漸地暴露出來。我是非黨分子，共產黨的內幕茫無所知，亦不敢枉加議論。我在共產黨手裡，被打成歷史反革命，在一九八六年也受到共產黨的照顧，給予徹底平反。但從一九四九年到一九七九年，這三十年中，親歷目睹的事實，迄今記憶猶新。實事求是的記述下來，也許可供歷史學家參證，至少也可以供親朋故舊及子孫後代，了解我「三死一生」的坎坷歷程，此非無益也。

一九六三年春，由兵團工一師四團，調到工一師阜北農場，這是得到師長曾繼富的青睞，叫我搞溫室，是從把工一師阜北農場的蔬菜栽培搞起來，發展成為烏魯木齊市蔬菜供應基地的設想而來的。到了阜北農場，頭一年在園林二隊，搞了一年溫室及露地蔬菜栽培，曾師長認為搞得很好，決定在場部附近擴建溫室，第二年又把我調到園林一隊修建新溫室，正在幹得起勁的時候，劈頭蓋腦而來了「社教運動」「四清運動」，遂把我調出溫室，改為五級農工，到田間勞動。曾師長的設想和我的理想，都成了泡影。心想已降為農工，再無處可降了，當個農工也就可以安身立命了；孰料，蹁躚的命運並不算完，不堪設想的災難，已在前面等著我呢！

號稱「十年浩劫」的文化大革命，開始於一九六六年冬季，到一九六七年一月，已波及到新疆，這時我已在新疆軍區生產建設兵團農業二二二團，即工一師阜北農場園林一隊當農工。

按說，從一九五零年以歷史反革命（就是在國民黨政府裡當過官員）論罪量刑，判了七年徒刑，到一九五五年已服刑期滿，成為新生人員，歷史問題已做出結論。並且在新生之後，兵團又任用我為行政十七級的幹部，從一九五五年到一九六五年，這十年任職教員、行政管理員，以及生產隊副隊長的當幹部，可以說是全心全意為人民服務，也就是忠心耿耿給共產黨幹事。

再追溯遠一點，從一九四九年說來，雖在囚犯，勞改過程中也夠得上認罪服法，不管是肅反運動、鎮反運動、抗美援朝運動、三反五反運動、過渡時期總路線運動、反胡風運動、反右鬥爭運動、總路線大躍進、人民公社、三面紅旗運動、超英趕美大煉鋼鐵運動、精兵簡政運動；還是挖大渠、開荒種菜，乃至於三年自然災害、搞生產自救，作宣傳、搞生產，一直是跟著共產黨走，為共產黨効力，這都是有目共睹，是新生大隊郭大隊長，勞改隊靳毅隊長、李冠成隊長、王云成協理員、兵團幹部部楊部長、張部長、工四團張德燦副團長、趙樹莊政委、吳政委、工一師曾師長……所公認的。

所以在勞改期間，一次又一次減刑，提前新生就業，由教員、行政管理員，提升到副隊長。這二十來年，不談功勞，還有苦勞。可是文化大革命一來，一筆抹煞，翻臉無情，就像沒有那麼一回事一樣，貶為農工猶未謂已，接著靠邊站、軍管，又囚禁又勞改，幾次三番，死去活來，總算掙扎活到今天；並且，生命不息，頭腦還管用，痛定思痛，猶覺萬幸。

試想，毛澤東發動文化大革命，害死劉少奇、彭德懷、羅瑞卿、賀龍、彭真、陳毅，又逼死周恩來，最後連他自己指定的接班人林彪，也活活弄死；而我還能活到今天，也就死而無憾了。

二、浩劫中的內訌

文化大革命的實質核心，就是共產黨高層的權力之爭，毛澤東為了剷除異己，把能夠跟他抗衡的，敢於向他提建議的人，排除淨盡。於是利用江青、張春橋、王洪文、姚文元、康生、汪東興、陳伯達、林彪這些人，掀起共產黨高層——「黨中央」的內訌，這些已有定論。我要說的是親身感受，親眼看到，親耳聽到的一些下面的實際情況，雖屬局部的，但可概見一般。

文化大革命的浪潮，就像颱風暴雨、洪水猛獸一般，把中國大地的每一個角落，都攪得天昏地暗，形同人間地獄。參加文化大革命的人，尤其是毛澤東親自發動、親自領導、親自指揮的「紅衛兵」，像瘋狗一般失去了人的本性，毛澤東的魔掌指向哪裡，他們就咬向哪裡，直到咬死而後已。毛澤東說「黨內有個資產階級司令部」，矛頭指向中華人民共和國主席劉少奇，他們就衝進中南海，把劉少奇揪出來，七鬥八鬥，鬥到死為止。

周恩來應該說是忠心耿耿的保毛派，得癌症住院，應該能治好，但是被江青、張春橋、王洪文三個人控制著，不許醫生給治，卒至一死了之。而毛澤東卻視若無睹，置若罔聞；試問還有一點點人性沒有？林彪是毛澤東自己選擇的接班人，成了一人之下、萬萬人之上的九千歲，毛澤東凡有講話或報告的場面，林彪總是右手高高舉著「紅寶書」——毛語錄，緊跟在屁股後，寸步不離，最後跟毛澤東鬧翻了，也落個死無葬身之地。這些都是報紙上公開的消息，勿庸贅述。

以當時的新疆的情況來說，具體而微，亦復如此。文化大革命的浪潮撲到新疆，首先是生產建設兵團的各個團場，最敏感的叫做「聞風而動」。當時我在阜北農場，這個場有十二個生產隊，電話一串聯，都爭先恐後地組織革命隊，什麼「紅一司」「紅二司」「紅五司」「毛主席戰鬥隊」「紅旗革命組」「軍墾司令部」「農墾司令部」，有的以班為單位，有的分隊為單位。也有一些氣味相投的人湊在一起，自起年號，自樹旗號，誰也不敢干涉。不管哪一個組織，都以革命派自居，視別的組織為不革命，各立門戶，互不相讓。

過去在一個生產隊，或在一個班，你兄我弟，相處很好。今天你是這個革命隊，他是那個戰鬥組，他又是那個司令部，彼此便不相往來，視同仇敵，一夜之間，人性都變了。而各個革命組織成立之後，放棄了生產，不去勞動了，叫做「集中力量鬧革命」。於是這個組織跑到其他連隊，找另外一個革命組織，十二個連隊，多少個組織，黑夜白日，串來串去，像走馬燈一樣，開辯論會，你說我是不革命的，我說你是反革命的，這個組織說那個組織不是真正擁護毛主席的，那個組織反唇相擊，說這個組織成份不純，是反革命的。誰真誰假，誰是誰非，都是狡辯之詞，一個論調，都自封為真正革命派。在辯論當中理窮詞竭，便潑口大罵，罵不解恨，便大打出手，到最後不可開交。

為了結束打鬧，有人便說：「最高指示，毛主席說要文鬥，不要武鬥。」這個咒語還真靈，於是不歡而散。後來變成互相襲擊，冷不防，這個組織進攻那個組織，這個司令部搗毀那個戰鬥隊，不知從哪裡弄些槍，入夜之後，時聞槍聲。整個阜北農場混亂起來，如臨大敵。我們被軍管的人叫作「靠邊站」，每天早出晚歸，到田間去勞動，裝聾作啞，看在眼裡，記在心裡，誰也不敢開口。鬧到不可收拾的地步，場部的革命委員會只好搬出毛主席最高指示說：「抓革命，促生產。」又說：「以階級鬥爭為綱。」這個緊箍咒一唸，大家都去抓生產，到地裡幹活，也不亂打亂罵了。

一看北京紅衛兵司令毛澤東發動革命大串連，任何革命組織，任何人，都可以到外地去串連，全國鐵路交通，對串聯的人一律免費，而且到處都要供給食宿，這下子又炸窩了。阜北農場的一些革命組織也不甘寂寞，見到北京的革命組織到新疆來串聯，他們也就派人到北京和新疆境內各地去串聯，認為這樣才算是革命，究竟腦子裡怎麼想的，別人怎敢妄測呢？這種所謂「大串聯」，既無組織，亦無紀律，想怎麼幹，就怎麼幹，成了無政府狀態。

有一次，我們隊的軍代表甘大國，到昌吉自治州去串聯，三四天沒回來，傳說是被昌吉的革命組織打死了，軍代表的老婆到隊部辦公室大哭大鬧，叫指導員佟國良向場部要車，陪她去昌吉救軍代表，場部的汽車班也都去鬧革命了，哪裡有車給你？軍代表的老婆連哭帶罵，滿院子亂跑，像瘋了一樣。又過了兩三天，甘大國回來了，不但沒有死，也沒有挨打，一場「小風波」才算了事。

這時各個連隊的革命組織依然在鬧，入夜槍聲時作，誰也不敢出屋，也不敢開燈，悄悄坐在房子裡，像避難的難民一樣。鬧得實在太凶了，場部鄒保生政委和杜志杰副場長，召集各隊革命組織的頭頭，到場部開會；怕大家不聽話，先祭起法寶，唸一套緊箍咒——毛主席最高指示，說：「加強紀律性，革命無不勝。」「個人服從組織，下級服從上級，全黨服從中央。」唸完之後，勸大家要服從最高指示，並說各個連隊的革命組織，都是毛主席的戰鬥隊，都是真正革命派，要抓革命，促生產，不要互相敵視；同時規定各革命組織，不許跨隊鬧革命。這樣內訌才漸漸消停下來。

三、實行軍管

「軍事管制」就是武力鎮壓，首先從北京開始。當時坐鎮在北京的是中央人民政府主席劉少奇、北京市長彭真，還有黨中央的周恩來、鄧小平、陸定一等人。毛澤東不在北京，據說是在上海、杭州等地養病。

由於三面紅旗的錯誤，災荒遍地，民不聊生，劉少奇、周恩來、鄧小平、彭真、陸定一等，替毛澤東擦屁股，收拾殘局，到一九六三年，已得到緩解，有與民更始的種種措施。這些措施都出自劉少奇、周恩來、鄧小平、彭真、陸定一等中央書記處之手。

毛澤東遠離中央，實權已感到旁落，皇帝的美夢將成泡影，便想把權奪回來，乃在暗中組織林彪、康生、江青、陳伯達、張春橋、王洪文等一夥人，成立文化大革命領導小組，以文化大革命的方式，把旁落的黨政軍權奪回來。

要奪權，就得有武力，所以首先把軍委實際負責的副主席兼公安部長的羅瑞卿，來個「杯酒釋兵權」，誘離北京軟禁，然後以林彪的名義調動部隊，把北京包圍；再從劉少奇、鄧小平、周恩來、陸定一等手中，把黨政權奪回來。

所以文化大革命一開始，就是北京市實行軍事管制，然後毛澤東才回到北京，發動紅衛兵揪鬥彭真、陸定一，隨後再揪鬥劉少奇、鄧小平。這樣一來，黨政權又回到毛澤東之手了。所以文化大革命的實質是奪權，手段是軍事政變。

在軍事管制之下，隨後才有軍管隊進駐高等院校，校長、院長、教授一律靠邊站，把文化教育權也奪過來。這些事實罄竹難書，就我眼見的新疆情況來說，也是以迅雷不及掩耳的手段實行軍管。新疆軍區生產建設兵團自然就是御用的工具，命令一下，一個早晨，天山南北都軍管了。

軍管的具體對象，首先就是勞改、勞教過的人，工一師各個團場，以團場為單位，把勞改新生人員都集中起來實行軍管。阜北農場十二個連隊，隊隊都有新生人員，將近二百人，統統集中到農二隊，改名曰「軍管隊」。五月三日這一天，就集中完了，農二隊原來的閆隊長職務不動，徒應虛名，由新來的指導員佟國良和軍代表甘大國指揮一切。農二隊原有職工不動，集居在一起，以革命者的身分鬧革命。集中來的新生人員則集居在另一個地方，與那些革命派涇渭分明，不相往來。二百來人編為三個區隊，第一區隊長岳西順，也就是我所在隊的領導，第二、三區隊的隊長都不詳其姓名，也不敢多問，久之只知姓閆姓王，就稱之謂閆、王隊長便了。

那些革命職工每天自由上班工作，我們軍管人員則由區隊長帶著，到田間勞動，形同勞改隊一樣。下班後，晚間還得學習，每人一本「紅寶書」（毛主席語錄）要求熟背「老三篇」——為人民服務，愚公移山、紀念白求恩；後來又增加兩篇——反對自由主義、矛盾論，成了老五篇。要求人人都會背，在開大會，接受「最新指示」時要抽背，若背不出來，就是對毛主席不忠實；成了教條式的誡規。「最新指示」當然要背會，「紅寶書」裡的條文，是「最高指示」，也要背會。每次發言之前，必須唸上一條最高指示，方許講話。毛澤東口口聲聲反對教條主義，這種教條又作何解釋呢？共產黨的馬列主義是口朝外的，對人不對己呀！

在開始集中軍管的頭一天，指導員佟國良向大家宣布：「你們軍管人員不參加文化大革命，如果散處在各個連隊裡，難免不受衝擊，集中軍管起來，等於進了保險櫃，你們出不去，別人也進不來，可以安心去勞動。」我一聽，這樣也不錯，樂得一天吃飯幹活睡大覺。誰曾想，佟國良這話是不算數的，完全是一套哄人的假話。

在軍管隊的一部分所謂「革命職工」當中，有叫「紅二司」的組織，也有叫「軍墾」的組織，也有叫「紅旗戰鬥隊」的組織。首先是他們之間的互相鬥爭，天天開會，亂吵亂罵，名之曰「鬧革命」，原來在一起工作，相處很好的人，由於組織不同，反唇相譏，視同仇敵。

我們這些軍管的人，靠邊站，冷眼旁觀，都覺得不對頭，這樣就是「鬧革命」嗎？看在眼裡，想在心裡，誰又敢吭一聲呢？軍管隊的花樣越來越多，不知是怎麼來的？軍代表甘大國突然向大家宣布：「你們要到隊部去辦事，或是到哪個領導家去有事，都要站在門外，先喊『毛主席萬歲』，等裡面答應『毛主席萬萬歲』後，才准進去，不要再喊『報告』了。」

剛開始不習慣，忘記喊「毛主席萬歲」，仍喊「報告」，裡邊無人答應，立即改口喊「毛主席萬歲」，裡邊才答應「毛主席萬萬歲」，才敢進去。到郵局去寄信，也得這樣做，有一天我去寄信，走到櫃台前買郵票，把錢放在櫃上，說：「買郵票。」櫃台裡坐著兩個人，望著我不吭聲，忽然想起，沒喊「毛主席萬歲」，趕快站在櫃台外面，恭恭敬敬地喊一聲「毛主席萬歲」，裡面馬上答應「毛主席萬萬歲」，這才把郵票給我。

出來後我又想，過去封建王朝也只是在皇帝面前喊「萬歲」，或者在接聖旨的時候喊「萬歲」，怎麼把「毛主席萬歲」這樣庸俗化了呢？這樣下去，難道吃飯、拉屎、撒尿，乃至於兩口子睡覺，也得喊「毛主席萬歲」才敢動作嗎？果然實行了不久，又宣布不讓這樣做了。這種鬧革命簡直像兒戲一般，愚蠢幼稚得令人肉麻。

我們這些在「保險櫃」裡的軍管人員，並不是像佟國良說的那樣，安心勞動就行了。那些革命職工們的革命組織，互相之間鬥來鬥去，也覺得沒意思了，看到這些軍管人員，無聲無息，倒很安逸，於是矛頭一轉，朝著被軍管人的人員來了。區隊長岳西順跑到場檔案室去查檔案，一看我的歷史最嚴重，給四大家族當過秘書，這還得了，回來向革命職工一宣傳，按照他們的想法任意誣蔑，加上「蔣介石的孝子賢孫」「國民黨的殘渣餘孽」帽子，便發動職工，把軍管人員集合起來，開批鬥大會，把我揪出來，批鬥一番。

再一查我的妻子王淑文，在國民黨中央政治學校包頭分校當過小學教員，又在中央政治學校當過圖書管理員，也是國民黨的殘渣餘孽，又莫須有的加上一個「國民黨婦女部部長」頭銜，於是也把她揪出來，三番五次的批鬥。

我想到自一九五五年以來，我新生就業之後，以及王淑文被新疆軍區生產建設兵團接到新疆以後，從兵團幹部楊部長、張部長對我和王淑文，花言巧語所說的種種語言，以及這次軍管隊指導員佟國良所說的話，統統是謊言。這些人不知有什麼根據，口口聲聲說：「共產黨說話是算數的。」不久便食言而肥，好像沒那麼一回事一樣，令人哭笑不得，可謂昧了良心又健忘。現在全面回想起來，從毛澤東就是如此，難怪下面的幹部說謊騙人、造謠誣蔑了。這是共產黨的傳統作風，只怪我自己對共產黨看不透而已。

四、挖戰壕，庸人自擾

一九六六年六月的一個星期天，本該休息，剛吃完早飯，突然傳來集合的哨音，趕快跑出去集合，指導員佟國良、軍代表甘大國、區隊長岳西順，以及二、三區隊的閆王兩隊長都出來了，看來有些緊張的氣氛。我想，又出什麼問題了？不然，為什麼星期天集合？而且大官小官，都出來了。

陳立根問我出什麼事了？我說不知道，看情況，必是有緊急的事，不然不會星期天集合，等一會看指導員說什麼吧？站好隊之後，佟國良首先講話：「今天我們不休息了，有一項緊急任務要做，我告訴大家，現在蘇聯要向我們進攻。據通知，蘇聯在外蒙古的駐軍要向我們進攻，現在伊犁國防前線已進入戰備狀態，我們也要做備戰的準備，以防萬一。如果要進攻烏魯木齊，我們這裡是必經之地，怎樣準備？由區隊長布置。」

接著，甘大國說：「指導員已經說了，我們要做備戰的準備，這是內部的布署，大家心裡知道就行了，應該保密，千萬不要亂說！更不能向其他連隊去說。」佟國良接話說：「這是國家的機密，誰洩露，誰要負責。」大家聽了，面面相覷，一聲不吭，從面部的表情，看出大家心情是十分沉重。

兩個大官說完了，輪到區隊長了。岳西順說：「這是一項非常緊急的任務，所以不休息，解散後，大家回去，把鐵鍬、十字鎬準備好，趕快吃午飯，下午聽哨音集合，幹什麼，到時候再布置。」

吃午飯時，陳立根、焦國春到我家來，對指導員、軍代表的講話揣測一番。陳立根說：「咱們向來依靠蘇聯老大哥，一邊倒，一下子變成敵人，要來進攻我們，真令人不解。」我說：「國際外交只有利害，沒有道義。自從蘇聯專家撤走以後，兩國關係突然惡化，逼債逼得我們連飯都吃不上；現在咱國內又亂起來，乘虛而入，進攻是可能的。實際情況，咱們不清楚，叫咱幹什麼就幹什麼，聽其自然吧，咱們千萬不能亂說。」焦同春說：「真要來進攻，又是一場大戰，咱們被關在這裡，只有等死。」我說：「想那麼多幹什麼，該死活不了，該活也死不了，心裡放寬綽一些，沒有過不去的河。」

下午兩點鐘，全隊集合，都扛著十字鎬，拿著鐵銑，準備上陣。岳西順領著我們，隊裡大官小官也都到場，來到隊部北邊二百多米的戈壁灘上。岳西順說：「咱們備戰的任務是挖戰壕，做防禦工事，在這一帶，每隔一百米挖一條戰壕，三個區隊六個班，東西拉開，每隔一百米一個班，挖一道工事，深一米五，寬一米，成之字形，向北延伸。」於是就劃線，二十米一道彎，邊劃邊說：「挖到哪裡，隨時再告訴你們。」

地裡的活不幹了，開始挖溝，挖了幾天，每條彎彎曲曲的溝，一百多米長，接著又在縱溝的橫頭上，挖一道橫溝，東西延伸二百多米長，這就算備戰了。在挖溝期間，同班的人在休息時，三三兩兩湊到一起，又嘀嘀咕咕的議論起來。有人說：「蘇聯軍隊真打過來，又是飛機大砲，又是坦克，這個小壕溝頂什麼用？」有人說：「用處大著呢，真打起來，咱們這些人往哪裡去，人家也不放心，都得活埋在這裡。」七嘴八舌瞎議論一陣，我從旁聽著，心裡想，真有那一天，這群軍管人員的命運如何？實難想像。

挖完戰壕，大家又到田間幹活去了，蘇聯軍隊究竟來不來，也無人再提，事實說明，蘇聯軍隊根本就沒有來；所謂備戰，也不過是庸人自擾，虛驚一場而已。

五、天倫之苦

一九六七年九月，我正在田間割黃豆，隊部派人給我送信，說是王淑文回來了，現在場部，還有我的女兒也來了，叫我趕快到場部去接，我說：「地裡找不到隊長，不請假怎能去呢？」他說：「回隊部去請假唄。」立即回到隊部請了假，又向隊長借了個毛驢車，急忙奔場部而去。

走到半路上，遠遠望見昕、時兩兒走來，心裡很奇怪，她倆從哪裡來呢？到跟前一問，她倆都去北京大串聯去了，跟媽媽一同從北京回來，還有曉華也領著龍龍、冬冬來了，都在後面慢慢走呢。於是趕著毛驢車快跑，迎到了淑文、曉華和兩個孩子，叫淑文和兩個孩子坐上毛驢車，華、昕、時三個人跟在後面，返回隊部。

在路上邊走邊談，昕、時是隨著革命大串聯的人去北京的，曉華是隨革命大串聯來新疆的，淑文也是混在大患聯裡混回來的，我心中不由得好笑，大串聯是紅衛兵的事，弄到什麼人都可渾水摸魚，亂到什麼樣子，可以想見。不管怎樣，還算是沾了文化大革命的小便宜，可是這種便宜的背後，包含了無限的難言之苦。

回想一九五七年，我在四團八一木工廠和淑文同在教員室當教員，暑假期間，昕、時兩兒放假在家，曉明、曉華，也利用暑假期間，自北京來新疆探親，一家六口團聚一起，久別重逢，恍如隔世；天真的兒女圍繞前後，暢敘離情，閒話家常，飽享天倫樂趣，把過去的艱難歲月，一掃而光。如今又團聚在新疆，而是文化大革命期間，由於我的歷史關係，孩子們成了「黑五類」，而我又被軍管起來，行動不得自由，淑文疾病纏身，痛苦難言，大人孩子各有各的心情，各有各的苦楚，我心中像壓上一塊石頭，感到沉悶難解。不過孩子們既然來了，珍惜團聚之不易，只好苦中求樂，強顏為歡。

我每天還得早出晚歸，到田間去勞動，晚上下班回來，孩子們總是站在門外，遙望著，等待著，龍龍遠遠的跑來，高喊爺爺；冬冬剛會走路，也蹅巴著走來，伸出兩隻小手叫抱，睹此情景，忘記了一日的疲勞．一間黑暗小屋子，擠了七口人，心裡真有說不出的滋味。

晚飯後，還得到班裡去學習，龍龍也要跟去，在枯燥的班上，添了一個天真的兒童，卻給大家添了一點生氣，你拉拉，他抱抱，無形中引起了大家思家之情，嘆羨我還能有這樣的際遇，這也是人之常情啊！

待了十幾天，北京到烏魯木齊串聯的人，要返回北京，華兒領兩個孩子也要回去，但得自己買火車票。路費沒有，而我手中現有的錢為數無幾，不得已，便向班裡相處較好的人浮挪暫借，湊了九十元，打發華兒回去。隨後昕、時兩兒，也得回石河子上學；處於文化大革命的浪潮中，哪能上學？回去之後，時兒就下放到安集海農場，接受再教育去了，實際上就是下放到農場去勞動。昕兒在小學當教員，也停課鬧革命。當時兩個孩子思想都進步，以為跟著鬧革命，擁護毛主席，路子總不會錯。

一九六四年，我用天津房產的定租，給昕兒買一只蘇聯產的手錶。在她們學習的時候，有人說她帶蘇聯的手錶，是資產階級思想，她立即把錶寄給我，表示與資產階級劃清界限。

其實何嘗如此，表現得再好，也是「黑五類」，不但不許你鬧革命，還讓你靠邊站。昕、時兩兒學習成績都不錯，高中畢業本想考大學，由於家庭成分不好，不許他們升大學。惟成分論，斷送了孩子的前途，時也命也，為之奈何！不了解實情的人，見到我們兒女團聚，都說是天倫之樂，實際上不是樂，而是天倫之苦啊！

六、第一號令，言出法隨

我們軍管人員，既然進了保險櫃，也就抱著「瞎子掉井，哪裡也是避風」的想法。好在每月工資照發，生活無虞，每天早出晚歸，在田間勞動，以為就此暫時安然了。但事實何嘗如此。

一天，突然一個革命組織發布了「一號令」:「軍管人員一律不發工資，每月只給二十元吃飯，本組織言出法隨，立即執行。」突如其來的這個命令，既代替了行政，又跨越了司法，這算怎麼一回事呢？但正在文化大革命的鋒頭上，誰敢說個不字？可是弄得人生活難以維持，真是哭笑不得，心想，這哪是革命？簡直是「和尚打傘，無法無天」。

開始軍管時，指導員佟國良曾經宣布每月工資照發，如今也不頂用了，而將奈何？同時又想，這個保險櫃也被革命造反派砸爛了，今後的命運真不敢想像。

在田間幹活時，互相竊竊議論，生活已到了活不下去的地步，如果蘇聯軍隊真的打到這裡，咱們這些人不是等死嗎？有的說:「不等蘇聯來，先把咱們弄死了，還讓你活嗎？」說得十分可怕。我說:「想那些幹什麼？該死活不了，該活死不了，聽天由命算了，何必自尋苦惱呢？」大家默無一言，哀聲嘆氣，徒呼奈何而已。

七、最新指示，騷擾不安

林彪一手製造的《毛主席語錄》被視為法寶，在文化大革命中說成是「最高指示」；後覺得這個說法還不夠意思，乾脆叫作「紅寶書」，把它神化成玄妙無比的靈符，無論幹什麼，首先必須冠上一句兩句「最高指示」，等於唸緊箍咒一樣，叫你先俯首貼耳，然後再說正題，這樣一來，誰敢不服從？不管對不對，都得照辦。

因為毛澤東已欽定林彪為他的接班人，要世襲他的地位，便安排林彪為黨的副主席，除了毛主席至高無上之外，林彪一人之下，萬萬人之上，等於封建朝廷「九千歲」。

對於毛澤東當然要喊：「萬歲、萬歲、萬萬歲！」這還不夠味，又加上一個「毛主席萬壽無疆」；對林彪不能喊「萬歲、萬萬歲」，也不能喊「萬壽無疆」，於是制定一條戒律，對林彪則喊「林副主席身體健康、永遠健康」，這樣一來，林彪也感到無上的舒服，好像他這個接班人，已被群眾公認了似的。

於是大會小會，只要毛澤東出場，林彪必須尾隨在後面，寸步不離，右手把「紅寶書」高高舉起，好像過去帝王臨朝，後面宮女高舉起「肅靜」「迴避」的牌子一樣，給人以森嚴肅穆之感；也帶有暗示與會人員發言之前，不要忘記唸「最高指示」。令人看了，渾身都起雞皮疙瘩。

這個「紅寶書」印發給大家，無代價的人手一冊，行走坐卧，必須帶在身邊，誰若不這樣做，就是不忠於毛主席，就是反動透頂；試想，誰敢冒這天下之大不韙呢？

這時毛澤東還活著，還在親身領導這場「文化大革命」，免不了要講話，要發出一些指示，這些話是「紅寶書」中沒有的，於是把這種講話，叫做「最新指示」。凡有這類指示，立即傳遍各地，各地革命組織得此消息後，不管是黑夜白天，不管是工作還是休息，也不管是吃飯睡覺，立即集合，迎接「最新指示」，如同過去迎接「聖旨」一樣。哪個組織搶在前面，就是真誠擁護毛主席，就是真革命；誰要落後一步，就扣上不忠於毛主席的帽子。我們軍管人員，本屬化外之民，處處靠邊站，革命組織活動——迎接最新指示，按說我們無資格參加，可是「最新指示」來了，同樣都得集合迎接；聽候宣讀後，還得記下來，其內容無非是「以階級鬥爭為綱」「階級鬥爭一抓就靈」「革命無罪，造反有理」「捨得一身剮，敢把皇帝拉下馬」「抓革命，促生產」「要文鬥，不要武鬥」「破四舊，立四新，破就是立，不破不立」「深挖洞，廣積糧，不稱霸」「惟成份，不要成份論」「興無滅資」「反修防修」等等一類的口號。

革命派得此指示，如獲至寶，好像吃了符咒，上了法一樣，便可肆無忌憚，為所欲為，橫行霸道，人莫予毒了。這種騷動，多次是在半夜睡得正酣的時候，聽到吹哨集合，朦朧中爬起來，穿上褲子，提著衣服就往外跑，誰遲到一步，就要向毛主席請罪，還得罰你背「老三篇」——《為人民服務》《愚公移山》《紀念白求恩》。後來又加上《反對自由主義》《矛盾論》，變成「老五篇」，要求人人都得背會，這也成為處罰人的一條刑律。

「最新指示」下來，也就不分什麼革命派，反革命分子，人人都得背會，說不定在什麼時候，什麼場合，「革命派」一高興，就要考上你兩條，把人騷擾得提心吊膽，片刻難安。

八、師長敲鐘，政委場長坐飛機

新疆軍區生產建設兵團建築工程第一師，簡稱工一師，師長曾繼富，是跟司令員陶峙岳起義的部隊，對新疆和平解放是有功的，屬於工一師的阜北農場，在兵團序列裡，編為農業二二二團，所以場部也叫團部，是團級的建制，場長、副場長，等於團長和副團長；場下有十一個生產連隊簡稱農一隊，農二隊……到農十隊，還有兩個園林隊。有一萬多畝耕地，範圍很大，政委鄒保生，未派場長，設有副場長三人，第一副場長杜志杰，第二副場長許炳南，第三副場長余某。平時各領導之間，都很協調，各有分工。文化大革命一來，所謂工農兵革命派當了家，師長以下這些領導都得靠邊站。

在「捨得一身剮，敢把皇帝拉下馬」「革命無罪，造反有理」的口號下，師部的革命組紅二司，把曾師長揪出來批鬥，曾師長跑到阜北農場，想要躲避一下，革命造反的組織追到農場，把曾師長揪回去，批鬥一陣，打入冷宮，叫他敲上下班的鐘，他只得忍氣吞聲，每天按時敲鐘；批鬥他的十大罪狀，其中一條是與袁應麟勾結，階級立場不清。

政委鄒保生，副場長杜志杰、許炳南、余某，則由農場的革命組織宣布靠邊站，聽候批鬥，許炳南、余某被揪到烏魯木齊師部批鬥，余副場長因係主管全農場的生活，平時群眾就對他有意見，在批鬥中由烏魯木齊的北門——工一師師部，拖著兩條腿，遊街示眾，拉到南門，活活被拖死。

場部的鄒政委、杜副場長，則由十二個連隊的革命組織輪流批鬥。今天這個隊的革命組織打電話通知他倆到農一隊批鬥，他倆就騎著車子，按時去挨批鬥，十二個連隊輪流批鬥了半個多月；每到一隊，一進會場，自動站在群眾面前，九十度彎腰，一批鬥就是一兩個小時。鬥完了，頭也暈了，腰也直不起來了，躺在地上，無人理睬，甦醒一會，神志清醒一些，連夜騎車子回到場部，已是疲憊不堪了。在批鬥會上，光是九十度彎腰還不行，兩支胳臂，還得向後舉起，名之曰「坐飛機」。有些人自命為革命積極分子，表示自己是真正革命，在批鬥時，跑到前面又踢、又打、又罵，最後鄒保生肋骨被打斷，杜志杰脊椎骨被打斷，都成了殘廢。

批鬥鄒保生的十大罪狀，其中一條也是與袁應麟勾結不清，杜志杰也是和袁應麟坐一條板凳。這明明都是一些莫須有的事情，革命派捏造個什麼，你就是什麼，有口難辯。不如此就不是革命派，良心何在？人性何存？

上邊僅僅說到師部、場部幾個領導挨批鬥的情況。對一般群眾，又何嘗不是如此。今天這個革命組織通知某某人，晚上到某地參加批鬥會，誰敢說不去？趕快吃完晚飯，乖乖跑去挨鬥；明天那個革命組織通知你，晚上到某地參加批鬥會，還得按時去挨批鬥。革命派吼一聲某某站出來，就得趕快跑到前面，面向群眾，自動九十度彎腰站好，這個所謂革命分子上來踢你兩腳，那個又上來打你幾拳，連聲也不敢吭。這只是就工一師阜北農場這個小範圍而言。後來聽說，軍區、兵團，乃至於新疆自治區各地方，鬧得更厲害，未得親見就不列舉了。

至於我跟曾師長和鄒政委、杜副場長等人，並無私人關係，更無往來，只是在工作上做出一點成績，受到他們的重視，何嘗有什麼私人勾結？明知是捏造誣蔑，也沒法分辯。試想，對曾師長等人都無中生有、胡編一陣，對我還能輕饒嗎？輪到我自己頭上的災難，下文再述。

九、竊聽與批鬥

指導員佟國良、軍代表甘大國，在隊裡趾高氣揚、耀武揚威，自命為革命派，軍管隊成了他倆的天下，他們為了表現自己是最革命的，那就得想方設法整人，軍管人員就是他們整的對象。為此，他們每天晚間鬼鬼祟祟，悄悄地到隊員住房外，挨門挨戶的竊聽，搜索批鬥的口實。開始時我也沒有注意到這種情況，隔壁住的人或對門住的人時常對我說：「昨天晚上，指導員在你窗外聽了很久。」隔兩天，又有人告訴我：「昨天晚上，軍代表在你窗外竊聽。」使我心中忐忑不安，我想自己竊視一下，看看動靜如何？對淑文說：「咱們早點睡覺，半夜裡起來看看，究竟搞什麼名堂。」

這一天夜裡，悄悄起來，未開燈，從門縫一看，佟國良站在窗子對面，我拿洗臉盆裡洗臉水，猛的推開門，往外潑水，佟國良一聽門響，急忙想走，我臉盆的水已潑出去，潑了佟國良一身水，弄得狼狽不堪。我趕忙說：「不知指導員從這過，真是對不起。」趕快要回屋拿毛巾替他擦擦。他說：「不要緊，淋點水沒甚麼。」說著急忙走了，弄得啼笑皆非。他嘴裡說不要緊，這是掩飾之詞，當然是心裡窩一肚子火，能不懷恨在心嗎？第二天在田間，對陳立根、焦同春說起此事，他們說：「他一定要報復的。」

果不出所料。過了幾天，區隊長岳西順叫我到隊部去談話。他說，上級有指示，你是國民黨的「殘渣餘孽」。叫我自己拿塊白布，自己寫「國民黨殘渣餘孽」幾個字，縫在勞改服背後，每天出來進去，必須揹上，我想這也許就是報復吧。

過了幾天，吃完晚飯，陳立根到我家來看我，剛坐下不久，指導員佟國良便推開房門向裡看，見我們坐著說話，門一關就走了。我立刻意識到，我的一舉一動隨時都在受監視之中，告訴陳立根以後不要來往了，免得受牽連。從此以後，有什麼事只有在田間一起幹活時談談。為此，淑文埋怨我，那天晚上不該潑水，我說：「事已至此，你對他再好，也是老鼠給貓拜年。任他捉弄去吧！」

前面提過，軍管隊不單是軍管人員，還有一部分職工，所謂革命派，實際上也是大雜燴，一丘之貉。幾個別有用心的人挑頭一喳呼，誰敢不跟著跑？不然就落成不忠於毛主席，打成反革命。這就是所謂革命派，似乎比軍管人員高一等，一舉一動傲慢無理，得勢狸貓賽猛虎，落水的鳳凰不如雞，這也是常有的現象。

指導員佟國良曾宣布：「軍管隊不受衝擊，也不參加批鬥，革命組織開會，與你們無關。」這些話，革命派也都聽見了。他們打著抓革命、促生產的幌子，整天開會鬧革命，把田間生產的事，都放在軍管人員的身上，他們開甚麼會，軍管人員也不聞不問。軍管隊裡，當然也要開會，每天晚上各班都得學習，區隊長岳西順到場監視，也要大家互相揭發，互相批鬥。只好東拉西扯，有的沒的，亂說一通。明知是違心之言，但不如此就說你不進步，甚至是有反動思想，頑固不化；所以只得說某某人如何壞，不敢說好，結論出一個反動，這才為止。你說我，我說你，結果沒有一個人不反動，說句罵人的話，「狗咬狗，一嘴毛」，豈不可笑？

一天晚飯後，突然吹哨集合，出去一看，革命職工也來了，心裡有些詫異，站好隊，走到後院裡，革命職工站一邊，軍管人員站一邊，就地坐好。指導員佟國良唸了兩條「最高指示」：「以階級鬥爭為綱」「階級鬥爭一抓就靈」，接著宣布：「今天開革命批鬥大會，軍管人員也同樣參加，聽取革命職工的批判。」一聽情況不妙，矛頭對著軍管人員來了。

指導員佟國良話音剛落，接著就有革命職工發言，指責軍管隊有些人亂說亂動，不滿革命，應該揭發批鬥，於是就有人喊：「袁應麟站出來，王協之站出來！」一連喊了十幾個人，都站到前面，面向革命群眾。有人又喊：「彎下腰，低下頭。」說著就有人過來，按頭彎腰九十度。岳西順區隊長說：「這些人都是殘渣餘孽，不滿現實，有意變天，大家對他們有什麼意見，趕快揭發批判。」

實際上要批鬥誰，批鬥的內容，怎樣批鬥，哪些人帶頭發言，都是指導員佟國良和軍代表甘大國，以及馬前卒區隊長岳西順，事先布置好的。一個人發言，首先歷數某個人的歷史及罪狀，主要是歷史罪狀，接著就是革命職工七言八語，捕風捉影，藉口傳音言，分析一通，批判一番。

我是第一名，首先對我批判，歷數我在國民黨時期的歷史職務，接著又捏造一些不滿現實的莫須有的誣陷之詞。我一聽，革命職工怎會知道我的歷史，又怎能捏造一些離奇古怪的事情？都是佟國良和岳西順的授意，心裡也就明白了，聽之任之吧！

當批鬥到王協之和兩個女的時候，不僅是批判了，還跑出來幾個革命職工，披頭蓋腦打罵一頓，把兩個女的說是破鞋，有幾個女職工在母老虎桂芳的帶動下，拿著用繩穿好的一串破鞋，掛在兩個女的脖子上，並用鞋底子猛打這兩個女的臉，打得鼻青臉腫。我雖未挨打，但彎腰時間長了，頭暈腰痠，有些站不住了，兩手扶地喘口氣，後面有人連踢幾腳，並說：「站好，不准扶地。」十幾個人挨排批鬥完了，大約一個多小時，岳西順一聲解散，革命職工一哄而散，我已昏倒在地；心裡明白，但站不起來了。有幾個平時相處較好的朋友，見我昏倒在地，跑過來扶起我，送回家去。淑文也無話可說，趕緊用毛巾沾上冷水給我擦臉，感謝幾位朋友的幫忙，折騰了半夜才漸漸緩過來，夫妻相對，可謂「楚囚相對」，同病相憐，什麼話也不敢說，怕是又有人在竊聽呢。

第二天照樣得去勞動，見到王協之兩眼紅腫，嘴邊還帶著血痕，彼此相視，一嘆而已。我心想，這就是一盆水換來的代價吧，冷靜仔細又一想，佟國良屢屢竊聽，就是有預謀的，不潑水也免不掉挨鬥，何必後那個悔呢？

十、判七年太輕了，我們要重判

一九六八年一月的一個星期天，革命職工當然休息，軍管人員也在休息，我這個「殘渣餘孽」怎能休息呢？指定我去挖廁所。吃完早飯，扛著十字鎬鐵鍬，挖廁所去了。剛幹了不久，岳西順區隊長跑來叫我，說是叫我到隊部去有事。不敢怠慢，立即放下工具，到隊部去。進門一看，有兩個人坐在桌子對面，向我打量一下，叫我坐在桌旁邊，問道：「你叫袁應麟嗎？」我說是的，一看這個架勢，就是審訊，心裡便有了準備。看到上面坐的那個人，肥頭大耳，胖胖的身體，穿一身黃呢子軍裝，還紮著武裝帶，領子上戴著一個星的少校軍銜，不用問是一個官。另一個也穿著黃布軍裝，但無官銜，坐在旁邊，板著面孔，用斜眼溜我，一看便知來頭不小。

那位胖官先開口說：「我們是師部政法科的，找你有些事要談談。」我點點頭。他接著說:「你過去的歷史很嚴重，這次文化大革命中，要徹底復查。」我說:「歷史問題早已交代清楚，並已做出結論，都有檔案可查。」他說:「檔案不詳細，這次要你再徹底交代清楚。」我說:「過去的歷史，在天津被捕時，都已交代清楚，並無半點隱瞞。」那個胖官說:「你是不是 CC 分子？」我說:「是，在我交代材料中，都交代了。」那個胖官說:「你加入 CC 派時，填表宣誓沒有？」我說:「加入 CC 派，既不填表，也不宣誓，我是中央政治學校畢業的，凡是中央政治學校的學生，都是 CC 派，這是盡人皆知的。」

胖官又問:「為甚麼中央政治學校的學生都是 CC 派呢？」聽了這話，不禁心中為之冷笑，連 CC 派的情況都不清楚，卻來審問 CC 派，豈非好笑？我便信口答到:「CC 派的頭子是中央政治學校的教育長，所以中央政治學校的學生都是 CC 派。」他聽了似乎還不理解，接著又說:「你不是 CC 派，你是 CC 分子。」我說:「沒有 CC 分子，哪裡來的 CC 派？」

這個胖官沉著臉，聲色俱厲地說:「CC 派和 CC 分子，不是一回事，你要徹底坦白交代。」我說:「CC 派裡的人都是 CC 分子，有了 CC 分子才成為 CC 派，怎能說不是一回事呢？」

這時坐在旁邊那位做記錄的人，拿出一本我在蒙藏班畢業時，經我手編印的同學錄，上邊有姓名，有籍貫年齡，還有照片，他指著我的照片說:「是不是你？」我說是我，他斜著眼睛看著我說:「鐵證在我們手裡，你還狡辯什麼？」我說:「同學錄，哪一期畢業生都有，是為了通信聯絡和紀念的，這並不是什麼秘密的東西，要說鐵證，也只是證明我是中央政治學校的學生，而這個學歷，在我交代的自傳中，都已交代清楚了，絲毫沒有隱瞞。」

那個胖官沉思了一下說:「CC 分子歷史是嚴重的，是頑固的，原判只判你七年，太輕了，我們考慮要重判，你有什麼意見？」我說:「輕判重判，那是司法問題，當初天津法院既已判決，並已執行完畢，我認為已經做出了結論。」

胖官說：「原判不作數，今天我們說了算。」我說：「既然如此，那我就無話可說了。」胖官說：「今天就談到這裡，你下去寫一份你加入 CC 派的材料，交到隊部，以後還要找你談話，你回去吧。」

出來回到家裡，淑文問誰找我談話，我說是師部政法科的，不知姓氏名誰，他說以前判我七年刑期太輕了，要重判，看來又要勞改了。淑文聽了，半晌無言，一塊沉重的石頭又壓在她心上了。隔了一會，她說：「我不該來新疆，上了他們花言巧語的當，來到新疆，剛工作兩年，五八年就把我下放為工人，當時我要回去，你還不讓我走，如今落到這個地步，想走也走不成了。」我無言以對，只有嘆氣而已。

以後再沒找我談話，卻發覺指導員佟國良、軍代表甘大國和區隊長岳西順，三個人都對我加緊監視，只要有人到我屋裡來，他們就馬上跟來，不吭不響地推開我的房門，探頭探腦，向裡張望一下就走了。晚間睡下後，他們悄悄地站到我的窗外竊聽，我不開燈，也悄悄走到門跟前，推門一看，他們就走開了。

這種盯梢，使我和淑文忐忑不安，但又無可奈何，相對而坐，默默無言，沉重的心情，無處傾吐，只有聽命運的擺布。不僅竊聽監視，他們還不時向我們班裡其他隊員搜尋我的情況，隊員在無別人的時候，把這種情況偷偷告訴我，促使我注意，從而我意識到，這些傢伙一定是受師部政法科的授意，在搜集我的材料。這是凶多吉少的信號，我暗想「龍游淺水遭蝦戲，虎落平陽被犬欺」「得勢狸貓賽猛虎，落地鳳凰不如雞」「冷眼觀螃蟹，看它橫行到幾時」吧。只能如此聊以自慰，夫復何言？

十一、逮捕大會，小鬼難搪

「逮捕」是多麼可怕的詞！一九四九年四月三日的半夜裡，我被逮捕了，從此就失去自由；各種滋味早已嚐過。勞改新生就業以後，恢復了自由，不料想今天又要被逮捕。假如真是犯了罪，不要說捕，就是殺也死而無怨，但在文化大革命籠罩下的這個無法無天、無政府的社會裡，隨便捏造個莫須有的罪名，想逮捕誰就逮捕誰，那就不是犯法不犯法的問題了。一些紅衛兵、革命派，有了毛澤東作靠山，便任情縱慾、為所欲為，只要看誰不順眼，一嘀咕，加上個罪名，就可以批鬥，就可以逮捕，就可以治罪。如此之論，既非虛構，亦非泯滅天良或有意誣陷。說出一段事實作為史料保存，亦可留給後人作為規戒。

一九六九年十一月，我進入軍管隊，兩年多了，我和我的老伴，身後揹著一塊白布，上寫「國民黨殘渣餘孽」，而且是逼著自己拿白布，自己寫，自己縫在衣服上的，這該是何等殘暴的手段啊！他們打著「革命派」的招牌，一聲令下，比皇帝的聖旨還厲害，誰若違抗就不得好死。懾於淫威，只有忍辱含垢、俯首貼耳，依令而行以求苟生。內心幾度痛不欲生，總覺得死了無絲毫代價，還是委曲求全，看個究竟吧！

一九六九年十一月，一個寒風凜洌的早晨，剛吃完早飯，正準備到田間幹活，岳西順區隊長邊吹哨邊喊：「集合了，到場部去開大會！」軍管隊到場部六公里，要走著去。

淑文說：「這麼冷的天氣，去開大會，站在露天場上，破棉襖怕是頂不住，我給你做的小皮襖，還沒穿過呢，今天穿上吧。」我說：「也好。」於是她把一件古銅色綢子掛面的狐犬小皮襖拿出來，還有一件藍布罩衣，給我穿上。這是第一次上身的新衣服，很合身；但「殘渣餘孽」的牌子還得揹上。淑文把牌子從舊棉襖上拆下來，縫到罩衣背後。穿戴完後就去集合出發了。

經過一小時的行軍，才到場部的集合地點，依次席地而坐。開會了，幾個「革命派」，革委會的負責人走到台前，先唸兩條「最高指示」：「以階級鬥爭為綱」「房子的灰塵要天天打掃，不打掃灰塵不會自己跑掉」「反動派要隨時打倒，你不打他就不倒」。隨後講了一通「毛主席的話句句是真理，一句頂一萬句，我們要無限忠於毛主席」這些庸俗不堪的套話。

輪到岳西順上台發言，也是先唸兩條最高指示：「階級鬥爭，一抓就靈」「捨得一身剮，敢把皇帝拉下馬。」唸完之後便宣布：「在我們隊伍裡，有些死心塌地與革命為敵的壞分子，必須清除出去，把文化大革命進行到底。」接著就說：「國民黨的殘渣餘孽，蔣介石的孝子賢孫袁應麟，對文化大革命非常不滿，企圖變天，應即逮捕，隔離審查。」

接著就有人喊：「袁應麟站出來！」立即有兩個「革命派」的御用警衛跑了過來，一個擰一支胳臂，把我揪出去，背轉身站在會場後面。緊接著一個兩個三個，一連串逮捕了十幾個。宣布完畢，分別交給各隊的「革命組織」；有的到農一隊，有的到農三隊、農四隊，我被送到種籽隊。沒等散會，就由種籽隊兩個人把我領走。步行約半個小時，到了種籽隊，關在一間空房裡，靠牆根坐在地上，外面有人看守。我心裡不由暗想，沒想到這麼快就被捕了，坎坷的命運到什麼時候算了呢？早晨離家時，淑文怕我冷，把小皮襖給我穿上，何曾想到今天又遭此下場？又何曾想到，從此就生離死別了呢？

低頭坐著，有人從窗外走過，探頭探腦向我張望；我好像是做了見不得人的醜事一樣，不敢抬頭看那些人。一直坐到傍晚，種籽隊的指導員來了，叫我到宿舍去安排住處，進門一看，已有兩個人住在裡面，一位是我在延安勞改時候的中隊長李冠成，見了面黯然一笑，未敢說話；另一位不認識，後來知道他是一個班長。李冠成為什麼也到種籽隊來了呢？後來知道他也是靠邊站，下放到這裡勞動來了。

他倆都有板舖，我沒有床位，指導員乃叫我到外面搬土坯搭舖，先用土胚圍了一個床圈，裡面再填了些葦子，變成一個床舖。這時他們已派人去軍管隊，把我的被褥拿來了，因而我知道，淑文已知我被捕了；跟著又送來一個饅頭和一碗菜，叫我吃晚飯。肚子脹得滿滿的，哪裡還吃得下？放在一旁，也未動它，合衣而臥，躺在舖上，葦子顫顫悠悠，好像彈簧床，睡不著也假寐而卧，輾轉一夜，似睡不睡。

不覺天已亮了，指導員來叫我吃早飯，並說：「飯後隨工人去清渠。」接著又勞動起來了。幹活本已成習慣，幹什麼都不陌生，但勞動也不得安靜。當天場部政法股（這是師部政法科的下屬單位）來人找談話，立即放下工具，回到隊部聽候審詢。一見面，首先是加了一大堆，這樣反革命，那樣不滿意文化大革命，空洞的帽子扣了不少，也不容我分辯，只給我一些紙和筆，寫交代材料。

第二天，「革委會」秘書來，也叫我寫坦白材料，並假惺惺地說：「把問題趕快交代清楚，審查完了，就送你回軍管隊。」我心裡明白，落到這群惡狼手裡，絕不可能輕易放出去的。不管怎說，必須寫交代材料，於是白天勞動，晚上寫交代。他們今天來看看，明天來催催，弄得惴惴不安，寫一點交給他們一點，好像欠債還賬一樣。其間也不知又談了多少次話，名之曰「談話」，實際就是「審訊」。

至於寫交代材料，沒有新的問題，還是以前在天津被捕後交代的材料，改頭換面，大致又重寫一遍而已。可是他們看了，認為我過去的歷史中，又是專員，又是科長，又是秘書，確實很嚴重，如獲至寶一樣。這也說明他們從未仔細看過我的檔案，也沒理會已經得出結論和處理結果，也可能認為過去的結論都不算數。我心裡想，這群黃嘴椏子沒退的幹部，說他們幼稚無知，是原諒，實際就是受了毛澤東的愚弄，在搞破壞國家民族的罪惡勾當，我個人無非是洪流中的犧牲品罷了。想到此，心也就輕快一些了。

就在隔離審查期間，又來了外調的干擾。所謂「外調」，就是許多省市地區，過去與我有關係的人，也在受審查之列，要通過我了解他們的情況。回想一下，至少有十幾起，舉一兩件以見一斑。第一，我的大兒子袁志宏是北京清華大學畢業的，由於受我的影響，對他也進行審查。於是清華大學的革命派，派人來向我調查他的情況，除了口頭談之外，也得寫材料。來的三個人也都是清華大學畢業的，與志宏都很熟識，在談話之中，他們透露出志宏本身沒什麼問題，只是受我的株連，家庭出身有些不清白，所以要調查落實一下。談完之後，他們說：「我們馬上就回北京，你對袁志宏有什麼事，我們可以轉告他，請你放心，沒什麼了不起的問題。」我說：「你們到軍管隊找我的妻子，把你們知道的情況告訴她，叫她把家裡的哈密瓜乾帶回北京，給我兩個孫女，叫他們知道我在此的情況就行了。」他們說：「我們回去，會告訴袁志宏的。」這算是一起。

又一起，是四川成都來的，向我了解我的同學岑學恭的問題。自從一九四五年在重慶與岑學恭分手之後，彼此已失去聯絡，通過這兩個外調的人，知道他現在成都畫院工作，也是這次文化大革命中受審的人，向我了解他在中央政治學校同學會，擔任委員的事。由於岑學恭曾說他以前在同學會擔任過委員，是接我的遺缺，而被選為委員的，所以外調的人要向我了解他的情況。

岑學恭是中央大學美術系畢業，在中央大學讀書時期參加學運活動，這是國民黨領導的學運小組。外調的人問我是否知道活動的經過，我說：「中央大學內部的事，我不清楚，岑學恭是否參加學運小組，我不知道。關於中央政治學校同學會委員的事，也是我離開重慶以後的事，我並不知道他是同學會的委員。」我把這些情況寫了一份材料交給他們，這也算一起。不過我因此得知了岑學恭的情況，也感到寬慰。

第三起是，湖北咸寧來的兩個人，向我了解我的二姨妹王淑謙的情況。因為她在參軍工作中，與解放軍一位營級幹部林長禮結了婚，所以向我了解他的歷史情況。王淑謙在一九四八年參加解放軍南下工作，這是她自己思想進步，想要跟上形勢，自己選擇的道路，我當時對她也很支持。她南下之後不久，我就在天津被捕了，她以後的情況我一概不知。

王淑謙是一個高中沒畢業的學生，在北平未和平解放前就參軍去了，只能說是思想進步，又有什麼問題呢？至於和我的關係，她是我老伴的妹妹，當然關係很近，但我的家庭以及歷史，實與她毫無關係。所以我只是寫了一份材料交給他們，也就沒事了。

諸如此類的事，都在這一段時間出現了，我想這就是階級鬥爭啊！凡跟我有沾邊的人，政府都來找我調查，弄得我往往整夜不能睡覺，應付這些外調的人。誰叫我有這麼多的社會關係呢？

就這樣，轉眼到了 1970 年一月，情況又變化了。又來一個突然襲擊，一天早飯後，指導員來叫我收拾東西，到奶牛場去。我想一個多月來，該說的、該寫的都弄完，應該有個結果了，現在又叫我到奶牛場去，不知葫蘆裡裝的是什麼藥？到了奶牛場，女指導員畢淑馥站在院裡等著呢，一見面，是熟人，原先我在園林一隊管理溫室種菜時，她時常到溫室去買菜，沒想到今天在這種情況下又碰到一起。

她很熱情地搭話，叫我把鋪蓋拿下來，領我到宿舍去安排住處，又替我買飯票菜票。她說：「這裡離場部很近，政法股王股長隨時要找你談話，比較方便些，今天先休息一下，明天參加飼養班幹活，什麼時候找你談話我再告訴你。」

我意識到，政法股要提審，又是師部政法科安排的，聯想到被捕前，政法科那個胖官要重判的談話，意味著我的問題，又進一步加緊了，心情當然很沉重。

第二天早飯後，到飼養班勞動，鍘草。不一會，畢指導員來叫我，說是政法股王股長找我談話。她把我送到場部政法股就走了。這個王股長在種籽隊時，已見過幾次，當然並不陌生。他叫我坐下之後，從抽屜裡拿出一堆材料，都是我在種籽隊時寫的交代材料，他翻一翻、問一問，我一一答覆，都是材料裡寫的內容，他也感到乏味，便說：「材料裡交代過的問題，不必再說了，要把沒交代的問題談一下。」我說：「所有的問題都交代完了。」他說：「還有不少問題呢，我們已掌握了情況，就看你肯不肯坦白交代了。」

真是「秀才遇見兵，有理說不清」。我說：「沒什麼問題可交代了，你們願意怎處理，就處理吧。」這下子激惱了王股長，把桌子一拍說：「袁應麟！你還想不想活了。」我說：「我的命運早已掌握在你們手心裡，何必問我！」

聽我這樣一說，他覺得弄僵了，也無法向上級交代，語氣又緩和下來說：「你不能這樣想，我們是實事求是的，今天就談到這裡，你回去好好想一想，明天再談。」出來之後，回到宿舍，該吃午飯了。飯後，畢指導員到宿舍來，問問今天談話的情況，勸我不要焦急，有問題慢慢解決。既有同情之感，也有工作的責任。我說：「指導員，人，誰不想往好處走，到了無路可走時，那也只好豁出去，不就是一條命嗎？把生死置之度外，什麼問題都解決了。」畢指導員說：「不至於到這種地步，問題總是可以解決的。」她走了之後，我還得跟班去鍘草。

從此王股長總是夜間找我去談話，提出一些我在軍管隊裡，勾結陳立根、劉有福、劉光華組織反革命集團的事，一聽便知，這是指導員佟國良、軍代表甘大國、區隊長岳西順誣陷的小報告，意識到把我逮捕之後，他們還在捏造事實，設法陷害，想要置我於死地；不然我一出來，他們的陰謀詭計一揭穿，就原形畢露了。於是我也下決心豁出去了，大不了就是一死而已；沒有的事，絕不承認，死也甘心。

從此連續不斷的天天夜裡找我談話（審訊），一談就是多半夜，弄得暈頭脹腦，白天還得照常勞動，疲憊不堪。他們的想法是，把我弄得昏昏沉沉，能按照他們的想法，取得我的口供，便可交差了；這是共產黨慣用的技倆，叫做「疲勞審訊」，一九四九年在天津被捕後，就已經領略過了，今天又來這一套，心中自然有數。

王股長一連弄了幾天，不得要領，實在有些急了，一天夜裡審訊時，他喊來警衛班的畢班長在旁邊助威，審訊不出結果，他下令畢班長用燒紅的爐勾子燒我的腿。天哪！炮烙之刑，是過去學歷史時，紂王無道，殘害黎民百姓用過的，今天共產黨也成了紂王，而且落到我的身上了。當時想，反正是一個死，一聲不吭，任你們擺布吧。他們見我眼睛一閉，毫不畏懼，也就不再進行了，只好叫我回去。

但他們並不因此罷休，還是天天夜裡提審，白天幹活，不知何時可了，便想活著受罪，倒不如死了好。尋短見的念頭產生了，留給淑文的信，留給孩子們的遺書，都寫好了，放在枕頭下面。鍘草時想用鍘刀自殺，揹草時想用繩子自縊，均因有人在側，不得行動。

一個星期天，回到宿舍裡，見宿舍無人，於是把電燈線截斷，企圖觸電自殺，結果手燒傷了，臉也燒破了，但尚未致死。開拖拉機的小王進來了，見我手拉電線，急忙把我拉開，遂即喊人來救。企圖自殺，也未殺成，政法股來了兩個人，把我銬起來，又從枕頭下面搜出我的遺書，他們知道我是真要一死了之。畢指導員跑來問我為什麼要自殺？我說:「王股長就是要把我弄死，我何必活受罪呢？自己死了，倒也痛快。」他們見我這樣說，也莫可奈何，遂把我送到場部看守所的牢房裡關起來。

我想，不吃東西也可以致死，躺在地舖上不動，警衛喊我接飯，我也不理。第二天，牢門打開，政法股的人把手銬取掉，畢班長又把被褥給我送來，勸我要想開，該吃飯還得吃飯，不然怎向妻子兒女交代呢？說了一些通情達理的話，我表示接受她的勸告，答應照常吃飯，照常去勞動。

從此看守所的警衛，把飯從門上小洞遞進來，我就過去吃，吃完把碗筷再還給他，他也時常從小洞裡看我，意在怕我再自殺。如此一個多禮拜，光吃不勞動，吃完就睡。

不久，師部政法科來了兩個人，不是胖官，而是沒見過的兩個名為幹事的審訊員，找我談話。去了之後，叫我坐在對面，他們說明來意後，便詢問我自殺的動機。

我說:「人都是想活著的，不到絕路的時候，誰也不想死。這一段時間，隔離審查，叫我寫交代材料，我還是想把問題交代清楚，爭取早日得到處理，可是用逼供的手段，許多莫須有的事情，也逼我承認，不承認就要用火鈎子燒我，所以弄得我痛不欲生。」

審訊員說:「過去在談話過程中，我們的工作人員犯了一些錯誤，我們已做了處理，你應該相信我們是實事求是的。」我說:「我對共產黨全心全意為人民服務的作風，不但相信，而且是很尊重的。一九四九年以來，在勞改過程中，在新生以後的工作中，我都是忠心耿耿為共產黨做事，你們可以查我的經歷。而現在卻不顧這些事實，捏造一些罪名，硬逼我承認，我寧死也不接受的。」

審訊員又說：「你不要這樣想，要正確對待革命，也要正確對待自己，你的問題一定會被正確對待；有什麼問題，你可以直接向我們反映。」一場審訊，又算過去。此後，再不見王股長來審訊，後來才知道，王股長和畢班長因在審訊我時，犯了錯誤，被調走了，也算是共產黨辦了一件實事。

我依然被關在看守所的牢房裡。看守所的王隊長找我談話，說：「你是會種菜的，我們有一片菜地，你到菜地去勞動吧。」我說：「可以。」從此每天早飯後，就放出來，到菜地裡幹活，也無人來審訊了。過了不久，見到師部政法科那個胖官，來到看守所東轉西轉，扒著我住的房門上的小洞，往裡看我，不由我想到他曾說「判七年太輕了，我們要重判」的話，是否要重判了？事後一了解，他就是政法科的于科長，怪不得他說：「我們要重判。」原來他是掌刑的頭頭啊。

但始終沒有判刑的消息，我每天吃飯勞動，已成為規律了，夏天種菜搞生產，冬天便在屋子裡紮笤帚，寒來暑往，達四年之久。下一步情況，另文再寫。

十二、「婦女部長」之死

明朝，凌濛初有一首詩：

杳杳冥冥地，非非是是天。

害人終自害，狠計總徒然。

天地之大，竟無容身之地！人心叵測，哪有真理是非？這是「文化大革命」中，一些正直人的心聲，引起無數人的共鳴。

這裡記一位普普通通女人的遭遇，也可以說是「文化大革命」中，不少人的遭遇。王淑文（我的老伴），她原籍遼寧省遼陽縣，一九一六年生，一九三一年「九一八」事變，隨父母逃難到江蘇蘇州。小學階段，在家庭中受過父親的古典文化教育，有一點舊文學的底子，曾肄業於蘇州慧靈女子中學。一九三六年二月，她和我在綏遠包頭市結婚後，由於我在中央政治學校包頭分校工作的關係，就留在該校擔任女生管理員和小學部教員。一九三七年因生了孩子，她被包頭分校主任張鎮臨解聘，離開了工作崗位；僅一年半，就遭到失業的痛苦，深悔不該生孩子，對此，我也只能給予不得已的安慰。

一九三七年「七七」事變，日寇鐵蹄侵入綏遠，歸綏（現在內蒙自治區首府呼和浩特）告急，包頭岌岌不保，包頭分校奉校本部之命西遷，帶隊的重任落在我的肩上，淑文也只好抱著剛滿月的孩子，騎著駱駝與我一起逃難。我為了奔求出路，由包頭到青海西寧，由西寧而武漢而長沙而重慶，東奔西跑，馬不停蹄，席不暇暖。淑文和孩子也只好跟著我，掙扎於顛沛流離。

一九四三年，我在重慶教育部工作，並兼任中央組織部科長和陳果夫秘書，工作稍微穩定一些，但微薄的薪水供養一家六口人生活，仍是「癩蛤蟆打蒼蠅，將供嘴」，並不寬裕。為了自食其力，經陳果夫的介紹，她拋下三個襁褓中的孩子，到中央政治學校高等科圖書館，當一名圖書管理員。直到一九四五年抗戰勝利，又隨我到天津，蹲在家裡，成了家庭主婦。前後計算，只幹了四年小職員。

一九四九年天津解放，我被捕勞改，她無著無落，不得已領著孩子跑到北平，依靠她的父母，勉強過活。一九五五年，我在新疆勞改刑滿，就業於新疆軍區生產建設兵團工一師四團八一木工廠，當文化教員，與淑文分離已六年了，本想回北平探親，可是兵團幹部張部長不放我走，反而叫我把家也接到新疆安家落戶；經我幾次函商，她為了家庭團聚，同意進疆。在兵團安排沿途照顧之下，她不顧長途跋涉之苦，領著昕、時兩個最小的孩子，於一九五六年四月到了新疆石河子，初時在八一木工廠擔任文化教員、供銷股的供銷員。

一九五八年，在「精兵簡政」的運動中，又下放為工人。她想回北京，幹部部張部長又不准她離疆，不得已，為了生活只好當工人，就這樣在新疆幹了十三年。她不計名位，不怕吃苦，不管幹什麼，都是兢兢業業，把活幹好，這就是她一生中的全部經歷。

一九六七年文化大革命期間，所謂「革命幹部」、軍管隊的區隊長岳西順，為了表現自己是「革命派」，昧著良心揑造檔案，欺騙群眾，說淑文是國民黨的「婦女部長」，鼓動群眾揪鬥她，弄得她也成了國民黨的殘渣餘孽。她想，沒聽說國民黨有個婦女部，她又何嘗夠得上婦女部長？莫須有的罪名弄得她有口難辯，這真是天大的冤枉啊！

可是那些所謂革命幹部——指導員佟國良、軍代表甘大國，以及區隊長岳西順，卻以為撈到了稻草，顯示自己是「革命派」。在他們唆使之下，只要一聲令下，群眾就一哄而起，揪出一個認為不得了的反革命。有了批鬥的對象，也就不問青紅皂白，按照那幾個革命頭頭的授意，向這位「婦女部長」開火。今天這個「革命組織」揪出去鬥一通，明天那個革命組織揪出去鬥一通，輪番批鬥了幾天，而且每次批鬥，都是彎腰九十度，不許動一動，一鬥就是一兩個小時，不許抬頭。

淑文是患有高血壓和肝炎的病人，又是動過大手術切除子宮癌，身體很虛弱的女人，哪裡經得起沒黑天、沒白日、車輪式的批鬥呢？既唾罵，又踢打，弄得她昏倒多次，甦醒過來，行動都感到困難。就這樣也不輕饒她，叫她自己拿塊白布，自己寫上「國民黨殘渣餘孽」的牌子，縫到衣服背後，並且揹著這個牌子，每天到田間去勞動。什麼活重，就叫她幹什麼；別人還沒上班，叫她先挑一擔開水到地裡；人家上班幹活了，她得照樣跟著幹。下班了，別人先走了，她得把水桶擔回來，準備明天再挑開水。星期天，別人都休息，叫她去挖廁所。冰天雪地，又凍又累，病情日益加重。而精神上，揹著一個「殘渣餘孽」的牌子，不敢抬頭見人，更不敢和人說話，忍辱偷生，恨不得有個地縫鑽進去。

就這樣，佟國良、甘大國、岳西順這些失掉人性的「革命」頭頭，還覺得不夠狠，一道命令下來，扣發她的工資，原工資四十八元，只發給二十元，剛夠吃飯。到了一九六八年，更進一步停發她的工資，使她沒飯吃，依然叫她去勞動，有意把她整死，殺人滅口，免得他們誣陷捏造的「婦女部長」真相暴露，無以自處。陰狠至此，哪有一點人性？

我的工資也同樣被扣，只給二十元吃飯錢，沒辦法，我們倆只靠這二十元度日。到了一九六九年十一月，把我又逮捕起來，關押在看守所吃囚糧，二十元工資也不給了。這位「婦女部長」的生活，已到了絕路，不得已，只好向昕、時兩個孩子要幾元錢吃飯。而兩個孩子也被送到農場去接受「再教育」，實際上就是去勞動，有心回家看看，又怕人家說「與反動家庭劃不清界限」，不敢回來。

這時佟國良、甘大國、岳西順更進一步加緊批鬥。群眾批鬥完了，他們把這位「婦女部長」揪到隊部，私設公堂，不分晝夜輪流審訊。審訊完了，說她不坦白交代，是死心塌地的反革命頑固分子，推到外面雪地裡凍她，弄得半死不活，才把她拉回家裡去。經過這樣的折磨，讓她病得不行了，要去場部醫院治療，場部距隊部六公里，走不動了，想要搭便車去醫院治病，岳西順唆使走狗——警衛人員，把她拉下來，不許她坐車，叫她自己走去。很明顯，存心想把她活活病死。

當時我在監牢裡，根本就沒法照顧她。她不得已，勉強支撐著病軀，走到場部醫院，一檢查說是肝硬化，無法治療，叫她去烏魯木齊師部醫院住院治療。經過同鄉鄭元亮的母親（平時與淑文相處很好）設法幫忙，找個便車，到了烏魯木齊師部醫院住院治療。但已經到了不治的程度了，住院沒多久，就死在醫院了。這是一九七一年八月二日，那時我身陷囹圄，也未得見一面，一世夫妻就這樣訣別了！

當時在醫院照顧她的，只有兩個女兒——曉昕、曉時，還有她倆未婚夫何清淮、張國華，把她遺體送到火葬場，火化了之。這個不見經傳的「婦女部長」，揹著黑鍋離開了人間，才算擺脫了共產黨的罪綱。佟國良、甘大國、岳西順，這幾個藉著「婦女部長」成名的革命派共產黨員，昧著良心，不惜血口噴人，誣陷死一個弱小善良的人，著實令人可恨！

到底是「善有善報，惡有惡報，不是不報，時候未到。」這幾句老話，就應在這幾個喪盡天良的革命派身上了。佟國良藉革命派的聲勢，由指導員升為場部的副參謀長，岳西順也藉著風頭，升為勞改隊的隊長，吒咤風雲，不可一世，以為人莫予毒了。

曾幾何時，到了一九七六年文化大革命剛剛收場，佟國良得了神經病，瘋瘋癲癲，自殺而死。岳西順得了癌症，一命嗚呼，真成了現世報，人容天不容。這是活生生的事實，不是我揑造，更不是詛咒，事實俱在，人所共知。至於甘大國，一躍而當上了團部的科長，直到一九八二年，我回到新疆申訴平反，在阜北農場還見到他依然當科長，似乎太平無事。詎知，人心險惡，天理難容，「不是不報，時候未到」！近在自身，遠在兒孫，後果如何？請看下文「一粒瓜籽的報應」。這並非詛咒，而是當時阜北農場十二個連隊人人皆知的事實，且看下文再述。

在「文化大革命」已定性為「十年浩劫」，要撥亂反正，肅清流毒的形勢下，我和我的子女提出了為淑文昭雪的申請，經過阜北農場黨委複查認定：王淑文同志在文化大革命中被認定的歷史，不符合實際，是錯誤的處理，決定撤銷當年的處理決定。而淑文在工作期間，所扣發的工資，給予補發，死後的有關安葬等費用，按職工當時死亡的有關規定辦理。

這是一九八二年五月六日，中國共產黨新疆維吾爾自治區建築工程局農場委員會，建農字（82）第 016 號文件所決定的。至此，所謂「婦女部長」的頭銜，算是擺脫掉了，仍以同志之稱給予平反。淑文哪！九霄的冤魂，該瞑目了。

十三、一粒瓜籽的報應

為人做事莫虧心，虧心暗中隱禍根。

善惡到頭終有報，不在自身在兒孫。

這是一段發人深省的事實。一九六八年文化大革命中，新疆軍區生產建設兵團建築工程第一師所屬的阜北農場（即農業二二二團），軍管隊（即農二隊）裡，有個軍代表姓甘名大國，四川人氏，年方而立，表面看去，個頭不高，溫文爾雅，像個白面書生，實際上是半文盲；因為是「革命派」的頭頭，又打著解放軍代表的招牌，自然就得像個「革命派」的樣子。於是出言兇狠異常，對人冷酷無情，處事惟階級鬥爭是宗，三句話不離階級鬥爭為綱，使人望之卻步，不敢接近。

他為了表現自己是真正「革命派」，取信於上級，昭示於群眾，便夥同指導員佟國良和區隊長岳西順，狼狽為奸，捏造一些莫須有的罪名，加害於軍管人員。自己不動手，唆使所謂「革命群眾」，即農二隊的職工，今天批鬥這個，明天批鬥那個。只要這幾個頭頭一授意，「革命群眾」就像瘋狗一樣，狂吠亂叫，一擁而上，把你架到批鬥大會上，叫你九十度大彎腰，低頭認罪；或者叫你坐飛機，受洋罪，不但九十度彎腰，還要把兩支胳脖向後伸張。一鬥就是一兩個小時，弄得人頭昏目眩，腰痠臂痛，站立不住；稍有動彈，便是幾腳，踢得你滿地亂滾。然後再拉起來，還得坐飛機，如斯整得人死不成，活受罪。

一些所謂「革命群眾」，明知是喪良心，也只得違心蠻幹；不如此，就會被說成不是「革命派」。他們則站在一旁，指手劃腳做導演。這就是他們假手於人，進行誣陷迫害的勾當，可以說是「虺蜴為心，豺狼成性」。

當時我曾想「多行不義必自斃」，惡貫滿盈，總有報應的一天。這是我挨批鬥，痛苦難忍的時候，寬解自己的幻想。就在這無法無天，群魔亂舞，昏天黑地之中，居然出現一件事，這就是一粒瓜籽的報應。

前面關於指導員佟國良和區隊長岳西順的現世報，已經說過了，惟有甘大國卻依然在場部當科長，自由自在，實際上已經報應過了。甘大國是軍代表，甘大國的老婆是「革命職工」，生了一個胖兒子，兩口子真是喜出望外，得意洋洋，不但走文化大革命的紅運，而且又有弄璋之喜。但是，他們兩口子都在鬧革命，沒工夫照顧孩子，千里迢迢從四川把岳母接來看管孩子。老太太來到軍管隊，一看女兒女婿耀武揚威、說一不二，也覺得無上光榮，無形中似乎高人一等。到了一九六八年，小孩一歲多，能夠走路吃東西了，一天老太太帶著外孫子坐在院裡，給外孫子剝葵花籽吃，突然一粒瓜子仁，卡進氣管裡，頓時把孩子卡死了。雖百般搶救仍無效，小生命不幸嗚呼哀哉。送到場部醫院開刀檢查，發現一粒整瓜子仁卡在氣管裡。軍代表甘大國兩口子嚎啕大哭，老岳母也泣不成聲，追悔莫及。意外頓時傳遍了軍管隊，人人都說這是「良心喪盡，壞事做絕的報應」。這豈不是「不在自身在兒孫」嗎？

十四、賣棺材，你買嗎？

工一師阜北農場農二隊，變成軍管人員的集中隊，被管制人員近二百人，還有原農二隊的職工一百多人，在文化大革命的浪潮波及新疆後，除了被軍事管制的人而外，人人都得鬧革命。

怎麼鬧法呢？跟北京和外地學吧。於是各立門戶組成小集團，有的叫「軍懇」，有的叫「紅旗」，有的叫「紅五司」，有的叫「毛主席戰鬥隊。軍管隊裡這部分職工，也就五花八門，小司令部應運而起，都稱之謂「革命派」，標榜自己這一派是真革命的，當然就相對的說別人的小集團是「假革命」。相互之間，互相指責，互相攻擊，意在抬高自己，貶低別人。而其實際上都是一路貨——別有用心的投機分子，除了內部狗咬狗之外，把眼睛都盯在軍管人員的身上。

指導員佟國良本來已宣佈，軍管人員不參加文化大革命，可是那些無法無天的所謂「革命派」，不管三七二十一，今天這個「司令部」

開會，揪幾個軍管人員去批鬥一陣，明天那個「司令部」開會，揪幾個軍管人員去批鬥一番。在批鬥時，哪一個集團批鬥得最狠，哪一個集團就最革命，哪一個人敢於批鬥，哪一個人就最革命。於是在批鬥時，那些所謂「革命分子」，這個走上來罵你幾句，踢你幾腳，那個跑上來打你幾個耳摑，以顯示自己的進步，遭殃的卻是軍管人員。

除此之外，所謂「革命派」的家中，都爭相懸掛毛澤東、劉少奇、周恩來、朱德的像，誰掛得多，誰就是「真革命」。於是又不惜代價，爭相購買這些人的掛像，又形成一陣狂潮；只要是這些人的掛像，不管大張小張，也不管黑白彩色，見了就搶購。

一天，我們軍管人員正在隊裡新蓋成的窑洞宿舍前的院裡，平整清理垃圾，遠遠看見軍代表甘大國從場部回來，腋下夾著一卷紙，不知是誰的掛像，一進大門，很多職工一窩蜂似的把軍代表圍起來，這個說要一張，那個也說要一張，吵吵嚷嚷，亂作一團。

我們這些軍管人員邊幹活邊看熱鬧，有個姓魏的老頭，平時在班裡晚間學習時，總愛給別人提意見，表示自己進步，大家諷之謂「假積極」，有個叫陳仲華的，對他恨之入骨。老魏看見一群人把軍代表圍住，亂吵亂嚷，你搶我奪，他說：「那邊賣什麼？」陳仲華氣憤地說：「賣棺材，你買嗎？」意在詛咒，把老魏搶白一陣。

收工後，這個不知好歹的老魏，向軍代表反映了陳仲華的話，於是在晚間學習時，就成了批鬥陳仲華的材料，同時在「革命派」批鬥會上，也把陳仲華揪出去，沒死沒活地批鬥起來。副隊長岳西順振振有詞的在批鬥會上宣布：「陳仲華反動透頂，軍代表賣毛主席像，他說是賣棺材，這是有意侮辱毛主席，前些日子，他曾把紅寶書也踏在腳底下，真是反動到了極點。」這樣一說，正好給群眾提供了批鬥的材料，一連幾天，把陳仲華批鬥得死去活來，被打得鼻青臉腫，陳仲華便產生了自殺的念頭。

十五、「紅寶書」下的冤魂

十年浩劫雖然過去了，但是十年浩劫造成的災難，後來他們自己收拾殘局，定讞為冤假錯案的事比比皆是，罄竹難書。這裡單說，新疆軍區生產建設兵團建築工程第一師所屬阜北農場，軍管隊的一些事實。

一九六八年「文化大革命」已經兩年了，軍管隊裡的活閻王指導員佟國良，和手拿生死簿的軍代表甘大國，再加上助紂為虐的小鬼區隊長岳西順，一天到晚盯著這些軍管人員，美其名曰「軍管」，實際上比勞改隊還厲害，每天除了監視這些人勞動而外，還要加上所謂「學習」。

學什麼呢？學習那些格格不入的「老三篇」——《為人民服務》《愚公移山》《紀念白求恩」，又加「紅寶書」——「毛主席語錄」，叫做「最高指示」；還有「一句頂一萬句」的「最新指示」，逼著你非讀不可。

我雖花甲之年，頭腦尚未昏憒，不但有閱讀能力，還有背誦的能力，所有「老三篇」，乃至「老五篇」——「老三篇」之上又加上《反對自由主義》及《矛盾論》，都背得滾瓜爛熟。拿《毛主席詩詞三十七首」來說，只要把詩詞的頭尾兩個字提出來，就可以背出詩詞的全文。所謂「紅寶書」，就是從《毛澤東選集》裡摘出來的短句，叫做《毛主席語錄》，厚厚一本，隨便提出某一段的一句，就可以背出全段，對「毛主席」不謂不忠矣。可是在那些中了毛澤東流毒，黑了心的指導員、軍代表、區隊長魔掌之下，也免不了遭到批鬥和再次判刑勞改的浩劫。如此一來，這些黑了心的幹部，撈住毛澤東這根稻草，便可晉登彼岸，晉級升官了。

我們班上的陳仲華，睡覺時把「紅寶書」放在枕邊，早晨起床，站在床上穿衣服，沒注意，竟把「紅寶書」踩了一下；有個別有用心的隊員，把這件事反映給區隊長岳西順。這下子可不得了，竟敢把「紅寶書」踏在腳底下，真是罪該萬死！於是就發動隊員群起而鬥之，在區隊長淫威唆使之下，誰敢不發言？只好違背良心，你一言，他一語的批鬥起來。有的說:「敢把『紅寶書』踏在腳下，真是反動透頂。」有的說:「『紅寶書』是革命的航燈，你敢踏在腳底下，真是罪該萬死，死有餘辜。」有的說:「陳仲華腳踏『紅寶書』，就是不滿毛主席，就是現行反革命，就是死心塌地與共產黨為敵。」有的說:「把他銬起來，關在禁閉室裡，叫他反省。」有的說:「這種反動分子，留他做甚？乾脆槍斃算了。」實際上這都是在區隊長岳西順監視之下，不得已的違心之言。

結果一天鬥，兩天鬥，弄得陳仲華暈頭脹腦，感到生不如死。後來又出了「賣棺材」事件，遂萌了自殺之念，一天叫他去查渠道看水，竟然趁著無人看視，在渠邊一棵小樹下自縊而死，就這樣做了「紅寶書」的冤魂。不如此，他也免不掉再判刑勞改。

十六、「像台」林立，奉若神明

文化大革命中一大怪現象，就是毛澤東的像台林立，我們工一師阜北農場場部，首先修起一座十公尺寬、三十公尺高的一堵大照壁，名之曰「毛主席像台」，照壁正面畫上毛澤東的像，背面寫上兩條「最新指示」——「以階級鬥爭為綱」「抓革命促生產」的咒語。場部做了，下屬的十二個生產隊，也爭相效尤，每個隊部的院子中央，也都照樣修起一座「像台」。

場部所屬的各個學校，也都照樣在門口修起了像台，誰不這樣做，誰就是不忠於毛主席，誰就是反革命，誰敢承擔這個罪名呢？所以各單位都日夜趕工，爭先恐後地修「像台」，一時成了壓倒一切的任務，而且都想在這個任務上，做得突出一些，以顯示真正忠於毛主席。

於是有些「革命派」，跑到烏魯木齊去參觀學習，可想而知，烏魯木齊也是像台林立，有的連隊便互相觀摩，互相比較，你修得高，我修得比你還高，你畫個毛主席的半身像，我就畫個全身的像，不惜工本爭相攀比。

當時阜北農場找不到一個會畫像的人，於是跑到烏魯木齊，請來一位會畫像的人，誰花的錢多，誰就是真正革命派，反正是公家的錢，有誰捨不得呢？當時場部修建的像台，就是由關押在場部看守所一些犯人幹的，我當然是其中之一，用的磚瓦水泥等材料不去說它，單是畫這一幅毛澤東的像，就花一百五十元，相當於工人三至四個月的工資。

誰家畫得不好，就說是「醜化毛主席」，誰敢擔這個罪名呢？有的連隊畫得不好，便塗掉再畫，這是尊敬毛主席的表現啊！此外，不論是辦公室、會議室、住室，除了廁所之外，都得掛毛主席的像，說話時只能稱呼「毛主席」，不能說「毛澤東」，誰要說「毛澤東」，就是冒天下之大不諱，就是罪該萬死。跟封建帝王時期，不能說皇帝的名字一樣，誰要說了，就是「犯聖諱」，就該殺頭。

過去曾流傳過一個故事，在李自成、張獻忠殺人如麻的時代，小孩一哭，說聲「闖王來了」，小孩就不敢哭了。現在小孩哭了，哄不好，說聲「毛主席來了」，小孩就不哭了，有此一說，姑妄言之。

到了一九七三年，不知怎樣的一股風，突然有了變化，不知不覺中，很多單位的「像台」拆掉了，有的沒拆除，把毛主席的像塗掉了，換上「深挖洞，廣積糧，不稱霸」一類的口號。什麼原因？我們這些關在牢房的人一無所知，只是感到情況有變化而已。

一九七五年特赦後，回到北京，看見北京大學的正門內，還有一座泥塑的毛澤東站像，後來也被拆掉了。經過瀋陽，看到太原街廣場上也塑有一座毛澤東的站像，至今還指手劃腳地站在那裡，不禁引起一些遐思……

十七、請示滙報，笑話百出

「毛主席像台」修了那麼多，修得那麼好，無疑是供「革命派」崇拜瞻仰。後來「革命派」又獨出心裁，把它派了一個新的用處——請示滙報，就好像供佛像、供神像牌位一樣，把毛澤東奉若神明，似乎人們每天的活動，一舉一動，一言一行，毛澤東無所不知，猶如家家戶戶供的灶王爺一樣，專門洞察人間的善惡。於是不管幹什麼工作，每天早晨上班之前，按班按組，都得到毛主席像台前，恭恭敬敬地站好，由班組長說：「向毛主席您老人家請示，今天我們班（或組）到某某地方，幹某某工作，特向您老人家請示。」然後再去上班。晚上收工回來，也要站到像台前，班組長又說：「我們班或組，今天按照您老人家的指示，完成了任務，特此滙報。」

不管是「革命職工」還是軍管人員，都得這樣做，這是聖諭，誰敢不依？到了晚上學習時間，在學習之前，或學完之後，也得照例請示滙報。當然這是班組長的責任，有一個班長名叫金仁久，不識字，說話也結結巴巴，先唸兩句「抓革命，促生產」的咒語，然後按照規定的格式，滙報一天的工作。一開始就說：「金仁久老人家，向毛主席滙報。」把「金仁久向毛主席老人家滙報」，給唸顛倒了，弄得笑話百出，在隊裡流傳。

十八、「破四舊」「立四新」

破與立，按毛澤東的說法：「不破不立，破就是立，破字當頭，立在其中。」這就是「文化大革命」中，所謂「最新指示」的一條。「革命派」，特別是紅衛兵，有了這條咒語便可為所欲為，看什麼不順眼就把它砸爛，名之曰「破四舊」。至於「立四新」，凡屬於「最新指示」和「文化大革命」中所有的行動，都叫做「四新」。什麼是舊？什麼是新？這個概念是模糊不清的，按照毛澤東的邏輯，就是要砸爛舊社會，也就是毀滅舊中國，凡屬舊中國遺留下來的東西，包括物質建設、固有文化、倫理道德，乃至於生產秩序，都要剷除淨盡；鼓動紅衛兵敢「造反」，敢砸爛，就是「革命派」。

所以工農兵進駐高等院校，把校長、教授驅逐校外，叫他們靠邊站；叫學生不要唸書，起來鬧革命；把知識分子貶成臭老九，打下農村去勞動；把孔夫子貶成孔老二，使倫理道德一概掃除淨盡；把有傳統藝術的各種戲目一律廢止，代以「樣版戲」。

同時，把一些富有歷史風味的老字號的招牌，如北京全聚德、六必居、獨一處，乃至於東安市場、西單商場等等一些飯館商店的招牌，也都砸爛，這就叫破四舊。此風一行，各地仿效，社會上亂成一團。更有甚者，挑撥父子關係，誰家兒子敢罵老子，敢鬥爭老子，誰就是真革命，誰就是「忠於毛主席」；誰家的妻子敢檢舉丈夫，敢提出離婚，劃清界限，誰就是思想進步，就可以成為共產黨員。如此一來，倫常乖舛，道德喪盡。

「立四新」更是花招百出，首先是把毛澤東捧為至高無上的皇帝，覺得四個偉大的頭銜——偉大的領袖、偉大舵手、偉大統帥、偉大救星，還不夠味，乾脆來個吾皇萬歲、萬歲、萬萬歲，三呼拜倒。更庸俗而令人肉麻的是，到誰家去串門或辦事，敲門沒人理，推門進去，也沒人理，必須在門外高喊「毛主席萬歲」，等裡面回答「毛主席萬萬歲」，然後才進去說話辦事。過去我們軍管隊員到隊部去辦事，站在門外喊「報告」，裡面說「進來」，才敢進去。新的規定，必須站在門外喊「毛主席萬歲」，裡面答應「毛主席萬萬歲」，才能進去。有一次我到郵局買郵票寄信，以為郵局不是隊部，推門進去，把錢放在櫃台上說買郵票，裡邊坐著的人對我冷笑而不言，我立即意識到，忘記了喊「毛主席萬歲」，立即出去再進來，站在櫃台外面喊「毛主席萬歲」，裡面的人答應「毛主席萬萬歲」，這才賣給我郵票。

此外，特別突出的是毛主席像台」林立，有的塑銅身，有的塑水泥身，有的畫身，諸如此類，都屬於「立四新」。有些事，如喊「萬歲」，本是封建帝王的舊俗，應在破除之列，而今卻作為「立四新」的新風，豈不是顛倒黑白，混淆不清嗎？

這就是「破四舊」「立四新」的所見所聞，這種一破一立的結果，便造成史無前例的「十年浩劫」，豈非肉麻可笑，亦復可恨可恥嗎？

十九、孝子賢孫，殘渣餘孽

在我所知道的「舊社會」裡，誰家出了個孝子賢孫，是祖上有德，是這個家庭的家風好，是這個家庭的光榮。與這個光榮稱號相反的，便是不肖子孫，是祖上缺德，是敗家子，人人嗤之以鼻，慨嘆一聲說：「這不知是哪輩子做了虧心事了！」

而「文化大革命」中，人們像受了邪風，吃了迷魂藥，人性都變了，一反其常，把孝子賢孫說成是封建殘餘，是不齒於人類的壞東西，誰敢造反，把「壞東西」砸爛，誰敢向家庭發難，敢造老子的反，誰敢跟老子劃清界限，誰敢把父母視同仇敵，誰就是「真革命」，誰就是毛主席的好戰士，誰就可以進入「革命委員會」任職，誰就可以加入「偉大、正確、光榮」的中國共產黨，成為一名傲視一切的共產黨員。

竟有些不知深淺的子孫，真的扯起背叛家庭的旗幟，把生身父母視同仇敵，把夫妻視同陌路人，戴上「紅衛兵」的袖標，橫衝直撞，不可一世，拉幫結夥，為所欲為；弄得社會道德掃地，人際關係混亂，這樣才夠得上「真正的革命派」。

本來我們這些被軍事管制的人員，軍代表、指導員已經宣布不參加革命，不參與批鬥，是靠邊站的人；可是「革命派」不聽這一套，把不少軍管人員揪出去批鬥，我當然是在數難逃，而我的老伴受我的株連，也跟著挨批鬥。在幾個革命頭頭的唆使下，把我說成是蔣介石的孝子賢孫，是國民黨的殘渣餘孽，把我老伴也說成國民黨的殘渣餘孽。我成了十惡不赦的罪人，我和我老伴都揹上了殘渣餘孽的牌子，成了十目所視、十手所指的批鬥目標，弄得人抬不起頭來，好像做了多大的虧心事，見不得人一樣。

這還不算，「革命派」星期天休息，我和我的老伴，扛上十字鎬和鐵鍬，她到女廁所，我到男廁所去刨廁所，尿水糞渣濺得滿身滿臉，「革命派」隨時在監視你，挖不完不能回來。此外，在平時上班的時候，「革命派」當然按時上班，我老伴吃完飯，不能休息，要挑一擔開水送到田間，留給「革命派」上班時喝，有時還要替「革命派」扛工具，凌辱備至，沒拿你當人看待。

若說我是蔣介石的孝子賢孫，因為我是蔣介石的學生，還貼點譜；說我是國民黨的殘渣餘孽，因為我是國民黨黨員，又在國民黨政府機關幹過事，也還沾點邊。而我的老伴與國民黨沾不上邊，雖然曾在國民黨中央政治學校包頭分校，當了一年小學教員，在中央政治學校高等科圖書館當了兩年圖書管理員，但並未參加國民黨，說她是國民黨的殘渣餘孽，真是天大的冤枉。

不特此也，區隊長岳西順為了標榜自己是「革命派」，跑到場部勞資科，把我老伴的檔案拿來，藉此捏造，說我老伴是國民黨婦女部的部長，他這樣向「革命群眾一宣布，不明真相的群眾哄然而起，這下子可找到批鬥的大目標了。於是不分日夜，沒完沒了的批鬥，什麼時候想批鬥，就揪出去批鬥一場，弄得幾次昏倒過去，真是有口難辯，有苦難訴。凡屬國民黨的人都知道，國民黨沒有婦女部，哪裡有婦女部長呢？這完全是岳西順誣陷的莫須有罪名，試問良心何在？真理何在？人性何在？「十年浩劫」之後，在撥亂反正、肅清流毒的政策下，我老伴亦得到平反。但人已被折磨死了，平反又有何用？

第十九記　厄運三十年之七

一、再陷囹圄，九死一生
二、下井挖煤，第一次受傷
三、又來種菜，第二次受傷
四、批林批孔，暗鬥明爭
五、外場裝車，第三次受傷

一、再陷囹圄，九死一生

人之一生，除了老病死以外，最大的災難，莫過於牢獄之災。一之為甚，豈可再乎？假如是真的作奸犯科，危害國家社會，危害了別人的生命財產，犯下了無可饒恕的滔天大罪，不要說坐牢，就是凌遲以死，也是咎由自取、理所應該，夫復何言？而我之一再身陷囹圄，既非殺人越貨，亦非貪贓枉法，而是在黨爭政爭的浪潮中，一個小小的犧牲品。

揆諸歷代政權更迭的洪流中，淹沒以死者，可以說無代無之，遭逢亂世，又將奈何？一九四九年，中國政權由國民黨轉到共產黨手中，共產黨為了鞏固政權，進行了肅清反革命運動，簡稱為「肅反運動」。接著就是鎮壓反革命運動，簡稱「鎮反運動」。這也是改朝換代的歷史演變中，不可逃避的事情。

我原是國民黨人，在共產黨奪得政權之後，列為被肅反的對象，本不為奇。被逮捕之後，於一九五零年以歷史反革命罪，判處七年有期徒刑，刑期自一九四九年四月三日被逮之日起，到一九五六年，才是刑滿時間。服刑期間曾受到兩次減刑，到一九五五年七月一日刑期已滿，名之曰「新生」，恢復了公民權。當時為了有別於共產黨人，不能叫「公民」，只能叫「國民」。不管什麼民，已不是勞改犯人了，並且在一九五五年七月間，新疆軍區生產建設兵團工一師四團任命我為文化教員，宣布為十七級行政幹部。一九五八年又調為工一師四團八一木工廠行政管理員，一九五九年又調為工一師四團生產隊副隊長。

從這些經歷來看，不僅是刑滿新生人員，而且已成了十七級行政幹部，所有過去的歷史反革命罪名已處理完，做出了結論；並已列名為共產黨政權下，一名小小的幹部。我從一九五五年直到一九六九年，給共產黨幹了十四年工作，而且都能善始善終，完成各項任務。種種經過，前面已經寫過，本想安下心、扎下根，為新疆建設貢獻力量，何曾想又來個「文化大革命」運動。這是毛澤東親自發動，親自領導，親自指揮的一場史無前例的大混亂，把整個中國陷入了空前的災難之中，後來定讞為「十年浩劫」。我之再陷囹圄，就是這「十年浩劫」在數難逃的滄海之一粟。

一九六九年，正在軍管隊勞動之際，我突然被扣上「蔣介石的孝子賢孫」「國民黨的殘渣餘孽」的帽子，批鬥之餘，又被關押起來。開始關在種籽隊，名之曰「隔離審查」。一些所謂「革命派」的頭頭，今天你來審，明天他來詢，在他們看來，這下子可抓到了「革命的對象」。在「逼、供、信」的淫威下，我也只好沒完沒了的寫交代材料。實際上這都是一九四九年，在天津被捕後交代過的事情，而且一九五零年依此材料，被判處有期徒刑七年，投入勞改；到一九五五年，依法處理終結舊案，用共產黨的話來說，已經做出結論，事已過去，沒有再提的必要。

可是一些無知的「革命派」——低能兒，對舊社會的事所知有限，對國民黨的事更是一無所知；他們所知的，僅僅是一些共產黨的上層罵不絕口的「蔣匪幫」。既把我看成是蔣介石的孝子賢孫，自然就是蔣匪幫，當然也就成了「文化大革命」的對象。這也難怪他們，只怪那些「四人幫」的尾隨者們，為了顯示自己是「革命派」，無中生有，有意捏造一些莫須有的罪名，誣蔑陷害，以逞所欲。

我在種籽隊被關了兩個月，在他們進一步迫害的企圖之下，把我轉移到離場部較近的奶牛場，便於他們加緊逼供。白天在奶牛場勞動，夜裡揪到場部的政法股嚴加審訊，審來審去，還是以前交代過的老一套；於是說我不坦白、頑固透頂，在無計可施的情況下想出花招，來個「疲勞審訊」，白天勞動，晚上審詢。連續幾天，弄得我暈頭脹腦，昏昏沉沉，他們想趁昏迷的狀態，叫我承認他們捏造的事實。但是我再昏迷，心裡還明白，沒有的事堅決不承認，弄得政法股的王股長拍桌大罵：「你這個老混蛋，不給你點厲害嚐嚐，你是不知道馬王爺三只眼。」他把警衛班的畢班長叫來，唆使他把火鉤子燒紅烙我的腿。面對如此酷刑，我想與其這樣活受罪，倒不如痛痛快快一死了之，所以才有觸電自殺的一段經過。自殺未成，又想絕食自盡，經過看守所王隊長的勸解，以及同監難友的幫助，才又活下來。經過這一番折騰，再也不審詢了。

師部政法科的于科長，就是前段說「以前判七年太輕了，我們要重判」的那個胖官，來到看守所，隔著鐵窗向裡張望，我想這傢伙來探監，是「黃鼠狼給雞拜年」，沒安好心。過了幾天，就不見了，是何居心，自非所知。

後來王隊長把犯人都放出來，到外面勞動，有時到場部去打掃庭院，有時上房泥，有時又到地裡種菜，有時又在牢房裡紮笤帚。就這樣不審也不問，一直關到一九七三年四月，突然叫去參加審判大會，當場宣布以反革命罪，判處有期徒刑八年，立即送入採煤隊勞改，我想，他們終於實現了「要重判」的目的。

在看守所關押期間，宏兒從北京來看我，由三婿何清淮陪同，由烏魯木齊來到阜北農場看守所來探監。事先我不知道，一天夜晚，都睡下了，王隊長突然叫我出去，說是：「你兒子來看你。」出去一看，宏兒坐在門房裡，突然相見，在隊長警衛環視之下，他也沒敢喊聲爸爸，我也沒敢叫聲志宏，還是宏兒開口說：「北京的親人知道媽媽死了，很惦念你，姨姨和弟妹們特意叫我來看看你。」

我問了一下北京家人的情況，宏兒說：「他們都在毛主席身邊，生活都很好，你要的《本草綱目》《醫宗金鑑》《王李脉訣》，都給你帶來了，又帶了幾包香山牌香煙。」他並說：「這都是從毛主席身邊帶來的東西，親人們都希望你，緊跟毛主席，好好改造，爭取早日回到毛主席身邊來。」這都是文革中的套話，可見高壓之下普通人的思維和語言方式，到了何種程度。

談約二十分鐘，宏兒告訴我：「清淮也陪我來看你，領導沒讓進來，在外面等著我呢。」天哪！我到底犯了什麼彌天大罪，女婿來看我，都不讓見面，真令人難解！不管怎樣，兒子千里迢迢跑來看我，總算見上一面，也是難得的一見。我回到牢房後，久久不能入睡，心想，假如我前年自殺死了，連面也見不著，還不是一了百了，何至於又惹起東牽西掛，心緒不寧呢？

二、下井挖煤，第一次受傷

一九七三年，「文化大革命」的高潮已逐漸減退，正是因為到了這種地步，越趨於殘酷。在共產黨內部，毛澤東想整死的人——劉少奇、彭德懷……等等，都已慘遭毒害。毛澤東自己，也因壞事作絕，閻王逼命，用他自己的話說：「快要去見馬克思了。」

圍著毛澤東轉的一群惡魔，江青、張春橋、王洪文、姚文元、康生、陳伯遠……，也察覺末日的來臨，對於知根知底的人，如周恩來、史東山、顧而已等，為了殺人滅口，也都橫加逼害，置於死地。

再往下說，一些別有用心的「革命派」在全國各地，製造了數不清的「冤假錯案」，抓了不少無辜的平民老百姓，怎麼交代呢？俗話說：「有錯抓的，沒錯放的。」於是昧著良心想盡辦法，給加上個莫須有的罪名，折磨至死而後已。我即是禍海中的一粟。

從一九六九年，我遭第二次逮捕之後，始以「隔離審查」，繼而關進牢房，直到一九七三年，關押四年多的時間不審不問，也不處理，原因是找不到具體罪證。儘管扣上了「蔣介石的孝子賢孫」「國民黨的殘渣餘孽」等大帽子，畢竟是屬於歷史反革命，已判了七年徒刑，於一九五五年已執行完畢，並做了結論，此案已結。所以這次逮捕後，又關押四年多，既沒有新罪證，也沒法處理。

可是在逮捕我之前，工一師政法科的一位胖官（後來知道是政法科的科長），曾經說過「判七年太輕，我們要重判」，話已出口，駟馬難追，不得已，便在CC派與CC分子這個名詞上做文章，硬說「CC派與CC分子是兩回事」，以前我交代的是CC派，不是CC分子，隱瞞歷史，就是存心變天，就是現行反革命。

不知從哪裡找到一本我在南京中央政治學校附設蒙藏班畢業的同學錄，上面有我穿著校服的照片，說我隱瞞不交，作為新的罪證。實際上，我在政治學校的學歷早已交代清楚，而同學錄不過是一份作為同學間互相聯絡通信的紀念品，沒什麼其他作用。而這些共產黨幹部卻如獲至寶，以此作為新的罪證，又判了我八年有期徒刑，投入勞改，送到阜北農場採煤隊下井挖煤。這時我已六十三歲了，既已判刑勞改，叫幹什麼，就得幹什麼，犯人是無自由的。

我到了採煤隊，當天就發安全帽、礦燈、膠棉鞋、棉手套。第二天就隨大流下井勞動，井深二百多米，井下的巷道二米寬，無照明設備，黑咕隆咚的煤井，只靠頭上頂的一個像電筒似的礦燈，在暗無天日的巷道中拉膠輪車，往設有捲揚機豎井下面的井窩子運煤。每輛車裝滿滿的一車廂為五百市斤，四輛車同時運到井窩子，倒在鐵斗子裡，湊足一噸，由捲揚機提到井口上，倒在有軌道的斗車裡，運到煤場，這算是一道工序。

在井下的巷道，從掌子（採煤的窩子）到井窩子，巷道長約五百米，來回一趟，只限二十分鐘。所以拉起車子，就得跑步走，幹時間久的人，既有經驗，也有鍛練，尚可應付。我初次下井，沒有經驗，體力也不行，感到非常吃力，只有咬緊牙關拚命地幹。

一次在掌子裡裝好車往外拉，因起車用力過猛，到巷道裡來不及拐彎，車把撞在巷道的石壁上，把虎口撞傷了。當時雖感到有些疼，但別人的車子已走了，我跟不上，會影響斗子提煤，便不顧一切地拉著跑，把煤拉到井窩子，倒在斗子裡。這時棉手套裡已滿是血，拿出一看，血淋淋的手，也不知疼了。別人一看說傷勢很重，不能再拉車了，我趕快坐在煤斗上，到了井口找隊長。隊長一看我滿手是血，傷口已看不清楚，當時又是冬天，隊長說：「不要受凍，用棉襖包好，趕快回隊找醫生給包紮。」

礦區離隊部約兩華里，我跑回隊部找到醫生，打開棉襖，想用棉花擦一擦，一看，整個虎口撞破了，有一寸多長的傷口；擦洗包紮之後，成了傷號，不再上班了。

過了一個多禮拜，傷口劇痛，我渾身發抖，非常難受，醫生一檢查，說是感染了破傷風菌。從此我躺在宿舍裡，不能起床，每天除炊事員送三頓飯，醫生來換換藥而外，白天無人過問，晚間勞改的人回來了，照顧一下，扶著大小便，給打點開水，處此情境，又將奈何？

聽別人說：「破傷風不易治好，前一陣有人得了破傷風，不久即死了。」我一想，也只有等著死吧！發高燒，昏迷不醒，醫生也急了，每天來打針吃藥，包紮傷口，但也只是例行治療而已。如此過了二十多天，居然抗過去了，燒退了，能夠正常吃飯，醫生高興地說：「破傷風已抗過了，真是奇蹟！」但是我的身體已虛弱到了極點，起來大小便，走路都有困難，幸好有幾位難友相處較好，對我具有同情心，每天下班回來，問長問短、關心照顧，要喝水就給打開水，不能出去大小便，他們就端屎倒尿。常言道「馬渴想喝長江水，人在難處想賓朋」，我今天落難在採煤隊，還有幾個朋友多方照顧，也算是三生有幸，若非平日人緣好，怎能得此良遇？

我休養一個多月以後，能夠行動了，隊長說：「你撿了一條命，真不容易，好好休養吧，不要急著上班。」因此我每天吃病號飯，到院內活動活動。炊事班都是勞改犯人，對我也極表同情，他們知道我不吃牛羊肉，每逢隊裡吃牛羊肉，便給我單獨做點菜，對我身體的復原，也幫助不小。

修養兩個多月，快過年了，隊長要出牆報，又要搞文娱活動，苦中作樂。我這病號又派上用處了，叫我編節目、搞牆報，這時身體已能活動自如，身上也有點肉了，有點活幹，也比閒著好；乃編相聲、快板、數來寶、對口詞等小曲藝節目，並組織幾個演員，利用工餘時間排練，同時又編牆報。

忙了一陣，新年過去了，春節也過去了，身體已恢復得差不多了，指導員對我說：「你身體已經復原了，上班去吧。」並說：「你在外場裝車，不要下井了。」我想這次受傷沒有死，真是萬幸，心裡也感到寬慰，叫幹什麼，就幹什麼吧，倘能混出勞改隊，就混吃等死，活下去算了。

三、又來種菜，第二次受傷

為什麼說「又來種菜」呢？這裡邊含有無限的辛酸，需要從頭說起。

一九五零年，在延安勞改隊裡，我就領著一班人種菜，供應全大隊一千多人吃菜，十分緊張。由於條件太差，在秋收入窖時搶收不及，造成燒窖的損失，各隊意見紛紛，我自有口難辯；忙了一春帶過夏，弄到這樣的掃興，決心不想再搞種菜了，反正是勞改，隨大流去勞動，免得聽那些七嘴八舌的閒言。可是大隊部來個決定：「菜燒窖，袁應麟有責任，但不完全是他的錯誤，不予處分，讓袁應麟繼續管理蔬菜，只許管好，不許管壞。」身為勞改，我不接受也不行，只好硬著頭皮幹下去，這算一次。

一九五二年，進新疆勞改，一開始又叫我領著種菜，在沙灣縣梧桐樹一個小莊子裡打土開荒，以人力拉犁翻地，把瓜菜種上了；快到收穫季節了，突然又把我調到大泉溝西岸大渠工地，領著挖渠。我對於水利工程一竅不通，而張大隊長又給我戴了一大堆高帽子，卡著非幹不可。乃在工地上施工放線，掌握坡度，檢查質量，收方記工，幹到一九五三年九月，一百多公里長、四十公尺寬、十五公尺深的一條大渠——瑪納斯河西岸大渠快挖成了，突然又把我調到石河子軍法處。這又是一次種菜的經過。

一九五五年，我在刑滿就業以後，當文化教員和行政管理員；一九六零年，調為工四團生產隊的副隊長，又開始領導一個隊的種菜工作，詳情前已述過。由於我從保護地（溫室）栽培，到露地栽培，逐漸積累不少經驗，遂成了農業技術員。

文化大革命期間，我成了運動的對象，首先在「四清」運動中，被撤銷了行政十七級幹部的職務，改為五級農工；繼則二次逮捕，二次判刑，投入到採煤隊勞改，下井挖煤，有第一次受傷的經歷。

採煤隊地處山區，距場部四十公里，吃菜要靠場部或各農業隊供應，常常供不及時，無菜可吃，只好吃鹹菜啃大餅子。有些勞改隊員向隊長指導員建議，說隊裡有種菜的專家（暗指我），為什麼不自己種菜呢？這個呼聲引起隊長、指導員的注意。

一天指導員突然找我談話說：「咱們隊上有一塊菜地，搞得不好，供不上全隊吃菜；菜地附近還有一片空地，想要擴大種菜面積。調你去領著種菜，你有什麼意見？」我一想，種菜比在井下挖煤好得多，我又有經驗，於是就說：「種菜這活，我可以幹，但不知有無設備條件？」指導員說：「你先到菜地去看看，回來再研究。」我到菜地一看，有兩個職工在菜地工作，兩三畝地，即使都種上，也解決不了全隊吃菜問題。菜地周圍有些空地，佈滿了大戈壁石，要想利用，必須把卵石清理出去，才能開墾，不下工夫是不行的。

我回來跟指導員一說，他說：「有的是勞力，清除卵石不難，你做個計畫，我批一下，就開始幹。」回到班裡，有人問我，談得怎樣？我說：「要想供全隊吃菜，就要擴大菜地面積，要開荒，又要清理卵石，很不好幹。」一些相處較好的難友說：「你這麼大年紀了，下井有困難，外場裝車，活也不輕，到菜地去，由你自己安排，輕鬆多了，你又有種菜的經驗，為什麼不去呢？」

我一想，也有道理，在勞改隊還有三年多時間，能在菜地裡混過去，也還可以。於是就寫了一個種菜的計畫，以十畝地估計，生產的各種蔬菜，可以滿足全隊的需要，除清理卵石則由隊裡派人；管理菜地經常要十個人，並要準備一些工具。指員一看，認為可以，立即指定年紀大的勞改犯七個人，加上菜地原有的兩個人，再加上我，共十個人，組成種菜組，由我負責，開始田間整地。利用星期天，指導員又指揮一些勞改犯，幫助清理卵石，開墾荒地，並叫紅爐鐵工組，按我的計畫打了一些工具。從此我又來種菜了。

指導員說：「老袁哪！今年隊裡能不能吃上菜，就看你了。」八字還沒一撇呢，先來個將軍，我未吭聲，但我心裡有數，有人有地又有條件，不怕吃不上菜；心裡憋著一股勁，幹個樣給你們看看。不到兩個禮拜，規劃的十畝菜地已清理好，接著挖渠打畦，十畝菜地已粗具規模，又從園林隊調來各種菜籽，大部分都是我過去在園林隊選留的品種，我心裡也有個底。

開始播種了，陸續催芽育苗、播種定植，按計畫進行，都很順利。整地時又清理出一些卵石，堆在地埂子上，妨礙田間操作，便由種菜的人利用空間時間往外搬運。有一天下午，都下班了，我還未走，來了一個牛車送糞，我幫著把糞卸完，便利用空車裝一車石頭，帶到大路邊去；但人都走了，只有我和趕車的人，於是裝了一車卵石拉到大路邊以後，往下卸石頭。

趕車的人在裡邊往下滾，我在外邊往下滾，正在我扒的時候，上邊一塊大石頭滾下來，躲閃不及，兩塊石頭一撞，把我左手無名指砸傷了。當時手指麻木，已不知痛了，只見指頭已砸碎了，鮮血淋漓。

地裡無東西可包紮，把襯衣撕下一條，包了一下，趕快跑回隊裡找到醫生。

醫生一看，半截指頭已砸碎，指甲只有皮連著。醫生說：「隊裡藥不全，傷勢這麼重，趕快去場部醫院吧，天已黑了，怎能去場部呢？」我說：「你先給我縫一下，包一包，明天再去場部醫院吧。」指導員跑來一看，傷勢不輕，對醫生說：「先給他包紮一下，明天再去場部醫院吧，這回一定要好好消毒，不要再感染破傷風。」

醫生把碎肉和指甲整理一下，縫了三針，敷上一些消炎粉，用紙殼做夾板，包紮起來後，囑咐我說：「明天趕快去醫院吧。」包紮以後，我感到疼痛難忍，連晚飯也沒吃，就睡下了。

次日早晨，傷口疼得輕些了，我一想菜地正在播種關鍵時刻，我不去安排一下，他們不知怎麼辦。於是我決定暫不去醫院，早飯後，跟大家一起到菜地去；不能幹活，還可以說話。大家說：「你不來，我們沒有主心骨，不知怎麼幹，你能來，不必動手，說給我們怎麼辦就行了。」

我在地裡活動一天，只是動嘴未動手，傷勢疼痛輕一些，加上由於責任心的驅使，便想拖一拖，暫不去醫院。第二天又照常到菜地去活動，雖然不幹活，也閒不住，裡裡外外照料催芽、播種，右手還可以幹些小活。第三天又照樣幹了一天，傷勢疼痛已大大減輕，便決定不去醫院，晚間回隊，到醫務室去找醫生要藥。醫生說：「你怎麼回來了？」我說：「我沒去住院。」醫生詫異地說：「叫你住院，你為什麼不去呢？」我把情況向他說明。他說：「工作要緊，受傷也不能不治呀，上次受傷，感染了破傷風，幾乎把命送掉，這次怎還不注意呢？」我說：「再挺兩天看看，不行再去住院。」又拿些止痛消炎的藥。到了第四天，不痛了，當然也就不想去醫院了。

指導員見我也說：「叫你住院，為什麼不去呢？」我把播種的關鍵說給他聽，他很受感動，便說：「你自己決定吧，萬一不行，不要勉強，還是去醫院治療吧。」就這樣，我每天堅持到地裡幹活，一隻手挎著繃帶，只有一隻手能活動，我便到紅爐上，叫鐵匠給打了一隻手能用的小工具——小鏟、小鈎鋤、小扒子，拿到地裡，也可以和大家一同幹活了。

到了第八天，我又去醫務室，醫生問我怎樣？我說：「不痛了，給我換換藥吧。」醫生說：「既然不痛，就是不發炎了，不必打開換藥，過幾天再看吧！」過了二十多天，醫生打開繃帶一看，縫的線還未抽掉。他說：「縫的線都忘記抽了，現在抽線，可能要痛些。」我說：「抽吧，痛點沒關係。」抽了線，換了藥，又包紮起來。他說：「這麼嚴重的傷，居然沒出大問題，在你身上又是一個奇蹟。」這是到採煤隊勞改以後的第二次受傷，就這樣不知不覺的好了。指導員說：「你的毅力真強，兩次重傷都熬過來了，真不簡單。」

這一年栽培的蔬菜，品種較全，黃瓜、茄子、辣椒、西紅柿、葫蘆、豆角、韭菜、芹菜、蘿蔔、白菜、南瓜、冬瓜，樣樣都有；並且隨時供應不缺，炊事員也神氣了，每天調劑花樣，伙食大大改善，指導員、隊長很滿意，勞改隊員們更滿意。在年終總結時，我受到表揚，總算爭了一口氣。

到秋天，指頭長好了，指甲也長出來了；但整個指頭變成死肉，冰涼冰涼，麻木不仁，沒有知覺。一直到一九七六年，才逐漸復活起來，和其它指頭一樣。這就是又來種菜和第二次受傷的經過。

四、批林批孔，暗鬥明爭

文化大革命運動中，林彪是毛澤東唯一的親密戰友，也是毛澤東親自指定的接班人，是一人之下、萬萬人之上的頭號「紅人」。「革命群眾」祝願毛主席萬壽無疆，同時要祝願「林副主席健康長壽」，誰敢說個不字？突然傳來了消息說：「林彪叛國，全家逃往蘇聯，飛機在外蒙的溫都爾罕上空墜毀，全家覆滅。」

接著就陸續發來了林彪叛國的材料——林彪的「五七一工程紀

要」，並說「五七一」計畫，就是「武裝起義」的影射語，主要是要刺殺毛主席，武裝奪取政權。這倒奇怪了，毛澤東親自指定的接班人，等他死了，或者自動下台，林彪就是當然的主席，何必用武裝奪取呢？據說，林彪要當國家主席，毛主席不答應，因而懷恨在心，便陰謀刺殺毛主席，早日把政權拿過來。林彪迫不及待，竟致陰謀敗露，無以立足，便全家逃往蘇聯。

材料又說：「林彪自比為天馬行空，獨來獨往，堪當大任，目中根本無毛主席，叛變之心，宿謀已久，所以才有五七一計畫。」實際內幕如何？不但我們勞改犯人不得而知，就是指導員介紹材料，動員批林批孔，也不過是唸一唸材料，叫大家批判而已；實際上他是遵旨照讀，盲目執行。不過根據叛國逃走，墜死於溫都爾罕這個「事實」，足夠批判了。

於是每天晚飯後，就開批林學習會，指導員和隊長都煞有介事的，跑來參加學習會，裝模做樣白話一陣，要求人人都得發言，意味著誰不發言就是同情林彪。這樣就捕風捉影，添枝加葉，把林彪說得叛國有罪，罪不容誅，落得死無葬身之地，罪有應得。你一言，我一語，誰說得最厲害，誰就是認識深刻，誰就算是進步，真是天知道！

接著又來個批孔，把孔夫子貶為「孔老二」，說孔老二的思想，是維護封建主義的根源，是最反動的思想，一定要批深批透、批倒批臭。孔子殺少正卯，就是反動的事實。又介紹一些孔府的材料，說孔府是封建地主，有大批的土地出租給農民，收糧收租，剝削農民。又介紹孔府裡有牢房、有刑具，私設公堂毒害農民；叫大家根據這些事實，進行批判。

不僅如此，還把《論語》上的一些話斷章取義，歪曲解釋。實際上勞改隊員有幾個念過《論語》呢？就是隊長、指導員，也未讀過《論語》。介紹材料，也只是照文件，似懂不懂地唸一遍，然後大家發言批判。有人說：「袁應麟念過四書，叫他發言。」我念過四書（《論語》《孟子》《大學》《中庸》）是真的，不但念過，而且還能從頭背到尾，既然點名叫我發言，我就說唄。我把「為政」第二「為政以德，譬如北辰，居其所，而眾星拱之」……背了一大段大家聽了，就說：「這完全是封建思想，就根據這一套思想，進行批判吧！」於是東拉西扯，開始發言。

有的說：「孔老二是個封建大地主，無情的剝削農民，必須徹底清算。」有的說：「孔府私設公堂壓榨農民，罪大惡極，對其後代必須治罪。」有的說：「孔老二口口聲聲講仁義道德，做的都是傾害老百姓的勾當，是一個偽君子。」反正是不負責任的發言，誰都會假惺惺地惡罵一通。我說：「封建的仁義道德思想，是和共產主義革命思想水火不相容的，必須批倒批臭，方能建成共產主義新社會。」實際上都是懾於共產幹部的淫威，不得已的違心之詞；說完之後，不禁暗自好笑。奈何？奈何？

五、外場裝車，第三次受傷

種菜是夏天的事，到了冬天，菜地無活可幹，但不能閒著，勞改勞改，不勞何改？仍把種菜的十個人，又調回礦區工作；不下井挖煤，便在煤場上裝車，叫做幹外場活，比下井挖煤要好些。

但冬季正是各個連隊運煤最緊張的季節，全農場十二個隊，日夜不停地拉煤，有的卡車掛拖斗，有的拖拉機掛拖斗，裝車的人分成日夜兩班，每四個人為一組，共有日班兩個組，夜班兩個組，輪流值班。車子來了，靠到煤堆跟前，一個人守一個車廂角，用大鐵銑同時往車廂裡撂煤，每車廂裝四噸，四個人同時各撂一頓，算裝完一車，時間僅用八分鐘。後面還有車在排隊等著，一口氣往車上甩一噸煤，勞動強度之大可想而知。我雖年紀大些，也只得拚命去幹，不能影響別人。

一天我幹夜班，夜裡兩點多鐘，農四隊的拖拉機來拉煤，駕駛員是個年輕的人，開車技術不熟練，往煤堆跟前倒車時，幾次都靠不攏，弄得司機很著急，因為後面還有車等著。他急得沒辦法，便把拖斗摘掉，機車開出去，換一個方向，再掛上，往後倒，我在拖斗前用兩手擎著三角架，但是機車的掛鈎幾次都對不準，我只好擎著三角架等。機車的後輪是兩個大輪胎，由於司機急了，猛力往後一倒，大輪胎當即把我擠在了拖斗的車箱上。當時我被擠得出不來氣，另一個裝車的人猛喊：「把人擠住了！」司機聞聲馬上往前開動一下，我立時蹲在地上，不能動彈了。車也不裝了，兩個人扶著我送回隊上，把醫生喊起來一檢查，左肋脇骨擠傷，傷勢很重。

醫生說：「必須送場部醫院！」半夜三更，怎麼送呢？只好先回宿舍休息，到了宿舍，兩個人扶我躺下，痛得喘不出氣，醫生來給我點消炎止疼的藥，也就盡到職責了。他又說：「這次傷比前兩次都重，明天趕快送醫院。」他把指導員喊來一看，確實很嚴重。他說：「先休息吧，明天再找車送醫院。」醫生又說：「這次你可不能不去呀！」當時吃藥，連水也嚥不下去，疼得很厲害；一直到天亮，也沒睡著。

早晨，人家都上工去了，我一個人在宿舍裡痛苦呻吟，早飯、炊事員送來一碗病號飯——麵條湯，喝一口湯都痛，一個多小時，才把一碗麵條勉強吃下去。自己想，這次可真得去住院了。

當天等到中午，也沒有去場部的車，我很焦急，也無人過問。指導員說：「別著急，等一有去場部的車，就送你去住院。」等到天黑，也沒有車來，吃飯困難，大小便更困難，沒人扶著，就起不了床，自己深感傷勢嚴重，但身為勞改，向誰說，有誰來同情呢？躺下起不來，起來躺不下，一起一躺，都要別人扶。好在勞改伙伴中，有幾個相處較好的，只好喊他們來幫助。

第一天沒車，第二天等了一天依舊沒車，只好等吧！就在這天晚間，指導員突然拿著一張通知，進門說：「老袁！師部來通知，你得到特赦了，叫你到烏魯木齊報到學習去。」這當然是天大的喜事，可偏偏發生在這個受傷的時候，真令人哭笑不得，許多勞改犯人都來問這突如其來的事，我自己也如在夢中，問問還有其他人沒有？他們說：「全隊只有你一個人。」於是思前想後，心潮起伏，一夜未入睡。

次日早飯後，指導員來問我怎樣？我說痛得不能動彈。指導員說：「今天就要送你走，得趕快把你的東西拾掇一下。」我說：「動都不能動，怎麼拾掇呢？」於是他安排兩個人，幫我捆行李。

指導員又說：「你的東西，都要拿完，去了再不回來了。」我心裡想，特赦了，當然就不再回來了。兩個勞改夥伴忙了一陣，需要的東西帶上一些，不需帶的，就留給他們了。

快到中午了，指導員來說：「場部來了一部卡車，你跟車走吧。」我走路都得人扶著，怎能拿東西呢？指導員說：「我送你去，你只管上車吧，東西我給拿。」於是指導員扛著行李，幾個勞改夥伴有的拿東西，有的扶我上車；傷勢雖痛，我也得咬著牙活動。到車跟前一看，車上裝滿了往師部送的東西，上面已坐了幾個人。扶我上了車，東西都扔上車，指導員上車坐在我旁邊，照顧著我去烏市了。

車到烏市，指導員對司機說：「送我們到第一監獄。」我一聽，心裡又嘎噔一下。既然特赦了，怎麼還到第一監獄？也不敢多問，聽其處理吧！同時也聯想一九五二年，從大泉溝調石河子的經過，原以為到石河子就好了，不曾想依然關在軍法處，還不如在工地活動自由。這次又要到第一監獄，恐怕還是不得自由，暗自猜想，不敢吭聲，還是聽命由天吧！

第二十記　轉機，復甦

一、特赦有名，否極泰來

否者泰之極，剝者復之象，天道循環，理勢固然，這幾句老話，在我身上得到驗證，已屬平常，姑且記之，以供回味。

一九七五年十一月，在採煤隊勞改，身受重傷後，動轉維艱，十分苦惱。到採煤隊不到兩年，受了三次傷，而且一次比一次重。自忖這條老命，將要埋葬在採煤隊，坎坷的人生都叫我攤上了，無以自解，只好委之於命運。心想這次傷勢比前兩次都重，決心住院治療。趁著不能動彈，得過且過，難得休閒幾天。不圖住院的念頭，又被特赦打斷了，心中暗想，這也許是否極泰來的一大轉機，精神一爽，傷勢彷彿輕了一些。

但是，指導員又叫車送我到烏魯木齊第一監獄，這又是怎麼一回事？內心又嘀咕起來，是不是又像一九五三年，從大泉溝工地，調到石河子兵團軍法處那樣，一關又是幾年？驚弓之鳥，這也是情理之常。

到了第一監獄外邊的一排平房，進去一看，裡面打掃得乾乾淨淨；長長的板炕，舖著嶄新潔白的羊毛毯，裡面還沒有人。接待人員說：「你來得很早，就把舖蓋打開，靠一頭炕上先休息吧，很快還有人來。」指導員幫我把床舖好，這位接待人員對指導員說：「你親自送來，照顧得很好，很辛苦了，你可以回去了，我們會很好的照顧他，你放心吧！」

聽了這番話，又看看屋裡的設備，好像招待客人一樣，這又是怎麼一回事？心情的變幻，自己都難以琢磨。不管怎樣，聽其擺布吧。

指導員臨走時告訴我：「你安心休息吧，這裡是學習班，還有不少和你一樣的人，都要來這裡學習，各方面他們會照顧你的。這裡也有醫生可以給你治療，有什麼問題，就向這裡的管理人員提出，他們會給你解決的。我到師部辦事，一兩天不回隊，過一天我再來看你。」經過這一番交代，我心情平靜下來了。

接著陸續有人來，一交談，都是特赦的，都是來自各團的勞改犯；再一詳談，都是過去國民黨軍政各界不大不小的官吏，心想這又是物以類聚了。果如所想，不到三天，來了一百多人，穿的都是黑勞改服，不用問便知是從勞改隊出來的。

一位工作幹部自我介紹為指導員，集會講話說：「大家都是特赦人員，這次特赦的是縣團級以上人員，按照中央的特赦令，把大家集中在這裡學習一個月，然後再分配工作，希望大家安心學習一階段！在這裡的衣食住行，按照中央的指示辦理，都會得到改善。大家不要有任何顧慮，學習的時間與內容，隨時會告訴大家。」說話的語氣十分客氣，與在勞改隊相比，簡直是兩個世界；我反而感到有些不安，剛離開牢籠，這也是心理之常。

接著便開始學習了，每天全體集合，上一次大課，宣讀一些中央有關文件，講一些時事政策。大部分時間都是分小組討論，少不了對中央的政策歌頌一番，這確是內心的感受，不是違心之言。

伙食標準很高，每餐都是四菜一湯，有魚有肉，這且不提，先是每人發一套舖蓋、被褥枕頭，全都是裡面三新的；接著又發衣服，藍布棉中山裝、襯衣襯褲、鞋襪帽子，以及洗臉的毛巾、肥皂、牙刷、牙膏，全部是新的，把原來的勞改服一律換掉，身心為之一爽，真有重新做人之感。

二、十年階下囚，一朝座上賓

特赦有感•西江月

八年牢中囚犯，一朝座上嘉賓。
是是非非古至今，沉浮片言難盡。
人生恰似一夢，真真假假真真。
回思往事憶前塵，多少蹁跰命運。

戲劇性的變化，如同做夢一般，但是事實擺在面前，不但物質生活真的改善，接著烏魯木齊市法院發給特赦通知書，公安局又發給公民證。一旦之間，由勞改犯變成正式公民，心情當然豁然開朗。隨即每人又發給一百元人民幣，作為零用錢，可以隨便到街上商店買應用物品。公安局已先通知各商店、公共場所，以及公安交通人員，對我們這些特赦人員，要熱情、和藹、尊重，說話要稱「先生」，要有禮貌，不許歧視。這些我們都實際感受到了。

為了對我們表示祝賀之意，烏魯木齊市法院和公安局，分別舉行招待會，盛宴款待；院長和局長親自主持宴會，把我們讓在首席，由階下囚一變而為座上賓，我們也只好泰然從命。

學習開始不久，便是新年元旦，指導布置要出一張牆報，這個編輯的任務，還是落在我的頭上。我的傷經過一位維吾爾老醫生的治療，大有起色，能夠自由活動了，除了治療之外，與心情舒暢，亦有一定的關係。既然能活動了，便開始徵稿，編輯牆報。這是共產黨的老一套，也是我幹過的老營生了，並不費多大氣力。經過一番徵集編排，元旦牆報按時貼出，大家都感到滿意。

元旦過後，學習已接近尾聲，安置工作又提到學習日程上來，指導員又布置了有關安置問題的學習，具體辦法有三條：第一，有工作能力的，安置工作；第二，失去工作能力的，政府負責養起來；第三，原意去台灣的，供給路費，給予方便，來去自由，去時負責護送，回來仍舊歡迎。有親人的，送到親人跟前團聚，無親人的，可以自己選擇地點，政府負責安排。這時公安局已設了安置辦公室，大家要敞開思想認真學習，考慮好了之後，向安置辦公室登記，即按志願辦理。

一月中旬，學習結束，人人都填寫志願表，送到安置辦公室，除了在國內的，分別安置之外，要去台灣的有十餘人，又集中起來，進行赴台灣的學習。這一系列的工作，都要通過安置辦公室電信聯繫，往返磋商，不是徑情直遂，一下子就能辦理完畢。

去台灣的人，不止新疆這幾個人，特赦學習班在全國各地都有，也各有要去台灣的人，必須集中在一起，由全國安置辦公室統一安排辦理，這就不必細說了。

在國內的，也都得往各地安置，往返折衝商議，有的很快得到回信，順利地安置下去；有的各地提出不同意的意見，只好反覆磋商。拖到五月前後，大部分都送走了，小部分有困難的，仍在繼續聯繫。

我因老伴在文革期間，已被揪鬥冤死在新疆，無親人可依。北京的大兒子，得到我特赦的消息，專程來新疆接我回北京養老；但這又不能按照兒子的願望辦理，必須與北京安置辦公室聯繫好才能安置，兒子只好回北京等候。

安置辦公室聯繫的結果，回答說：「按袁應麟的情況，應該安置在兒子跟前，但北京是首都所在地，落戶口比較困難，經查袁應麟尚有兒子在大連工作，請與遼寧省大連市安置辦公室聯繫，進行安置。」

於是新疆的安置辦公室又向大連聯繫，我又自己寫信給在大連的兒子和媳婦，探詢他們的意見，得回信，歡迎我到大連家中養老。可是新疆安置辦公室，得到大連安置辦公室的回信說：「他兒子同意，他兒媳不同意，不便在大連安置。」他們把這種情況告訴我，我一考慮，也可能是這樣，我又寫信給兒子和兒媳，不叫他們為難，我決定不去大連。

他們接到我的信後，兒子和兒媳都非常詫異，立即回信說，他們並沒有拒絕的表示，堅決歡迎我到大連。同時兒媳親自到大連安置辦公室，又跑到遼寧省安置辦公室，說明他們夫婦始終歡迎我到大連，並無拒絕的意思，為什麼說她不同意我去大連呢？遼寧省和大連市的安置辦公室，被質詢得無話可說，便說：「這不是我們的意見，是新疆的意見，只要新疆要往大連安置，我們沒意見。」情況既已清楚，兒子和兒媳又寫信給我，說明這段經過，我把信又拿到新疆安置辦公室說明此意，他們又作電報聯繫。如此周折，從二月直到七月，才算得到落實。是誰在撥弄是非，搞些什麼鬼名堂？且看詳細經過。

三、戳穿陰謀，幾番周折到大連

兒子歡迎，兒媳不歡迎，我想也許是這樣。第一，我是勞改過的，他們會感到不光彩；第二，我年事已高，古稀老人，由他們扶養，負擔太重。可是兒媳並無此意，是遼寧省安置辦公室不願安置，編造一段假話，搪塞給新疆安置辦公室。經過兒媳的追詢，西洋鏡終於戳穿，一場波折才算平息。從二月到七月，經過半年時間，新疆安置辦公室才通知我做好準備；派人送我到大連去，此時已是一九七六年八月下旬了。共產黨！共產黨！光榮、偉大、正確的中國共產黨，會做出欺上瞞下、自欺欺人的蠢事，真是不可思議！

派人送倒是真的，但都別有私心，所謂護送人員，利用這個機會，藉便探親會友。送我的人，是新疆兵團某農場的場長，原籍是遼寧省新民縣的人，離鄉多年，這次藉送我之便，回老家探親一番。因為是東北老鄉，倒有一見如故之感。

一九七六年八月二十一日，從烏魯木齊乘火車出發，二十五日抵達北京，宏、華兩兒到車站接我，決定住在南池子宏兒家。正是唐山大地震剛過，餘震尚有微波，家家都不敢住在屋裡，有的在院裡搭個防震棚，住在院裡，有的就在馬路邊上，架個臨時床睡覺。

志宏的房屋裡雖然有床舖，也不敢住在裡邊，我和送我的那位老鄉，也都在馬路邊搭臨時床休息，白天回到屋裡坐坐，也是時時提高警惕。住了兩天，決定路過天津時停一天，查詢一下淑文的房產問題。到了天津一看，許多房屋倒塌，人心慌慌，左問右問，問到房地產管理局，屋裡無人，都在路邊擺兩張桌子，兩條板凳，說是在路邊上辦公，實際上哪有心來辦公呢？

詢問之下，不得要領，只好走開，想要找我老朋友鄭作藩家投宿，也未找到。正趕上下雨，天已黑了，無處安身，見到幾個人鑽到一輛卡車下面避雨，我和陪我的人無可奈何，也爬到車下面躲了一夜，第二天趕快登車去瀋陽。

路過唐山，看到一片瓦礫，寥無人煙，悽慘之情，令人寒慄。車中過了一夜，第二天到瀋陽，找到公安局安置辦公室說明來意，辦公室先安排我倆住下。安置辦公室的人，一看我的身體很好，還能工作，便對陪送的人說：「你們今天休息一下，明天我送你們去大連。」

八月二十八日到了大連，明兒和媳婦以及三個孫子、孫女，一家五口全到車站接我。因為兒子和媳婦曾於一九六四年到新疆探親，同時旅行結婚，在我工作的園林一隊溫室住了一段時間，互相都熟識，十分親熱，孫子、孫女雖係初次見到爺爺，也都圍在身邊寸步不離，骨肉之情，孩子表現得最真摯。

明兒一家五口，只住一間平房，一舖土炕，我來了，老少三輩六口人，也都擠在一間房裡。兒子媳婦和三個孩子睡在土炕上，我就睡在臨時搭的板舖上，雖然感到不方便也無辦法。那個年代能有個安身之處，就不容易了，從此又算有了家庭。兒子和媳婦對我很尊敬，三個孩子更是可愛，這也可以說天倫之樂吧！

四、大連計量廠，二鼻子三年

一九七六年八月二十九日，又回到大連市公安局安置辦公室。他們已研究好，叫我到大連計量廠工作。該廠的宋主任也在座，互相介紹一下，把我就交給宋主任安排工作，並決定為二級工，讓我九月三日，到廠報到上班，安置工作。經過八個月的周折，總算告一段落，從此我又成了計量廠的「二鼻子」（二鼻子，是二級工的別名，是工人的最低級，寓有瞧不起的意思）。

九月三日，到廠之後，宋主任還很客氣，已了解我沒幹過工人，不能到車間工作，便安排我管理材料，雖然也沒幹過，學著做吧。不管什麼事情，只要肯幹，沒有學不會的，我心明白，任何事情都是開頭難，只要不怕難，就能學好。於是不恥下問，認識了一些車間裡的工人，處處虛心請教；經過一段時間，各種材料的名稱、材質、規格，懂了一些。拿到圖紙，已能按圖配料，並能掌握簡單的鋸床、手鋸等應用的工具；也能看圖畫樣，配合電焊工、汽焊工截料、焊件。人人都呼我為「袁師傅」，這是一般工人的統稱，我也就應之無愧了。

兒子家的住處，離計量廠很遠，交通又不方便，乘一段公共汽車，還要走一段路，需要四十分鐘。每天起早貪黑，幹了起來，早晨一到廠，首先是打掃衛生，院裡院外、門前馬路，都要打掃一遍；晚上下班前，主動幫助工人打掃車間，清掃辦公室，樣樣都伸手，不管分內分外，見活就幹。

冬天來了，車間和辦公室，都要生爐子取暖，我發揚互助精神，有時幫助車間劈柴運煤，有時幫著醫務室老醫生劈柴升爐子，廣結人緣，藉以學藝，由於勤快，頗得工人們的好評。

因為管材料，見到院內廢鐵堆中，有些邊角餘料，以及一些扔掉的半成品，我認為可以利用；乃利用工餘時間，揀出來加以整理，配給車間使用，贏得領導和工人們的好評。年終總結，被評為「先進生產者」，得了二等獎，獲得獎狀。雖然是個二級工，幹的活並不少，自審對得起這二級工資。

後來又一度兼做記工員。為了實行計件工資制，又深入車間，查證定額是否準確合理。經過一段鑽研，我發覺有些定額不合理，在車間領導會議和場部勞資股會議上，根據查證提出了修改定額，使計件工資推行得很順利。因此，工人情緒很高，幹勁倍增，生產超額。乃又博得各方面的好評。

我雖然是工人，而且是二級工，但是上上下下關係都處得很好，對我都很尊重。當然我也自尊自愛，工作越發勤奮，幹到一九七九年，已六十九歲了，但覺得仍有餘勇可賈，心想不管他一級二級，盡力去幹吧，落得個有活幹、有飯吃，與草木同朽以終餘年，也就算了，又何尤焉，又何怨焉？

五、對台廣播，聲氣得通

一九四七年，我的大女兒在瀋陽東光分公司任出納，女婿在東北善後救濟總署任專員，其時正值東北九省，選舉國大代表，女婿被選為黑龍江省的國大代表。不久他們兩口子帶著不滿周歲的青雲，去南京開會，會後即留在南京。四七年秋天，我到南京辦理公司業務，和他們團聚，彼時還到玄武湖划船遊覽過一次。由南京回到天津，已是年底了。

一九四八年春天，我去瀋陽分公司主持業務，大半年未回天津，斯時共產黨發動的遼瀋戰役已經開始，也就是三年內戰的開始。國民黨的軍隊號稱四百萬，共產黨的軍隊最初只有四十萬，後來收編了四十萬偽滿雜牌部隊，才八十萬，虛張聲勢號稱一百萬，竟把國民黨的軍隊打得稀里花拉，不到三個月，長春、四平、瀋陽、錦州相繼解放，東北已是共產黨的天下了。

接著平津戰役，到一九四九年春，平津兩地，也都為共產黨所據有，國民黨的軍隊土崩瓦解，國民黨的官員只有落荒南逃。在南京的國大代表，也就無法北返了。我和女兒、女婿，從此也就斷了聯繫，在烽火連天、硝煙遍地的局勢中，他們是亡是逃？無從得知。一九四九年四月，我被捕而失去自由，在我個人被勞改、妻離子散的情況下，自顧不暇，更無力顧及他們。

一晃三十多年，我算是掙扎著活下來，在一九七五年十一月特赦的政策下，於一九七六年回到遼寧省旅大市，經政府安置，在大連計量廠當一名二級工人。工資雖低，但總算跨入工人的行列，有了餬口安身的一席之地；與過去三十年，在延安、在新疆勞改的生活相比，總算略勝一籌。況已進入古稀之年，日薄西山，氣息奄奄，區區蟻命能延續多久，實不敢想像。所以也就存著苟全性命的思想，每天把領導交給的工作，如質如量完成，無愧於心，也就心滿意足了。

在國內的兒女東分西散，無力照顧，自不待言。消息斷絕幾十年的大女兒、女婿和外孫女，早已石沉大海，查無音信；雖亦時有所思，總是渺茫於魂夢之中而已。

到了一九七九年，北京的中央廣播電台對台廣播部的兩位工作人員，來到大連，通過大連市委統戰部對台工作組的莊洪昌找到我，叫我對台廣播，尋找我的女兒。我感到非常離奇，幾十年杳無音信，生死存亡不知，怎麼廣播呢？

經過研究，就以我尋找女兒啟事為內容，寫一份短短的廣播稿，在大連廣播電台錄了音，中央廣播電台對台廣播部拿回去送到福建前線廣播電台播出。與我同時做對台廣播的，有大連鐵路醫院院長黃啟章、大連石油七廠總工程師熊尚元，還有大連體委的李某。錄完音之後，也就算做過這麼一件事，等於大海撈針，即使人還在，也不一定能聽到聲音，因此也就沒過問這件事。

六、中國新聞社，香港大公報通訊

對台廣播不久，北京中國新聞社又有人來大連，仍是通過對台辦的莊洪昌，來找到我，約我寫一篇通訊，以尋找我在台灣的女兒、女婿為內容，由他們發到香港《大公報》《文滙報》，作為通訊刊登出去。

我想，已經廣播了，沒有信息，寫通訊稿還會是石沉大海，何必多此一舉？可是中新社的來人一再誠懇地說：「發表通訊和廣播，都是有針對性的，雙管齊下，台灣親人聽不到廣播，也許能看到通訊，即使本人聽不到、看不到，你在台灣還有些老朋友，也許他們能聽到看到，也不算白費力。」

他們這樣一說，我想也有道理，他們既有這番熱心，我又何樂而不為呢？便寫了一篇通訊交給他們，又算做了一件事。不久他們打電話給莊洪昌，告訴這篇通訊已在香港大公報刊出，等待反應吧。

七、春兒有信，喜從天降

廣播、通訊都做了，事隔一個多月，突然有一封馬來西亞的來信，上寫「中國大連計量廠袁應麟先生」。拆開一看，竟然是女兒曉春、女婿殿陞的來信，真是喜從天降，意想不到的事！信上告訴我，他們在台灣，一切很好，已有五個孩子了。

信上還說：「從曹迺謙處，看到你老人家的通訊，究竟是否屬實，不敢必信，按照你來信的地址，寫封信試探一下，如能收到，請你老人家回封信，由馬來西亞王某某轉，詳情以後再告。」收到這封信，真如做夢一般，但又是真的書信，擺在面前，因想這篇通訊，居然起了作用。

當時和國外通信，可以說是了不起的事，計量廠的上上下下，轟動了，「袁師傅的女兒從國外來信了」，不脛而走，人人皆知，紛紛跑來找我，詢問情況。

當時也只能說：「有個大女兒和女婿，一九四八年就失散了，三十多年來，下落不明，存亡莫卜，現在居然平安的活著，並且已有五個孩子了。」大家也為之驚奇，成了見面的話題。我的心情，當然也十分激動。

下班回到家裡，明兒和大川都喜出望外，激動得流下眼淚，骨肉之情，總屬自然。第二天對台辦小莊把這封信拿去，又在統戰部對台工作小組傳播一番，並且打電話告訴北京中新社組稿人，他們知道通訊起了作用，自然也是異常高興。凡是知道信息的熟人，見了面都為之祝賀，在我和我在大陸的子女們，確實是一件喜事。

我立即寫了回信。第二次收到女兒的來信，還附來一百美元的滙票，這一下更轟動了。不僅熟人知道，中國銀行的外滙負責人王振松，也來找我，並且一再囑咐，這件事不必向外聲張，他們會為我保密，因為這是銀行的做法，也是他們的責任。可是怎能保密呢？我想也沒有保密的必要，大家都知道，都為我高興高興，不也是一件好事嗎？

從此以後，接著又通了兩次信，彼此也就放心了。從女兒的來信中，得知去台灣一些老朋友、親戚、同學們的消息，當然更感到開心。這些老朋友，說來都屬於海外關係，如果在文化大革命期間被發現，不僅是反動，還不知要扣上多少裡通外國的罪名，說不定早就沒命了。

時至今日（一九八一年），「文化大革命」已定性為「十年浩劫」，要徹底「肅清流毒，撥亂反正」，像我這種舊的海外關係，不但不是反動，反而成了受重視的條件。共產黨的事真是捉摸不透，不管怎樣，既未因福得禍，亦總因禍得福；餘悸消除，心情舒暢一些，也是求之不得的。

到了一九八一年，女兒、女婿來信，說他們定於一九八二年，到美國看望孩子，希望我也能到美國見面；如果能去，他們會給我寄路費，這又是一個新消息。我當然想去，但我能不能出去，怎敢肯定呢？向熟人透露我的心情，當然都表同情。因為我已是政協委員，向政協領導透露這一信息，他們表示支持，又向統戰部對台工作組小莊，說明我的想法；小莊向他們領導一滙報，也都表示全力支持。我心裡有了個底，便又寫信給女兒、女婿，說我可以去美相聚。他們很快就寄來兩千美元，足夠往返乘飛機的路費，便著手辦理出國手續。在各方面協助之下，辦好了出國的護照，到北京買好了中國民航的機票，即啟程遠遊美國了。

八、廣播通訊，傳奇軼聞

福建前線電台播出了廣播錄音，通訊稿也由香港大公報發表，從上段記述，當然都有了結果，自不待言。其間經過，也是很曲折微妙的，富有傳奇的意味。

我於一九八二年十月二十二日，終於到了美國，女兒、女婿原說在舊金山等我，當時她們的大女兒青雲一家，住在舊金山，小女兒翔雲住在她大女兒家，還有大兒子、二兒子、二女兒三家，都住在丹佛。

我到舊金山後，大外孫女接我住在她家，告訴我，她的爸媽已去丹佛，叫我休息兩天，即去丹佛團聚，於是在舊金山住了一個禮拜。期間看望了表兄蒼寶忠，和同學傅廣澤、牛春祥、胡廉，以及老同事程世傑夫婦及其女兒程有美、女婿馬潮生等人。隨後即去丹佛。

下機之後，一出甬道，女兒、女婿率領大外孫、二外孫、二外孫女三家，齊到機場出口處接我，三十多年的別離，如今相見於異國，心情十分激動，不禁喜形於色。大女兒一見，頭一句話就說：「爸爸還是當年的樣子，並不顯老。」我說：「還不老嗎？你們都兒女成行了。」

隨即驅車到了大外孫雲龍家裡，略事休息。吃罷晚飯，我坐在客廳的沙發上，女兒、女婿陪在旁邊，兩個外孫子、二外孫女、二外孫女婿、二外孫媳婦（大外孫尚未結婚），還有他們的兒女，重外孫子外孫女，四代人歡聚在一堂，個個面帶笑容，喜氣洋洋。

這第三代、第四代的子孫，雖然都是初次見面，骨肉關係卻親熱異常，團團坐在地毯上，聽我和女兒、女婿述說別離的經過。分離三十年了，一時怎能說得完？時鐘凌晨一點了，離情別緒，慢慢再說吧，隨即入睡。

在這一段短暫的談話中，首先就談到他們從廣播和通訊中，知道我在大陸的消息。女兒說：「你的廣播講話，我們沒聽到，還是你老的一些老朋友聽到了，跑來告訴我們，我們將信將疑，覺得很奇怪，因為在這以前，很多人都聽說，你老在大陸已死了，怎麼會廣播呢？聽之而已，也未去追問。」

女婿說：「王潤公（即指當時的台灣內政部長王德溥）隨後又送給我們一份複印大公報，你老寫的通訊，是內政部資料辦公室主任曹迺謙在香港大公報上看到的，當時他覺得很奇怪，說，『早就聽說袁大哥已死，怎麼會寫通訊呢？』他把這份報紙拿給部長看，王潤公說你也許沒死，叫曹迺謙把報紙複印幾份，一份送給我，也送給你一些老朋友。我們看到通訊，加上聽別人告訴我們說，曾經聽到你的廣播，因此判斷你老還在人世，才給你老寫信，這才聯繫上。」我聽完後，感覺真像一段傳奇故事一樣。從此每天晚上，兒孫們一有空就圍著我，聽我講大陸的情況。

一九八三年元旦，在舊金山的大外孫女，領著宇凡、依凡兩個孩子，小外孫女翔雲，以及翔雲的未婚夫李啟光，也都來到丹佛，團聚過新年，這時二外孫女錦云，也有兩個孩子薇辰、躍辰，四代同堂歡聚於異國，暢敘天倫之樂，又是一段難得的傳奇般故事。

第二十一記　跨入政協之門

一、喬副主席下訪

一九七九年春，大連市政協文史辦公室的陳經迪、陳秀峰，陪同政協副主席喬傳珏來到計量廠看我。我正在車間配料，廠支部書記來叫我，說：「政協副主席喬傳珏找你談話，在傳達室等著你呢。」我立即放下工作，滿手油污也未洗，隨同書記到傳達室，一一做了介紹，二陳說：「我們是搞文史工作的，聽說你是有文化的，所以喬副主席來拜訪你，想和你談談。」突如其來的恭維，起初頗有些不解。

喬副主席說：「我和兩位陳同志，都是市政協的，他倆專搞文史工作，你過去歷史的情況，我們了解一些，希望你能寫些歷史資料，協助我們搞文史工作。」聽了之後，我心中有些疑慮，便說：「我的歷史資料早已交代清楚，查查檔案就清楚了。」喬傳珏立即打斷我的話，並說：「袁同志，你不要誤會，我們不是叫你交代歷史，而是希望你協助我們，蒐集和編寫過去你所知道的黨政軍和社會各方面的歷史資料，並寫出來作為將來寫歷史的素材。」

接著陳經迪說：「通過了解，我們知道你的文化水平很高，歷史經驗很豐富，所以喬副主席特意來邀請你，協助我們編寫文史資料工作，這是有關將來編寫中華民族歷史的重大任務，是周總理指示要全國各方面都要做的一項歷史任務，請你不要誤解。」陳秀峰也插話說：「喬副主席知道你對舊社會知道得很多，在歷史資料方面，可以做些貢獻，對你很尊重，所以親自來邀請你。」

經過這些解釋，我心中的疑慮解開了，便說：「喬副主席枉顧於我，我感到很榮幸，只要我能做的，儘管吩咐，必當盡力去做。」喬副主席說：「今天初次見面，時間很短，先做一個朋友，過幾天請你到政協，咱再詳細談談。」陳經迪說：「今天就談到這吧，以後我們還要經常聯繫。」喬傳珏副主席又對廠支部書記說：「以後袁同志要寫東西，在時間、和紙張方面，請你們多支持。」一番談話，就此結束。他們走後，支部書記說：「要寫東西，你自己安排時間，廠裡工作可以放一放。」說著從抽屜裡取出兩本稿紙交給我，並說：「以後需要紙筆，可到總務股去領。」

這且不提，而廠裡的各車間工人，都轟動的傳說：「喬副主席坐著小轎車來看袁師傅，真不簡單！」每到車間工作，大家就問這問那，一下子成了大家注意的目標。不過廠裡該做的工作，我還照舊去做，並不因此而懈怠。

過了不久，就是台灣的「二二八紀念日」，接到通知，叫我到大連賓館開會，跟書記一說，書記說：「通知你，你就去參加，這是政協舉辦的。」當時我對「政協」不了解，對「二二八」更不了解，書記叫去就去吧。這時統戰部對台辦的莊洪昌也到廠來找我，叫我去參加開會。於是按時到會。當時誰也不認識，只有莊洪昌招待我；聽說馬大英在大連，這是當年抗戰時期在重慶就認識的老同學，但時隔三十九年未見，人都老了，知他出席會議，但找不到。經莊洪昌的介紹才找到他，相見之下，不勝今昔之感，但同學的關係，一見就十分親熱，當時也未及詳談。

會議期間，很多人講話，屢述「二二八」的經過，我對「二二八」才有所了解。最後莊洪昌走來叫我發言，我毫無準備，感到突然；但既然點到名，就不能不講，也只好順杆爬，根據當場聽到的「二二八」的內容，講了幾分鐘，還博得掌聲，真是不敢想像的事。

會後聚餐，吃完之後，又回到會場隨便交談。我正與馬大英談話中，突然一位儀表堂堂的人坐到我身邊，問我到大連的經過，又問我的社會歷史，我有問必答，談了約二十分鐘，他說：「今天時間有限，以後咱再詳細談談。」說罷他走了。我轉身問馬大英，和我談話的是什麼人？馬說：「你不認識嗎？」我說不認識，馬說：「他是統戰部的部長郝正平。」說罷散會，回到廠裡之後，以為此事也就過去了。

「礎潤而雨，履霜冰至」，這是幼年讀《幼學瓊林》還記得的兩句話，深知一件事物之形成，往往是由偶然形成必然。政協副主席喬傳珏以禮賢下士之風，親到計量廠走訪我這個二級工，接著在一次紀念會上，統戰部郝正平部長以周公躬吐握的精神，與我交談。我以為這些都是偶然的際遇，也是社交場合常有的事，孰知偶然的際遇，竟演變成必然的結果，這是始料所不及的事，也是不敢奢望的事。

事隔不久，市政協文史委員會開會，通知我參加會議，這是支部宋書記交給我的通知，並說：「你按時去開會吧。」屆時前去，這是第一次跨入政協之門，當時秘書處處長唐庶富和宣傳處處長王德金，在門前接待我，引我到會議室，並說：「以後有事，可直接找我們。」我們雖然素不相識，但他們對我說話很熱情，我想這「以後」兩個字含意很深，意味著「以後還要來」。

會場上宣布聘請我為文史委員，於是我想，這就是喬副主席與郝部長找我談話的原因吧？前後一聯想，也就明白了。但又想二十多年來(1949—1976)文字工作，特別是歷史工作，久已拋諸腦後，現在要搞文史工作，舊的已拋到九霄雲外，新的卻一無所知，未免躊躇；但既已宣布，只有試試看吧。

散會之後，統戰部副部長兼市政協秘書長孫復民又找我談話，對我說：「你有文化根底，請你參加文史工作，希望你發揮所長，多做貢獻！」並說：「我們將請你參加政協工作。」我說：「文字工作荒廢已久，拿筆都感到生疏，恐怕達不到領導的期望，既然屬望於我，自當竭盡棉薄之力。」

會後回廠，依然上班幹活，無暇多想這些。一九八零年，我已七十一歲了，自思年已古稀，弄個二級工，人們都把二級工稱為「二鼻子」，而我卻安之若素，勤奮地工作。

二、政協駐會委員

一九八零年，我進入政協文史委員會不久，想要寫點歷史資料，以赴喬副主席之雅堂，不僅思路一時理不起來，拿起筆來，手都感到生疏，因為不務此道，屈指已三十年。俗話說：「三天不寫手生。」三十年不寫，手已不聽用了，但既已走上此道，只好重新溫習吧，「溫故而知新」嘛。

正在這個當兒，政協召開五屆三次全會，通知我已被選為市政協委員，叫我參加大會；自然要按會議的日程，如期參加開會。這時政協主席是白清江，尚不認識，經過喬副主席的介紹，單獨找我談談，並說：「常委會已決定，請你駐會辦公。」我說：「計量廠的工作還沒辭掉呢。」他說：「等調令送到計量廠，你再辦理手續。」郝部長是副主席，馬大英也是副主席，見了面，都談到調我來政協駐會辦公，似乎都很重視這件事。

莊洪昌、陳經迪、陳秀峰都在會場工作，因已認識，自然也就特別招呼，二陳對我說：「閉會以後，你就到政協文史辦公室上班吧。」我心裡明白，這是文史委員的工作。

大會閉幕以後，回到計量廠上班沒幾天，宋書記對我說：「老袁同志，政協來了調令，調你到政協工作，把你經手的工作清理一下，交給總務股，你趕快去政協報到吧。」實際在計量廠不單是管材料，為了推行計件工資，車間的定額統計，也由我管；要走了，我向車間也得有個交代。三年來，上上下下一百多人，沒一個不認識的，而且都有了感情，都以「袁師傅」稱呼我。這是大連普遍的習慣，我對他們也都以「師傅」呼之。知道我要走了，都有依依不捨的表情，同時也有人說：「我就知道，袁師傅在這待不長，有能力的人，怎能幹個二級工呢？」

閒話少敘，交代完了，即到政協去報到，秘書處唐處長領我到文史辦公室，見到陳經迪已為我安排好辦公桌，與陳經迪對面而坐，而陳秀峰已調到工作組了。這時喬副主席也駐會辦公，就在文史委員會的隔壁，聽說我來了，也過來打招呼，表示歡迎。我意識到，這不是一般的寒暄，而是領導的關切，從此便成了政協駐會委員，每天到政協上班。

喬副主席喜歡做舊體詩，從而把我扔掉幾十年詩興，又勾引起來，每逢紀念場合，便信口漏出幾句，引起喬副主席的共鳴。他每有詩作，輒拿來推敲，我亦以先睹為快，詩情、友情相處很好。他的年紀與我相仿，由於操勞過度，患了中風，走路有問題，又壓迫視神經，雙目近乎失明，深深為之惋惜。

我住在兒子家，每天很早起床，洗漱完即往政協走，要走一個小時，途經勞動公園，在公園裡跑步做保健按摩等活動；然後趕到市委食堂，吃完早飯後上班。三年多堅持不懈，把身體鍛練得很好。

文史辦公室只有陳經迪和我兩個人，他是主要負責人，擅書法、繪畫，乃又把我書法的舊底子揀起來，共同切磋，以文會友，感情篤厚，成了莫逆之交。古云：「字無百日功，勿謂我不能。」在原有舊底子上，經過一個時期的復習，也能躋身於書法之林；市文聯書法協會、市老年書法協會，都列為會員。也經常為求書人寫些條幅，流入日本者數十幅，其中一位日本老太太內田元子，和她的女兒內田美惠子，我曾給她們母女作一首詩並寫成條幅相贈：「宇內田圓滿春光，惠風拂面美綠長，元元含笑迎雙子，濱城折柳贈扶桑。」（其中包含母、女、姓、名。）

這時我又萌發了自己寫回憶錄的念頭，從此沒事就寫一段。古云：「太上有立德，其次有立功，其次有立功言。」（《左傳》）三者吾不敢奢望其一，意在告知，此乃祖輩之心願。留給子孫作為殷鑒，知所警惕，知所奮勉，也許不白費此紙墨。為兒女後代而寫之回憶錄，將題名《浮生散記》。

三、撥亂反正，調整工資

一九五五年七月一日，我在新疆生產建設兵團勞改刑滿，新生就業之後，離開勞改隊第三天，就派我當文化教員，工資定為兵團行政十七級，每月工資六十多元（詳數記不清），也算是幹部。一九六五年社教運動，卻不承認我是幹部，改為農工五級，每月五十四元工資。

一九六六年文化大革命中，造反派很多，而且哪一個「革命組織」都自封為王，自以為是最革命的，已成了無政府狀態，任何一個組織都可以發號施令，有一個革命組織發了第一號令，把我行政十七級和農工五級的工資一筆勾消，每月只給二十元吃飯錢。一九六九年我被關押在監獄四年，到一九七三年，又判刑八年二次投入勞改，一切工資全部取消，只按照囚犯的標準，給吃給穿給住，當然談不上工資。

一九七五年特赦後，安置工作，定為二級工人待遇，每月工資三十二元。一九八零年，進入政協之後，又算是幹部，不能按二級工待遇。經過多次申訴，在撥亂反正的政策下，我又恢復農工五級的待遇，每月五十四元，計量廠按照這個標準；轉到政協，每月仍發五十四元，談不上什麼級別。有了這一步，總比二級工強多了。

我自己知道自己的歷史不好，「歷史反革命」的帽子雖然說已經摘掉，但歷史的痕跡怎能消除呢？但是有飯吃，有工作幹，而且又坐到辦公室，像模像樣的公務員，還加上一個「政協駐會委員」，在人前能抬起頭，在會議場合也可講講話，心情比較舒暢，工資高低也就不去計較了，這是當時進入政協的實際想法。

四、私產改造，變相沒收

一九四八年九月，我從瀋陽回到天津，深知國民黨大勢已去，各地政府人員，無分高低，紛紛南去，尋求安身立命的樂土。自我評估以一介商人，無足輕重，乃決定留在天津，不隨大流南下。

彼時一位熟朋友，天津市地政局長吳惠和，他也決定不走，一次閒談中，他說：「你既然不走，就應有不走的打算。」我說：「做買賣唄，共產黨來了，也少不了做買賣。」因一九四七年春，在北平曾與共產黨地下工作人員張經武接觸過做買賣的事，只因他要以鴉片付我貨款，我未接受而作罷。有了這一段經歷，我覺得共產黨也需要做買賣，所以不想走。吳說：「天津有個老戶王某，打算去香港，他在錦州道、河南路、慶餘里有一處房產，急於要賣，他跟我說：『有熟人要買，我可以半賣半送。』你不妨把它買下來，總比浮錢放在手裡好一些。」他知道我手裡有幾根黃金，所以他這樣說。我一想也有道理，共產黨來了，金子可以拿走，房子他們拿不走。

過了兩天，吳惠和說：「咱倆去看看，究竟有多少房子？」跑去一看，錦州道、河南路的拐角上兩面臨街，全是兩層樓房，都是鋪面，租給一些商店營業。一邊一個磚拱門，上寫「慶餘里」三個大字。進裡邊是一片平房，出租給居民，前後總計一百二十六間房屋，土地面積約為一千平方米，方方正正，格局很好，究竟值多少錢，心中沒數。經吳惠和一聯繫，要兩條半黃金，我一想確實便宜。與淑文一商量，就用她的名義買下來，這就成了王淑文的私產。

次年一月，天津解放了，我被捕入獄，她也被逼得無處存身，投奔北平她父母處寄生。這個家庭離散了，兵荒馬亂，性命難保，哪有心管什麼房產，此後就等於沒這回事，反正是共產，共去也就算了。

一九五六年，淑文到新疆之後，也未談及此事，腦子裡也不再想那些了。直到一九六二年，突然接到天津市房地產管理局一封信說：「我們查詢你的下落，查了幾年，才查到你們在新疆。關於你們在天津市錦州道河南路慶餘里的房產，應趕快來辦理登記過戶手續，以便確定你們的產權。」

這一來又把當初買房子時候的心事，勾引起來，我說：「事隔十五年了，還提這回事，真沒想到。」淑文說：「貓給耗子拜年，沒安好心，不去理他吧！」我說：「既然找上來，不理也不行，他們既然說要確定產權，就讓他確定吧。」

可是我們遠在新疆，不能親自去辦，乃決定委託住在北京的岳父王榮新代辦。不久產權證真拿到了，接著天津房地產管理局又來信說：「你們這處房產，十幾年未修繕，也未交房地產稅，這兩項估計要五千元左右，你們先寄五千元來，我們代你們修理並交稅。」

淑文說：「我說不理他，你偏要回信，你看麻煩來了，你看怎辦？」我說：「既然找上來，不辦也不好，管他好心、壞心，辦了再說吧！」寫了封信給天津房產局，說我們哪裡來五千元，就是五元錢也拿不出去，房產我們不要了，隨便處理好了。事隔兩個月，天津房產局又來信說：「過戶登記已經辦了，產權就是你們的。」並說：「十五年的房租也算清了，扣除房地產稅和修理費，還剩四百多元，你們來具領。」淑文說：「五千元不要了，還倒找給四百元，你說這是安的什麼心？」我說：「既已如此，就辦吧！」

再說也沒有用，於是寫信給我岳父，請他去天津給辦一下，很快就把房地產登記證和四百元都寄給我們。產權確定了，還能收些房租，我跟淑文說：「將來咱們回到天津，也可有個安身之處。」詎料，一九六四年又接到天津私產改造辦公室的通知：「你們的房產業已經私產改造辦公室，按政策予以改造，從現在起給定租，每季度二百四十元，二十年後產權歸公。」並叫我們按季度去領定租。

淑文說：「要沒收就沒收算了，何必想給又不想給，抽筋不拉的。」我說：「既有通知，不辦也不行。」只好再請住在北京的岳父幫忙，居然領到兩個季度的定租，我和淑文說：「咱倆每月有固定的收入，生活無問題，這個定租不要寄給我們，留在家裡用吧，二十年也夠二老晚年生活了。」

又詎料文化大革命運動來了。資本家定息二十年的贖罪政策，也不作數了，什麼定息不定息，哪有那麼些好事！資產階級的資本，早就該沒收。資本家的定息沒有了，私產的產權當然也在沒收之列，定租自然也就沒有了，這回也不通知了，報紙上一宣布，就算了事。

淑文說：「共產黨自詡說話算數，這一回連自己說的話，也不算數了，既有今日，何必當初，落得一個騙人，有什麼好處？」我說：「沒收了也好，省得以後再來囉嗦。」就這樣還沒算完。文化大革命中，為了這處房產，淑文挨了幾次揪鬥；今天紅二司鬥，明天紅一司鬥。還有農墾、軍墾，五花八門的組織，都自命為真正革命派，找到一個目標，你鬥了，我也得鬥，不然就顯得我落後。就在這兒戲一般的批鬥，弄得淑文死去活來，我也為此挨了兩次批鬥，拳打腳踢不算，九十度彎腰，彎了一個多小時，最後暈倒了，把我拖回家，才算完事。唉！房產的情況，他們並不了解，捕風捉影，瞎鬥一陣，以示革命派的威風，真理何在？人性何在？啊！共產黨原來如此。

一九七一年，文化大革命尚未結束，淑文已經被折磨死了。一九七三年，我又被判八年徒刑，送入採煤隊勞改。總算命長，三次受傷，該死未死，又趕上一九七五年的特赦，安置到大連當工人。既然熬過來了，緩了一口氣，心想文化大革命，已定性為「十年浩劫」，所有冤假錯案，都要撥亂反正，肅清流毒，私產改造是否也在撥亂反正之列。乃寫信詢問天津房地產管理局，他們回信說：「私產從一九六六年已經改造完了，王淑文的產權已消失，應領的定租，均已由你們委託人領過了，還剩餘一點尾數，你趕快來具領，以便清理手續。」

接信以後，知道贖買政策也不執行了，所謂撥亂反正，也不過是一句空話而已，出爾反爾，共產黨自己說了算，誰敢再去追問？但剩餘的尾數也不知多少，還得去領，於是特意跑到天津辦這件事，房產管理局說：「必須王淑文親自來領。」我說：「王淑文已死去幾年了，我是她丈夫，代領還不行嗎？而且當初你們寫信到新疆，通知我們的時候，是寫我們兩人的名字，為什麼我不可以領呢？」他們說：「你必須拿出你們是夫妻的證明，才能代領。」這明明是有意刁難，又將奈何？回到大連，不想再領了。孩子說：「幾個錢領不領是小事，你不領，人家會說你是冒充夫妻關係的。」

無奈，又寫信給新疆兵團工一師四團，請他們證明我與王淑文是夫妻關係，第二次又去天津辦理此事，領到了九十多元，而兩趟去天津，來回路費花了四十多元，幸好沒有賠錢。像惡夢一般的私產，至此才算結束，這就是私產改造的一段經過。

從而我想，共產黨真有一套，要沒收不說沒收，而說贖買，贖買了又覺得時間太長，迫不及待，來個改造，什麼政策不政策，乾脆一筆勾消了事；把人整得五迷三倒，啼笑皆非。假如文革中，我也死於十年浩劫，有誰能寫這段經過呢？

現在回想起來，有人說共產黨患有健忘症，前面說的話，後面就不承認；我說不是健忘，而是說話不算數，或者說是自己打自己的耳摑。贖買政策，是共產黨自己訂的，巧取豪奪的手段，結果一造反，連自己訂的政策也反掉了，這不就是共產黨造共產黨的反嗎？這明明是自食其言，失信於民，怎能說是健忘呢？如今回憶一下，留作雪泥鴻爪而已。

五、淑文平反

我的妻子王淑文，本是一個普普通通的婦女，論學歷，在蘇州慧靈女子中學尚未畢業，不過幼年受父親的教育，讀些古詩古文，粗通文理，因而養成一種賢淑的美德；與我結婚，也可以說是志同道合，雖無梁孟之高風，卻有唱隨之樂趣。一九三六年二月，她獨自一人，從蘇州跑到綏遠包頭和我結婚，由此可見其鍾情之心。淑文到包頭後，任中央政治學校包頭分校女生管理員，兼小學部教員，亦能勝任愉快。

因我矢志蒙旗教育，她也有決心在蒙旗工作。誰料，一九三七年七月七日，蘆溝橋一聲砲響，舉國烽煙四起，綏遠包頭陷於不保，中央政治學校包頭分校奉命西遷，淑文攜著出生一個月的女兒，隨我一同到青海西寧，騎著駱駝，跋涉一個冬天（三個月）。隨校西行的教職員中，只有她一個女人，不但要照顧自己，還要照顧嬰兒。冰天雪地，風沙瀰漫，可以說是僕僕風塵，艱難備嘗，她皆不以為然，堅強的意志，贏得同事們的讚服。

一九三八年九月，淑文又隨我輾轉流離，到達重慶。抗戰期間，生活非常艱難，她能量入為出，安排生活，勤儉度日。直到一九四三年，我已調到重慶工作，又生下一兒一女，加上我原籍的兩個孩子也來到重慶，一家七口生活越發困難；不得已她在重慶南溫泉仙女洞的中央政治學校高等科圖書館，謀得圖書管理員一職，賴以補助家用。

抗戰勝利後，一九四六年隨我到天津，照料家務，扶養兒女，成為家庭主婦。不久，一九四九年天津解放，我被捕入獄，家庭擔子落在她一個人肩上，不得已搬到北平，投靠她的父母。為了維持生計，她進了業餘會計學習班，學會簡單的會計工作，又進了業餘縫紉學校，學會了做裁縫；就這樣胼手胝足，維持生活。

直到一九五五年，我在新疆勞改刑滿，在新疆生產建設兵團建築工程第一師第四團就業，擔任文化教員。既然服刑期滿，恢復了公民權，就可以自由了，我想回北京與淑文共同謀生養家，了此一生就算了；可是新疆兵團不讓我回去，幹部部張部長多次找我談話，說新疆建設需要人才，希望我留在新疆，安下心紮下根。並動員我，叫我寫信給淑文，動員她也進疆工作。經過幾番的好言相勸，我寫信給淑文，說明我一時回不去，希望她來新疆，亦可工作。她回信同意了，張部長便安排兵團接待站，接淑文進疆。

一九五六年四月，淑文領著兩個最小的女兒，不遠萬里來到新疆石河子兵團工一師四團八一木工廠，當即委為行政十八級教員，在木工廠擔任廣播和掃盲工作。

到一九五八年，在共產黨的「精兵簡政」運動中，因教員室有四個人，必須精簡，乃把我調到行政辦公室當管理員，把淑文調到供銷股當供銷員，又一度叫她做縫紉組組長。一九六三年我調到工一師阜北農場，她也隨之調到阜北農場，即生產建設兵團農業二二二團，我在園林二隊搞蔬菜栽培工作，她在加工廠工作。

直到一九六六年，「文化大革命」開始，我因勞改過的關係，不能當幹部，改為農工。她在解放後，未受過任何處分，可是受我的株連，也改為農工。當初張部長甜言蜜語，動員她進疆那些諾言，都不算數了，她和我面面相覷，又將奈何？自認倒楣罷了，孰料倒楣的事還不止於此。

我的遭遇，在「厄運三十年」中已經寫過。淑文卻受我的影響，遭不白之冤，給她扣上一個「國民黨婦女部長」的帽子，被那些「革命派」的組織，多次揪鬥，直至於死。

一九七六年以後，共產黨也覺得「文化大革命」搞錯了，於是又有平反冤假錯案的政策，淑文之死顯然是冤案。一九七六年我得到特赦之後，回到大連，便根據政策，向新疆生產兵團工一師阜北農場提起申訴，為淑文呼籲平反。終於一九八二年五月六日，工一師阜北農場黨委正式通知，給淑文平反，並補發自一九六七年以來，歷年被扣的工資。但是，爭到這些，又有什麼用呢？人已冤死十一年了。

六、東光公司房產問題

東光公司之有房產，已是四十三年前的事。一九四七年春，東方公司改組為東光公司，為了擴大經營，開展業務，我以東光公司總經理的名義，用六條半黃金，購置了天津市和平區新疆路 56 號房產一處，獨門獨院，約一畝地面積，四周兩米多高的磚圍牆，院中間一棟日式的小樓，靠西牆還有一幢小平房，作為裙房。院內四周滿栽美蓉樹，環境很幽雅，是日寇投降後，遺留下來的房產。當時產權是齊慶斌所有，我是從齊慶斌手中買過來的。登記過戶以後，東光公司即在此正式開業，樓下是公司辦公室、客廳、廚房，二樓是我的居室和辦公室，二樓幾間小屋，當時有三家公司職員分住其中。

那麼東光公司的房產，為什麼又有問題呢？緣於一九四九年，天津解放後不久，我即被捕入獄，公司隨之停業，公司的職員也都各奔前程。天津市公安三處，派人守在我的家中，凡是來看我的人，也都涉嫌被捕。這所房產已由公安局佔領，我的家被迫也搬到北平，投靠我的岳父母寄生，房產已不由我主管了，人犯了罪，房產也跟著遭殃，這就是房產有問題的來歷。

一九五零年十二月，我以歷史反革命罪，被判刑七年，送到延安勞改。一九五二年又轉入新疆勞改，輾轉流徙，身不自由，哪有心過問房產的事。直到特赦後，於一九七六年送到大連安置工作，已是正式公民了，親屬朋友也都為我舒了一口氣，又都敢與我往來了，其中有些與東光公司有關係的朋友，向我問起當初東光公司房產的事。

我說：「事隔三十來年，我從未問過這件事，一切情況毫無所知。」他們說：「你現在可以說話了，不妨問一問，竟究是怎麼處理的？」在大家督促之下，我想試一試看吧，但是向哪裡去問呢？這時我已被選為大連市政協委員，乃想到請天津市政協代為查詢，也許方便一些。於是以我政協委員的身分，寫信給天津市政協，把這所房產前前後後的經過告訴他們，請他們幫忙查詢一下。不久就得到天津市政協的回信說：「你新疆路的房產，因你不在，從一九五三年，即由天津市人民法院代管，你可直接向法院聯繫。」得到這個信息，乃又向天津市人民法院查詢。

不久，法院也回了信，叫我去法院當面談談。我立即去天津法院，接待我的是經濟庭庭長劉某，他說：「這處房產的產權，是東光公司總經理的，因為找不到你，一直未做處理。據你所講，這處房產是你個人所有，是用東光公司總經理的名義買的，請你寫一份詳細說明給我們，我們查清楚後，再做處理。」

接著我又把購買的經過，使用的情況，以及當初為了登記採用股份有限制，把我的子女親屬朋友列為股東，種種經過，寫了一份說明寄給法院。法院劉庭長親自向我的子女、親戚、朋友了解情況，查實與我所說明相符，便準備辦理發還手續。這時劉庭長已調職，接辦人換了紀維經，他說：「既然這樣，等我們研究後再通知你。」

這時，我已在做對台統一工作。大連市委對台工作組知道我天津有房產，知道我的女兒、女婿，以及很多朋友在台灣，都是黨政界的要人，如果東光公司在天津的房產，共產黨並未沒收，產權一直保存到現在，我這個總經理依然活著，還成為政協委員，那麼，如果房產發還，我把東光公司仍在天津復業，並任總經理，如此關係，做對台統一工作，是極為有利的條件。政協徵求我的意見，我也同意；但政協不是行政機關，不能對法院行文，乃將我的意見轉給市委台辦，台辦也認為是一舉兩得的好事，經過詳細研究，便派人去天津與天津市委統戰部聯繫，都認為這是做對台工作的好條件。於是他們召集天津市人民法院與天津市房地產管理局開會研究，認為這處產權應該發還。

與此同時，我又申訴平反，天津法院也認真加以考慮。經過反覆研究，天津法院認為必須同時解決，平反問題，要查核我的歷史，發還房產則要天津市房地產管理局辦理，這就牽涉到騰房問題，因為這處房產，從天津一解放，就為公安局佔用，作為甘肅路派出所的地址，不易搬遷。法院紀維經跟我商量，想要計價給我，我不同意；又想要給我換一處房產，我也不同意。我並不是有意與法院為難，我說：「我不是為了要幾個錢，或者要幾間房子，主要的目的，是為了做對台工作，如此，只有原房產發還，東光公司還在原址復業，仍是袁應麟任總經理，對台灣一些老朋友才有說服力，也說明中華人民共和國憲法裡保護私人財產的規定是真實的。」

因為我堅持這個原則，又拖了很久，直到一九八六年九月，天津市高級人民法院，才做出判決（附天津市高級人民法院刑事判決書），由天津法院郭庭長和胡審判員，親到大連在市委統戰部會議室，公開宣布為我平反並發還產權，大連市委統戰部長、政協副主席、民革主委，以及對台辦的工作人員，均出席參加。

宣判畢，統戰部設宴為我祝賀並招待天津法院來人。本應立即去天津辦理手續，但因十一月已決定去美，大連台辦負責人說：「你走吧！房產手續問題，我們替你辦。」我想判決書既已宣布，已成定案，誰辦都可以，台辦既然願意幫忙，比我自己出面還好些，乃決定按期出國，天津的事由大連台辦代辦。

我在美住了四個多月，走訪了舊金山、紐約、華盛頓、丹佛等地的親朋，一九八七年三月回國，到台辦一問，尚未辦成。據說，大連台辦派人去天津市委統戰部聯繫，天津統戰部認為，大連市委與天津市委差一級，不對等，必須遼寧省委台辦出面才行。大連市委台辦乃將此事滙報給省委台辦，省委台辦又滙報到中央台辦，中央台辦批交給省委台辦辦理，省委台辦又批交給大連市委台辦辦理，如此推來推去，公文旅行半年多。期間組織制度變化，對台辦脫離了統戰部，省市經辦此事的人也都調動了，新舊手續不銜接，要辦此事又得從頭理起，種種波折，又造成拖延半年多。時至一九八八年，我第三次來美，此事又擱淺下來。

一九八九年回國之後，中央台辦楊思德和汪鋒請我吃飯，席間談起天津東光公司房產的事，他們了解法院已經判決發還，便對我說：「袁老！此事不必再找統戰部，我們給你辦。」並即席交代給王今翔處長，責成戴肖鋒給辦。有此首肯，我認為中央出面辦，再不會有問題了。

回到大連，將中央出面給辦的情況，和台辦一說，市台辦又向省台辦聯繫，轉我提出的意見，省市共同派人到北京，與中央台辦聯繫，以中央台辦出面，省市代表中央，去天津辦理。他們採納我的意見，立即派人去北京，天津專辦此事，我也陪同前去，備作諮詢，這一次確實在辦了。

省市去的二人與中央台辦研究進行的步驟，決定由中央台辦首長寫信給天津市長李瑞環，省市二人隨即到天津催辦，正值一九八九年四月底，五一在即，從首都到地方都預感到這兩個紀念日，將有遊行示威運動，各級領導都忙於應付運動，天津李瑞環自亦不例外。經省市二人查詢，中央給李瑞環的信已經收到，但無暇處理，交給秘書長辦理，而秘書長也同樣到各工廠學校，做安撫工作，見不到面。

省市二人一商量，看來五四以前是無法聯繫了，決定暫回省市，過了五四，如無遊行示威，再來催辦，我當然也就一同回大連。到五月二十日以後，首都學運起來了，天安門廣場滙成人海，絕食請願，中央束手無策，各地也相繼遊行示威，各級領導頭暈腦脹、手忙腳亂，哪有心管我這點閒事呢？陰錯陽差，似乎命運乖舛，冥冥中在作祟，六四以後，天津市長易人，李瑞環調到中央政治局，新來的市長不摸頭尾。

天津市政府辦公廳主張發還，要給甘肅路派出所找房子，商之於天津房地產管理局。管理局說「我們沒辦法，請市政府給找房子吧。」如此一說，明明是頂市政府，市政府乾瞪眼也沒辦法，他們這一僵，省市去的人也不得要領，只好回來，這件事又陷於擱淺。究竟如何向中央交代，只看他們的了。

到了一九九零年二月，我又第四次出國，將來如何結局，實在難以預料，聽之而已。至於法院的判決，是否能執行，一時也成了懸案。我想，除非國家亂了，到了無法無天、無政府的狀態，什麼法治、法律，一亂到底，老百姓的事，也就隨之連根爛了，不然總該有個交代。拭目以待吧！

天津市高级人民法院

刑 事 判 决 书

（８６）津高法刑二监字第２１号

申诉人（原审被告人）　袁应麟，又名英林，男，七十七岁，黑龙江省望奎县人，现住大连市，任大连市政协委员，兼政协祖国统一工作委员会委员。

申诉人因反革命案，于一九五一年一月经天津市人民法院以元一刑字第２２４号刑事判决书，判处有期徒刑七年。一九五三年十月，天津市人民法院决定将以袁应麟之名立契、产权属于东光企业股份有限公司所有的本市新疆路五十六号房产一所予以代管，交天津市房地产管理局执行。一九八二年后，申诉人不服，提出申诉。天津市中级人民法院以（８４）津中法刑三中字第３５号通知，驳回申诉，维持原判。申诉人仍不服，向本院提出申诉，本院按照审判监督程序决定提审，依法组成合议庭，经审理查明：

申诉人袁应麟于一九三二年参加国民党，一九四二年至一九四四年任国民党中央组织部科长，陈果夫之秘书。一九四五年冬脱离国民党，弃政经商。捕后检举罪犯六十余人。一九五三年四月，申诉人主动将本市新疆路五十六号房产交天津市人民法院处理。

本院认为：申诉人袁应麟系于国共两党合作期间曾在国民党内任职，且无大的罪行及民愤，一九四五年冬已脱离了国民党组织，捕后又有立功表现，故原判论罪处刑均属不当。现经本院审判委员会讨论决定：

一、撤销天津市人民法院元一刑字第２２４号刑事判决书中对袁应麟的判决部分和天津市中级人民法院（８４）津中法刑三申字第３５号通知；

二、宣告袁应麟无罪；

三、解除天津市新疆路五十六号房产的代管，该房产权为东光企业股份有限公司所有，发还给袁应麟接管。

终审判决。

一九八六年九月五日

刑事审判二庭

审判长　侯国春

审判员　胡应华

代理审判员　高春

一九八六年

本件与原本核对无异

书记员　尚作富

刑事判决書，第45頁～46頁

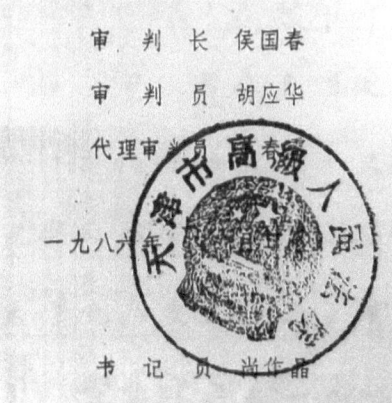

七、紘外之音

俗話說:「京油子，衛嘴子，保定的狗腿子。」為什麼把天津衛的人叫「衛嘴子」呢？因為天津衛的人，勾勾心眼多，綽號叫「難門」。天津衛的共產黨，勾勾心眼更多，申而言之，叫做「更難門」。天津市房地產管理局，因為是天津衛的共產黨人在管事，無疑共產黨是當權派，有一部分小權在手，再加上勾勾心眼，那就「難門」加「更難門」了。

四十年代舊社會裡，我在天津做生意，就有此感覺；今天八十年代新社會裡，又同天津衛人打交道，依然有此感覺。這話從何說起呢？四十年代我在天津開辦東光公司，買了一處房產，一則作為公司的營業場所，同時也當作我的住宅。一九四九年共產黨來了，推翻舊社會，建立新社會，並口口聲聲說:「舊社會把人變成鬼，新社會把鬼變成人。」可是我呢？人被捕入獄，公司關門，弄得人不是人，鬼不是鬼。由勞改而新生，由新生又勞改，由勞改而特赦，滾了二十多年，又恢復了人的面目。人既然回來，便想到天津的房產，假如二十多年前，被共產黨沒收了，像我天津另一處房產一樣，我也就無話可說；但是經過查詢、申訴、調查、研究，通過市、省、中央有關方面的交涉，周周轉轉達六年之久，終於一九八六年，由天津高級人民法院判決由我接管，但房地產管理局拒不執行。

有人說:「你想把房產拿回來，對於經辦的人不打點打點，怎能行呢？」我未嘗無此想法呢？我也不是不識時務的人，但由於這處房產，一開始就是由統戰部門出面，是公對公，我已不能私人露面，雖然我是當事人，卻無置喙之餘地，所以想做點小動作，也無從插手，只好聽之而已。事已揭開，房地產管理局又不得不理，於是挖空心思，想出一套不予發還的理由，那麼勾勾心眼怎樣表演呢？且聽我慢慢道來。

一九八九年春，突然有個人來找我，此人素不相識，打著我老朋友王爽齋的名義，慕名來訪我。寒暄之後，他說：「你天津房產的事，我可以找到中央有力量的人，替你疏通關節，給你辦成（說得有鼻子有眼，姑隱其名）。」我一想，公對公辦了這麼久，迄無結果，內幕如何，我概不知情；通過私人關係試試看，即使辦不成，也許能了解癥結所在，便同意請他給聯絡。

這人去後不久，從天津來電話，竟然說已經辦好了，並叫我到天津去辦手續。拖了多少年都無結果，居然一下子就辦好了，可謂神通廣大！我懷著將信將疑的心情，立即趕去天津。

第二天，此人陪我同去天津房地產管理局，接觸之後，一位姓申的女人出來接待我，據說是一位科長，說了幾句客氣話，便叫出一位姓王的男人，拿了一份事先擬好的文件唸給我聽，內容大意是：「你這處房產，是屬於漏改造的房產，現在我們已經按照改造的辦法，給你結算定租，定租到一九六六終止，我們為了照顧你，多給你三年定租，現在你就可以領定租，辦理結束手續。」我一聽就覺得不對頭，便和他據理分辯，我說：「此處房產，法院已經判決還給我，就應該按法院的判決執行，怎麼又來個改造呢？」

所謂「改造」，那是一九五三年，對於私人資本工商業宣布的「贖買政策」，那時的口號是「利用、限制、改造」，所以對於私人資本，實行定息二十年的改造辦法，每年付給資本家一定的利息，滿二十年後，利息停止，資本歸公；對於私人房產，也比照私人資本的辦法，實行定租，我在錦洲道河南路的一處房產，就是這樣改造的。可是這種辦法，到一九六六年「文化大革命」一開始，就一齊否定了，定息定租不給了，二十年也不承認了，資產全部沒收歸公，所謂贖買政策，也一筆勾消，共產主義嘛，大家也無話可說。

但是，我現在這處房產產權是一九五三年由天津法院代管，不在改造之例，事到今天，法院已將產權還給我，卻又說進行改造，試問這個改造是什麼政策？是什麼時候定的？是什麼文件宣布的？姓王的吞吞吐吐地說：「這是我們開會研究決定的，是按照國務院房地產管理辦法決定的。」我說:「請你把國務院的規定給我看看,是不是規定現在還有改造政策。」

我強烈提出異議後,這位姓王的尷尬無言。姓申的女科長立即從裡面出來,把話攔住說:「法院判決沒同我們商量,所以我們不執行法院的判決,你這處房產是屬於私人產權,解放後都應該改造;因為當初漏掉了,沒有改造,所以現在要補改造。你若不同意,可以向國務院申訴。」話已至此,我也就不再分辯了,悻悻而出。

回來後,我心想,天津衛的人勾勾心眼真多,想要不發還給你,居然把文化大革命已經砸爛的政策,又搬出來唬人,真是可笑亦復可恨!據我了解,天津市像我這樣的房產有十幾處,都因有特殊情況未做處理;但是像張學良以及顧維鈞的房產,卻都陸續發還了。共產黨辦事,也是看人下菜碟,所以我說天津衛的人勾勾心眼多,天津衛的共產黨,勾勾心眼更多。至於天津高級人民法院的判決,究竟算不算數?這處房產結局如何?一時尚難估量,拭目以待之吧!

八、秦祥徵起義

秦祥徵是我的好朋友,一九四八年,他在瀋陽任遼寧省保安大隊長,彼時我在瀋陽經營東光公司,他和鄭作藩等幾個朋友,時常到我公司來走動。一九四八年九月,我從瀋陽回天津之前,長春城破,四平緊張,瀋陽也岌岌不保,在瀋陽的一些朋友,都紛紛計議,做退一步的打算。鄭作藩、秦祥徵,以及剛從四平突圍出來的李象泰等,來到東光公司,找我共同研究時局的情況,以及討論如何自處。

秦祥徵說:「瀋陽緊急,你們拔腿就走,我帶著一千多人全副武裝,不能撂下就走。」經大家討論的結果,決定叫秦祥徵率隊投降,有這點小資本,共產黨一定歡迎的,至於我們幾個人赤手空拳,不能束手待斃,應趕快做退走的打算。

我於九月二十八日飛回天津,他們也都先後到了天津,秦祥徵則留在瀋陽做投降的準備。瀋陽解放前夕，得悉秦祥徵率隊起義的消息，為之慶幸。全國解放了，我和鄭作藩都流放到新疆勞改，家人消息隔絕，朋友自然難以相顧了。

一九七六年，我被特赦後，曾在天津見到鄭作藩，獲悉秦祥徵起義後，曾調到北京工作，不久就去世了。我跟鄭作藩說：「秦祥徵這官太小，共產黨也沒看在眼裡；不管怎樣，落得一個好死也就可以了，總比我們在新疆勞改好得多。」

第二十二記　美國之行之一

一、走出國門

年逾古稀，已經是土埋脖頸子了，沾兒女之光，有機會到外國走走，真是叨天之福，大半生以來，所不敢想像的事，居然夢一般地實現了，內心當然有說不出的愉快！人同此心，心同此理，任何人遇到這種事情，也都會有同感的，何況又將與流離失散三十四年的大女兒相見，不平靜的心情，可以想見。親戚朋友中，知道這件事的人，無不為之歡慶，至理人情，由油然也。

其實所謂到外國，也只是在特定的關係下，到了美國。就以美國來說，有五十個州，而我這次足跡所至，到了加利福尼亞州和科羅拉多州的舊金山和丹佛兩個地區，時間短暫，加以語言隔閡，所見所聞亦是有限。

試想我國舊社會、新社會，旅美的官員和留美的學子，乃至社會人士，到過美國的，可以說是車載斗量，成千上萬。他們留美的時間積年累月，涉足的地方，也不止一州兩州，自然是經多見廣。

我走了兩個州的幾個城鎮——舊金山、聖荷西、丹佛、幽都、包德、勾頓、浪漫等，時間僅三個多月，要寫旅美見聞，未免隙中觀蟻，井蛙觀天。儘管所見有限，卻都覺得新奇，因想國內的人，想要了解一下美國的情況，或者說想要了解我在美國情況的人，不在少數。故此就所見所聞、一鱗半爪，寫來供沒有到過美國的朋友，既作為茶餘飯後的消遣，也不無可取之處。倘能藉之增加一點常識，那是筆者的奢望和榮幸了。於是乎在不眠之夜，鼓起勇氣，欣然命筆，以期不虛此行。

二、護照與簽證

出國首先得申請護照。如何申請呢？目前在我國說起來，是件不容易的事，因為必須經過一層一層的主管部門，辦理一些較為麻煩的手續，還得等待一定的時間；更重要的還得提出充足的理由，才有可能辦理，並不像在國內旅行，買張車票或船票，想走就走了。

辦理的過程，是由本人向所在單位申請批准，拿批文到所在地的公安局外事科，買一份出國申請表，填好交上去，等上級批准，才發給出國護照。我是向大連市公安局外事科申請，經過遼寧省公安廳核准，才拿到護照的。從五月開始申請，到七月份發下來。據說，因為有政協的證明，是特殊情況，所以很快就發下來了，不然排起隊來，等上一年半載乃是常事，我還是很幸運的。

過去護照下來，交給本人，直接拿到北京美國領事館辦理簽證；去年新規定，凡是出國的手續，一律交由中國旅行社總社經辦，再由旅行總社通知出國本人，親自到中國旅行總社去辦理手續。而實際上中國旅行總社，只是發給（交成本費）一些辦理簽證的表格，填好後，由中國旅行總社，開一個介紹信，由本人持介紹信到美國領事館辦理簽證。

因為我是短期出國探親，領事館人員問一問探望何人、什麼關係、將在美國停留多久，未加刁難，即給予簽證。據說，若是公出、留學或移民，那就更麻煩了，甚至拖延不簽，也是常事，就不能一概而論了。此外在辦理申請全過程中，每經一處都要交手續費，如此下來，共需四十多元。因此奉告，凡欲辦理出國手續的人，必須有所準備，以免臨時措手不及，耽誤時日。

三、漫談航程

去美國的交通工具，不是乘船，就是坐飛機。乘船船期不定，乃至須轉道香港才能有船，且須在海洋裡漂流一兩個月方能到達；因此凡是出國的人很少乘船。

除此之外，就是坐飛機。從北京開闢的中美航線有三條，一是到舊金山，一是到洛杉磯，一是到紐約（到紐約也路過舊金山）。目前有兩家公司的班機定期飛行，一是泛美航空公司，一是中國民航公司；想買哪家公司的機票，由你自己選擇。票價略有不同，從北京到舊金山，中國民航機票每張約為人民幣一千六百元。倘係自費出國，還可以請購經濟票，每張按七折計算，約需一千一百多元。泛美公司的票價為美金九百多元，也可以買七折的經濟票。

我來去買的皆為經濟票，去時乘中國民航班機，從北京起飛，經上海停留一、二小時，在上海辦理出境檢查，然後直飛舊金山。從北京到舊金山，橫跨太平洋，全航程一萬二千公里，共飛行十二個小時；其中北京到上海兩小時，上海到舊金山十小時，上午十時從北京起飛，十一時半到上海，下午一時半由上海起飛，翌日凌晨七時，即到舊金山。回來坐泛美公司航班，從舊金山起飛，到日本東京停一小時，然後換飛機再飛北京。繞道東京，航程稍遠一些，共飛行十七小時，這與氣候有關，時有出入。

四、習慣反應

乘飛機有些人往往會出現嘔吐、頭暈、耳鳴等現象，這就是高空反應。我腦筋遲鈍，反應不靈敏，對任何事物無過敏的反應；所以不論乘船、乘車、坐飛機，均無不適的感覺。

從中國到美國，橫越太平洋，在八千米以上高空飛行，幾乎繞了半個地球。舊金山屬於美國加利福尼亞州，位於太平洋西海岸，按格林威治的標準時間，與北京的時差為 12 小時，北京的早晨，是舊金山的黃昏。有些人對於這種時差也不習慣，表現為失眠、頭痛，往往需要經過一兩天，才能慢慢適應，這叫做時差的反應。我這次離開北京，是十二月二十一日上午十時半，翌日晨七時到達舊金山，仍是美國的十二月二十一日，時差是很明顯的，而我却毫無感覺。再從舊金山去科羅拉多州的丹佛，丹佛在美國的中西部，距西海岸約兩千公里。舊金山與丹佛，又有一小時的時差，彷彿像北京與蘭州之間的時差一樣，我依然沒什麼感覺。

回想我二十多年前，從內地到新疆，又從新疆回北京，兩地時差為兩小時，我也無不適之感，這也許是沾了我反應遲鈍的光。

五、生活鱗爪

出國之前，心裡在想，美國這個資本主義社會，是個什麼形態？山川自然面貌，有什麼不同？氣候環境又是如何？飲食起居是否能夠適應？乃至於親人家屬，故舊朋友，離別了三十四年，見面之後，感情還是否存在？凡此種種，都在憧憬之中，於是在思想上，在實際上，都做了些估計和準備。

女兒來信，囑咐了三件事。

一是護照上的年齡，要填七十五歲以上，用意何在？並不清楚，只好照辦。二是隨身衣服穿一套就行了，輕裝簡服，不要多帶.我在大陸的兒女，以及一些朋友都說要我做一套像樣的衣服，到外國去，不能太寒酸.於是買了毛嗶嘰和毛呢的料子，做了一套中山裝和一件呢大衣。按照冬季的穿著，毛衣毛褲一應俱全；可是到了舊金山，却不完全適用。舊金山在西海岸，是海洋氣候，平均氣溫在華氏 45～55 度之間，我的穿戴都嫌厚些，尤其在室內根本用不上。其次是式樣問題，中山裝、解放帽，在美國社會是罕見的。到了大外孫女家，外孫女說：「老爺！我媽把衣服都給你準備好了，你快換換吧。你穿這套衣服，人家一看就知道你是共產黨。」我說：「我不是共產黨員。」既然如此，就換上吧。於是從大陸上穿戴的衣帽一律收起，換上女兒已準備好，開始還有些不習慣，過了幾天，也就適應了。三是「我們到機場接你，不要有任何顧慮。」可是我到舊金山時，女兒、女婿已去丹佛，安排大外孫女接我，而大外孫女一歲時就離開了，如今已三十四歲，怎能認得呢？好在看過照片，還有些印象。

我下飛機後，幸好有一位中國人在招呼大陸來賓，指導我辦了入境手續。走出候機室，卻不見有人接，我坐在門外邊等候。大外孫女和小外孫女兩個人，在候機室沒接到我，就到外邊來找。見我一人坐在那裡，她倆一看，似乎相識，便高聲喊：「老爺！我們來接你。」雖然初次相見，倒也感到親切。

上車到了外孫女家，住了三天，趁機會看看表兄蒼寶忠，便去丹佛。丹佛是科羅拉多州的首府，位於美國中西部最大的山脈洛磯山的山麓，洛磯山主峰高一萬二千多呎，所以丹佛屬於高山地區，比舊金山要冷些，從舊金山起飛，四個多小時後到達丹佛。

女兒、女婿以及兩個外孫子以及二外孫女，都在候機室門口迎接，一見面，女兒說：「爸爸的面貌還和以前一樣，不顯得老。」於是相率到大外孫雲龍家，雲龍尚未結婚，自己住一棟房子，很寬敞，二外孫子雲台已結婚，夫妻均在半工半讀過程，二外孫女錦雲也結婚了，有兩個孩子，算起來在丹佛有三家，加上女兒、女婿，共九口人，再加上我就是十口人。

除了女兒、女婿之外，都是未見過面的後代，但卻十分親熱，骨肉之情深感溫暖。一到星期六和星期天，都休息了，便都集聚到雲龍家裡。吃完晚飯，便聚在客廳裡、沙發上、地毯上，圍著我坐在一起，聽我講大陸的事情，以及我在大陸三十多年的經過。往往講到深夜，還不肯去睡，真正感受到繞膝承歡的樂趣。白天陪我去逛超級市場，大開了眼界。

從女兒、女婿說起，已經是三代人了，老老小小都會說英語，但在家裡，誰也不說英語，通通說標準的國語；這是台灣的語言，比大陸上的語言還標準。再如吃飯，都是中國烹調的做法，用的是筷子，特別是女兒親自烹飪，炒菜、烙餅、包餃子完全是中國風味。

我到丹佛不久，就是新年元旦，在舊金山的大外孫女和兩個孩子，小外孫女翔雲和她的未婚夫，也都到丹佛團聚，加上我總共十五口人團聚在一起，老少四代，繞膝承歡，天倫叙樂，可以說是一生難得的樂事。

大外孫子擺了一次雞尾酒會，嚐嚐西餐的風味，更是別有一番樂趣。三個外孫女和兩個外孫子，除大外孫女出生在瀋陽外，其餘四個人都是出生在台灣，講一口台灣的標準國語外，由於他們讀書時間一半是在外國，當然會說一口流利的英語。但他們在一起生活，尤其是對老人，從不說半句英語。更難得的是，他們後代都出生在美國，彼時大外孫女兩個孩子，大兒子算是最大的，也不過九歲，小女兒只有七歲。二外孫女的兩個孩子，大女兒五歲，小兒子才四歲，都會說英語，但都不講英語，而說國語，原因是他們說：「我們是中國人，不能忘本。」所以自幼就教孩子說國語，這一點使我非常滿意。有一次，我領著四個重外孫在一起玩，最小的四歲重外孫躍辰，有一句話不知國語怎麼說，他說：「太老爺，我講英語行不行？」我說：「行，你說吧，太老爺跟你學英語。」從這件小事，可見他們小小的心靈裡對祖輩之國，頗有眷戀心情，給我留下最深刻的印象。

為了讓我多領略一些外國的風情，每逢休假日，都領我到西餐館去吃一頓西餐。首先是吃自助餐，幾十樣菜飯水菓，都擺在條案上，每人付了八美元，自己到案邊隨便拿，想吃哪種就拿哪樣，不限種類，不限數量，吃飽為止。還曾吃過正式西餐，一份餐有烤牛排、烤雞、烤魚，還有湯、有沙拉，當然也有麵包、牛奶，一份十八美元。我不習慣吃西餐，只是領略風味而已。我對外孫子們說：「嚐試一次就可以了，以後不要花這種過份的錢。」

元旦期間，小外孫女的男朋友李啟光，也從舊金山趕到丹佛團聚，一定要請我吃「披薩」（意大利烤餅），由於我吃不來那種味道，只吃了一牙，總算沒辜負孩子們的一片孝敬心。

美國人把工作和玩，看得同樣重要，他們每周只工作五天，星期六和星期日休息兩天，在休息的時候，便是盡情玩樂的時間。我到的時候正值冬季，是滑雪爬山的季節，外孫子們乃利用假日，陪我到洛磯山去看滑雪。

六、參觀滑雪

洛磯山脈，是美國最大的一條山脈，很像我國新疆的天山山脈一樣，高山上終年積雪不化。在這積雪不化的山坳裡，建有專供遊人玩耍的滑雪場，據說不止一處。為了讓我開開眼界，一個休假日，大外孫雲龍開著他的大轎車，領著全家十五口人，跑到百里以外，洛磯山腰一個滑雪場去玩。見到很多美國人開著小車，帶著雪撬，專門來這裡滑雪運動。

往山上爬的時候，不用自己走，有特設的電纜，帶動特制的掛鈎座位，如同電梯一樣，把你送到坡上。掛鉤上則放雪撬、手杖。上山後自己往下滑，如此循環不停的運動。

旁邊設有休息室，咖啡、牛奶、麵包、糕點，隨意選購；疲倦了，可以到室內休息，喝咖啡，吃點心。有的還把自己的汽車式活動房子開去，在那裡過夜，玩上兩天。美國人的悠閒娛樂生活，是我們所不能比的，也是想玩而玩不到的。近年來聽說黑龍江的興安嶺山區，以及吉林的長白山區，也有滑雪運動，惜尚未能一見。在兢兢業業謀求溫飽的生活水平中，怎能和美國人相比呢？

七、裸體游泳之說

丹佛市有兩個鎮，一個叫包得，就是我大外孫雲龍住的地方，我和女兒、女婿，就住在這裡。另一個鎮叫浪漫，是二外孫女錦雲住的地方，兩地相距約一百多公里；中途有一個面積不大的天然湖，它是一個天然游泳池，有專設的機構管理。我不止一次經過這個地方，離公路不太遠，坐在車裡就可以看見。大外孫指給我說：「每到夏季，許多男女青年，都喜歡到這來游泳，而且都是裸體游泳，習以為常，不以為奇。」後來在電視裡聽到，丹佛市在討論這個問題，報紙上也有披露，原因是游泳池附近的居民，出入其旁，認為不雅觀，向市政府提出意見，要求禁止裸體游泳。於是市府公開徵求意見，進行討論，認為裸體游泳，有傷大雅，規定游泳必須穿游泳衣；男子必須穿三角褲，女子必須穿三角褲戴乳罩。一些愛好裸體游泳者提出反對，認為這是不自由。最後市政府為了維持風化，順從民意，規定游泳一律要穿三角褲，女子要戴乳罩。結果女子又提出意見說：「男子只穿三角褲，為什麼女子還要戴乳罩？」從這些情況來看，美國人真是自由民主。從某種觀點來說，這種社會風氣不是進步，而是落後。孰是孰非，留待社會學習研究吧！

八、丹佛大雪

前面說過，乘飛機經過洛磯山時，就看到山上白雪皚皚。高山地區，此本是常事，丹佛處於美國中西部高山地區，下點雪不足為奇。可是今年（1982）聖誕節前夕，丹佛下了一場特大暴風雪，降雪量在三十公分左右。風雪交加，許多建築物旁背風的地方，積雪達一公尺以上，門窗為之擁塞，道路交通受阻，露天停車場的小卧車，大半埋在雪裡。據說飛機場跑道雪厚盈尺，一時清掃不及，班機停航了兩天。

因為正是聖誕節假期，探親旅遊的人特多，有兩千多候機人被困在機場候機室內，停車場的走廊也人滿為患，只能坐著站著，想躺下睡一睡都無地容身。一些商店和超級市場，無法開門營業，也關閉了兩天，居民買不到生活用品，特別是新鮮蔬菜一時缺貨，價格突漲，並無人限制，這是資本主義社會的特點。一連幾天氣溫在華氏十度以下，攝氏為零下八度，頗有嚴冬之感。據說，這是幾十年來罕有的現象。

回想我在黑龍江和新疆等地區，亦曾遇到過這種現象，所以不足為奇。感到新鮮的是，市政管理部門立即出動剷雪機，緊張地進行清除，還有許多大卡車滿載食鹽、沙子，往路面上撒。經過一個禮拜的清掃，公路和機場均恢復正常，惟路兩旁的積雪堆積如山，這一奇觀，我竟然趕上了。

時隔不久，接到國內來信，說在電視上看到丹佛大雪成災的報導，問我受到影響沒有？其實我安居在室內，飽覽雪景，何嘗受影響呢？雪後不久，氣溫又回升至華氏三十度左右，即攝氏零度，與北京氣候相仿，並無不適之感。

丹佛下大雪，舊金山卻在下大雨，沿海地區遭風雨侵襲，鬧了水災，沖毀一些房屋，電視裡都看得很清楚。一季之內，一國之間，氣候竟如此懸殊，美國土地面積之大，可以想見。我國南北方氣候不同，較美國尤甚，這是土地面積龐大，所處緯度不同的關係。旅遊者應有此種常識，免得一時受困。

九、野餐烤肉

烤肉屬於風味小吃，由於各地燒烤的手法不同，便出現了各地不同的風味。老北京人都知道北京有烤肉紀、烤肉宛，相沿近百年，成為北京獨特的風味；人人都知道北京全聚德的烤鴨，也是馳名遠近的北京風味；廣州一帶則有烤乳豬，新疆地區又有烤羊肉串，這些都是膾炙人口的食品。

在美國待了幾個月，外孫子、外孫女們一逢假日，就邀他們的雙親和我，到不同的餐廳去吃上一頓西餐，意思是叫我領略一下西餐的風味；吃來吃去，無非是烤牛排、烤豬排、烤雞、烤魚，還有烤土豆。不管怎樣，總算開了洋葷。由此看來，不管中外，燒烤是很普遍，也是受歡迎的。

「口之於味也，有同嗜焉。」不必細說。不過這些多是在餐廳、飯店等大雅之堂。美國人還有野餐烤肉之風，許多郊野遊玩之地，都有燒烤爐設備，還有進餐的桌凳，任遊人使用，無人管亦不收費；要烤什麼，都得自帶燒烤爐的燃料——木炭；超市有準備好的木炭，買上一袋即可使用。我決定一九八三年三月份回國。丹佛的三月還是春寒料峭，不到野餐烤肉的時候。二外孫女說：「老爺要回去了，要到郊野去吃一次烤肉。」大家自然都同意，惟初春季節為時嫌早，到野外去玩還有冷意，由於我行期已定，不能再等了，早就早點吧。

於是二外孫女兩口子，把牛肉、火雞、豬排、玉米棒、土豆以及木炭，都準備好，一個禮拜六的休假日，大外孫子開著麵包車，我和女兒、女婿、二外孫兩口子，以及二外孫女的兩個孩子，共十一口人，跑到百公里以外的洛磯山腰，在一條小溪畔安營紮寨，擺開攤子，一邊烤肉一邊玩，邊烤邊吃，確實別有一番風味，也算不虛此行。

十、美國的衣食住行

社會現象體現為物質文明和精神文明，而這兩個文明，大都從衣食住行等方面表現出來。美國是資本主義社會，其生活習慣必然具有資本主義的特色；這裡就從衣食住行的實際情況，談談美國人的社會生活。

美國人衣著以西裝為主，而西裝又有男女式樣不同，在不同場合，則有不同的穿著。男人在家中，多半是穿汗衫、褲叉，或長肥休閒運動褲；但外出上班工作時，則大都穿得很整潔，西服革履，一定要打領帶，即或穿夾克，也要穿襯衣打領帶。當然參加宴會更得衣冠楚楚，顯示出紳士派頭。至於一般工人，則多半以工作服為主，那就隨便穿了。

女人的服裝花樣最多，西裝裙、連衣裙和各種款式的大衣、披風，不但式樣新穎，花色也鮮艷美觀，無法一一描述；但追求新穎，則是一大特點。只要有新鮮花樣出來，舊的就不要了。家居便服則很隨便，早晚以睡袍為主，短褲、短袖衫也很普遍。夏天天熱，女人上市場買東西，也大都穿著褲叉背心，毫不介意，風氣開通，從衣著上也可窺其一般。

惟獨老年人不論男女，都喜歡穿鮮艷的服裝，而且穿得整整齊齊。女人擦胭脂、抹口紅、描眉、染指甲，不像年輕人那麼隨便，似乎與中國老太太的心情，完全不一樣；老頭也大都穿紅格、綠格、花色鮮艷的夾克外衣。我見到一些華僑男女老少，穿著的服裝也美國化了，入鄉隨俗，也是很自然的習慣。

歐風東漸，亞雨西來，各大洲交通方便，人事往來絡繹不絕，商品交流處處開放，在美國的市場上，看到不少服裝用品是中國製造的，在中國市場上，美國服裝商品也觸目皆是；為了趕時髦，中國人穿西裝的風氣也很普遍了。

我認為，西裝比舊式中國衣服要方便美觀，特別是夾克衫；我們又何必拘泥不改，甘居落後呢？吃的方面，當然美國人吃的西餐，從實質來說，西餐的原料，也不外乎米麵油鹽、雞鴨魚肉，山珍海味；蔬菜方面，蘿蔔白菜、葫蘆黃瓜、茄子辣椒等等。中國有的，美國市場上樣樣全有，只是做法不同，做出的滋味不同，花樣不同而已。

美國家常便飯，以三明治、漢堡包、黃油、起士牛奶麵包為主，即或是西餐館裡，最講究的西餐，也無非是烤牛排、烤豬排、烤魚、烤蝦、烤雞、烤土豆等一些花樣。與中國菜比起來，可以說是小巫見大巫，不僅花樣趕不上中國多，味道也不如中國好。當然各有各的口味習慣，不能絕對說哪一種好，哪一種差。但美國人喜歡吃中國餐也是事實，所以中國人在美國各地經營餐館業的，比比皆是，大都生意興隆。不過美國人每天離不開牛奶咖啡，這是中國人不能比的。美國的瓜果梨桃等水菓比中國豐富，而且普遍。美國人吃水菓，也是每天少不了的食品，中國人雖然也吃水菓，但不普遍，這也是不可比的。

居住的房屋，美國人要比中國人好得多，這與兩國各有的土地面積和人口多少，有密切的關係。我國土地面積為九百六多萬平方公里，人口現已達十一億多(1982 年的情況)，而美國的土地面積比我們多，人口還不到三億。

同時我國的經濟不發達，人民的生活條件非常枯竭，穿衣吃飯難，住房更難。據我所知，老少三代住在一間十幾平方米的小屋裡，是所在多有。我是 1976 年從新疆回到大連的，生活環境比新疆好得多。當時和我兒子、兒媳，還有三個孫子、孫女一起生活，兒子、兒媳都是大連重型機器廠的技術員，大小也是幹部，可是一家六口老少三代，只能擠在十二平方米的一間小屋裡。時間長了一了解這種情況，不是我們一家如此，周圍隣居同樣有此困難，而且均無法解決。農村裡更是如此，一間房子半舖炕，老少幾代都擠在一舖炕上，乃至於有親朋來了要留宿，都擠在一舖炕上，是很普遍的現象。

我到了美國一看，任何一個家庭，至少都有一套住房，有兩個或三個卧室，客廳、餐廳、衛生間，應有盡有。稍好一點的家庭，是一棟小樓或洋房，住的條件既寬敞又舒適，比中國的中高檔旅館都講究，與中國高層幹部的住宅相彷，而且多半都是私有的住宅；即或收入較低，還可以向銀行貸款買房，逐年由工資收入攤還。

中國是共產主義政權，不允許有私人財產，更不允許私人建房，而公家又無力廣造住房，一般老百姓餬口尚且困難，哪有餘力改善居住條件？只得窩窩偏偏，湊合避風雨而已。

美國除了私人住宅之外，還有老人公寓、平民公寓。無依無靠的老人，可以申請住進老人公寓，享受養老金的待遇，而且不局限於美國人，各國的僑民，也同樣可以享受老人養老金的待遇，以及公費醫療等待遇。我的表兄和兩位老同學，他們從台灣退休，僑居美國之後，住在舊金山，每人每月有六百美元的養老金，老兩口每月領一千二百美元，住一套很舒適漂亮的公寓，每月房租二百美元，兩人吃飯用二百元，只用去養老金的三分之一，因而生活非常優裕。

一般無收入或收入低的人，都可以申請救濟金，也可以低價住平民公寓。總之在美國住的問題，是中國人不敢想像的。尤其有工作收入的人，大都貸款買住宅，很少租賃房屋的。從這種社會制度來說，比中國要好得多，那就不必細說了。

最後談到行的問題，更是中國人所不敢想像的。私有小汽車非常普遍，不僅是家家有，幾乎是人人有，不管是上班下班，到商店買東西，乃至於假日外出旅遊或外出辦事，都是離不開車。他們有句口頭語：「沒有車子就等於沒有腿，就無法走路。」年老的人不能開車了，或是沒有車的人，還可乘公共汽車，乘地鐵，也很方便；還有出租汽車，隨意呼喚，為你服務。

長途旅行、運輸，有鐵路，有高速公路，也有長途汽車——灰狗巴士；但航空交通更為發達，各州之間均有航空路線，一般人走遠路大都乘飛機，至於火車、長途汽車，則乘坐的人很少很少，這又是中國人所不敢設想的。

既然是家家都有車，人人都會開車，學生進入高中，就有一門駕駛的課程，學會開車，但必須滿十八歲才有資格單獨開車。我的外孫子、外孫女，都已結婚成家，五個家庭，每個人都有自己的車，而且住宅都有車房，這在中國，是根本辦不到的。一些共產黨上層領導人有權有勢，都有高尚的住宅，有公家專備的小臥車，當然配備有車房和司機，都由公家出錢，一般老百姓，怎敢奢想呢？

和住與行有關係的，還有旅館飯店，各大小城市及交通沿線，到處都有，也有高檔、中檔之分，高檔的賓館叫「HOTEL」，設備比較講究，住宿一夜，至少要一百美元左右。中等的叫「休假旅館」，設備也很齊全，住宿一夜的需五十美元左右。低檔的叫「汽車旅館（MOTEL）」，多半開設在公路沿線上，供來往汽車及行人住宿之用，設備比較簡單，有床舖，有衛生間，還有做飯的廚房，這種旅館，無服務人員，進住之後登記付款，交給你一把門鑰匙，自己進去住，走時把鑰匙交還就行了，每宿約四十美元左右，隨處都有，極為方便。

十一、超級市場

超級市場的內涵，就是我們國內副食品門市、蔬菜門市、糧油門市、百貨門市的綜合商店，冠以「超級」兩個字，就是包羅萬象的意思。全美各大小城市都有這種店，而且很多都是連鎖店，有美國人經營的，也有華人經營的，當然也有日本人、朝鮮人、越南人、印度人等經營的。

因係包羅萬象，所以範圍都較大，而且門外都有大面積的停車場，否則就很少人光顧，原因是購物的人大都是開車去。因係綜合商店，舉凡各種米麵雜糧、油鹽醬醋、雞鴨魚肉、新鮮蔬菜、乾鮮水菓、罐頭食品、麵包糕點、糖菓餅乾，應有盡有。而且不分冬夏，隨時供應，所有貨物分門別類，陳列在一排一排的貨架上，無售貨員，你進去之後，有專為顧客預備的手推車，推上一部車，隨便到貨架上，自己取要買的東西放到車內，推到收款處交完錢，即可推出去，到自己汽車跟前，裝到車內；手推車放在車場上，場內有專門的人把推車收回去，處處給顧客方便。

一般家庭都是一個禮拜，利用休假買一次食品，放在冰箱裡；平時工作很忙，哪有時間買菜呢？據悉，我們國內也想模仿這種做法，在北京新街口，也設了一處叫作「自選」商店，類似超級市場經營的方式，終以人的文明程度不夠，常有偷拿的現象，不久就關門大吉。經濟狀況不同，設施也不完備，怎能同日而語呢？

十二、老人公寓

「老人公寓」顧名思義，當然是為老人設置的寓所。這種寓所，不是臨時性的旅館，而是長期住處，等於租賃的住宅，寓內設備齊全，臥室、客廳、廚房、衛生間，應有盡有。室內有空調設備，有電冰箱，有衣櫥，還有呼喚的電鈴。公寓附近，有專為老年人活動的場所，供老年人娛樂活動我的老同學傳廣澤，年逾古稀，自台灣退休後，老倆口僑居舊金山一家老人公寓裡，我路過舊金山，走訪了他們夫婦。這是分別四十多年後第一次重逢，到他們住處一看，一棟高樓富麗堂皇，他們的一套房間寬敞舒適，清潔雅靜，設備齊全；卧室、客廳、廚房，以及衛生間各一間，恭桶澡盆非常講究，廚房裡電爐、烤箱、電冰箱，都是公寓備置的，室內有呼喚電鈴，若有疾病，一按電鈴，醫生立刻即到。這一套房間每月房租二百四十美元，他們老倆口，每月從州政府領取九百美元養老金，兩人吃飯最多用二百元，所領的養老金，吃不完，用不完。

還有一位老同學牛春祥老倆口，住在舊金山另一家老人公寓裡，其狀況也和傳廣澤同學相同。能享受這種條件，首先要有居留權，年滿六十歲，在美居住三年以上的歷史，無工作，才有資格申請。

我僅舉兩個中國人的例子，美國老人也同樣享受這種待遇，無種族之畛域，可謂一視同仁。

十三、疾病醫療

出國之前，就聽說在美國生了病，醫療費花不起。但是「天有不測風雲，人有旦夕禍福」，天天吃五谷雜糧，誰敢保證不生病呢？

我雖年紀大些，自信身體還好，平時很少生病。但在國內實際生活中，常常看到不少男女老少，或多或少，都有些輕重不同、這樣或那樣的疾病。因國內實行公費醫療制度，治病不用自己花錢，並且除了大規模設備完善的醫院外，各大小單位都有獨設的醫務室，小病隨時可看，大病亦可隨時送醫院，都很方便。

到美國一看，情況就不一樣了，儘管大大小小公立醫院，到處都有，私立醫院更是比比皆是，可是看病都得自己出錢，而且醫藥費貴得驚人。我女婿來美後，突然患牙疼，經他兒子聯繫，到一家私人牙科醫院去治療，經檢查是臼齒內部出個小洞，牙神經發炎，需要殺神經堵漏洞。先是殺神經，手術費用了二百五十美元；給開了一個藥方，還得自己到藥店去買藥，結果只是幾片消炎片，就要兩美元。隔了一個禮拜，又去堵漏洞，又用了六十美元。這種病在我們國內治療，也不過幾元人民幣。另外，我的二外孫女婿患了痔瘡，住院動手術割治，住了兩個禮拜醫院，醫療費用了一千二百美元，幸好有医疗保險，自己只出一百元，其餘一千一百美元由保險公司承付。可是保險公司也不會做賠本生意，他要按期收保險費，具體到個人身上等於零存整付，或者說是社會互助；總之是羊毛出在羊身上，走了葫蘆不賣油。

不管怎樣，人稱在美國生不起病，斯言信不虛也，其費用之高，也不是聳人聽聞。我出國前，思想有所準備，帶了一些常備藥，但我未生病，也只是備而不用而已。

十四、優待老人

美國資本主義社會裡，我覺得優待老年人這一點，還是可取的。養老金和老人公寓，前面已經說過了，這裡再說兩件小事。

一個休假日，外孫子們帶我們去動物園遊覽，門票每張三元，我和我的女兒、女婿，都屬於老年人，外孫子去買票，說是有三位老人，賣票的人一看，就給三張優待票，每張只收一元。又一次去電影院看電影，每張票價五美元，而我們三個老人，每張票只收三元。雖然都是些小事，卻很實惠，這是我們所謂社會主義社會中，見不到的事情。

當時我很有些想法，我們是中國人，跑到美國來探親，並非美國公民，而且只是口頭上說一聲有老年人，也不要什麼憑證，就給予像美國人一樣的待遇。比之我們國內，受階級鬥爭的影響，只講鬥爭，不講道德，不但社會上一般人，對老年人無同情之感，許多子女對父母遺棄不管，甚至把老人趕出家門，露宿街頭，亦時有所聞，相形之下，能不令人有所感慨嗎？

古人說：「風俗之厚薄，自乎一二人之心之所嚮。」這話很有道理。社會制度的形成，完全在於國家領導人之心之所向。中國號稱五千年文明古國，能夠維繫不絕，就靠著倫理道德。如今社會道德敗壞殆盡，倫常乖舛視為正常，誰為為之？孰與致之？我看人心不泯，終究會有公論的。

十五、文明禮貌

我們中國號稱「禮義之邦」，文明禮貌是我國固有的美德。我們先民言傳身教，蔚然成風，這是中國人一向引以為自豪的。可是到了共產主義思想統治中國以後，把倫理道德視為封建，成為革命的對象；特別是「文化大革命」以來，倫理道德被視為封建餘毒，在「破四舊」的口號下，一掃而光，蕩然無存。人與人之間但有暴戾之氣，却無祥和之風，倫常乖舛，立見消亡；不但共產黨的政權難以自保，可以說給整個中華民族，造成了莫大的災難。

所幸共產黨人中還有一部分人，人性沒有完全泯滅，在危急存亡之秋當機立斷，把文化大革命定性為「十年浩劫」，要撥亂反正，肅清流毒。洞燭社會不安、家庭不寧之根源，在於民族道德的敗壞，乃大聲疾呼，五講四美，力挽狂瀾於既倒。中國社會又漸趨穩定，中華民族有了復甦之氣。可是任何一件事情，往往破壞容易建設難，尤其是社會風氣，不是三言五語，說說五講四美就能奏效的；唯有潛移默化，方能改變人的思想。而且在共產黨得天下以後出生的人，那些紅衛兵之流，出生於暴戾社會，又親身參與了暴戾的行動，又成為現時當權的人，要想把他們腦子裡的流毒肅清，談何容易？我認為，這一批人不退出政治舞台，還在那裡作威作福，社會風氣一時難以好轉。

我到了美國之後，當然感受的是異國風情，可是「五講四美」在這裡出現了，中華民族固有的美德，美國人也有；這不是瞎說，更不是崇洋媚外。中國人的老規矩，在家庭裡對老人要「晨昏定省」，要「出必命，返必告」，要父慈子孝、兄友弟恭，在社會上要「溫良恭儉讓」，說話要謙和有禮貌，走路不能跑在長者的前面。例如過去的商店裡，顧客一進門，二掌櫃的就走上前打招呼，以禮相待；站櫃台的夥計——營業員，更是熱情招呼，不管買不買東西，照例裝菸倒茶，先請坐下，再談買賣；臨走時，都要送出門，鞠躬告別。這一套文明禮貌，在共產黨得勢以後，通通視為封建而極力破壞，尤其是「文化大革命」一來，一些初生不怕虎的牛犢子，受共產黨某些領導人的唆使，以「造反有理」「大破四舊」的行動，將傳統砸爛無遺。這些都以「十年浩劫」一筆帶過，事實俱在，汗牛充棟，無需多述。

我到美國的商場，特別是超級市場裡，並無人售貨，所有商品分門別類，整齊地擺在架子上，顧客進去，隨意選取，最後到付款處付款，收款員照例說聲「謝謝」。我早晨起來，到馬路上跑步，經常遇到一些美國人，有男有女，還有揹著書包的兒童，相遇之際，他們在馬路那邊，我在馬路這邊，都向我招手，說聲「哈羅」。入鄉隨俗，初不解其意，女兒、女婿說：「人家不管認識不認識，見面都說聲『哈羅』，你也要照樣回答一聲『哈羅』，表示禮貌。」不由得我回想起，國內的過去和現在，不勝今昔之感。中國人的社會道德，在美國也照樣適用，為什麼某些共產黨人，竟要肆意摧毀呢？為什麼現在又想起來提倡「五講四美」呢？姑妄記之，但願中華民族傳統的美德，有重見光明的一天。

十六、心向祖國

中國有一句諺語：「兒不嫌母醜，狗不嫌家貧。」小時候，常常聽祖母說：「金殼勤，銀殼勤，不如自己的窮殼勤（殼勤是東北的土話，指的是家）。」這些話說明，自己不但有自己的家，而且自己的家是可愛的。

我這土生土長的中國人，沾兒女之光，來到了西洋美國，就像劉佬佬進了大觀園，看什麼都感到新鮮，看看人家的生活，看看人家的精神面貌及物質文明，是比自己貧窮落後的祖國好得多，現實一點說 也許是語言隔閡和環境生疏 有些不習慣。待了幾個月體驗一下，各方面都熟悉了，還可以適應，但去國懷鄉之感愈來愈濃，因想這不是習慣問題，而是心理作用，也就是思想問題。

為什麼這樣說呢？我看到了不少華僑，也接觸了一些僑社，即華僑組織，而這些僑民，有的已經一代兩代寄居於此，生活習慣已美國化，語言也通了，甚至於有的第二代第三代，連中國話都不會說，可他們都自認是中國人。

美國是一個移民國家，各國移民都有，除了華僑之外，日本的、朝鮮的、印度的、墨西哥的、印第安人、意大利人……，他們都保持著本國的特色。因而我想，作為僑民寄居異國，儘管錢掙得多，物質條件好，總是寄人籬下，若沒有祖國做後盾，就會失去依託而感到空虛。他們對祖國的觀念是很強烈的，見到祖國來的人，就像見到親人一樣，問長問短，問問祖國家鄉的情況。不到外國接觸一下，是體會不到的。

此外，從僑社的組織來看，那就更明顯了。有華人策劃協會、華人諮詢服務處，乃至於同鄉會、宗親會等一類的組織，那就更多了。最明顯的是，居住區也都集中，乃至於商店也集中，日本的、朝鮮的、印度的都具有本國的特色，暫不細說。只說說中國人的集中區——唐人街，也叫「中國街」（Chinatown），商店的招牌全是中國字；經營的方式也具中國特色，銷售的商品大都來源於國內，完全適合中國人的需要。據說，有些老年人不會說外語，照樣在這裡生活一輩子。尤其每逢中國的年節，中國的氣氛就更濃了。在大陸上已被禁止的年貨——香燭紙馬，在這裡擺滿櫥架，任人購買，舊曆年——春節，華人舉辦的聯歡會、大遊行、耍獅子、耍龍、踩高蹺、跑驢、跑船，比國內還熱鬧。即使在美國學校的留學生，也都舉行迎春晚會，大家集聚一堂，動手包餃子，享受家鄉的溫馨，能說不是心向祖國的表現嗎？

我這次來美，主要是和分散三十多年的女兒、女婿團聚. 他們的五個子女都已長大成人，都已定居在美國，而他們還居住在台灣。此次相約來美國會晤，當然就住在外孫女和外孫子家。這些孩子的家庭，都還保持著中國的風格，特別的飲食習慣，包餃子、蒸饅頭、烙餅、炒菜，吃飯用筷子，和在國內一樣，在家裡說話，都講國語。

這時，大外孫女已有兩個孩子，二外孫女也有兩個孩子，大的七八歲，小的四五歲，都講國語，這且不提；最使我感到詫異的是兩個外孫子，都出生在台灣，讀書在台灣，留學在美國，現在又工作在美國，社會上接觸的人大都是美國人，表面上已經西化了，兩個人在家沒事的時候，蒐集了不少東北的方言土語。這當然是受他們父母的薰陶，可是他們對東北的方言有興趣，似乎是出於好奇，實際上是對家鄉的嚮往。我和他們在一起的時候，把蒐集的東北方言給我看，讓我感到驚奇，什麼「鼻涕拉搭」「埋拉不胎」「胖古倫頓」「細拉高挑」「胡拉巴渠」「吉溜拐彎」「驢臉瓜嗒」「牆旮旯」「這嘎嗒」「那嘎嗒」……等等，叫我給補充，改正錯別字。我一聽，這些東北的話，我自己都忘記了，怎麼這些孩子還在津津樂道的搜尋？仔細一想，這不是偶然的好奇，而是聽他父母，或者是東北老鄉們，常常說這些「口頭語」，給他們留下的印象。他們這樣認真，這樣有興趣，不是一般的文字遊戲，而是對祖籍家鄉的嚮往與懷念。這不禁也引起我一些舊的回憶，給他們講了些過去在黑龍江小時候的一些情景。我說，咱們老家每到正月裡，是一年最消閒、最快活的時刻。吃完飯沒事幹，許多「老爺們（指男人）」「半大小子（指青年男人）」，湊在一塊「踢熊頭（土製的足球）」「打尖（類似高爾夫球）」「打瓦（類似打保齡球）」「打匠杆（也類似打保齡球）」「扔坑」「摳匝」「放八卦（風箏）」「踢毽」。姑娘媳婦們，也都湊在一起，圍坐在炕上，三一群，五一夥，「抓子」（玩豬腿關節骨）（滿族人叫「抓朵拉哈」），老頭老太太就看「馬掌」、看「對胡」、看「車胡」，叫做「看牌」（類似麻將一樣的紙牌，也是一百二十張，上面是梁山泊一百零八人的名字），如是等等。他們都聽得津津有味。

我講的時候，女兒、女婿也在旁邊聽著，女兒說：「爸爸，你老記性真好，老家的這些玩藝，我們都忘記了，你老還能講出來。」我說若不是孩子們引頭，我也都扔到腦後去了。促膝作樂，看來都是些小事，卻無形中增加了懷念家鄉的心情，也算是家庭的一樂。

二外孫女是學國畫的，把她大學畢業時，同學送給她的一本紀念冊給我看，翻開一看，內封面的扉頁上寫著：「我感到做一個中國人而光榮。」這些學生年齡都不滿三十歲，出生在台灣，讀書在外國，可以說「還沒嗅過中國土壤的氣味」，可是寥寥十二個字，表達了無限熱愛祖國的心聲，並以此來互勉，這是多真摯的感情，看了之後，我也深受感動。

我出國之際，帶了一些宣紙、墨汁、毛筆，閒居無事，給每個孩子都寫一幅字，把他們的名字編成詩，寫給他們；遇到一些老同學、老朋友，也都寫一幅字相贈。因此時常鋪紙潑墨，我那剛滿五歲的重外孫女——微辰，看我寫毛筆字，她說：「太老爺！我也要寫中國字。」小小心靈有此念頭，是多麼可愛呀！給她一支毛筆，一頁宣紙，我寫了「大小山水刀尺上下」等筆劃簡單的字，叫她摹仿，並教給她執筆醮墨的方法，她很高興地照著畫。每當我鋪開紙墨，她總要寫一陣，而且還滿像一回事，我也覺得很高興，於是每天都教她寫一陣。她上幼稚園，在園裡都說英語，可是回到家裡，就說中國話，這當然是與父母和家庭的環境有關係。

我要回國了，他們老少三代的人，都送我到機場，薇辰抱著她媽的腿哭了，她說：「太老爺走了，沒人教我寫字了。」看來是件小事，在幼小的心靈裡，隱寓著喜愛中國的心情，真是十分難得，不由我內心裡也浮起一陣酸楚之感。

一九九零年，我第四次來美，又路過丹佛，住在二外孫女家，薇辰已是中學生了，長得又高又大，是個大姑娘了，到機場接我，搶著給我提箱子，我說她提不動，他說：「太老爺，我能提動，我已經長大了。」說著一口標準國語，這又是多麼可貴可愛呀！

十七、幾件小事

第一、居住的自由。美國社會是自由的，你想在哪裡住，就在哪裡住，你想往哪搬，就往哪搬，你想買住宅，可以在任何地方買，你想租公寓，也可以在任何地方租，沒有人管你，也不受任何干涉。不像中國共產黨領導下的社會，把居住固定下來，登記戶口，有居民委，有街道，有派出所，有公安局，層層管制，不許挪動，想要隨便搬移，是不允許的，這與美國完全相反。

第二、言論自由。想說什麼就說什麼，對政府不滿意，可以隨便批評，你罵總統，也沒人干涉。對任何言行，只要你不觸犯憲法，都受保護。不像中國共產黨領導的國家，誰若反對毛澤東，誰要反對領導，或者不滿意共產黨的行為，你就是「反革命」，你就會被抓被捕坐牢，乃至於處死。

第三、槍枝自由買賣。我多次到商場去遊逛，看到有專門賣槍的櫃台，長槍、短槍、獵槍、小口徑步槍，樣樣都有，任人購買，這在中國共產黨領導的社會裡，是不允許的。

第四、我在丹佛居住時，正是嚴冬，下了一場大雪，許多露天放的汽車被埋在雪裡，道路積雪盈尺，交通阻塞。雪後天剛亮，大外孫子就到門前除雪，我說：「這麼厚的雪，你一個人怎麼行？等吃完早飯，我幫你掃除。」他說：「美國有個規定，誰家門前積雪，有人在你門外跌倒了，你就要負賠償之責。」雖然沒有法律明文，家家都得自覺遵守，這在中國社會裡，是做不到的。

第五、養貓養狗，在美國是很普遍的。有的家庭，大狗小狗養幾條，大貓小貓養幾隻，梳洗得乾乾淨淨；經常臥在床邊，抱在懷裡，外出的時候，跟人一樣坐在汽車裡。牠們吃的是罐頭食品，這種罐頭專門是餵貓、餵狗的，超級市場裡均有出售，而且花樣也多，專門擺在貓狗食品的架子上，任人選購，價格當然比人吃的罐頭要便宜一些，大約五角美元一罐，一天餵三次，就得花費一元五角美金，比中國人伙食標準還高。這也是中國現在這個社會裡，不敢想像的事。所幸共產黨領導的這個社會裡不許養狗，老百姓也就沒有這種負擔了。

從這件事，引起我兩種想法。回想小時候，在老家農村裡，當然那時是舊社會，家家都養狗、養豬，而且不止養一條兩條，用作守門看家之用。特別是養牲畜的人家，馬廐、牛圈旁都要鎖一條狗，把守圈門，以防夜賊。犬有守夜之責，而且是忠實於職守，忠實於主人。即使是白天，有生人來到門口，犬也不許進門。記得那時候，到誰家去串門辦事，都要拿一根棍子，準備防狗，並且在大門外很遠的地方，就喊：老張家或老李家，「看狗來」，否則幾條狗跑出來，把你擋住，甚至有被咬的可能。這些事已成過去。到了新社會，共產黨不許養狗，這些顧慮是沒有了。為什麼共產黨不許養狗？據說這有傳統的歷史，共產黨打天下的時候，叫做「八路軍」，開始時都稱之謂「土八路」，跟國民黨鬥爭，都是夜裡偷襲，夜裡偷襲最討厭狗叫，所以見狗就殺，弄得農村中狗已絕跡。及至得了政權，進城之後，實行社會主義制度，糧食有定量，副食品有定量，穿衣服的布也有定量，這樣人吃的都不足，哪有狗吃的呢？因此狗也就絕跡了。

但這種情況，並不是絕對的，也不是普遍的。中國幅員遼濶，民族複雜，到處都有特殊的情況。以邊遠的新疆來說，維吾爾族和哈薩克族的經濟結構，以畜牧業為主，到處都是羊群、牛群、馬群，特別是羊群，必須養幾條狗來防備狼，怎能不讓他們養狗呢？凡屬於羊群的狗，都跟人一樣有戶口糧，每月定量供應，因此狗的生活也就有了保證，這又是美國見不到的事。

至於養貓，中國社會並不限制，所以也有一些家庭養貓，但目的不一樣。中國人養貓，是為了消滅老鼠，不常餵食，要它自己捕鼠生活。而美國人養貓，是女人的寵物，不但按時餵罐頭，而且經常抱在懷裡，作為玩耍。中國人經濟條件和生活條件，與美國人不同，哪有閒時間玩貓呢？

十八、邀請學者回國講學

中國科學比較落後，在改革開放的政策下，跟外國一比，差得很遠；為了振興中華，必須取長補短，向先進國家學習，派留學生是根本解決的辦法。但遠水解不了近渴，速效的辦法就是邀請外國專家，特別是華僑界的專家學者回國講學，傳授知識經驗。

我到美國後，接觸了一些老同學，他們在美國學習或工作，都有專長，其中在舊金山遇到了政校同學胡廉，他擁有博士學位，就職於

IBM——通用機器公司，任工程師，是電腦專家。中國也想把各項事業企業，實行電腦管理，因此通過我的聯繫，邀請胡廉回國講學。經過一段時間的聯繫，胡廉又以「新中國學術基金會」的名義，邀請了段開齡和聶多聞兩人，經過聯繫後，由大連幹部學院邀請，於一九八五年來到大連，講了三天課，頗受歡迎，效果反應亦很好。這也算我為祖國的建設，做了一件小事。

十九、餘音

前面說過，去美之前，女兒來信囑咐我，護照上的年齡，要填七十五歲以上，用意何在，不得而知，但我卻照辦了。時年七十三歲，相差兩年，也無大出入，這且不提。

動身之前，政協一些領導和同事，以及民革一些朋友，都聚會歡送。當時把出國看作是一件不得了的事，歡送席間有的發言，有的寫詩，一則表示惜別，一則希望我早日歸來，這本是人之常情，但人心不同，各如其面，有的人則以己之心，度人之心。我走了之後，有的人便說：「袁應麟這次去美，不會回來了。」這股風一傳，不少人都認為我是一去不復返了。實際上返不返，也不是什麼了不起的事，但這裡面含有「不愛國」的意思，也就是「瞧不起」的意思。說句不好聽的話，就是有意往我臉上抹灰。國內這些風風雨雨，我在國外毫無所知，耳不聽，心不煩，等於沒這麼一回事。這些話，當然都是我回國之後，別人告訴我的，只有一笑置之，斥之為「以小人之心，度君子之腹」，如是而已。

我到美國之後，女兒對我說：「台灣有個規定，七十五歲以上的老人，十四歲以下的小孩子，可以隨便入境，不受限制，我和殿陞（女婿）商量過，想接你老到台灣養老。我們在台灣有一棟樓房，房間很多，孩子們都出來了，只剩我們兩個人，空落落地，感到很寂寞。你去了之後，和我們一起生活，也好照顧你。院子很大，有花有樹，還可以種菜，閒著沒事，蒔弄蒔弄花菜，也可以消遣。你的老朋友、老同學，很多都在台灣，也都想看看你。」

說的都是事實，入情入理，為我老年的安排，也是女兒、女婿的情意。我想去了之後，有舒適的生活條件，投閒置散，頤養天年，也是人生難得之境域，便對女兒、女婿說：「等我想一想再說。」當時考慮很多，思想上矛盾重重，七十多歲了，被共產黨折騰了二十多年，吃苦受罪不必說了，九死一生，能活到今天，有個避風的地方湊合活上幾年，也未謂不可。

可是又想到，支離破碎的祖國，不僅需要統一，更需要富強，有不少工作等待著有人去做，自信身體尚好，而且有一些老關係，他們去台後，雖然處境都好，一旦兩岸統一了，他們都將回到家鄉。三十多年了，共產黨在大陸，國民黨在台灣，可以說各有千秋，也可以說隔閡很深，敵對的情緒很嚴重，這無非是政治權利之爭，但以歷史眼光來看，哪一方面也不可能千秋萬世而不變。中華民族的分分合合，歷歷在目，兩岸的人心都盼統一，人人都有感覺，兩岸統一是大勢所趨，人心所向，遲早會走到一起的。我留在大陸三十多年，也可以說跟共產黨相處三十多年，不但了解大陸的情況，也了解共產黨的情況，等到去台灣的一些人回到大陸，我做個嚮導，也有必要。想到這裡，便決定不去台灣，仍回大陸，女兒、女婿也沒有強留。

乃於一九八三年三月，回到大連，一些不懷好意的人瞠目結舌，想不到袁應麟真回來了。事實擺在面前，勝於雄辯，一片烏雲頓時風散。接風啊，洗塵哪，歡迎啊，又是一番氣息，餘音裊裊，調都變了。我想，做人要光明磊落，胸襟豁達；誰譭誰譽，笑罵由他，好歹端在我自為之。路遙知馬力，日久見人心哪！

第二十三記　美國之行之二

一、動機，探親訪友，聯絡感情

凡事有一利，必有一弊，當然有一弊，亦有一利。在某種場合之下，好事變成壞事；反之，壞事往往也成為好事。這些變幻無常的事實，都是始料所不及的，卻似乎冥冥之中都有一個主宰，以後被無數事實所印證，回頭一想，方有所悟。這是飽經滄桑憂患的人，所共有的感觸；回顧歷史，時過境遷，只能就事論事，順潮流而行，方不失為「識時務」的明訓。

我早年（一九三二年）由於遭逢「九一八」事變，流浪在古都北平，在走投無路的時候，遇到幾位同病相憐的朋友，為了出關殺敵，收復東北家鄉，組織一個「中華青年抗日救國團」，從而加入了國民黨。隨後，同年又進入了國民黨辦的中央政治學校讀書。畢業後，在國民黨的教育部門、黨政部門工作，自然而然的，結識了國民黨方面上上下下的一些朋友，這不能說不是好事。

到了一九四九年，共產黨奪取了政權，國民黨成了十惡不赦的敵人，我這個老國民黨分子，自然也就成為敵人，被抓起來判刑勞改，自無話可說，好事變成了壞事。其間經過，在第十三記至第十九記中，已經寫過。因此凡屬我在國民黨時期的朋友、親屬，都成了我的罪狀，事實俱在，亦無須隱瞞。

一九五零年的歷史反革命判刑勞改，一九六六年文化大革命中的第二次判刑勞改，當然都是壞事。到了一九七五年特赦，一九七六年派送至大連工作，一九七九年被選為大連市政協委員，一九八六年又給平反。這些都是隨波逐流，聽其自然，而我也只能隨俗沉浮，苟全性命而已。

自從一九七九年，共產黨發現我有女兒、女婿在台灣，出於統戰工作的需要，叫我向台灣尋找女兒，居然聯繫上了；乃有一九八二年赴美探親之舉，這就是前面所寫的第一次訪美。

在我第一次離開祖國之後，大連方面一些熟人，說了不少風言風語，都說：「袁應麟這次去美，不會回來了。」善意惡意，不必評論，至少是不了解我的為人，就未免「以小人之心，度君子之腹」了。

到了美國與女兒、女婿見面之後，女兒確實有不叫我回國的打算，請我去台灣養老，這也是我始料所不及的事。兒女之心，是可以理解的。父女離散三十多年，一旦重逢，骨肉依依之情出自天倫。而且她們在台灣生活安定，又有力量扶養我，並且知道我在大陸這幾十年，沒過幾天好日子。按情理說，我應該接受她們的心意，但最後我卻婉言說服了她們，毅然回國。這也是女兒、女婿始料所不及的。

為什麼我堅決要回國呢？我想台灣不是外國，雖然目前分裂在外，終究會統一的；我不但希望看到統一，我也希望能為祖國統一做些可能做的工作。因此不能為了安度晚年，而與草木同朽，儘管對共產黨並不滿意，但對祖國乃至中華民族的前途，總是耿耿於懷。此心此意，如果去台灣，就化為烏有了。在大陸方面，在共產黨口口聲聲盼望祖國統一的情況下，也許多少能起點作用。有人說我是痴心妄想，我卻不以為然。事實擺在面前，我真的回來了，熱愛祖國的赤心，驅散了流言蜚語；而我亦並不以此傲物，求心之所安而已。

我到美國之後，台灣一些老朋友、老同學、老同事、老同鄉都知道了，好像傳奇一樣，都說我早已死了，如今卻安然健在，都渴望能把晤暢談，只因我來去匆匆，未能如願。我很希望在有生之年，能再有機會償此心願。

這種心情被政協和台辦的一些領導知道了，於是每見面交談，都希望成我再次出國；心意可取，但動輒要錢，而我自己只有餬口的工資，哪有餘力再做渡美的奢想？

我第一次訪美探親之事，大連台灣事務辦公室認為，這是經過他們採訪、廣播，以及稿登香港大公報所起的作用，不僅傳到省台辦，也傳到中央台辦，經過一段醞釀，有意支持我再度去美探親，兼而訪友。這也屬於他們對台工作的具體措施。和我談了他們的想法之後，我說：「我哪有做對台工作的能力，何敢存此空想？」他們說：「目前對台工作，無法直接接觸，只能通過一些熟人的關係，探親訪友，廣交新朋友，聯繫老朋友，通過這些關係，使台灣同胞及大陸去台人員，了解大陸的實際情況，從而增進心向祖國和心向統一的情感，並不給具體的任務，這些願望只要你能與親朋故舊見面敍家常和交情就行，不要你說共產黨如何好，使他們對祖國、對家鄉有親切感，對祖國統一有願望就行了。」

我想探親訪友，我有不少關係，而且都希望敍舊談心，能得到經濟上的支持，我再次去美，看看幾十年不見的老朋友，是可以做得到的。談話中，我同意再跑一趟，這就是我二次訪美的動機。

二、走訪湖南益陽

這次出國，目的是探親訪友，但無具體任務。也就是說，只要我能會見一些老朋友，談心敍舊，增加他們去國懷鄉之感，增加他們思念祖國，盼望統一的心情就行了。因此也可以說是有的放矢，所以台辦才肯支援我一部分旅費，促成我出國的願望。在我說來，是一舉兩得，又何樂而不為呢？

我的海外關係，特別是台灣一些親友的關係，共產黨早已調查得一清二楚，哪些立法委員是我的老朋友，哪些國大代表是我的親屬，哪些國民黨人，也就是台灣當局的要人，是我的老同學、老同事、老鄉親，台灣事務辦公室比我都清楚；也是構成我與台灣事務辦公室的往來關係，「壞事變成好事」的淵源。

當然到國外之後，想要會見的親朋不止一二；按台辦的說法，是越多越好。可是在我來說，不可能去台灣，只能走訪一些在美國的親朋。當時我的女兒、女婿在美國，這是去美探親的主要目標。在台灣的好朋友，王大任、金克和、曹聖芬、易南凱、程烈、李象泰、果端華等，在我第一次到美時，都有信聯繫，都希望能有機會見面談心。既然我又能第二次去美，又促成有見面的可能。

我雖身居大陸，經常活動的地方，也只是大連、瀋陽、北京，其他地方則無機會，也無力量去參觀訪問，可以說都不了解。而我在台的一些老友，有的是湖南人，有的是安徽人，有的是吉林人，有的是江蘇人，有的是黑龍江人。以上各地方，除湖南、安徽未去過以外，其他幾個地方，都曾隨政協參觀團去過，有個感性了解。

只有湖南未曾去過，而湖南偏偏又是曹聖芬的家鄉，曹是國民黨中常委，屬於台灣的上層人士，如果與他見面談起家常來，對湖南的現狀盲無所知，未免掃興。於是台辦又想辦法，叫我到湖南各地，了解一些實際情況，見面時有多些談話的內容，乃有湖南之行。既到湖南，就要到曹聖芬的家鄉益陽。

我到長沙之後，知道湖南省台灣事務辦公室，對曹聖芬的情況非常清楚，我感到驚訝，原來曹聖芬的家屬早與台辦有聯繫，因而曹聖芬的家屬，便成了我走訪的目標。於是到益陽、沅江、赤山各地，看望曹聖芬的侄兒、侄媳，以及一些晚輩的家屬。他們知道我與曹聖芬的關係，又知道我將去美國，也許有機會見到曹聖芬，無意中把我也看成是親人，不僅熱情款待，而且盼望我能與曹聖芬見面，把家鄉實際情況轉去給他。這種心情，用我第一次去美的心情來衡量，是完全可以理解的。走訪了三天，對湖南省的情況也有了概念，對曹聖芬家屬的情況也知道一些，心想如能與曹聖芬見面，真可以話家常了。

三、瀋陽、北京，行色匆匆

從湖南回來之後，便匆匆忙忙去瀋陽辦理簽證手續，簽證之後還得回大連整理行裝，接著又去瀋陽轉北京。可以說，一個多月來是走星照命，行色匆匆，時間都放在旅途之中，難免有些勞頓。兒女們有些不放心，便由國華送我到北京。航班已定，尚有兩天緩衝餘地，朋友們知道我又要出國了，送來兩張參觀中南海的門票，請我到中南海一遊，這又是一件新鮮事。

記得一九三二年流浪在北平時候，一些流亡青年盤桓在街頭，無書讀，亦無事做，便到處閒逛，天壇、天橋、西單商場、東安市場、故宮、景山、北海等處，凡是可逛的地方，都跑去看看。那時候，曾去過中南海，此後到南京唸書，接著到邊疆工作，雖曾幾次路過北京，哪有時間閒逛呢？尤其是共產黨入主北京之後，我已失去自由，而且中南海已變成共產黨的大本營，共產黨中央及中央政府都設在中南海，特別是毛澤東居住其中，成了禁地，誰敢想去那裡遊逛呢？

如今為了增加收入賣門票，人們憑票就可以進去參觀。毛澤東已死了，他生前住的地方——豐澤園，也可以參觀，於是吸引了無數遊人。我因要出國，為了增加一點感性認識，到國外有人問起時，可以有個話題，便與國華同去一遊。時隔五十多年了，也算舊地重遊，實際舊日的印象，早已無從記憶了。看到什麼，都覺得新鮮，但開放是有限的，某些地方能看，某些地方不能看，某些地方可以接近去看，某些地方則有繩索攔著，只能遠觀而不能狎玩。這裡環境幽雅，建築奇偉，設施富麗堂皇，無怪乎帝王留戀不忍去。現在共產黨已據為己有，能不興帝王之恩乎？作為我這個劫後餘生者來講，能有機會到此歷史古蹟一遊，略飽眼福，也可以說無憾矣！

四、北京機場的倉促

北京機場在東郊，距城內三十多公里，汽車行程要四十分鐘，凡是乘機的人，自然都要提前去機場，辦理檢查劃位等手續。聯繫好一個單位的車子，送我去機場，省掉一筆出租汽車的費用。送我到機場的有宏兒兩口子，國華和另外兩位中央台辦的朋友，只因車子遲到，趕到機場時，旅客都已登機，飛機就要起飛了，只差我一人未到，機場服務人員非常著急。我趕到候機室辦理檢查，劃位的人都已離開崗位，什麼都來不及辦了。機場服務員說：「人趕快上機吧，行李來不及檢查，隨後再辦託運手續吧。」實逼處此，只好慌慌張張，一個人跑上飛機。行李如何處理？就由宏兒他們辦吧。當我跑上舷梯時，檢票員說：「老先生，就等你一個人了。」不用分說，登機之後，立即起飛了。身外之物，由它去吧！

五、與春兒，殿陞失之交臂

春兒和殿陞到美國看兒女，我又決定來美，目的也是看望他們。只因我出國手續拖延時日，他們預定的往返機票已到期，不能再等了，十二月十二日便回台灣。當我十二月二十四日到達舊金山時，他們已走了，本該是見面的，陰錯陽差，失之交臂，深感悵惘。好在他們安排好叫青雲、雲台等接我，並囑咐孩子，叫我多住幾個月，他們明春再來相聚，遺憾之情自不待言。

我到舊金山後，春兒立即來電話問候，叫我不要急著回去，希望我能長住下去。兒女之心可以理解，但我機票的終點是芝加哥，在舊金山只能停留一個禮拜。利用這個時間看看表兄蒼寶忠、同學傅廣澤與牛春祥、老朋友程世傑和他的女兒、女婿，以及程友美、馬湖生等。隔年的一月六日，即飛芝加哥。

六、紐約一周

到了芝加哥，行色稍定之後，便與在紐約的同學馬忠良、徐自昌通信，他們邀我到紐約去玩玩，別離四十年的老同學，相見之心自然很切，又兼在國內時，得到一些旅費的資助，藉此逛逛紐約，亦屬難得。

但我不諳外語，一人旅行，不無顧慮。馬忠良、徐自昌在電話中說：「你來吧，我們到機場接你，吃住在我們家，都是自家人，語言無困難，我們陪你出去玩，一切均無問題。」有此好的條件，又有此好的機會，行色為之一壯，乃於一月十七日去紐約。

徐馬兩同學已屆古稀之年，都不會開車，適值馬忠良的二兒子自台灣來美探親，便由馬氏父子親到機場接我。四十年不見了，是否還認識？憧憬在腦子裡，人雖老了，音容依舊。走出機艙門，相見之下，猶如昨日，親切之情自不待言。即住宿於馬忠良家，徐自昌居住在另一個區，雖然都是紐約，相去卻遠，當時未得見面，只是電話中聯繫，約日相見。

住在馬家，他的太太王靜珪也是東北人，過去雖不曾相識，以同鄉的關係，亦十分親熱，生活照顧很周到，老友重逢，自然有說不完的往事家常。為此，馬忠良與太太分開，陪我住於一間室內，往往談至深夜尚不入睡。馬太太住在隔壁，吵得也不得安睡，一天夜裡，她忍不住了，在隔壁高聲說：「都兩點鐘了，你老哥倆也該休息了，有話明天再說吧！」弄得我心很不安，誠意道歉。

馬忠良說：「你沒來過紐約，我陪你好好逛逛。」可惜天不作美，大雪紛飛，連日不停，風雪交加，路上積雪盈尺，交通為之阻塞，自然也很冷。就這樣，馬忠良還是陪我踏雪遊覽，可謂「捨命陪君子」了。巴士不通，改乘地鐵，櫛風冒雪，打著傘去逛博物館；若不是老同學，誰肯如此呢？由於風雪所阻，徐自昌也不得出門，直到一月二十日，風雪稍停，才得活動。

除了徐馬兩同學外，還有龔弘，也是老同學；經徐馬聯繫，知我已到紐約，乃於二十一日，相約見面於銀宮餐廳。還有張淵揚老學長也聞訊趕來，席間短促，有說不完的別離之情，彼此均有恍如隔世之感。我手頭貧乏，無物可贈，乃寫字一幅，略表寸心。因聚會在銀宮餐廳，即景即情，賦詩一首贈給龔弘：「陪都分手各西東，四十春秋一夢中，異國相逢人已老，蒼顏話舊在銀宮。」

席罷即隨徐自昌去他家，因我回程的機票是二十三日，不能久留；小住一夜，長談一夜，不知東方之既白。翌日，徐自昌又陪我逛了摩天大廈，便又歸宿於馬忠良處。情之所至，又給徐自昌寫了一幅字：「清風徐來桂飄香，故土根深葉自昌，舉世風光處處好，華生得意是家鄉。」

回到馬忠良處，又給他寫一幅字：「馬革裹屍古道長，人生斯世尚忠良，故國情深鄉意永，兒孫世代屬炎黃。」雖屬半張紙的人情，卻比其他禮物意義深長，實堪回味，甚至可為永久紀念，傳之於兒孫。

二十三日飛返芝加哥，回思紐約一周，受益良多，不虛此行。不久接到龔弘寄來一幅字，楷書盧綸詩一首：「東風吹雨過青山，卻望千門草色閑。家在夢中何日到，春來江上幾人還？川原繚繞浮雲外，宮闕參差落照間。誰念為儒逢世難，獨將衰鬢客秦關。」跋曰：「應麟學長蒞紐約晤聚，訴不盡睽隔之情，蒙親書贈詩，內有四十春秋一夢中之句，為之相對唏噓，教以盧綸律詩相贈。」雖係古詩，會有有家難歸，有關難投之心情，讀之不勝悽愴，蓋慨嘆今生，將老死於異國矣。

七、芝加哥的活動

一月二十三日，我從紐約返回芝加哥。由於華兒的聯繫，認識了不少中國留學生，以及訪問考察的中國學者和外交官員，結交了不少新朋友。最難得的是見到了濶別四十六年的同學唐雄中，他是中央政治學校第五期畢業的。一九三九年，我調到小溫泉校本部，在同學會和畢業生指導部工作時，我倆即在一起辦公。一九四一年，他奉派到芝加哥領事館任一等秘書，從此便失去聯繫。這次在芝加哥相逢，實屬不易，喜悅之情，自非筆墨所能形容。

我和唐雄中都年逾古稀，幾十年來，他未回過大陸，對祖國的變化多不了解。老友重逢，且在異國，多次過從，暢敘離衷，情感之篤不減當年。談心之中，知道他曾任芝加哥的領事，現已退休，從事教學工作；每談到國內幾十年變化的情況，不勝唏噓，深感有家難歸，有國難投，行將老死於異國。我贈詩一首以慰離人：「身居異域心在唐，雄偉中華越遠洋。四海應多極樂土，三江何處不牽腸。一朝風送滕王閣，萬里雲浮還故鄉。父老親朋重聚首，家園把酒話滄桑。」如此構想，能否如願？姑妄想之。

此外，經華兒聯繫，認識了現駐芝加哥的領事姚仲力，交談之下，知他已屬任滿，即將被調回國，他以進修英語為由，暫留一年。交談幾次，以身處異國，人不親土親，相處很好，曾贈詩一首：「英雄應念霍飄姚，外事仲衡賴邦交。力振國威憑五策（五項外交原則），寰球黃冑是天驕。」

同時我也結識了不少留學生和大陸來美訪問工作的人員，為了交流對祖國的想法，也不止一次的往來，為了增進他們去國懷鄉之感，也給他們各寫一首詩，專幅相贈。其中有寫給程源生的詩：「跨洋越海奔前程，學術淵源須力攻。科技報國應實際，虛華最易誤平生。」寫給法祥光的信：「無邊佛法閃祥光，普照學人賦遠航。一念虔誠功果滿，好為十億造小康。」寫給張常德的詩：「浮沉世事費周章，前路崎嶇乃尋常。奮力學成功德滿，齊家治國並安邦。」寫給張逸強的詩：「萬卷詩書紙萬張，經綸奧妙個中藏。勤鑽苦索休逸豫，自古男兒當自強。」寫給羅澤淵女士的信：「人生何事不張羅，忠厚凝祥降祉澤。家道淵源克致遠，輝騰巾幗福田多。」寫給蕭進的詩：「蕭規曹隨度法章，事事均須費思量。夕陽朝乾學有就，騰飛躍進走八荒。」寫給艾曉貞女士的詩：「少艾翩翩適異邦，晨霞萬縷放曉光。精貞一念深造詣，事物紛芸饋一堂。」（指電腦，是她的專業）。寫給張毅、陳萍小兩口的詩：「綠水陳萍葉自張，聯翩跨海到西洋。乘風破浪憑毅力，巾幗男兒比翼翔。」寫給俞兆桐的詩：「俞君橫越太平洋，足踏芝城兆書香。金井梧桐常棲鳳，銀鷹展翅任翱翔。」寫給夏人霖的詩：「勃勃生機屬夏辰，景色茵茵最宜人。青帝有意常為主，沃田猶需細雨霖。」凡屬送詩送字的人，都不止一次接觸。

由於曉華的關係，有時開 PARTY 互相交談，這些人也利用休假日，到我的寓所閒談，於是都建立了一定的感情，有些人毫無隱晦地說：「像我們這樣的人，在國內根本無用武之地，不想回去了。」有這種想法者，不止一二。交談之中，他們不是不想家，也不是不愛國，而是受到「臭老九」的歧視，心灰意冷，出於不得已的一種心情。我想，這就是共產黨知識分子政策的失敗，長此下去，人才外流，國何以堪？不禁為祖國的前途，為祖國的統一，憂心忡忡。

也有的人出於好意，勸我也不要回去。我說：「你們有條件，有能力，在哪裡都可以工作，我怎能和你們比呢？」我此行的目的，是以探親訪友為目標，用大陸上流行語來說，「廣交朋友，聯絡老朋友，多交新朋友，敍舊談心，聯絡感情。」所以凡屬有親人和朋友的地方，都想去看看。在回國的航程中，還有丹佛、舊金山、洛杉磯、香港等地，要去走訪。所以回程的機票，預定為芝加哥到丹佛，再到舊金山，然後去洛杉磯，轉香港而回國。

行程已定，乃於二月二十日到丹佛，看望大外孫、二外孫和二外孫女三家，這已是第二次相會了。他們都出生在台灣，留學在美國，又工作在美國；由於受他們父母的教育，對祖輩生養之國，特別是對於老家黑龍江省，都有深厚的感情。我自故鄉來，深知故鄉事，所以見面之後，問長問短，都離不開家鄉的事，我感到這種思國懷鄉的心情，是十分可愛的。

在丹佛住了三天，二十三日便又續航舊金山。仍住於大外孫女青雲家中，停留了一個星期，做告別式的走訪。小外孫女翔雲利用上下班之後接送我，又與傅廣澤、牛春祥促膝談心，似乎都有說不完的話，別離四十多年，也就是他們離開祖國大陸四十多年。彼此想要知道的情況，實在太多了，短促的會晤怎能說完呢？只好說我還有機會再來，同時也希望他們回國去看看，藉以互慰。

在表兄蒼寶忠家住了一夜，時間比較充裕，談的也比較透徹，談到叫他回國去看看時，他說：「日思夜想，都想回去，但談何容易？每月靠美國政府補助一點養老金過活，哪有餘力回去呢？」其中當然也有一些如政治局勢、思想意識方面的顧慮，彼此付之莫可奈何而已。

在我來美時，曾去看望老友程世傑，彼時已臥病在床，病得十分嚴重，有喘吸之氣，但無說話之力，面面相覷，淒楚萬分。我曾寫了一幅「樂觀益壽」的橫幅，擺在他的面前，他似乎若有所思，但已不能唸出聲音，勉強坐了一會，已支持不住，為了便於他休息，遂即辭出。這次回程，知他已逝世，惟恐惹起他太太的難過，我未敢再去走訪，僅以書信告別了之。

三月一日續航洛杉磯，由戴志剛來接我，並住在他家，他是我兒子的老同學，與我第一次相見，但親切之情不亞於老友。他們夫婦以長輩相敬，令我感到十分溫暖。停留七天期間，在老同學郎純仁家住了一天，也是四十多年不見了，他從台灣合作金庫退休後，由於他的兒子們均在美國留學，都得了博士學位，並在美國工作，所以他們老兩口也來美國定居。他是遼寧鐵嶺人，叫他回家鄉看看時，他說:「離家四十多年，親朋都失掉聯絡，回去連個奔頭也沒有，怎麼回去呢？」

同在洛杉磯的同學還有佟志伸，也是東北同鄉，他們老兩口叫我到他家住一夜，由於時間有限，未能如願。他們夫婦和郎純仁夫婦，共同請我在餐廳聚會一次，便分手了。曾給郎純仁寫一張字：「三國風流話周郎，純仁純義保孫王。以德為政應有主，華夏祖宗是炎黃。」

住在戴家，戴志剛夫婦安排他弟弟戴志安，陪我逛迪斯尼樂園，他們夫婦又撥出兩天時間，陪我去拉斯維加斯賭城逛了一趟，大開眼界，從而了解美國社會一些特殊情況。戴志剛是針灸醫生，很有名氣，臨別時送給我三百元路費，並親送我上飛機。隆情厚誼，感人肺腑，臨別贈言，寫了一幅字留念：「戴天覆地須志剛，濟世懸壺適異邦。救死扶傷施仁術，子孫不替繼炎黃。」因為這首詩沒有包含他的太太包潔君，乃又補寫一幅：「竹包松茂歲月長，玉潔冰清意志剛。文君自古多智慧，荊花不謝頌安康。」又給他的弟弟戴志安寫了一幅:「男兒立志適異邦，兄弟相安情義長。有限韶華須珍惜，莫負青春好時光。」

此間又走訪了張宇老兄的親戚印老太太，和她的女兒印美蓉，雖係初見，既是中國人，又是東北同鄉，亦十分親切。印美蓉的父親印永法已逝世，他曾做過張學良的秘書，頗有文才，遺著有《印永法先生詩文選集》，送給我一本。

洛杉磯一程，可謂不虛此行。三月七日，戴志剛夫婦和他弟弟親送我登機去香港。

八、丟箱插曲

從舊金山登機時，有三只箱子托運，到洛杉磯時，只有兩只箱子到來，一只小些的箱子竟百尋不見。經過戴志剛向行李間查詢，只說過一天來取吧，第三天去查找，只見室內滿地是箱子，都是等待失主認領的；逐個查看，也未找到，究係何故，不得而知，只好登記掛失。臨去香港之前，戴志剛說：「你先走吧，我繼續替你查找。」也只好如此，直到我回到大連，仍然杳無踪影，以為無法找回了；但行李收據仍在我手，又用通信的方式繼續查詢。經過一個多月的時間，居然接到大連機場的通知，叫我去認領箱子。我跑去一看，就是丟失的那只箱子，打開一看，東西未少；一段波折，才算結束。

回想這只箱子，自北京起飛時，就未趕上飛機；直到舊金山後，飛機場通知我箱子已到，叫我去取。原來我走後，鴻兒和戴蕭峰隨後辦理託運，下一班機才運到的。在回程中，又是它出了問題，心想這只箱子一開始就出問題，直到我回程又出問題，感到很不吉利，因而寫了一段丟箱小記：「買來新箱不吉利，開始即與我分離。我已先到舊金山，它卻姗姗竟來遲。此番歸程攜著走，途中它又出離奇。三只箱子它最小，滿裝都是小東西。一下飛機它不見，它就沒到洛杉磯。航空公司查至再，惟獨它就無蹤跡。小箱終於離開我，內心確覺不安逸。為何兩次來作怪，仔細琢磨有道理。人生財富原有分，滿則招損謙受益。非分之財休枉想，何必營營弄玄機。匹夫懷璧恆招禍，淡泊寧靜總相宜。浮想聯篇寫小記，聊以解嘲慰自己。」

九、漢城一夜

回國的終點站是北京，為了多走訪親友，中途要到丹佛、舊金山、洛杉磯、香港等地，各停留幾天，買的是聯運票，中途各地停留的時間都已排定，只要按排定的日期走就行了。

洛杉磯到香港，是歸程的第四站，排在三月七日，由洛杉磯到香港。是日早晨，志剛夫婦和他弟弟送我到機場，劃位時，工作人員說：「沒有直達香港的班機，須轉道南韓的漢城及日本的東京，再到香港。志剛問我行不行，如果不走，等直達香港班機，還得等候一兩天。

我一想，與香港我的學生杜學魁，已經過電話聯繫好，不便更改日期，乃決定按時走。至於漢城、東京無非是暫停轉機，我第一次回國時，曾轉道東京，已有經驗，只是多等幾個小時，沒什麼困難。詎料到漢城後，未趕上當日轉東京的班機，經與航空公司聯繫，只有等明天的班機。

當時天已快黑了，候機室內旅客已走空，辦公的人也都下班了，急得我來回亂轉。遇到兩個值班的女子，只會說韓國話，也說不清我的情況，這位女服務員也替我著急。她跑到裡邊找來一位會說中國話的人，我把脫班的情況講給他聽，他說今天是不能走了，只好等明天，但不能在候機室坐一夜呀。最後他領我去找機場值班的警衛人員，把我帶到機場附近的一所辦公室，寫的都是韓文，我也不認識，事已至此，聽他們處理吧。把我的護照拿去，送到這個房間，又轉到那個房間，我坐在門外等候，看情況是在審查護照。我意識到，我的護照是中國共產黨政府發的，是來自共產國家，與南韓尚處於無邦交的敵對立場，而我究竟是什麼身分，不容人家不懷疑。

從這些工作人員的衣著、表情、行動方面看，我又意識到，這是公安情治機關，對我來自共產黨的中國，自然是值得懷疑。想到這裡，內心立即感到不安，又冷靜的一想，我不是共產黨員，只是來自共產國家的一個普通老百姓，內心無鬼，俗話說：「沒做虧心事，不怕半夜鬼叫門。」聽任他們去審查吧，大不了把我問一夜，不能不放我走，想到這「瞎子掉井，哪裡也是避風」，心也就定下來了。

等了約兩個小時，已是近黃昏了，來一個年輕人，多少能說幾句中國話，叫我跟他走，「磨道的驢子，聽呵唄」，跟他出去，上了汽車。他說送我去住宿，那就任其擺布吧。坐上汽車，到了漢城市區一家旅館門口停下，進去一看，是很華麗的飯店，安排我一個房間，他說：「今晚就住在這裡，早些休息吧，明天早八點鐘，我來接你去機場搭機。」至此，我心才定下來。一看房間很濶氣，在中國是屬得上高級賓館。卸掉行裝，痛痛快快洗個澡，便進入夢鄉。一覺醒來，天已亮了，起身洗漱完畢，已快八點鐘，心想該來接我了，等了一會，此人果然按時來了。領我去餐廳吃早飯，把我安排坐好之後，他說：「想吃什麼？你自己要。」說罷又走了。

餐廳的服務員不會說中國話，想吃什麼，我也沒法說清。一看旁邊餐桌，坐有兩位客人，在吃大米飯炒菜，我示意給服務員，我也照他們那樣吃，服務員會意去了；不久給我端來一碗米飯，一盤炒白菜。不管怎樣，填飽肚子再說，結果炒白菜一半是辣椒，辣得沒法吃，但亦無法向服務員說明，因肚子已半天一夜沒進東西了，飢腸轆轆，三下五除二，把一碗米飯吃完了，辣白菜未吃多少，總算略充飢腸。

剛吃完，那位年輕人又來了，要領我去機場，我要付飯費，他說：「已付過了，你不必管了。」要付旅館費，他說也付過了，都不要我付錢。只好聽他安排，出了旅館，坐上汽車，又去機場了。經我觀察，這位先生昨夜就住在我隔壁的房間。

到機場之後，他叫我坐在候機室裡等，看看逐漸有旅客來了，估計有希望了，可是護照還沒還給我，心裡又有點嘀咕，如果護照不給我，到香港怎麼辦？事已至此，只好聽之。等到十一點鐘，旅客漸漸多了，機場檢票人也來了，看情況是往東京去的班機；可是護照仍不見送來，心裡未免又是一陣焦急。眼看著旅客都排隊登機了，這位年輕人才出現，把護照交給我，並且一直看我走進機艙甬道。我意識到，這是送我出境。飛機起飛了，懸了半天一夜的心才放下來。事後一想，在陰錯陽差的波折中，能在漢城逛一趟，也算旅途中的意外收穫。

十、東京轉香港

從漢城到東京，再轉香港，這是一百八十度的大轉彎。是日下午一點多鐘抵達東京，一看班機時間表，下午六時才起飛。我在候機室內坐得有些不耐煩，心想趁這個空閒，到東京市面逛一趟。走到出口處，守門的人要看我「怕斯」（證件），我把護照給他一看，他一擺手，表示不行，只好又回到候機室。我心緒很亂，坐立不寧，便到一些小賣部看看，消磨時間。六時起飛，到香港已是夜裡九點多鐘了。深更半夜，無法打電話給杜學魁，便決定住旅館。好在旅館接客的人都在機場攬客。選了一家九龍的旅館，離杜學魁的學校較近，便於明天與他聯繫。幾經波折，總算到了香港，心也就踏實了。

酣睡一夜，醒來已紅日東升，打電話給杜學魁，他立即來接我，到他的學校——慕光英文書院，並在他的住宅給我安排一間住室，與他的卧室、書房，只隔一個會客室，旁連陽台，花卉盈庭，十分幽雅。他的太太葉錫恩雖係英國人，但對我十分熱情；又兼她在香港與杜學魁相處三十多年，很懂中國的人情。杜學魁是慕光英文書院的校監，又是香港有名的議員，公務繁忙，每天早出晚歸，安排他的佣人每天給我備早點，晚間同桌進餐，感到如同家人的心情。

原定在香港停留三天，學魁一再挽留，又幫我到移民局辦理延期手續，因此停留一個禮拜。他還特別安排學校總務主任戴中，陪我做衣服、買東西，花了兩千多元港幣。每天晚飯後，他陪我逛九龍大街，親自為我選購皮鞋，又安排李立果陪我逛香港市面。一個禮拜，日無暇晷，最後他又邀請他的一些朋友，藉宴會的機會與我見面，從而又認識一些新朋友。有弟子如此賢明，實是以快慰平生。

我為了多了解一些沿途的情況，決定乘火車到廣州，再轉飛機回大連，學魁又親自送我上車。乃於三月十七日離開香港，有如此好的學生照顧，不僅一切順利，而且感到莫大的欣慰。

十一、回到大連

在廣州海關辦理了進關手續，並在廣州住了一夜；三月十八日，即飛回大連。除了兒子、兒媳到機場接我外，海運學院的田院長夫婦、台辦的小姜、統戰部的楊愛民，以及徐德明等老朋友，也都趕來相迎，結束了兩個月零二十四天的第二次美國之行。「袁應麟出去，不會回來」的謠言，又一次澄清了，無形中成了民主愛國人士，姑妄聽之而已。

回想這一次到美國，走了芝加哥、紐約、丹佛、舊金山、洛杉磯五個城市，會見了老同學九人、親屬十九人、老同事一人、新朋友八人、留學生十餘人、外交官一人，在香港由於杜學魁的介紹，又認識了六位新朋友，達到了探親訪友、廣交朋友的目的，可謂不虛此行。

凡事有一得，必有一失，冥冥中會有盈虛消長之理，是不可思議的。我去美之前，天津高級人民法院為我徹底平反，又判決天津的房產歸還給我，本應立即辦理產權歸還和接管房產事宜，但因急於出國，市、省兩級台辦負責人說：「你走吧！天津房子事，我們替你辦理。」我想有台辦幫我辦，比我自己去辦，更會少些麻煩，乃放心走了。

及至回來，一經查詢，變成公文旅行，市台辦轉到省台辦，省台辦又推到中央台辦，但文件並未轉到中央，仍擱在省台辦的辦公桌內。經我查詢，才轉到中央，中央批示要省台辦處理，省又推到大連市台辦。大連市去人到天津辦理，天津又說：「你們市級不夠格，要省一級來辦。」於是市裡又找省裡，省裡說：「還得請示中央。」中央又責成省和市，共同去辦，如此推來推去，一年時間過去了，夜長夢多。

等省市再聯合派人去辦，天津市房地產管理局不想歸還，便說：「法院判決，沒和我們商量，我們不同意發還，這處房產由於天津法院代管，當初未能進行私產改造，現在我們要按私產改造處理。」節外生枝，省市派去的人瞠目結舌，不得要領，於是又把情況報告到中央，中央寫信給天津市長李瑞環，又趕上「六四」天安門事件，窮於應付，無暇及此。及至天安門事件過去之後，李瑞環調到中央當大官，新來市長以不接頭為理由，遲遲未辦。就這樣周周轉轉，一推就是兩年，不明不白，就這樣又擱下不問了。而我又第三次、第四次出國，亦無從插手去辦，看來是石沉大海，時過境遷，人事一變再變，又誰來過問這件事呢？

小小的一個老百姓，怎能鬥得過共產黨的機關呢？我只能這樣想，高級法院判決的，政府機關不執行，乾脆就是不承認，這個司法機關還有什麼用？共產黨是不講法治的，不算說得過分吧！其次你推我，我推你，誰也不辦實事，這種官僚作風，我看比舊社會還嚴重得多，怎麼叫老百姓信服呢？這是事實，不是無的放矢發牢騷。姑記數語，以後再詳寫吧。

第二十四記　美國之行之三

一、幹哪一行，想哪一行

俗話說：「幹啥說啥，賣啥吆喝啥。」我早年棄官經商，曾有天津東光公司的組織，經營三年，小有成就；由於政權易幟，殃及池魚，東光公司隨之湮滅，我個人也身陷囹圄。公司原有資金基礎，隨著政權的轉移，也就無從過問了。公司原在天津置有房產一處，我投入勞改之後，下落久已不明；當時自身難保，身外之物就不必提了。一九七五年突蒙特赦，又被送到大連，生活之路，復現了生機。

俗話說：「落水思命，得命思財。」我俗根未淨，也逃脫不了這個規律，經查原天津公司的房產，產權未被沒收，由天津法院代管。又一追查，有歸還之可能，乃屢屢申訴，在一九八六年隨著冤案的平反，天津房產判決歸還給我。凡此前後經過，前面已有所記，無需再述。

公司的房產既然發還，乃決定恢復東光公司。由於房產發還手續複雜，天津的公司未能即時復業，決定在美國芝加哥先行開辦，待天津房產發還後，再恢復天津的東光公司。於是於一九八八年五月十八日，組成了芝加哥東光公司，先行營業，日後擇機恢復國內公司。為開展國外貿易的業務，遂有第三次美國之行。

二、天燕的幸運

大孫女天燕決定出國深造，護照已辦好，尚未去美領館簽證，適逢我又有出國的打算，兒女們說：「你年紀大了，一個人遠涉重洋，大家都不放心。」恰巧天燕出國的護照在手，叫她陪我同行，豈非一舉兩得？但她的護照是北京辦的，我的護照則是大連辦的，我須在瀋陽美國領事館簽證，因此決定叫天燕到瀋陽和我一同簽證，便於同行照顧。按規定，她應在北京使館簽證，抱著試行的想法，她來到瀋陽和我一同辦理簽證。經向領事館說明我的情況，辦事人員甚表同情，給了天燕簽證。別人便說：「這是天燕的幸運，也是你的福氣。」不管幸運也好，福氣也好，祖孫相偕同行是肯定了，乃電話通知在芝加哥的宏、華兩兒，並訂好機票，寄給我和天燕。

這時春兒和殿陞，又在舊金山等候我相會，填補了一九八六年失之交臂的遺憾。

三、父女二次相會於美國

收到華兒寄來的機票後，於一九八八年五月十八日啟身赴美。飛了一天一夜到達舊金山，時差的關係，美國仍是五月十八。當與春兒、殿陞見面時，自然都是喜出望外，敍離情、話家常。加上外孫女一家、小外孫女一家，以及二外孫子一家，已由丹佛搬到舊金山，老少四代，二次相逢，暢敍天倫，融融之樂，比一九八二年第一次見面時，更顯得親切。況且天燕也來了，姑姪第一次見面，更是喜悅萬分；表姊、表兄、表嫂、表妹等，初次見到這個表妹，親切歡樂之情可以想見。

由於聯運機票終點是芝加哥，舊金山僅停留七天，先到表兄蒼寶忠處住兩天，暢敍離衷。這是在美國第三次相逢，談論國內國外的形勢，語多感慨，我說：「人的一生，自己無法預料，亦難以主宰，不過存心善良，往往有逢凶化吉、遇難呈祥的因果。」他說：「生辰八字就是命運的註定，你不能不信，你的八字中，起浮坎坷太大了，有一段有水無土，險遭滅頂之災，現在漸漸好起來了，你的老運不錯。」他是宿命論者，我姑妄聽之。

其餘時間，除了與春兒談家常之外，又走訪了傅廣澤、牛春祥兩位老同學，隨即於五月二十五日飛芝加哥。航程途中，寫了兩首絕句以誌心情：「五月十八辭帝京，連年赴美探親朋。長空萬里添情趣，天燕翩翩伴我行。」又一首：「訪友探親又遠航，七年三渡太平洋。遨遊世界成一樂，駕霧騰雲任徜徉。」

抵芝加哥後，住於北郊 WAVEGAN，與宏、華兩兒同住一處，天燕也同住一起。遠處國外，居然已成一家，頗不寂寞。最使人興奮的是，會見了一九三三年在南京曉莊的老同學薛啟培，屈指數來分別已五十三年了，雖已古稀，風貌猶昔，促膝話舊，情感彌篤，歡暢之餘，他寫了一首詩，表達心情，囑我書幅留念：「曉莊一別五十年，美洲相逢豈偶然。但願承平人長壽，共醉燕子磯頭前。」我亦激情滿懷，步韻奉和一首：「西窗剪燭憶當年，半世風華已渺然。所喜古稀人仍壽，相逢異國話從前。」把兩首詩合書橫幅一幀，送給他留念。此後與啟培兄過從甚密，為其全家寫嵌名詩一首：

八句詩詞（註：名字和詩排列順序有關）

含啟培

洙泗杏壇啟後昆

親培弟子三千門

含王麟

玉書闕里麟吐瑞

含照德普晴

德配天地貫古今
普照黎民晴明路

含會明

以文會友教化淳

含泳晴

萬世師表常風詠
齊家治國展經綸

芝城夏日，炎熱如焚，宏、華上班工作，天燕到學校復習功課，準備考托福，我一人悶坐斗室，揮汗如雨，因成一絕：「芝城烈日正炎炎，百度高溫（華氏）悶熱天。足不出戶為避暑，斗室長臥汗漣漣。」由於華兒的聯絡，認識一些留學生，其中有越南學生謝鎮宇，為他寫詩一首：「謝家寶樹鄭家軍，威鎮寰宇越龍門。南海刲鯨驅荷寇，金甌永固念斯人。給中國留學生張然、穆毅銳寫一幅字：「典漠文武尚弛張，穆穆熙然造泰康。丕顯丕承憑毅力，銳意西東八百長。」

六月十八日，為我國舊俗端午節，啟培夫婦邀我們一家過節。按照中國的習俗吃粽子，同窗之誼，處於異國他鄉，享受中國節日的風味，倍感難得。歸途口占一絕以誌盛情：「薛家歡叙過端陽，黍角素雞任品嚐。異國風光家鄉味，賞心樂事在同窗。」

七月二日又給台灣留美學生黃培瑛小姐，寫一幅字：「中華巾幗屬炎黃，培育瑛才起棟樑。明山秀水連兩岸，胞波脈脈萬年長。」經志宏介紹，認識了中國茶室的主人王大鑑、羅運文夫婦，他們是台灣的教授，來美後以開餐館為葉，乃寫了一幅字相贈：「群芳馥郁蘭為王，羅列堪登大雅堂。明鑑西窗開文運，疏花淡葉滿室香。」

七月廿二日，適逢天燕的生日，寫詩一首以資勉勵：「天高地濶任行藏，乳燕騰空賦遠航。蟄起辰龍逢際會，翻江倒海跨五洋。」

前面已經說過，這次來美是為了做生意。在出國之前，張宇老兄介紹，他的親戚印鐵林是工程師，想做大理石的生意；薛普晴也是工程師，也想做同類生意。這次我從國內帶來不少大理石樣品，以及陶瓷建築材料，便決定去華盛頓，與薛普晴和印鐵林商量做生意的事。

經考慮，這一次不但要到華盛頓，還要到新澤西州看望郭鎮華，到紐約看望幾位老同學，志宏、曉華、天燕都想去遊玩，如果坐飛機、火車或者灰狗巴士（長途汽車），來回至少需兩千美元，因此決定由宏、華兩兒開自己的車去，不但省些路費，還可沿途看看美國各地的風光。

一九八八年八月七日從芝加哥出發了，計程到華盛頓約兩千公里，曉行夜宿，吃點苦是一回事，異國他鄉人地兩生，沒點勇氣是不敢嘗試的。七日淩晨，頂著滿天星斗出發，沿途經過幾個州，翻山越嶺，起早貪黑，看到美國農村各地的風貌，隨想所及，記之以詩，工拙非所計，略當日記，俾資回味。所謂：

微熹晨光御曉風，祖孫兒女賦征程。
開車馳向華盛頓，訪友參觀且經營。

兒女們開著自己的車旅行，而且是在美國的土地上，所見所聞，自然無不新奇，尤其是路經不少美國農村，都是一家一個農場，一幢小洋房，門前放著各種耕作機械，有車庫，有糧倉；雖然已是秋季，田間作物黃豆、玉米，仍蔥蘢滿地。田地周圍林木參天，閑靜幽雅，不噪不聒；雖然車行如飛，一掠而過，但是過了這處，又是那處，處處都是遼濶的農田和幽靜的洋房，一路風光賞心悅目，毫無長途跋涉之倦意，詩以記之：

其一

美國農村天地寬，車行不見幾家煙。
綠樹濃蔭遮滿地，濃蔭叢中是農田。

其二

萬樹叢中建小樓，高低參差景色幽。
廬山面目忽一現，忘卻神遊在美洲。

其三

樹海濤濤泛綠波，直穿公路似長河。
來往車群川流過，一路風光景物多。

其四

崗巒疊翠景物幽，萬樹欉中夾小樓。
農村處處多芳意，異國情操亦風流。

其五

高速公路似長河，置身樹海意婆娑。
車流滾滾如閃電，滿目風光一瞬過。

其六

公路兩側盡農莊，濃蔭樹下有洋房。
秋田作物油油綠，景色清幽放眼量。

其七

玉米成片豆成行，田間不見農夫忙。
應知全部機械化，宅畔高聳是糧倉。

車行一日，天色已暮，乃就宿於汽車旅館（MOTEL），沿途這類旅館很多，加油站亦不少，隨處可以加油，可以住宿，亦可以進餐，十分方便。所謂「汽車旅館」，是一般普通的旅店，一排排的房間，店家無人服務，訂好房間之後，管理人員交給你一把鑰匙，你就自行開門住宿，室內床舖被褥、桌椅沙發、廁所浴池、電爐、電冰箱，一應俱全，惟無食物，須由住客自己準備。第一次住這種旅館，感到很自由，彷彿像到了自己家一樣。這座小城在山巒之中，憑窗外望，萬家燈火，隱現於森林欉中，十分美觀，乃口佔曰：

崗巒起伏樹蔥蘢，萬家燈火映山城。
蜿蜒公路穿南北，汽車旅館宿一程。

我們自己帶了麵包雞蛋、橘子水，吃喝完畢，便悠悠睡去，一覺醒來，天已大亮。一夜休息，疲勞已解，推門遠望，空氣清新，精神爽朗，偶成四句：

曉日初升氣象新，山光嵐影映店門。
人間到處多佳境，此地風光亦宜人。

祖孫兒女四人居於一室，僅用四十美元，感到便宜亦很方便，漱洗完畢，未吃早點復又登程，奔華盛頓訪薛普晴去了。普晴家住郊區，山路起伏曲折，雖是高速公路，但兩旁林海森森，人家寥寥，車行其中，迴腸九轉，迷人視野；幾經詢問，才找到普晴家，時已八月八日下午。相見之下，十分親熱，因是父執輩的交誼，大有一見如故之感。車中無事，詩以遣興：

其一

異國他鄉寄客心，尋親訪友敘前因。
僕僕風塵心潮湧，輕車已到華盛頓。

其二

兩線狹路似長河，車行山道起伏多。
林蔭夾道翻樹浪，忘卻征塵意婆娑。

其三

迴腸起伏路面狹，兩側林蔭綠無涯。
彎彎曲曲迷人處，百問千尋到薛家。

八月九日由普晴開車，陪我們逛華盛頓名勝古蹟，華盛頓紀念塔、林肯紀念館、傑佛遜紀念館、各大博物館美術館等。本擬參觀白宮，適值施工修葺，未得進入。普晴請我們在柬埔寨餐館吃午飯，談了一些今後經營建築工程的想法。按照預定的行程，離開普晴家後，移訪印鐵林，商談大理石生意事，將帶來的樣品交給他，並暢談他的親戚張宇在大連的情況。

八月十日上午，即轉程新澤西州訪郭鎮華。郭鎮華是一九四六年我在天津做生意的伙伴，一九四八年，內戰頻仍，他去了南京，此後他隨國民黨政府流遷到台灣，分別已四十多年了。因知他已遷居美國，故而順路相訪，敍舊談心。相見之下，俱已鬢毛斑斑，古稀之年了，恍如隔世，自有說不完的彼此遭遇。今生猶能相見於異國，可謂難得；惟我行程所限，也只有一夜的談心。

郭鎮華夫婦生了九個女兒，都已成家，居住美國，他們老兩口享兒女之福，安度晚年。故以郭子儀的故事，相頌相勉。彼此都以為晚年重逢於異國，實乃今生之快事，格外珍惜。因與紐約徐自昌同學約好十一日相會，故在郭鎮華處只住一夜，匆匆離去。臨別題贈小詩一首：

威鎮華夏郭汾陽，七兒八婿留滿床。
富貴壽考人生福，莫遣白駒賦流光。

到紐約後，我們父女祖孫四人，均住在徐家。徐氏夫婦以鄉親好友相款待，話家鄉，談家常，倍感親切。徐兄的兒子徐松林，乃紐約僑界知名人士，又是東北同鄉會會長，經營北京園餐館，頗有成就。由於他父親的關係，對我們特別親切。他得知天燕尚未入學，亦無工作，決定留在他的餐廳暫時工作，慢慢再替她聯繫學校，這也是難得的際遇，我和志宏都同意他的安排。

我們原定十三日回芝加哥，恰巧閻鴻聲自加拿大給徐自昌來電話，說他原擬十月份來美，再回台灣，知道我十一日到徐自昌家，他決定十四日提前到紐約和我相會。徐自昌說：「他為了和你見面，你就等他吧，在這多住兩天，能會見離別四十年的老同學，也很值得。」乃決定遲回幾天。

鴻聲兄嫂十四日如期趕到，在徐自昌家相見，真有「鄉音未改鬢毛衰」之感，實際上已不止鬢毛衰，頭髮幾已脫光，成了眉毛斑白的老頭了。思前想後，說不完的往事，他記憶最深的，就是趙殿舉同學當年在重慶逝世，我協助他給趙殿舉料理後事。他說：「趙殿舉在病危的時候，你能在深更半夜，把老中醫張簡齋請到中央醫院，為他診斷，這是一般人辦不到的，死後你又一直幫助，為他辦理後事，這種古道熱腸，已遠遠超乎同學感情之上。你這種朋友，令人敬佩不已。」這件小事，我久已忘懷，他要不提，我連趙殿舉的名字都記不清了，居然成了他記憶猶深的印象，可見他也是有心人了。

徐自昌父子請我們在「來來居」聚餐洗塵，適逢張成達同學自台灣來美看望女兒，邀來一同相聚，也是分別四十年了。回憶南京時代往來的情景，猶如昨日，大有滄桑之感。他現在仍在台灣某公司任董事長，可謂功成名就，相比之下，我只是苟全性命，能不赧然？

餐畢同回徐家。晚間徐老太太在他們自己的餐館設筵款待，想到徐自昌從中傳信，才得與鴻聲兩口子相見，心情激動，賦詩一首：

徐閻列鼎慶重逢，鴻雁傳書信有聲。
壄土西窗堪眷戀，他鄉山水亦鍾情。

又給張成達兄寫了一首留念：

圯橋有意試張良，一忍成名達帝鄉。
濟世長才舒鐵翼，炎黃震宇放豪光。

徐松林的太太名靈芝，見我寫字，把他家的筆墨也拿來，請我寫字，乃將其一家的名字，嵌成一詩，書以貼之，內含松林、靈芝，和他的孩子世華、世民、世文：

蒼松翠柏育森林，崖上靈芝泛彩雲。
世代繁榮光華夏，燕民不替仰斯文。

與鴻聲兄已見面，目的已達到，雖未能盡情暢談，相期尚有見面的機會。十五日返回芝加哥。此行共九天，東海岸的名城華盛頓、紐約、新澤西，一一看過，沿途往返，經印第安那、俄亥俄、賓夕法尼亞幾個州，既領略了美國大地的風光，還省了不少錢，豐富了宏、華開長途車的經驗，收穫不少。感慨既多，情之所至，詩亦隨之，寫了兩首，以資回憶：

半生離亂賦轉蓬，勞雁分飛四十冬。
異國重逢人已老，幾聲珍重祝長生。

又一首

飄蓬遊子散天涯，異國相逢不是家。
一寸丹心言不盡，珍惜前途日將斜。

從紐約回到芝加哥以後，與台灣幾位朋友聯繫，得知南凱弟要回大陸探親，相約他來美見面後，一同回大陸。九月份他到美國，住在舊金山他的兒子處，經過多次通話聯繫，決定我到舊金山相會。也是別離四十多年了。我從華盛頓、紐約回來後，為了做大理石生意，多次與印鐵林、薛普晴聯繫，均無結果。因為他們都未找到客戶，只是憑自己的願望，了解一些市面的行情，傳遞一些信息。我瞎忙一陣，又與其他方面聯繫，亦無結果，只好暫時放棄。十一月一日到舊金山與南凱相見。為得暢談，我住在南凱處，藉此機會，又看望了寶忠表兄和傅廣澤、牛春祥同學。

十一月六日，與南凱同機飛北京，結束了第三次美國之行。

四、南凱到北京的活動

四十年前，國民黨當權的時候，南凱未到過北京，四十年後的今天，來到北京，不僅人地陌生，政治環境亦完全不同，自然有些顧慮，有我陪同做嚮導，也就大大的放心了。而我事先已有安排，囑咐兒媳李秀萍和龍龍、冬冬，把旅館訂好，以及到機場迎接，乃至於在北京活動的日程，和轉機回他家鄉湘潭的機票等，都已事先安排好，免得他感到不愉快、不舒適。

從一上飛機，我就注意這件事，機上乘客未滿，還有些空位，便安排他睡眠，避免時差反應。到北京機場，遠遠看見秀萍和龍龍、冬冬站在門外等候迎接，十分高興！詎料，一出機場，一群人蜂擁前來接南凱，弄得南凱莫明其妙。我問秀萍，是怎麼回事，秀萍說：「我們來接易叔叔，見到一些人說，也是接易叔叔，一問他們中有一位是易叔叔的兒子，從湖南老家特地來北京接他，還有易叔叔的小姨子、外甥等人都來接他，我們莫明其妙，他們也莫明其妙。一了解之後，我們是易叔叔的朋友，他們是易叔叔的兒子和親戚，自然比我們要近一層。」可是南凱事先並不知他的兒子從湖南跑來接他，更沒想到還有親戚住在北京，且來接他。剛一出機場門，他兒子經別人告訴說：「這位就是易先生。」他兒子便跑上前抱住南凱。南凱說：「你是什麼人？」他兒子說：「我是肇州。」南凱不但沒想到他兒子會從湖南湘潭來接他，一時連兒子的名字也忘記了。

機場接待人員說：「是你的兒子。」南凱才猛然想起，但已不相識，及至知道是自己的兒子，才擁抱起來。我在旁邊看到這種情景，既激動又高興，真可謂「相見不相識」了。

秀萍和龍龍、冬冬，站在一旁，看到這種情景，激動而詫異，既是親戚，為什麼沒聯繫呢？無疑是受台灣「三不」的影響。我問秀萍，住的地方安排好沒有？她說：「已安排好了，在崇文門賓館訂了房間，汽車準備好了，先直接到賓館休息，去湘潭的機票聯繫好了，三天活動的日程已有安排，您都不用管了，就陪易叔叔先休息吧！」

這時他的親戚——原配夫人的妹妹，說：「吃住我們也安排好了。」我說：「吃，問題倒不大，住的地方也不一定很高級，但起碼要有衛生間，每天能洗澡，這是很要緊的，不知你們安排在什麼地方？」他們說：「我們安排的地方，這些條件都有，而且我們家人也可以團聚在一起，照顧一切，都沒問題。」既然這樣，我便徵求南凱的意見，南凱同意由他親戚安排，隨他親戚去。我說：「久別重逢，還有些晚輩沒見過面，好好團聚一下，也是人生的樂事，但要注意休息，不可過度興奮，引起疲勞，你把護照給我，我給你訂去湘潭的機票，我每天會來看你的。」南凱說：「好吧，謝謝你兒媳和外孫們的費心，明天見吧。」說罷，他隨親戚去了，我便隨兒媳和龍龍、冬冬回家了。

南凱初次到北京，我擔心他不習慣，次日上午，秀萍陪我去看南凱。一看住的地方很舒適，他的親戚們都在左右陪侍，南凱滿面笑容，談笑風生，毫無旅途勞頓之意，我就放心了。關於在北京遊覽的事，他親戚們都安排了，無需我陪同，我感到輕鬆，只是每天去看看他，了解他一些情況。

至於給他訂去湘潭的機票，是秀萍託民革給辦的，因此民革知道我從美國回來了，且隨來一位探親的台胞，民革便決定接待這位台胞，並為我洗塵。賈亦斌叫他的秘書張子義跟我聯繫，我把這個情況告訴南凱，徵求他的意見。他說：「你決定吧！我與他們沒關係，還不是你的關係，你說去咱就去。」於是便答應接受宴請。可是只有三天的時間，他的親戚已安排好一天遊覽長城，一天遊故宮和頤和園，第三天因為要飛湘潭，未安排其他遊覽日程。起飛時間是下午三時，於是民革便安排在這一天的中午，在政協餐廳設宴招待。

原說賈亦斌出面招待，因適值民革中央全會，賈亦斌又生病住院，乃臨時改由侯鏡如出面接待。過去南凱是跟隨吳鼎昌工作的，說起來，都有淵源，席間談得很融洽，情緒很高。談了一些過去的情況，席畢已下午二時了，立即驅車去機場，飛湘潭去了。

後一段活動，自有湖南民革及台辦出面接待，無需我過問了。總之，南凱這次還鄉探親，可以說是「提心而來，歡心而返」，因此他在來信中說：「有機會還想再回來看看。」

五、天津房產的波折

把南凱送走以後，我便回大連，又舊話重提天津房產的事。

在我第一次（一九八二年）來美時，天津法院已有把天津房產歸還給我的意圖，但未肯定。很多人，特別是統戰部台辦的人，都知道我天津的房產，是屬於東光公司的，東光公司有些股東在台灣，我到美國，可能見到一部分東光公司的股東，乃至於與台灣朋友通信，也會涉及到一部分東光公司的股東。一談及過去東光公司的情況，自然要說起天津房產的事。天津法院，已有發還之意，但實際尚未還給我，我該如何向股東們說呢？如果實話實說，就是共產黨不發還給我，因此有關對台工作的一些朋友，如大連市委統戰部副部長徐平，以及民革中央副主席賈亦斌等，見面時一再叮嚀：「你見到東光公司股東時，談及天津的房產，你說肯定要歸還給你，只是手續繁複，尚未辦好。」如此囑咐，是怕影響到台灣統一問題，既然明確此意，我只好說遲早會歸還給我的。

等到第二次來美時（一九八六年），天津高級人民法院已判決歸還給我，我對股東們便理直氣壯地說：「天津東光公司的房產，已判決歸還給我們了。」大家聽了，自然都很高興！並說：「共產黨的政策還很好，對私有財產，能按憲法規定予以保護，還算法治國家。」無疑對台灣統一，起著好的作用。可是直到我第三次（一九八八年）來美，仍未歸還，原因是天津房地產管理局，不想執行天津高級人民法院的判決，提出種種藉口，有意拖延，不想發還。

及至我從美國回來之後，此事仍懸而未決，種種藉口，前面已經說過一些。此次回來，既然舊話重提，乃由大連市委對台辦、遼寧省委對台辦，以及中央對台辦，三方面出面辦理，目的是在維護憲法和司法機關的尊嚴，也就是維護對台工作的信譽，我就未親自出面。從一九八九年三月，大連市台辦會同省台辦，派人到中央台辦，中央台辦出面與天津市直接交涉，乃由中央高級首長親自寫信給天津市長李瑞環，說明這處房產，事關對台統一工作，具有影響，應該發還。

也是我時運不濟，偏偏趕上北京鬧「五四」運動，接著又是「六四」，從中央到地方都動亂起來，弄得各級領導手忙腳亂，無暇理政。隨之又是人事變動，天津市李瑞環升官去了，繼任人員以不了解情況，推拖擱延，至今仍懸而未決。事後了解，天津市房地產管理找了種種理由，拒不辦理，天津高級人民法院的判決，究竟有效無效，這又屬於共產黨政策的問題了，等著看吧！

第二十五記　美國之行之四

一、事業的縈懷，兒女的情腸

去年五月出國，十一月回國，歷時五個多月，今(一九九零)年二月又要出國，來去相隔只有三個月。為什麼這樣匆忙呢？上一次本可暫時不回來，但簽證期已滿，若不辦延長手續，就不能停留；加以國內有些人企盼我回去，故而按時返國。

但國外既已成立公司，就得想法做點生意，而宏、華兩兒，對做生意尚不熟悉，對國內貿易的情況亦不了解，無從著手；故兒女要我速來美國，商量開展公司的業務，是以決定第四次來美。恰巧，省台辦的張仁壽、市台辦的王正良，有來美參觀訪問決定，苦於無有關熟人的邀請和嚮導，顧慮重重，商之於我。我說：「我可以我東光公司的名義，給你們發邀請函，到美國後，吃住問題，公司可以接待，去舊金山、紐約、華盛頓等地訪問，我可以轉介我的老朋友接待，吃住玩都無問題，惟來往的路費，須你們自己負擔，反正我已決定二月份去美國，你們如想去，我可以在芝加哥等候你們，陪你們，做嚮導。」這樣決定之後，我便於一九九零年二月二十二日，又來到芝加哥，這就是第四次美國之行。

二月二十一日清晨，秀萍、天藝、龍龍、冬冬、劉萬友、國華送我到機場，經國華的朋友，直接送我到候機室，攜帶的東西未經檢查，即付託運。有了人情關係，得到不少方便，但問心實感不安，社會風氣如此澆薄，夫復何言？

北京連日雨雪，今天已放晴，但濃霧蔽空，飛機不能起飛，原定十時起飛，日已過午，霧仍未散，坐在候機室內既餓又煩，幸好機場送來午餐，飽吃一頓，心緒稍定。候至下午二時半，雲霧漸稀，才起飛去上海。無聊之中，詩以遣興：

雨雪凌空日色昏，首都機場霧沉沉。
航班誤點勞客等，半日時光已沉淪。

在上海辦好出境檢查手續，下午三時繼續登機，起飛去東京，機中吟詩消遣：

出境檢查上海停，無分中外一律同。
規章法紀無你我，此是西行第一程。

其二

一瞬韶華晉八旬，精神抖擻又凌雲。
重洋飛渡尋常事，樂趣遨遊在詩文。

在東京換機，停留兩個半小時，晚九時十分，方登機飛舊金山。

按原計劃時間，延誤五個小時。二月二十二日（美國時間二月二十一日）下午四時，抵達舊金山，青雲、雲台到機場接我，住於青雲家中，雖然耽誤一點時間，總還算順利平安。機中又寫了幾首詩，以記當時的情景：

其一

上海起飛奔東京，西行此是第二程。
機中無事尋樂趣，拼湊詩情寄閒情。

其二

四次出遊第二程，銀鷹展翅落東京。
周遊列國增閱歷，霧去雲來寄行蹤。

其三

上海東京夤夜行，飛飛走走且停停。
航程一線分三段，雨雪霏霏霧懞懞。

其四

離開上海又一程，黃昏時候抵東京。
換機手續忙一陣，九點十分再西行。

又有飛行途中所作機中記景

其一

麗日中天照，白雲腳下浮。
儼然登仙界，不須練工夫。

其二

風捲白雲翻銀浪，溜溜湧湧腳下看。
蜉蝣銀燕因風舞，仰望頭上是藍天。

其三

遠望天邊接水邊，凌空方曉宇宙寬。
逍遙身下滔之浪，原係乘機旅雲端。

抵舊金山後，二月二十二日，春兒知我已到舊金山，乃自台灣來電話，除問候平安外，告以他們四月八日來美，即行定居，屆時將接我和他們一起長住。兒女的心情，十分可喜，乃成鷓鴣天一首，以記心情：

一程飛抵舊金山，孫女家中住幾天。
春兒懷念心情切，電話遙來自台灣。
殿陞婿，接話談，千言萬語問平安。
叮嚀久住常相伴，骨肉親情不一般。

住在青雲家，連日閱讀報紙，得悉國內一些情況，可以說是在國內聽不到的消息，感到茅塞頓開，「不識廬山真面目，只緣身在此山中」，確實如此，不禁慨嘆國內一群為政者，為了爭權奪利，不惜掩蓋事實，弄虛作假，欺騙群眾，說假話，說大話，說空話。只要一朝權在手，便忘乎所以，為所欲為。作為老百姓只有徒喚奈何，嗤之以鼻，以洩悶氣而已。又想過去的社會亦無非如此，何足怪哉？當作西洋景，看看聽聽而已！下午青雲陪我到街上商店，買幾件內衣及皮帶，這些東西本可不買，青雲一定要買，只好聽他安排。孫女的心情，使我感到無限寬慰，這也就是晚年的幸福吧。

我在舊金山停留的時間很短，而雲台、翔雲兩家，都忙於上班，來不及到他們家去看看。於是雲台、道露兩口子，決定在餐館請吃飯，把青雲、翔雲兩家，都聚在一起；三家老小共十一人，邊吃邊談，暢敘家常，親切異常。遠在異國他鄉，能有這麼多的親人相聚，殆亦人生之一樂歟！展之以詩：

接風擺盛宴，四代共三家。

異國重歡聚，余心樂開花。

二月二十五日，離三藩市，行前青雲說：「我媽臨走前，給你老留一千元，備你零用。」便把一千美金交給我，不管我缺不缺錢，也不管我用不用，女兒、女婿這分孝心，勝過萬金，可以說不是金錢所能衡量的。因而使我行色更壯，帶著無限喜悅的心情，飛抵芝加哥。宏、華兩兒親自開車，到機場接我，住在一起，又等於到家了，地址在芝加哥中國城。在這一段行程中，又寫了幾首詩：

其一

金山小住四天多，今日又飛芝加哥。

行腳已達終點站，看見兒孫樂如何。

其二、雲台送我登機即興口占

金山小住又北行，舊地重遊是芝城。

機場紛紜難辨解，雲台送我意從容。

其三、記行程

北京上海東京市，走走停停且歇歇。

路過三藩留四日，起飛再去芝加哥。

其四、抵芝加哥

下午飛離三藩市，日暮安臨芝加哥。

華女宏兒親迎候，家常暢敘笑語多。

到了芝加哥以後，少不了又接觸一些新人。聖芬的同仁，中央社特派記者李萬來、吳麗玲夫婦，經聖芬的介紹，已與華、宏兩兒相識。知我又來芝加哥，特設宴於中國城「中西酒家」；雖係初次見面，由於聖芬的關係，一見如故，相談甚契. 宴罷歸來，感到盛情可掬，乃以半張人情的心意，成詩一首，書以相贈：

桃花艷艷李花白，萬紫千紅春意來。
吳宮芳草多秀麗，玲瓏碧玉滿瑤台。

後來他們夫婦又邀我和華兒，到他家作客，藉以懇談。海外多一朋友，亦樂事也。

宏兒的朋友，任明遠、楊鴻君夫婦，知我到芝加哥，亦邀我和宏、華兩兒，到他家作客，臨去之前，亦成詩一首，書幅相贈：

楊柳垂金照眼明，折枝寄意送君行。
凌空鴻雁任翔翥，萬里高飛造遠程。

離國之前，在天津與袁東衣聚談多次，曾談及田雨時的情況，他從台灣退休後，僑居於紐約，東衣託我帶信致意。我與雨時於一九四七年，相識於南京，彼時雨時任糧食部秘書，我在南京做生意，曾多次過從。自伊去台後，失去聯繫，由於給東衣傳信，又聯繫上，算來分手已四十三年了。見面禮仍是紙半張，詩一首：

好雨及時潤膏田，群芳馥郁喜天然。
春花秋實成真果，華夏同歌大有年。

二、有朋自國內來，不亦樂乎

國內省市兩台辦的主任張仁壽、王振良和徐漢，應我之邀，於一九九零年四月五日飛抵芝加哥，接住於我的寓所；雖然不夠排場，但既可省錢，又覺得親切，他們也感到安適。既是我的邀請，活動日程當然由我安排。四月六日至十一日，在芝加哥參觀訪問，主要是宏、華兩兒開車，遊覽市容、逛商場，採購一些帶回國內的東西，其中以服裝為最多，逛了幾次舊貨商店，每人買了滿滿一皮箱衣服，可以說是「乘興而來，滿載而歸」。因為是我接待，便介紹我的幾位好朋友和他們見面。四月九日邀中央社記者李萬來在我寓所座談。四月十日在玉麟餐館，由薛啟培設筵邀請唐雄中、任遵言等聚會，席間談了一些國內情況。在芝加哥活動六天，十一日至十二日便去紐約。原擬到紐約由我招待，因他們事先已與商人郭宗閔聯繫好，住在郭家，招待的事就由郭先生安排了。

十一日，王振良和徐漢先飛紐約，十二日由志宏開自己的車，送我和張仁壽去紐約，目的是遊覽一下美國的大地風光。到紐約後，我和志宏也住在郭家，郭宗閔夫婦很好客，除了招待吃住而外，還專門邀請他們的親友聚會，並安排遊覽西點軍校，，我和志宏也隨之一遊。美國建國才兩百多年，有關軍事歷史文物不算太多，但氣魄之大，令人注目，特別是校舍，包括陸海空等軍種，錯落在山間水域，不僅別緻，亦頗宏偉。除了參觀博物館，還乘校備遊覽車，觀看了全校的概貌，倘非趁郭家招待台辦張王兩主任之便，我們是不易單獨來到這裡的。有詩為證：

西點軍校冠美洲，有幸偷閒一日遊。
疏落樓台襯海岸，層巒疊嶂布山岫。
校園巴士載遊客，全校風光一目收。
展覽館中觀歷史，算來不過二百秋。
論史難比中華美，評今確實勝一籌。
看罷不禁喟然嘆，炎黃子孫人知羞。

來紐約前，曾與田雨時相約一會，適值陪張、王、徐到紐約活動，因同是東北老鄉的關係，雨時便邀宴於法拉盛。雖是初次相見，談起東北的情形，倒也有些家常味，席間頗為融洽；他們也多認識一位鄉賢，可謂不虛此行。我本擬介紹他們與徐自昌父子見面，而郭宗閔也有此安排，我就不便插手了，結果他們大談共產黨的成就，與徐松林思想相左，這個約會也就作罷，因此我也不便參加意見了。郭家熱情接待，他們與郭宗閔，先已有貿易聯繫。

下一程逛華盛頓，還是由我引導。四月十八日，志宏開車載我先到華盛頓普晴家，為他們安排住處。他們三人十九日乘灰狗巴士到華盛頓，接住於普晴家中。二十日，普晴開車陪我們逛華盛頓，玩了一天，歸途又到大瀑布公園遊覽。在遊覽中間，普晴為我們備有野餐食品，亦感別有風味。乘興而來，盡興而返，詩以記之：

驅車來到華盛頓，一日遨遊忒開心。
白宮林肯紀念館，國會大廈亦登臨。
高塔池邊留芳影，傑遜堂中印足痕。
草坪野餐添遊興，難得普晴一片心。

為他們安排在美國的最後一程是舊金山。四月二十二日，我陪他們飛舊金山，雲台開車到機場迎接，安排他們三人住在假日旅館，我則到翔雲家中，與春兒、殿陞團聚，這算是第三次父女相會於美國。二十三日，春兒、殿陞設宴於「香滿樓」餐廳，接待這三位家鄉來賓，以盡地主之誼。二十四日，我陪他們走訪傅廣澤，傅設筵於中國城，歡迎這三位家鄉來賓。

本擬再陪他們走訪蒼寶忠兄，因他們自己安排去洛杉磯，遊覽賭城、迪斯奈樂園、好萊塢城，時間不夠分配，乃作罷。他們二十七日去洛杉磯，另有人接待，我的接待任務就此結束。前後陪他們二十一天，吃、住、遊逛，大部分費用都由我供給，也算不食諾言，盡到了友誼之責。他們回國後，來信表示十分滿意，我也就心安理得了。陪他們遊逛當中，感觸所及，詩以記之：

華埠已是二次遊，國會大廈再登樓。
階前花草繁似錦，台上層樓美難收。
門前車馬青銅鑄，倒影長池浮海鷗。
建築藝術結構好，似比天安勝一籌。

一九九零年四月二十一日，陪張、王、徐飛往舊金山，中途在芝加哥轉機，雖到家門而無暇一入，停一小時便飛舊金山，即情即事，詩以記之：

華埠直飛三藩市，中途路過芝加哥。

家門遙望無時入，行色匆匆隱隱過。

他們三人下一段的旅程，是四月二十七日到洛杉磯，遊覽五天後，五月二日去香港，在香港再遊覽五天，五月七日即由香港直飛瀋陽。在國外各地，足足逛了一個月，即使退休離休，也算不虛此生，餘願足矣！如果沒有我這個朋友招呼，是不可設想的。接待完畢，心願已了，即返芝加哥。

三、三到丹佛

二十六日，青雲來告訴春兒，已買妥二十八日去丹佛的機票，春陞要去看望錦雲，我也樂得去看看錦雲。乃於四月二十八日，殿陞、曉春、翔雲攜道怡及我，同飛丹佛。下午一時許到達，錦雲、開雲及薇辰、躍辰，全家到機場迎接。我已是第三次到丹佛，見到薇辰長大，已是一個大姑娘了。躍辰是半大小伙子了。我手提的小皮箱，薇辰接過去替我提，我說很重，你提不動，她說：「太老爺，我已長大了，能提動。」使我感到莫大的安慰。

抵錦雲家後，午飯吃披薩（意大利烤餅），晚間在他們的餐館吃晚飯，開雲自任大廚，十分勞累，他說：「不自己下手，請個大廚，那就要賠錢了，為了創業，只好自己辛苦一下。」有此決心，不愁事業不成。

三十日，春陞和翔雲返舊金山，我返芝加哥。從舊金山到芝加哥機票是 605 美元，又是春兒破費，有女如此，能不怡然？四月三十日，丹佛小雪，錦雲冒雪送我們到機場，情意殷殷，難捨難離，兒孫之情，出於自然。既依依亦寬慰，既戀戀且難捨；離合悲歡，人之情也。在這一段過程中，感觸頗多，情發於心，詩以記之：

機中看洛磯山

八年三次蒞丹佛，這是美洲科拉多。
雲海雪山悠悠過，洛磯峰嶺裏白羅。

機中雜感（一）

四代同機飛丹佛，探兒望女樂趣多。
人生能得幾回聚，一度年華一婆娑。

（二）

麗日中天少霧煙，空中好看洛磯山。
群峰疊翠皆白頂，萬壑溪流一線寬。

（三）

瀰漫白雲如雪川，機飛雲上日中天。
輕煙嬝嬝如流水，滾滾波滔足下看。

（四）

白雲漫漫泛輕煙，麗日煦煦頭上看。
萬里風光空中好，飄飄來去賽遊仙。

（五）

丹佛舊地又重遊，四代承歡樂事稠。
薇躍曾孫皆長大，吾儕怎會不白頭。

四月二十九日，在錦雲處，浮想聯篇，夜不成眠，詩以述懷：

浮想聯篇夜不眠，勾來往事惹心煩。
人生到底究何似，暫寄蜉蝣天地間。

記丹佛小雪

丹佛氣候不一般，暮春猶是雪綿綿。
滿城屋頂皆白色，玉宇瓊樓頂素冠。

四、尋求貿易夥伴

做生意如同作戰一樣，既要有戰略的布署，也要講究戰術；既要掌握信息，也要抓住時機；既要安排好主力，也要有友軍的協同。東光公司在國內，雖然有些布署，如成立了大連經濟技術開發區東光公司，有了架構，但無實力，只能作為呼應；且不能具體作業，只得作為一著棋，先擺一個棋子。

瀋陽要把原東光分公司恢復起來，經過幾番周折，接觸了不少人，扣其實際，也都實力缺乏，一時難以促成。但這種設想並未放棄，我來美後，由王陵和成明七的聯繫，找到開原一家鄉鎮企業，瀋陽東光貿易部才算定下來。這都屬於戰略的布署，如何發揮作用，就要一步一步走著瞧了。隨後，瀋陽東光貿易部曾按照我的設想，寄來了羊剪絨汽車靠墊的樣品，但由於美國市場關係不夠，尚未落實。另外，大連機械進出口公司王曉東也寄來些小五金樣品，這兩項都與芝加哥美中國際貿易公司朱嘉立取得聯繫，想通過他們在芝加哥尋找市場，但朱嘉立忙於美中新聞的事，這兩項生意一直在擱淺。

由於朱嘉立的關係，我認識了美中國際貿易公司的姜傳華，貿易的業務，乃有新的開展。找到這樣一位貿易夥伴，打入美國貿易市場，我配合國內的關係，大連東光公司和瀋陽東光貿易部這兩個棋子，都動起來了。

大連做尿素的進口，水泥、凍蝦的出口，已在正式洽談中。瀋陽做大米、玉米的出口，也在具體進行中。看來大連、瀋陽這兩個據點，也許能發揮戰略基地的作用，盡最大的努力，爭取勝利的成果吧。

此外，北京方面，秀萍和胡懷善也有設立東光辦事處之意，商之於我，我亦同意，並儘量支持他們。由於想設立芝加哥東光公司北京辦事處，牽扯到對外貿易問題，一直尚未落實。也由於這個關係，聯絡了北京振華進出口總公司的副董事長李群，於是又拉扯上一些進出口的項目，又增加了一個貿易夥伴，這又算一步棋的布局。

李群領導的北京振華進出口公司，是屬於榮毅仁領導的中國信託投資公司的一個子公司，是國營集體經濟，也得算是官倒，但是要想做國內的進出口貿易，無論是進口也好，出口也好，沒有批文是不行的。而辦批文，這些國營企業是近水樓台，至於一般企業要想辦一個項目的批文，那就非錢不辦事了。例如瀋陽東光貿易部是屬於鄉鎮企業一級的，既非國營亦非私營，要想出口二十萬噸大豆和玉米，就得用八十萬元人民幣才能辦通。實際上批文就是官倒，究竟倒到誰手，那就天知道了。由此可知，經手三分肥。而我既想做生意又想做進出口生意，就避不開這些門坎，說是同流合污還夠不上，只能說是渾水摸魚，多少沾點油水。用共產黨的話來說是「國家佔大頭，個人佔小頭」，佔點小頭，只要不是坑人、騙人，也就心安理得了。如此存心，如此努力，只能說是在做，弄了幾個項目，如尿素啦、水泥啦、玉米啦、大米啦，都在進行中，尚無結果，卻已投入了不少費用；本著投餌釣魚的做法，往下做吧，但願不要「偷雞不著蝕把米」就行了。

一九九一年某月，李群曾專程來芝加哥，與我商談比利時假日公園投資的事，根據他提供的初步資料，我聯絡幾位朋友，覺得可以進行。如果按照李群的說法，把兩千萬美元存入瑞士國際銀行不動，只是用作融資保函的信用基礎，所得利息歸出資本人；此外還有較好的盈餘，及15%的股權，九十九年，年年可以分紅。朋友們願意投資兩千萬，等李群回到北京後，卻又說這是江蘇省承辦的項目，不同意我們參與其事，因而也就作罷。

李群覺得不好意思，遂又提出往國內小型投資一百萬或兩百萬，兩年可以收回本利，還有一些紅利可分的計畫案。李群當然是一片好意，問題是先把錢存入振華公司的帳戶上，然後再談項目的內容，出錢的朋友，便有所考慮了。共產黨是多變的，到時候一變，李群也無可奈何，那就會連根爛了，如此我怎能對得起投資的朋友？這個設想，也只好敬謝不敏，免得對不起朋友。這個貿易夥伴，如何繼續下去，那也只好「騎毛驢看唱本」，走著作瞧吧。

北京想設辦事處，是秀萍和胡懷善張羅的，為了東光公司的開展，又有可為之機，我當然全力支持；需要我在國外辦的事，都辦了。委託秀萍和胡懷善全權辦理，由於有跨國的關係，又兼無固定的資金，想像與事實相距太遠。尤其共產黨這個門坎，像過去的衙門口一樣，俗話說的好「衙門口向南開，有理沒錢別進來」。聯繫中似有些生意可做，倘能做成一部分，有事實，有實力，辦事處是有的放矢，自然就容易進行。正是因為生意做不成，辦事處的成立也就擱淺了。至於大連東光公司，是于滿以大連科研生產聯合公司為倚托而成立的，于滿想利用我老東光公司的虛名，並通過我開展貿易業務。我雖然擔任董事長，而無資金投入，可以說是個虛的，將來能否實現當初的設想，那要看我能否有實力介入而決定了。不管怎樣，這算我貿易活動的一個基點。

瀋陽東光分公司的恢復，也是幾位朋友想利用東光分公司的招牌，利用我的關係和名義來籌辦的。我既未投入資本，也未實際參與業務。後來聯繫到遼寧開原一位鄉鎮企業的經營者孫士賢經理，他在瀋陽有一東光貿易部，便以此作為東光公司的所屬機構。開始先經營國內的貿易，維持現有的局面，等待時機，再開展進出口貿易，這也算是棋擺一著。如何運用，須看下一步了。

五、一次違反經營原則的教訓

做貿易有兩句老話：「先買出手，後買入手。」意思是說，不管哪一種商品，必須先找到買主，然後再進貨。也就是說，先要做市場調查，看準市場適銷對路的商品，然後再聯絡進貨，這樣轉手快，才不會積壓；尤其是小本經營，一定要掌握這個規律。

美國社會有許多節日，每個節日內容不同，因此適應節日的應時商品，也就不同。例如一年一度的聖誕節（十二月二十五日），是美國最隆重的節日，聖誕禮品是應時必需的貨物。志宏要進一批國內遼陽市生產的麥桿製聖誕禮品，這是我在國內聯繫的貨源，由遼陽市進出口公司供貨。經與遼原聯繫，可以供貨，於是便決定訂購一小部分，本錢是一千美元，志宏拿五百，曉華拿五百。十一月初，貨才運到，距聖誕節只有一個月的時間。本來少賺點錢，可以批發出去一部分，但志宏收到後，計劃到跳蚤市場擺攤另售。結果市場實際並不盡如人意，聖誕節一過，無人問津，只好壓在手裡，看下一個節日是否有銷路。一千元美金，變成積壓的物資。假如今年的聖誕仍找不到銷路，這一千元美金就變成呆賬。這個教訓，今後做生意，必須念茲在茲。好在只是一千美元，就算交學費罷了。

六、懸壺問世

幼年入塾的後期，曾讀過兩年醫書，師從七十多歲的老儒醫李澹亭先生，讀過《陳修園四十八種》內的《醫學三字經》《醫學實在易》；也讀過《藥性賦》《王李脈訣》《湯頭歌》《傷寒論》及《黃帝內經》部分等。因家境困難而輟學，雖然有了些醫藥的知識，但半途而廢，學醫的想法置諸腦後，等於白費兩年工夫。

後來進入瀋陽東北蒙旗師範學校，適逢「九一八」國難，學校關門，又是一次半途而廢。流亡當中，時逢機會，進入南京中央政治學校就讀；以前學醫的事，拋到九霄雲外，腦子裡已淡忘得一乾二淨。

六十歲以後，由於勞改的折磨，身體多病，又加上幾次受傷，健康狀況非常不好。熬到一九七五年，特赦離開勞改隊，不僅傷勢嚴重，疾病也纏身，風濕性關節炎、靜脈曲張、心律不齊、老眼昏花，可以說是「百病纏身，痛苦萬狀」。年事已高，將近古稀，加以衰病，生趣索然。

得到特赦之後，經過一段實際修養，似乎有復甦之機。在這期間，得到一本《保健按摩》的小冊子，細心鑽研，並身體力行。逐日依法按摩，做了一段時間，感到病痛減輕，體力有所恢復。得到實際效益，便堅持不懈。到了一九八零年，風濕性關節痛已痊癒，靜脈曲張明顯消除，本來昏花的老眼，不戴花鏡也可以看書看報。感到按摩確實可以保健，從此，不但堅持不懈的自我按摩，又從書報雜誌汲取了不少有關按摩的知識和方法。深感按摩也是中醫書中，治療各種疾病有效的方法，特別對於老年人，療效更顯明，實為老年人延年益壽、解除病痛最簡便和人人可行的方法。可是這本保健按摩的小冊子，只說了些按摩的方法和部位，未談及經絡和穴位，作為自我保健尚可，如進一步作為按摩治療則不夠深刻，也不能對症施治。

我既吸收各種有關按摩的資料，又逐步自我體驗，乃結合過去所學的醫理，對保健按摩做了補充注釋；並和經絡穴位，以及針灸的道理，結合在一起，寫了一份《全位保健按摩功法》，極力向中年人推薦，並無代價的口傳身授。凡是堅持做的人都說「效果很好」。用醫療術語來說，也算是臨床實驗的結論。既已得到這樣的肯定，我便廣為宣揚，幫助老年人和病患者消除病痛。

來到美國芝加哥以後，這項按摩功法，在《美中新聞》刊出，無代價傳授。於是有人前來就教，由此衍生到一些病患者前來求醫，我乃以助人為樂的精神，來者不拒。施治的結果，有些輕微的病痛，如牙痛、腿疼、腰疼、落枕脖子痛等小病，均有顯著的療效；有半身不遂或跌傷等患者，經過按摩，雖不能立見功效，卻有緩解輕鬆的感覺。於是一傳倆，倆傳仨，來找者漸多。

美國這個社會，動輒要錢，有人說：「你按摩也得收費，服從眾意。聽患者的自願，給錢就收下唄。」遂以十元、二十元為度，以示不白出力，但絕不多取多索。按摩多了，臂累得痛，手指也痛，覺得少收些錢，也算心安理得。本著半積陰功半養身的心情，乃有懸壺之志。曾寫詩以誌心情：

其一

懸壺問世為濟人，卻病延年體仁心。
不計金錢多交友，半積陰功半養身。

其二、有求必應

有求必應解倒懸，營得病人盡開顏。
臂痛手痠非所計，獻身出力為老年。

我按摩的功法，是以全位保健為基礎。在全位按摩中，診斷病痛點，進行重點穴位按摩；這樣一般按摩要一個小時，加上重點按摩，至少要一個半小時，而且一絲不苟的，認真施治。雖然累得手臂痠痛，也求得心安。蓋目的不是為了幾元錢，而是為了解除病患的痛苦，因此贏得不少人的讚許，願意和我交往。

此外，凡屬能自己活動的輕微患者，則極力把全位保健按摩功法傳授給他們，讓自我按摩，不必依賴別人。因此也有不少人，學會了自我按摩，無需假手於我。有的病患是夫婦或母子，我則鼓勵他們，掌握按摩方法，互相按摩。有些人一時弄不清穴位，我則用油筆，在全身主要穴位上畫個圓圈，指示他們按穴位按摩治病。於是不少人都稱我為「袁老師」。傳授這種方法，仍本「美中日報」宣布的，不收費用，做到言行相符。詩以記之：

按摩濟世指當針，無險無痕且安神。
為善奚計蠅頭利，積陰積德可潤身。

七、意外的際遇

我這次來美國，一待就是一年又三個月。按照美國領事館簽證的期限只有六個月，那就是說，去年（一九九零）八月就該離美返國。我原打算，也是簽證期滿即行回國，循規蹈矩，理得心安，以後有機會，還可做第五次來美之想。

可是，事有必然，亦有偶然，有些事是可遇不可求的，卻給人生以不可思議的契機。在山窮水盡之際，迎來了柳暗花明之時，我二月二十二日來到芝加哥，時逢美國政府發布了第一二七一一號命令，凡是一九八九年六月五日至一九九零年四月十一日以前來到美國的中國大陸人士，可以延長居留期到一九九四年一月。其用意是照顧「六四」民運人士，不少非民運人士也一律獲得庇護，可謂「愛烏及屋」。得到意想不到一個機會，我便是其中之一，所以稱之謂「意外的際遇」。當然，先我來美的華兒、宏兒、燕孫，也同樣得此良機，而心安理得，踏踏實實的待下來了。

美國是講人權，也講人道的，既然叫你待下來，就得給你生活的條件，於是凡受布希命令庇護的人，都給以打工的權利，可以名正言順的打工，不受歧視。所謂「打工」，也由自己選擇，按自己力所能及的，合法的，幹什麼都行。

我不懂英語，不識英文，加以年事已高，勞動強度大的，心有餘而力不足。到移民局辦理延期手續時，問我能幹什麼工作？按說，一般體力勞動的活，還可以幹，但不會外語，也只有問津無力之嘆。靈機一動，我會保健按摩，乾脆做保健按摩吧，由此卻又引出另一個際遇。

我寫的《全位保健按摩功法》在「美中新聞」發表後，真有人來登門求教；我的按摩工作，便由此開始了。前面「懸壺問世」一節，已略述梗概。

八、芝城文藝詩社的機緣

「芝加哥文藝詩社」已有兩年的歷史，是華僑孔子的七十六代孫孔繁恩先生和陳伯雄等幾位熱心宣揚中國文化的詩詞愛好者所倡辦的。他們又是如何和我聯絡起來的呢？還得從按摩說起。

「美中新聞」刊登了我寫的保健按摩功法、太極操、八段錦、鐵襠功等文章，慕名來學者日多。由於來者不拒，又不收費，互相轉介，知道的人也就陸續打電話聯繫或登門來訪。孔繁恩就是登門來訪的一位，交談之中，談起孔子的學而不厭、誨人不倦的精神，引出了孔繁恩組織詩社的設想。我把我愛好詩詞的情況互相交流，他便叫我參加他組織的芝城文藝詩社，並給我一些有關詩社活動的材料，引起了我的共鳴，同意參加文藝詩社。

在國內，書法、詩詞、楹聯等學會，我都掛著名，在這方面已成知名人士。由於我詩詞寫得多，有人便送，有「多產作家」的渾號。書法一門，也忝列末座，小有名氣。由於台胞台屬的轉求，流落日本者不少，日本朋友得一幅字，每有回贈，這些都算是際遇。

這次在芝加哥又參加詩社，自然又是一番新的際遇，從而結識一些台灣和大陸來的，乃至美國本土的，年齡在七十歲以上，甚至八十歲以上，與我相若的教授、學者、僑社的知名人士。大家因有共同的愛好，有共同的語言，均有一見如故之感，這又是際遇中之際遇了。

孔子說過：「德不孤，必有隣。」有此際遇，吾道不孤矣。入社不能空手而去，作為入社的試卷，寫了幾首詩詞：

（一）

文藝飄香滿芝城，詩社聯吟意更濃。
以文會友平生樂，與德為隣不孤零。
海外遊蹤添雅興，宇內吟聲啟洪鐘。
切磋砵磨今有地，推敲玩索互為工。

（二）

渾渾噩噩八十一，行雲流水各東西。
偶來回憶浮生路，一事無成空自吁。

（三）

有朋來自古東方，會集芝城雅興昂。
細雨淋窗琴書潤，微風拂案翰墨香。
臨池著意揮禿筆，索句何妨擾枯腸。
論道言交嚶鳴賦，他鄉萍水豈尋常。

（四）

同是華裔一脈人，詩情道義兩相親。
聯袂和吟嚶鳴句，雲錦清裁翰墨魂。
舊作新詞通友誼，高山流水結知音。
滄海浪淘千重意，異域情聯萬里心。

（五）

半春三月艷陽天，舊友新知結墨緣。
文藝聯歡成詩社，騷人雅士唱吟箋。

（六）

布衣踽踽走天涯，海外行吟念故家。
午夜頻添炎黃夢，亞裔泛美綻奇葩。

三月三十日，文藝詩社成立兩周年，在芝城華人諮詢服務處舉行慶祝會，社友們展示詩、書、畫成績。除為社友們用毛筆抄寫詩詞十餘首外，我寫了三張條幅濫竽其間，博得同人們的讚賞，為詩社生色不少，這又是意外際遇中的一段雅事。會間書贈詩社創始人孔繁恩：

洙泗杏壇孔教繁，恩培弟子滿三千。
思孟顏曾導四配，七十二位是大賢。

九、走訪明尼蘇達州

四次旅美，走訪了不少名城，包括華盛頓、紐約、新澤西、舊金山、洛杉磯、丹佛等，都不止一次遊覽；芝加哥是我寄居的地方，就不用說了。這次應老學生郎正之的邀請，於一九九一年五月十八日，由華兒開車送我去明尼蘇達州的明尼阿坡利斯城與正之弟相會。久別重逢於異國，洵屬一生難得之盛事。

回憶五十六年前，我在綏遠省（現改為內蒙古自治區）包頭市，中央政治學校包頭分校工作任教。當時的學生郎正之（郎沛），現已七十一歲了，雖然流離失散幾十年，師生的感情依然沒忘。

他現居明尼阿波利斯城女兒家中。經久居香港的原包頭分校的學生杜學魁聯繫，知我在芝加哥居住，乃來信和電話邀我去明州會晤。久別情殷，喜出望外，遂決定前去聚晤。為了節省錢，不坐飛機，也不乘火車，由華兒開車送我；計有八小時的車程，又是一次長途旅行。別人都認為長途跋涉是一件苦事，我卻認為是件樂事，抱著「行萬里路，讀萬卷書」的想法，觀光美國各州的道路交通、城市、農村，確能開濶眼界，增長見識，可謂樂而忘苦了。

在明州住了兩個禮拜，促膝談心，敍不完的往事，說不完的現實。正之又把他的美國朋友，漢學家包瑞車教授介紹給我。由於包教授在中國學習及講學多年，不僅中國話說得流暢，對於中國歷史和古典文學也有研究，可稱為「中國通」。因此不僅語言無隔閡，學術亦能溝通，一見如故，結為好友；包教授並邀我到他家作客兩天。我們談論一些中國文學上的問題，又瀏覽他收藏的中國古書；舉凡二十四史、十三經、《全唐詩》《唐宋詩存》《三國誌》《列國誌傳》《金瓶梅》《水滸傳》《幼學瓊林》，乃至《三字經》《百家姓》《神童詩》《千字文》《名賢集》等一些民間讀物，都有收藏。

我在國內，接觸過不少教授學者，卻從未見有收存如此豐富的典籍。包瑞車教授對於中國的系列文獻片《河殤》，有他自己獨特的見解，寫了一篇關於《河殤》的論文，可謂有心人。而我這個中國人，《河殤》這部片子，光聽說國內禁演，我還沒看過，與包教授相比，真是小巫見大巫，愧赧之心發於五內。為留紀念便寫了一幅字相贈，秀才人情只能如此。他家在明州的北田鎮，是一座美麗幽靜的城市。作詩曰：

客路明州到北田，因朋結友樂陶然。
三生有幸逢知己，異國情操翰墨緣。

原擬在正之那住一周，但故友情深，依依難捨，堅留我多住一周，只好應命。六月一日，華兒又開車到明州接我。五年前她在芝加哥認識的中國留美學人程沅生，現在明州工作，又相逢於明州，舊雨重逢，親切異常。他邀我倆參觀美國著名的天主教堂，其建築莊嚴富麗，與羅馬教廷同一個風格，唯略小於羅馬的教堂。隨後又參觀州議會大廈，亦與華盛頓的議會大廈同一個形式。

程沅生請我們吃自助餐，餐廳寬大，顧客甚多，須排隊等候，每人交六元美金，自取自食。雞鴨魚肉、各種涼菜、麵包蛋糕、各種水菓、咖啡牛奶、冷飲、冰淇淋，應有盡有；想吃什麼就取什麼，不限量，吃飽為止。比吃中國餐館要便宜得多，且能吃到滿意的東西，不受約束，無怪乎排隊的人絡繹不絕。國內有經濟小吃的小館，這可謂美國的經濟大餐了。

六月二日晨五時，便又踏上歸程，下午一時即返抵寓所。中國有句老話：「人是地理仙，十天不見走一千。」如今汽車只要半天就走一千，如乘飛機兩個小時即走一千。

去明尼蘇達州與正之弟聚於明尼阿波利斯城，兩周相聚，促膝談心，每至深夜，說不完的往事湧上心頭，茶飯之餘，為其合家寫的一首詩，留作紀念。

千里明城訪正之，小山紅玉亦逢時。
郎才媛秀君之福，棠棣芝蘭樂期？

詩含正之、秀君、小山、紅媛、紅玉（全家人名）

明城遊湖

湖上微風陣陣涼，岸邊遊佔意洋洋。
舢船掛鐀無人駛，鐵燕凌空梭巡忙。
漁翁垂釣徒有意，野鴨浮水特安祥。
兒童滑冰環湖走（滑旱冰），男女賽車列成行。

臨別依依，相約後會有期，以詩留別：

留別正之弟

兩周歡聚在明城，師友情深六十冬。
促膝談心思往事，攜手同遊憶舊蹤。
天涯到處存知己，異國飄蓬不孤寒。
松柏長青情長在，人生何地不相逢。

一九九一年六月一日

一九九一年六月二日，別明城返芝城。晨五時，辭別正之父女，破霧上路，依依之情，久縈腦際，口占四句，記於車中：

晨霧濛濛林重重，濃蔭夾道任車行。
知音會罷又揮手，戀戀情思前明城。

歸來後，把此行之經過，寫成《明尼蘇達之旅》，單成一冊，並承芝城文藝詩社社長孔繁恩先生複印數冊，分贈正之和包教授各一冊，雖屬粗詞俚句，卻為真情之流露，貽笑大方在所不計也。

十、病中吟

一九九一年六月三十日（星期天），上午給兩個病人按摩，邊做邊教，意在把按摩方法傳授給她們，讓她們自己經常按摩。本著這種想法反覆講解，感到疲勞；但下午二時已約好出診去謝先生處，故馬不停蹄，接著就準時前去，又未得午休，自然有些疲勞過度。晚間突然左腳背紅腫，疼痛難忍，睡在床上蓋著棉被，還是冷得渾身發抖，自知又是老毛病犯了。發高燒、惡冷，乃蒙頭蓋腦，捂了一個小時，大汗淋漓，被褥皆濕透，始鬆緩一些，但腳背腫得卻很厲害，疼疼難忍。華兒扶侍在側，為我安排服藥，手頭僅有複方新諾明和紅霉素，乃按時服用。第二天，華兒又在藥店買來紫金錠外敷藥，專治無名腫毒，每日擦敷。經過自己治療，直到七月七日才能下床。

華兒從七月一日休假兩個禮拜，原打算去丹佛玩玩，再逛逛湖邊一年一度美國國慶節的應時風味小吃。結果我這一病，一切均成泡影。倘非華兒扶侍，我的處境是不堪設想的。我的時運不佳，連累華兒也日夜不安。說來也算湊巧，倘若華兒不休假，每天上班，這七天怎麼過？又是不敢想像的。好像冥冥之中有個主宰似的，天歟？人歟？命歟？

回憶生病的原因，係內熱外感、飲食失常所致。芝加哥這些天，氣溫高達華氏九十到一百度，酷熱難當；我連日來喝冷飲，吃冷飯，有些過量，乃引起這場重病。痛定思痛，足為今後之戒。幸虧自己醫治，若求醫診治，則所費當不貲也。今後須嚴格掌握生活，不能稍有失誤。病中臥床呻吟，寫成「病中吟」，以抒所懷：

七月流火夏日長，突然卧病倚狂床。
腳面紅腫難舉步，日夜呻吟心緒忙。

又一首

烈日炎炎似火燒，薰人溽暑氣溫高。
周身出汗猶惡冷，棉衾層層尚料峭。

再一首

呻吟床第已七天，輾轉焦急意難安。
悶臥斗室揮冷汗，周身無力舉步艱。

十一、讀書札記

不讀詩則無以為詩。諺云：「熟讀唐詩三百首，不會做詩也會吟。」雖係老生常談，卻是閱歷有得之言，說明要做詩，必須胸中有詩；猶之乎要寫字，必須胸中有字一樣，不下一番功夫，是不會有成的。記得有一首打油詩：「胡混胡混真胡混，又無平仄又無韻，一心要學杜子美，三頓鞭子兩頓棍。」雖寓有諷刺之意，卻說得入骨三分，不經過千錘百煉，如何能達到爐火純青的地步？「學然後知不足，教然後知困。」

近十年來，由七十歲進入八十歲，說好聽一點，是由古稀進入耄耋，說不好聽的，已屬入墓之年。東隅已失，桑榆將晚，在不用揚鞭自奮蹄的策勉下，拉拉雜雜，寫了一千多首詩詞，多屬急就章、應景之作；既欠斟酌，亦乏推敲。雖已積成卷帙，裝成三函，回頭翻閱，成熟之作不多。

面對現實，已八十有一，我確實老了，在離退休的老人當中，都以「老有所養，老有所為，老有所樂」，藉以自勵。我雖年高亦應自強，不能自暴自棄。記得《三字經》上有兩句話：「蘇老泉，二十七，始發憤，讀書籍……若梁灝，八十二，對大廷，魁多士。」二十七歲的年華，已一去不復返了，八十二歲尚未到來，雖無魁多士之奢望，似應有老有所樂之閒情。

幾年來的體會，寫字、吟詩，確可以寄閒情、抒怡趣，就來個「將謂偷閑學少年」吧。於是除了復習以往讀過的《千家詩》《唐詩三百首》之外，凡屬詩作，無不涉獵，含英咀華，汲取營養，有自得之樂。

偶然的機會，得到紐約四海詩社出版的《全球當代詩詞選集》一冊，全集共有詩詞三千餘首，至於應徵詩詞達兩萬三千七百多首，從這個數字來看，真可謂洋洋大觀；《全唐詩》也只蒐集了四萬八千多首。從詩詞的質量來看，當然不能與古唐詩相比，但時代不同，背景不同，從反映當代的社會、人物、實事來說，確有現代的意義。其中亦不乏佳作、名句，可謂繼唐宋以後，一部不朽的詩集。通讀之後，獲益匪淺。倘有暇晷，徵得四海詩社的同意，擬仿照《唐詩三百首》的形式，精選一部分付梓推廣，亦是對中國現代文化的發揚，有深遠的影響。設想及此，待考慮成熟，再付諸實行吧。

www.ingramcontent.com/pod-product-compliance
Lightning Source LLC
Chambersburg PA
CBHW060510080526
44586CB00012B/445
* 9 7 8 1 9 4 0 7 4 2 9 7 7 *